以庄子之法解当下之困
以道家之妙探生命真谛

庄 子

全书

（战国）庄周 著
思履 主编

中国华侨出版社
·北京·

图书在版编目(CIP)数据

庄子全书 /（战国）庄周著；思履主编 .—北京：中国华侨出版社，2013.6
（2022.3 重印）

ISBN 978-7-5113-3756-6

Ⅰ.①庄… Ⅱ.①庄… ②思… Ⅲ.①道家 ②《庄子》— 通俗读物 Ⅳ.①B223.5-49

中国版本图书馆 CIP 数据核字（2013）第 141269 号

庄子全书

著　　者：（战国）庄周
主　　编：思　履
责任编辑：姜薇薇
封面设计：冬　凡
文字编辑：黎　娜
美术编辑：王静波
插画绘制：王蕴普　陈来彦
经　　销：新华书店
开　　本：720mm×1020mm　1/16　印张：21　字数：600 千字
印　　刷：三河市嘉科万达彩色印刷有限公司
版　　次：2013 年 9 月第 1 版　2022 年 3 月第 8 次印刷
书　　号：ISBN 978-7-5113-3756-6
定　　价：78.00元

中国华侨出版社　北京市朝阳区西坝河东里 77 号楼底商 5 号　邮编：100028
发 行 部：（010）88893001　　　传　真：（010）62707370

如果发现印装质量问题，影响阅读，请与印刷厂联系调换。

前　言

　　《庄子》分内篇、外篇、杂篇三大部分，原有五十二篇，现存三十三篇，大小寓言二百多个。其中，内篇为庄子思想的核心，有七篇；外篇十五；杂篇十一。该书包罗万象，对宇宙大道、人与自然万物的关系、生命的价值、道德的标准等，都有详细的论述。内容广博而不散杂，自始至终都围绕一套哲学观点来阐述自然、生命、政治和社会。作为道家重要的代表人物，庄子的思想和老子的思想一起并称为"老庄思想"。和儒家、墨家形成鼎足之势，影响了中国文化两千多年。

　　庄子，名周，战国时期的哲学家、思想家、文学家，大约生活在公元前369年到公元前286年之间。关于庄子的生平，人们知道的不多，只知道他是楚国贵族，因战乱逃往宋国，在宋国当过漆园吏。

　　庄子的书在三国时期开始盛行，阮籍、嵇康等文学家都曾为其文章做注释。庄子继承并发扬了老子"道"的学说。在哲学方面，其最具代表性的便是"齐物论"。在庄子看来，事物之间的差异虽然明显，却并非绝对，人不可能用某个固定标准衡量天下所有事物。人的认识有局限，常人多只看到事物的"异"，看不到事物的"同"。而宇宙万物都出于大道，也都归于大道，究其本质，并没有什么差别，人应学会站在道的角度观望世界。

　　因此，对争鸣之中的百家，庄子十分反感，在庄子眼中，"道昭而不道，言辩而不及"，人们就物体的差异争辩不休，完全是舍本逐末的浅陋表现。真理无须称扬，语言的作用是有限的，不足以描绘大道。

　　除了对百家争鸣不满外，庄子还对芸芸众生汲汲名利的人生态度嗤之以鼻。他将名利当做人生的负累、损人心性的祸患，一面悲悯地慨叹众人"终身役役而不见其成功，茶然疲役而不知其所归"，一面毫不留情地讽刺那些贪名好利之徒。他曾用"腐鼠"比喻官位，用牺牲用的牛形容那些与权力相伴而难得善终的人。面对向自己炫耀金钱的人，更是凌厉地反唇相讥，说对方舐痔得车。而从庄子的文章来看，其本人的生活相当清苦，只是这依然不能让他像其他人那样把追逐名利当做生活目标，他渴望的是"乘天地之正，而御六气之辩，以游无穷"。

　　庄子曾说："贫也，非惫也。"相比物质生活的丰足，庄子更重视精神生活的自由，他希望能超越世俗，进入"天地与我并生，万物与我同一"的境界。其笔下的至人、神人、圣人，都是他心目中美好人格的化身，他们都拒绝和世俗同流合污，都摆脱了世俗的羁绊，不问名利，不惧生死，畅游于绝对自由的精神世界。

而说起生死，无疑和名利一样，为世人记挂于心。庄子一早意识到，人一天放不下对死的恐惧，就一天无法实现真正的逍遥。他提醒世人，死生一体，并将天地比作一个大熔炉，将人比作炉中的金属。人由生入死，无非是存在形式发生了变化，是自然使然，不需惊慌。人可以通过和自然合而为一，实现生命的永恒。事实上，庄子的生死观有一定乐死恶生的色彩，"彼以生为附赘县疣，以死为决㿌溃痈"，生成了拘束，死反倒成了解脱。庄子曾在《至乐》中虚构了一个和骷髅对话的场景。故事中的骷髅这样形容死："死，无君于上，无臣于下；亦无四时之事，从然以天地为春秋，虽南面王乐，不能过也。"

庄子的哲学观、人生观、生死观和其所在的时代有很大关系。杀伐四起的战国时期，百姓苦不堪言。庄子试图找到摆脱苦难的办法，他虽没有从政为官的想法，却很有自己的政治态度。他指责诸侯君主利用仁义危害百姓，"彼窃钩者诛，窃国者为诸侯，诸侯之门而仁义存焉"。他激烈地批判现实，认为即使是得道之人，在乱世之中，也只能"仅免刑哉"。他将儒家推崇的仁义礼法当做天下大乱的根源，认为"圣人不死，大盗不止"。而在批评以孔子为代表的儒家学说的同时，他大力推崇无为之治，十分向往宁静朴拙的古代。

庄子的文章不仅极富思想性，还有很高的艺术性。在先秦诸子散文中，数庄子的成就最高。他的文章瑰丽奇美，富于幻想，即便是描写平凡小事，也能写出排山倒海的气势。南宋文学家刘辰翁称庄子"不随人观物，故自有所见"。庄子在文学上最突出的特点就是非常擅长运用比喻、寓言，他因事譬喻，随物赋形，寓中设寓，同时又文情奔放，行文多变，将恣意飞扬的文风和张扬的想象力、深沉的思想完美交融。

《庄子》一书历来备受推崇，此版《庄子全书》为精编精校版，将《庄子》的三十三篇全部收录其中，并参考了大量和《庄子》有关的资料，以确保全书的严谨性、权威性。人们不仅可以把该书当做了解庄子的读物，还可以当做学习古文的参考。为方便读者理解，本书除了在原文之后附有注释、译文，还在每篇篇首设置"题解"，每段内容前设置"分节导读"，以便读者可以从整体上把握《庄子》的思想脉络。此外，本书随文配图300余张，色彩明快、丰富的插图和庄子一篇篇缥缈奇变的文章、一个个精妙奇巧的寓言故事完美交融，将阅读变成一种赏心悦目的享受。

真正的经典不会因时间流逝褪色，相反，还会被新的时代赋予新的光彩。对生活压力大、生活节奏紧张的现代人来说，《庄子》就如一付养心良药，它提倡的安时处顺、顺其自然、返归真我，会让人暂放追逐名利的脚步，审视内心，到底何为自己真正需要，避免在行进的路上迷失自我。庄子对死亡的通达，对逍遥境界的追求，会开阔人的心胸，让人更加坦然勇敢地面对充满未知的未来和生活中的挫折变故，不再为一时一地的得失斤斤计较。而庄子对事物本性的尊重，对自然的敬畏，则教导人们如何和他人、环境和谐共处，让人得以改善人际关系，提升生活质量，发现曾一度被自己忽视的平凡中的美好。

目录

卷一　内篇

逍遥游 …………………………………………………………………… 2

齐物论 …………………………………………………………………… 13

养生主 …………………………………………………………………… 29

人间世 …………………………………………………………………… 33

德充符 …………………………………………………………………… 45

大宗师 …………………………………………………………………… 53

应帝王 …………………………………………………………………… 66

卷二　外篇

骈拇 ……………………………………………………………………… 74

马蹄 ……………………………………………………………………… 79

胠箧 ……………………………………………………………………… 83

在宥 ……………………………………………………………………… 89

天地 ……………………………………………………………………… 98

天道 …………………………………………………………………… 113

天运 …………………………………………………………………… 120

刻意 …………………………………………………………………… 130

缮性 …………………………………………………………………… 134

秋水 …………………………………………………………………… 137

至乐 …………………………………………………………………… 149

达生 …………………………………………………………………… 157

山木 …………………………………………………………………… 169

田子方 ………………………………………………………………… 179

知北游 ………………………………………………………………… 190

卷三 杂篇

庚桑楚……………………………………………………………………… 204

徐无鬼……………………………………………………………………… 216

则阳………………………………………………………………………… 233

外物………………………………………………………………………… 246

寓言………………………………………………………………………… 257

让王………………………………………………………………………… 263

盗跖………………………………………………………………………… 277

说剑………………………………………………………………………… 289

渔父………………………………………………………………………… 294

列御寇……………………………………………………………………… 301

天下………………………………………………………………………… 313

卷一　内篇

◎逍遥游◎

【题解】

　　"逍遥游"是没有拘束、悠闲自得地畅游于自然和社会的意思。这是庄子哲学思想和人生观的一个方面。在庄子看来，天地万物都有其所依赖的东西，高飞的大鹏、浮游的尘埃、御风而行的列子，都不能做到真正的"逍遥游"。庄子理想的"逍遥游"是"无所待"，即如篇中所写的"乘天地之正，御六气之辨，以游于无穷"的"神人"。神人不受任何时空的限制，也不凭借任何外力而自由自在地在自然和社会中畅游。而做到不依赖于外物的根本又是"无己"，无所作为，即对他人无用，才能保全自己，消除物我对立，在"无何有之乡"获得绝对自由，达到"逍遥"的境界。这种哲学和人生观带有唯心的、虚幻的色彩。

【分节导读】

　　此节由鲲鹏海运南徙写起，极力写鲲鹏体型之大和南徙的行程之远、耗时之长。又点出鲲鹏之行虽然伟大，但也要必须的条件，那就是积聚的风势一定要足够，才能托起鹏鸟阔大的翅膀。

【原文】

　　北冥有鱼，其名为鲲。鲲之大，不知其几千里也。化而为鸟，其名为鹏。鹏之背，不知其几千里也；怒而飞，其翼若垂天之云。是鸟也，海运则将徙于南冥。南冥者，天池也。

【译文】

　　北海有一条鱼，它的名字叫做鲲。鲲的体积巨大，不知道有几千里。变化成为鸟，它的名字叫做鹏。鹏的背，不知道有几千里；振翅奋飞，它的翅膀就像天边的云。这只鸟，海动风起时就要迁徙到南海。那南海，就是一个天然的大池。

北海有一条名叫鲲的大鱼。

【原文】

　　《齐谐》者，志怪者也。《谐》之言曰："鹏之徙于南冥也，水击三千里，抟扶摇而上者九万里[①]。去以六月息者也。"野马也，尘埃也，

鲲变成鹏，鹏的背不知有几千里。

生物之以息相吹也。天之苍苍，其正色邪？其远而无所至极邪？其视下也，亦若是则已矣。

【注释】

① 抟（tuán）：又作"搏"，表示拍打。扶摇：海中回旋向上的飓风。

【译文】

　　《齐谐》这本书，是记载怪异之事的。《齐谐》中说："鹏在迁往南海的时候，振翼拍水，水花激起达三千里，翅膀拍打盘旋的飓风而直上九万里高空。它是乘着六月的大风而飞去的。"野马奔腾般的游气，飞扬的游尘，以及空气中活动的生物，都被风相吹拂而飘动着。天空苍茫湛蓝，那是它的本色吗？它的高远是无穷无尽的吗？大鹏往下看，大概也就是这样的光景吧。

【原文】

　　且夫水之积也不厚，则其负大舟也无力。覆杯水于坳堂之上①，则芥为之舟；置杯焉则胶，水浅而舟大也。风之积也不厚，则其负大翼也无力。故九万里，则风斯在下矣，而后乃今培风；背负青天而莫之夭阏者，而后乃今将图南。

【注释】

① 坳（ào）堂：堂上的低洼处。

【译文】

　　水的积聚不深厚，那么负载大船就没有力量。倒一杯水在堂前低洼的地上，那么放一根小草可当做船；放上一个杯子就贴地了，这是水浅而舟大的缘故。风积聚的强度不够，那么它负载巨大的翅膀就没有力量。所以鹏飞九万里是因为风在它的翅膀下面，然后才乘着风力飞行，由于背负着青天而没有阻碍，然后才能图谋飞往南海。

水的积聚不深厚，就无力负载大船。

【分节导读】

此节着重写大小有别，反复引证比喻，渲染大小的悬殊，说明境界的差异。相比于鲲鹏，小小的蝉、斑鸠满足于活动在自己的微小环境，讥笑鹏鸟远徙南海之举，小者的愚昧和见识短浅一览无余，反衬出大小境界不同的巨大差异。以寒蝉之命短，论彭祖之长寿；以蝉鸠的见识，猜度鲲鹏的境界。让人在悬殊的对视中，幡然醒悟小大之别。

【原文】

　　蜩与学鸠笑之曰①："我决起而飞，抢榆枋而止②，时则不至而控于地而已矣，奚以之九万里而南为？"适莽苍者，三飡而反，腹犹果然；适百里者，宿舂粮③；适千里者，三月聚粮。之二虫又何知！

【注释】

①蜩（tiáo）：蝉。学鸠：斑鸠。学，一作"莺"。②抢（qiāng）：撞，碰到。榆枋：两种小树名，即榆树和檀树。③宿舂（chōng）粮：前一夜就舂捣粮食，意谓往百里者，要多准备一些食物。

【译文】

　　蝉和学鸠讥笑大鹏说："我奋力而飞，碰到榆树和檀树就停下来，有时没飞上去投落到地上就是了，何必要飞九万里而往南海去呢？"到郊野去的，只需带三餐的粮食而当天返回，肚子还是饱饱的；到百里以外的地方去，要准备一宿的粮食；到千里以外的地方去，要准备三个月的粮食。这两种虫鸟又怎会知道呢！

【原文】

　　小知不及大知，小年不及大年。奚以知其然也？朝菌不知晦朔，蟪蛄不知春秋，此小年也。楚之南有冥灵者，以五百岁为春，五百岁为秋；上古有大椿者，以八千岁为春，八千岁为秋，此大年也。

蝉和学鸠讥笑大鹏。

而彭祖乃今以久特闻，众人匹之，不亦悲乎！

【译文】

才智小的不如才智大的，寿命短的不如寿命长的。怎么知道是这样呢？朝菌不知道昼夜的更替，蟪蛄不知道四季的变化，这就是"小年"。楚国的南边有一只灵龟，以五百年为一个春季，五百年为一个秋季；上古时期有一棵大椿树，以八千年为一个春季，八千年为一个秋季，这就是"大年"。而彭祖到现在还以长寿闻名于世，众人都想和他相比，岂不是可悲吗！

上古时有大椿树，以八千年为一春，八千年为一秋。

【原文】

汤之问棘也是已：汤问棘曰："上下四方有极乎？"棘曰："无极之外，复无极也。穷发之北有冥海者，天池也。有鱼焉，其广数千里，未有知其修者，其名为鲲。有鸟焉，其名为鹏，背若太山，翼若垂天之云，抟扶摇羊角而上者九万里，绝云气，负青天，然后图南，且适南冥也。斥鴳笑之曰①：'彼且奚适也？我腾跃而上，不过数仞而下，翱翔蓬蒿之间，此亦飞之至也。而彼且奚适也？'"此小大之辩也。

【注释】

①斥鴳（yàn）：小雀，生活在小池泽中。斥，池，小泽。

【译文】

商汤问棘也有这样的话：商汤问棘说："上下四方有极限吗？"棘说："无极之外，又是无极。在不毛之地的北方，有一个广漠无涯的大海，就是天然的大池。那里有一条鱼，它的宽度有几千里，没人知道它的身长，它的名字叫鲲。有一只鸟，它的名字叫鹏，鹏的脊背像泰山，翅膀像天边的云，乘着羊角般的旋风直上到九万里的高空，超绝云气，背负青天，然后向南飞翔，将要到达南海。小池泽里的小雀讥笑它说：'它将飞到哪里去呢？我腾跃而上，不过几丈高便落下来，在蓬蒿丛中飞来飞去，这亦是飞翔的极限了，而它究竟要飞到哪里去呢？'"这就是小和大的区别。

【分节导读】

此节转而喻人，那些为世所累、心系功名的"知效一官，行比一乡，德合一君"者大都踌躇满志、自鸣得意，这样的人不能得到逍遥自由自不必谈。而不流于世俗追求、不为世俗毁誉所左右的宋荣子也没有通过完备本心本性而达到逍遥自在的境界，就是能够乘风而行的列子，他的逍遥依然有待于风的扶持，也算不得真正的逍遥。在作者看来，能够驾驭自然界的各种变化、能够不受时间和空间的限制，无有所恃的，才是最逍遥的。这就需要抛去自身的存在，任乎自然，顺乎物理，与大自然合而为一，所以说"至人无己，神人无功，圣人无名"。

【原文】

故夫知效一官，行比一乡，德合一君而征一国者，其自视也，亦若此矣。而宋荣子犹然笑之[①]。且举世而誉之而不加劝，举世而非之而不加沮，定乎内外之分，辩乎荣辱之境，斯已矣。彼其于世未数数然也[②]。虽然，犹有未树也。夫列子御风而行，泠然善也，旬有五日而后反。彼于致福者，未数数然也。此虽免乎行，犹有所待者也。

若夫乘天地之正，而御六气之辩，以游无穷者，彼且恶乎待哉[③]！

故曰：至人无己，神人无功，圣人无名。

【注释】

① 宋荣子：战国中期思想家宋钘（xíng）。犹然：嗤笑的样子。② 数数（shuò shuò）然：急切追求的样子。③ 恶（wū）乎待哉：有什么依待的呢？

【译文】

故有些人才智能胜任一官之职，行为能合乎一乡人的心愿，德行能符合国君的心意，取得一国的信任，他们自以为不错，也就像小池泽里的小雀一样。而宋荣子嗤笑他们。宋荣子能够做到整个世界都赞誉他而他也不会更加勤勉，整个世界都非议他而他也不会沮丧。他能认定内我和外物的分别，能辨别光荣与耻辱的界限，就这样而已。他对于世俗的声誉并没有汲汲去追求。即便如此，他还有未曾树立的境界。列子乘风而行，样子轻妙极了，过了十五天才回来。他对于求福的事，并没有汲汲去追求。这样虽然可以免于步行，但还是有所依待。

至人无一己私念。

列子御风而行。

如果能顺着自然的规律，把握六气的变化，以游于无穷的境域，他还有什么必须依待的呢！
所以说：至人无一己之私念，神人无功业的束缚，圣人无名声的牵累。

顺应自然规律，把握六气变化。

【分节导读】

　　此节通过尧让位于许由，许由不受的故事，阐述了儒家与道家在治世理念上的差异。尧认为天下应有德者主之，他不贪恋权位虚名，既然许由立则天下治，就应将天下让与许由。儒家尊尧为圣人，认为其谦逊而有仁德，是理想的君主。但许由的观点却反映了道家淡泊至极的人生态度。天下既已大治，即使是至高无上的君位对人而言也没有意义。人生在世只取生存之所需，无需为虚妄之名所累。道家推崇的圣人是那些摆脱了社会价值羁绊，自由自我的人。

【原文】

　　尧让天下于许由，曰："日月出矣，而爝火不息①，其于光也，不亦难乎！时雨降矣，而犹浸灌，其于泽也，不亦劳乎！夫子立，而天下治，而我犹尸之，吾自视缺然。请致天下。"

　　许由曰："子治天下，天下即已治也。而我犹代子，吾将为名乎？名者实之宾也。吾将为宾乎？鹪鹩巢于深林②，不过一枝；偃鼠饮河，不过满腹。归休乎君，予无所用天下为！庖人虽不治庖，尸祝不越樽俎而代之矣③。"

【注释】

①爝（jué）火：火炬。②鹪鹩（jiāo liáo）：一种善筑巢的小鸟，俗名"巧妇鸟"。③尸祝：主祭的人，因其对尸而祝，故称尸祝。樽（zūn）：酒器。俎（zǔ）：盛肉的器具。

【译文】

　　尧要把天下让给许由，说："日月出来了，而小火把还不熄灭，它和日月之光相比，不是很难吗！及时雨降下了，而还在挑水灌溉，对于滋润土地，岂不是徒劳吗！夫子您一在位，天下便可安定，而我还占着这个位子，我自己觉得很惭愧，请让我把天下交给您。"

许由说："您治理天下，天下已经安定了。而我还来代替您，我这是为着名吗？名是从属于实的，我为着求取从属的东西吗？小鸟在深林里筑巢，所占不过一根树枝；偃鼠到河里饮水，所需不过喝满肚子。回去吧，君主，我要天下做什么呢！厨师虽不下厨，主祭的人也不越位去代替他下厨烹调。"

小鸟筑巢；偃鼠喝水；尸祝祭祀。

【分节导读】

此节以姑射神女喻至圣之人。神女与道合为一体，是作者理想的化身。世俗之人热衷追求的营营之事，热衷享受的种种乐趣，神女皆不屑一顾。她清灵、洁净，超于物外，不被任何外物所累，亦不被任何外物所伤。肩吾用世俗之眼观神女，无法理解。连叔用道之眼观神女，才观到了神女身上蕴含的大美。这说明人的思想精神要达到一定境界才能感知到美的存在。

【原文】

肩吾问于连叔曰："吾闻言于接舆，大而无当，往而不返。吾惊怖其言，犹河汉而无极也；大有径庭，不近人情焉。"

连叔曰："其言谓何哉？"

曰："'藐姑射之山①，有神人居焉，肌肤若冰雪，绰约若处子；不食五谷，吸风饮露；乘云气，御飞龙，而游乎四海之外。其神凝，使物不疵疠而年谷熟②。'吾以是狂而不信也。"

连叔曰："然！瞽者无以与乎文章之观③，聋者无以与乎钟鼓之声。岂唯形骸有聋盲哉？夫知亦有之。是其言也，犹时女也。之人也，之德也，将旁礴万物以为一，世蕲乎乱④，孰弊弊焉以天下为事！之人也，物莫之伤，大浸稽天而不溺，大旱金石流、土山焦而不热。

宋人到越国卖帽子。

尧到姑射山和汾水北面，拜访得道高人。

是其尘垢秕糠，将犹陶铸尧舜者也，孰肯分分然以物为事。"

宋人资章甫而适诸越，越人断发文身，无所用之。尧治天下之民，平海内之政，往见四子藐姑射之山，汾水之阳，窅然丧其天下焉⑤。

【注释】

① 姑射（yè）：古代传说中的山名。② 疵疠（cī lì）：灾害。

③ 瞽（gǔ）者：盲人，瞎子。④ 蕲（qí）：求。乱：纷纷扰扰。⑤ 窅（yǎo）然：怅然若失的样子。

【译文】

肩吾问连叔说："我听接舆说话，大而无当，说出去的话不能得到印证，我对他的话感到惊骇，其所言好像银河一般漫无边际；和常人的差别极大，不合世情。"

连叔说："他说的是什么呢？"

肩吾说："他说：'在遥远的姑射山上，有一个神人居住着，肌肤像冰雪一样洁白，姿容像处女一样柔美；不吃五谷，吸清风饮露水；乘着云气，驾御飞龙，遨游于四海之外。他的精神凝聚，使万物不受灾害，谷物丰熟。'我认为这是谎言而不相信。"

连叔说："当然了。无法与瞎子同赏文彩的美丽；无法与聋子同听钟鼓的乐声。岂只是形骸上有聋有瞎吗？心智上也有啊。这个话，就是指你而言的呀。那个神人，他的德行，广被万物合为一体，人世喜纷扰，他怎么肯辛苦劳碌去管世间的俗事呢！他这样的人，外物伤害不了他，大水滔天而不会溺死，大旱使金石熔化、土山枯焦，而他不会感到热。他扬弃的尘垢糟糠，就可以造出尧、舜，他怎么肯纷纷扰扰以俗物为自己的事业呢。"

宋国人到越国贩卖殷冠，越国人不留头发，身刺花纹，用不着帽子。尧治理天下万民，安定海内的政事，到遥远的姑射山和汾水的北面，拜见四位得道的高士，不禁茫然而忘记自己是一国之君。

【分节导读】

此节通过惠子和庄子的对话，讨论了"有用"和"无用"。有用和无用是相对的。惠子看到葫芦，只想到用它盛水，因此一见到不能用于盛水的葫芦便断定葫芦无用，而庄子则从葫芦本身的特点出发，指出不能盛水的大葫芦可用来"浮乎江湖"。一个事物并非只有一种用途，关键在于人是否善于发现它的价值。

【原文】

惠子谓庄子曰："魏王贻我大瓠之种①，我树之成而实五石，以盛水浆，其坚不能自举也；剖之以为瓢，则瓠落无所容。非不呺然大也，吾为其无用而掊之②。"

庄子曰："夫子固拙于用大矣。宋人有善为不龟手之药者③，世世以洴澼絖为事④。客闻之，请买惠子对庄子说："魏王赠我大葫芦种子。"

其方以百金。聚族而谋曰：'我世世为洴澼絖，不过数金；今一朝而鬻技百金⑤，请与之。'客得之，以说吴王。越有难，吴王使之将，冬与越人水战，大败越人，裂地而封之。能不龟手，一也；或以封，或不免于洴澼絖，则所用之异也。今子有五石之瓠，何不虑以为大樽而浮乎江湖，而忧其瓠落无所容？则夫子犹有蓬之心也夫！"

【注释】

①魏王：即梁惠王。贻：赠送。瓠（hù）：葫芦。②掊（pǒu）：打破。③龟（jūn）：皮肤因寒冷或干燥而裂开如龟纹。④洴澼（píng pì）：漂洗。絖（kuàng）：通"纩"，丝絮，棉絮。⑤鬻（yù）：出售。

【译文】

　　惠子对庄子说："魏王送给我一粒大葫芦种子，我种植长成后结的葫芦有能装下五石粮食那么大；用来盛水，它的坚固程度却承受不了自己的容量；割开它来做瓢，则瓢太大无处可容。这葫芦不是不大，我认为它没有什么用，便把它打破了。"

　　庄子说："你真是不善于使用大的东西呀！宋国有个人善于制造不龟裂手的药，于是利用它，他家世世代代都以漂洗丝絮为业。有个客人听说了这种药，请求用百金买他的药方。他聚合家族

宋国有人善做防止手龟裂的药。

人商量说：'我家世世代代漂洗丝絮，只得到很少的钱；现在一旦卖出这个药方就能得到百金，就卖给他吧。'那客人得到了药方，便去游说吴王。这时越国对吴国发难，吴王就派他将兵，冬天同越人水战，大败越人，吴王分封给他土地以为奖赏。同样一个让人不龟裂手的药方，有的因此得到封赏，有的却只是用来从事漂洗丝絮的劳动，这就是使用方法的不同。现在你有五石容量的大葫芦，何不系着当作腰舟而浮游于江湖之上，反而愁它太大无处可容呢？可见你的心还是茅塞不通呀！"

有人得到药方，游说吴王。

【原文】

惠子谓庄子曰："吾有大树，人谓之樗①。其大本拥肿而不中绳墨，其小枝卷曲而不中规矩，立之塗，匠者不顾。今子之言，大而无用，众所同去也。"

庄子曰："子独不见狸狌乎②？卑身而伏，以候敖者；东西跳梁，不辟高下；中于机辟，死于网罟。今夫斄牛③，其大若垂天之云。此能为大矣，而不能执鼠。今子有大树，患其无用，何不树之于无何有之乡，广莫之野，彷徨乎无为其侧，逍遥乎寝卧其下。不夭斤斧，物无害者，无所可用，安所困苦哉！"

惠子说："我有一棵大树，叫'樗'。"

【注释】

①樗（chū）：臭椿树，木质差。
②狸：野猫。狌（shēng）：黄鼠狼。③斄（lí）牛：即牦牛。

猫、黄鼠狼东西跳跃，踏入机关。

【译文】

　　惠子对庄子说："我有一棵大树，人们叫它'樗'。它的主干木瘤盘结而不合绳墨，它的小枝弯弯曲曲而不合规矩，生长在路上，匠人都不看它。现在你的这些言论，大而无用，大家都抛弃而去了。"

　　庄子说："你没有看见猫和黄鼠狼吗？它们趴伏着身子，等待出游的小动物；东西跳跃掠夺，不避高低；常常踏中机关，死在罗网中。再看那牦牛，庞大的身躯像垂在天上的云，它的能力可做大事，但不能捉老鼠。现在你有这棵大树，发愁它没有用，何不把它种在虚寂的乡土，或广漠的旷野，随意地徘徊在树旁，优游自在地躺在树下。不因遭受斧头的砍伐而夭折，没有东西来伤害它，没有什么可用，又会有什么可困惑苦恼的呢！"

牦牛身躯庞大，像垂下的云。

◎齐物论◎

【题解】

本篇是《庄子》一书的重点所在，体现了庄子哲学思想在本体论和认识论上的基本观点。所谓"齐物论"，就是讲论宇宙万物齐一和是非相对。庄子认为，客观存在的万物本是不分彼此的，也是虚无的，是由"真君"或"真宰"主宰着的。这是本体论上的一种主观唯心主义观点。与此相应，在认识论上，庄子认为事物的彼此，认识上的是非，都是相对的，并无根本的界限，因此应停止有关是非的争论，做到忘我，做到无是非，用明静之心去体认万物，达到万物与我为一的齐物境界。这是认识上的一种相对主义和不可知论的观点。基于这种本体论和认识论，庄子得出万物齐一、物我化一的主观唯心主义结论。

【分节导读】

此节分别论述了人籁、地籁和天籁。人籁中蕴含着人的情绪，地籁和天籁皆发乎自然。人籁与地籁皆要靠外物鼓动而生，天籁则不存在鼓动之物，乃自然发出。人一旦进入天籁的状态便会忘记"我"的存在，以至"形可使如枯木，心可使如死灰"。

【原文】

南郭子綦隐机而坐①，仰天而嘘，苔焉似丧其耦②。颜成子游立侍乎前，曰："何居乎？形固可使如槁木，而心固可使如死灰乎？今之隐机者，非昔之隐机者也。"

子綦曰："偃，不亦善乎，而问之也！今者吾丧我，汝知之乎？汝闻人籁而未闻地籁，汝闻地籁而未闻天籁夫！"

子游曰："敢问其方。"

南郭子綦靠着几案而坐，仰头呼吸。

子綦曰："夫大块噫气，其名为风。是唯无作，作则万窍怒呺③。而独不闻之翏翏乎④？山林之畏佳⑤，大木百围之窍穴，似鼻，似口，似耳，似枅⑥，似圈，似臼⑦，似洼者，似污者；激者，謞者⑧，叱者，吸者，叫者，譹者，宎者⑨，咬者。前者唱于而随者唱喁。泠风则小和，飘风则大和，厉风济则众窍为虚。而独不见之调调之刁刁乎？"

子游曰："地籁则众窍是已，人籁则比竹是已。

颜成子游问："形体可以像槁木，心神可以像死灰吗？"

敢问天籁。"

子綦曰："夫天籁者，吹万不同，而使其自己也，咸其自取，怒者其谁邪！"

大地呼出的气，名字叫做风。

【注释】

①南郭子綦（qí）：子綦，人名，楚昭王的庶弟，住在城郭南端，故以此为号。隐机：倚靠着几案静坐。②荅（dá）焉：形体死寂的样子。耦：通"偶"，匹对，此处指精神与肉体为偶，外物与内我为偶。③窍：洞穴。呺（háo）：吼叫。④翏翏（liù liù）：大的风声。⑤畏佳（wēi cuī）：通"崴崔"，形容山势高大险峻的样子。⑥枅（jī）：房柱上用以承接栋梁的方木，一般称斗拱。⑦臼（jiù）：舂米的器具，多为石制。⑧谪（xiào）者：如飞箭声。⑨宎（yǎo）者：如风吹深谷的声音。

烈风吹过山林、大树的孔窍。

【译文】

南郭子綦靠着几案静坐，仰头朝天缓缓地呼吸，好像遗忘了自我存在一样。颜成子游侍立在跟前，问道："这是什么缘故呢？难道人的形体本来可以使它像枯槁的树木，而心神本来可以使它像死灰吗？您今天靠几静坐的神情，和往昔靠几静坐的神情不大相同啊。"

子綦说："偃，你这个问题问得很好。今天我丢弃了以前的那个我，你知道这一点吗？你或许听说过人籁，但不一定听说过地籁；你或许听说过地籁，肯定没听说过天籁吧！"

子游说："请问其中的道理。"

烈风止后，孔窍无声，草木却还在摇曳。

子綦说："大地呼出的气，名字叫做风。这风不发作则已，一发作则万窍都怒号起来。你没有听过那长风呼啸的声音吗？山林高低险阻的地方，百围大树上的孔穴，有的像鼻孔，有的像嘴巴，有的像耳朵，有的像梁上的方孔，有的像牛栏猪圈，有的像舂臼，有的像深池，有的像浅塘;（这些孔窍发出声音）有的像湍水冲激的声音，有的像飞箭声，有的像叱咤的声音，有的像呼吸的声音，有的像叫喊的声音，有的像嚎哭的声音，有的像风吹深谷的声音，有的像哀叹的声音。前面的风呜呜地唱着，后面的风呼呼地和着。小风则相和的声音小，大风则相和的声音大。烈风停止后，则所有的孔窍都虚空无声了。你不见草木还在摇曳晃动吗？"

子游说："地籁是众孔窍发出的声音，人籁是竹箫所吹出的声音。请问天籁是什么呢？"

地籁是孔窍之声；人籁是竹箫吹出之声。

子綦说："风吹万种孔窍发出的声音各不相同，这些声音千差万别，乃是各种窍穴的自然状态造成的，既然各种不同的声音都是由其自身决定的，那么使其怒号发声的还有谁呢？"

【分节导读】

　　世间各种攻讦现象引起了作者对"真宰"的思考。人们因为对事物持有不同的评判标准而相互攻击，但"真宰"本身并不会因人的言论有所改变。站在自然的立场上，真宰非有非无，是超越人的判断的存在。因此芸芸众生为成见争斗，精神困于肉体，不管基于何种立场，到头来都是一场空虚，不是"终身役役而不见其成功"就是"茶然疲役而不知其所归"。

【原文】

　　大知闲闲，小知间间；大言炎炎，小言詹詹。其寐也魂交，其觉也形开，与接为构，日以心斗。缦者，窖者，密者①。小恐惴惴②，大恐缦缦。其发若机栝，其司是非之谓也；其留如诅盟，其守胜之谓也；其杀若秋冬，以言其日消也；其溺之所为之，不可使复之也；其厌也如缄③，以言其老洫也④；近死之心，莫使复阳也。喜怒哀乐，虑叹变慹⑤，姚佚启态；乐出虚，蒸成菌。日夜相代乎前，而莫知其所萌。已乎，已乎！且暮得此，其所由以生乎！

小智的人整天钩心斗角。

【注释】

①缦（màn）：通"慢"，迟缓，散漫。窖：深沉，用心难测。密：谨密，不轻易显露声色。这句话是指世俗之人在待人接物之时的各自用心，然皆不得自在。②惴惴（zhuì）：忧惧不安的样子。③厌：闭藏，堵塞。缄（jiān）：捆东西的绳索。形容心灵闭塞，有如受绳索捆缚着。④老洫（xù）：洫，田间的水道、沟渠。老洫是指年久失修，虽有水而不流动的沟渠，此处指老朽枯竭。⑤虑叹变慹（zhí）：忧虑、感叹、反覆、恐惧。

小智的人的发言就像发射利箭。

【译文】

　　大智广博，小智偏狭。大言盛气凌人，小言争辩不休。他们睡觉时心神交错不宁，醒来后形体疲乏懒散。他们和外界接触纠缠不清，天天钩心斗角。有的散漫不经，有的用心难测，有的谨密不露声色。遇到小恐惧忧惧不安，遇到大恐惧惊魂失魄。他们发言好像放出利箭一般，这就是说在专心窥伺别人的是非来攻击。他们不发言时像赌咒发过盟誓一般，这就是在默默等待时机以守取胜。他们衰败时如秋冬的景物，这就是说他们在一天天消损。他们沉溺在自己的所作所为中，不可能恢复到原状了。他们心灵闭塞如受绳索捆缚着，这就是说他们老朽枯竭了。走向死亡道路的心灵，没法使他们恢复生机了。他们喜怒哀乐，忧虑

小智的人衰败如秋冬的景物。

小智的人的心灵似乐出虚，蒸成菌。

感叹，反覆恐惧，轻浮躁动，放纵张狂，装模作态；像乐声从空虚的乐器中发出，又像地气蒸发长出菌类一样。这种情绪和心态日日夜夜在眼前更替出现，但不知道它们是怎样发生的。算了吧，算了吧！一旦知道了这些产生的道理，也就懂得了它们所以发生的根由了吧！

【原文】

非彼无我，非我无所取。是亦近矣，而不知所为使。若有真宰，而特不得其眹。可行已信；而不见其形，有情而无形。

百骸、九窍、六藏，赅而存焉，吾谁与为亲？汝皆说之乎？其有私焉？如是皆有为臣妾乎？其臣妾不足以相治乎？其递相为君臣乎？其有真君存焉？如求得其情与不得，无益损乎其真。

一受其成形，不亡以待尽。与物相刃相靡，其行尽如驰，而莫之能止，不亦悲乎！终身役役而不见其成功，苶然疲役而不知其所归①，可不哀邪！人谓之不死，奚益！其形化，其心与之然，可不谓大哀乎？人之生也，固若是芒乎？其我独芒，而人亦有不芒者乎？

夫随其成心而师之，谁独且无师乎？奚必知代而心自取者有之？愚者与有焉。未成乎心而有是非，是今日适越而昔至也。是以无有为有。无有为有，虽有神禹，且不能知，吾独且奈何哉！

百骸、九窍、六脏都完备地存在于人身上。

【注释】

① 苶（nié）然：疲惫倦怠的样子。

【译文】

没有它们（上述的种种情态）就没有我，没有我，它们也无从体现。它们和我是相近的，但不知道是由什么东西主使的。好像有真宰，而又找不着它的形迹。我们可从它的作用上得到凭信，虽然看不见它的形体，但它是真实存在而无形象的。

人终生劳碌奔忙，不见成功。

以自身成见为标准，则人人都有标准。

百骸、九窍、六脏，都完备地存在于我的身上，我和哪个最亲近呢？你都一样喜欢它们吗？还是有所偏爱？如果是同等看待它们，那么把它们当成臣妾吗？那臣妾之间就谁也不能统治谁？还是它们轮换着做君臣呢？或许有真宰存在着呢。无论是否求得真宰的实情，对它本身都是没有损减的。

人一旦禀受成形体，形体就一直存在着等待耗尽为止。人们和外物接触，相互伤害和摩擦，驰骋追逐其中，而不能停止，不是可悲的吗！终生劳碌奔忙而不见成功，疲惫困苦而不知究竟为了什么，可不是悲哀的吗！这样的人虽然不死，又有什么意思呢！人的形体逐渐消损，而心也跟它一样消损，这可不是莫大的悲哀吗？人生在世，固然就像这样昏昧吗？还是只有我一个人昏昧，而别人也有不昏昧的呢？

如果人以自己的成见作为取法的标准，那么谁没有一个标准呢？何必一定要知道事物发展的更替变化之理的智人才有呢？愚人也同样有。如果说心中还没形成成见前就已经存有是非，这就如同是今天到越国去而昨天就已经到了。这种说法是把没有看成有。如果把没有看成有，即便是神明的大禹，尚且不能弄清楚，我又有什么办法呢！

【分节导读】

此节对人籁和道做了对比，用朝三暮四的猴子来比喻执迷于分辨事物差异的人。在作者看来，与其争辩不休，不如去掉成见之心让别人与我心意相通。事物虽彼此对立，却是异象同根，皆由道派生而来。人为了将事物区别开为它们冠以不同的名称，其差别纷争均来自于人的主观，非客观存在。表面上大相径庭的事物是彼此相通，浑然一体的。因此通达的人不会为是非彼此纠缠，也不会耗损精力寻求一致，他们顺乎自然，物我各得其所。

【原文】

夫言非吹也，言者有言，其所言者特未定也。果有言邪？其未尝有言邪？其以为异于鷇音①，亦有辩乎，其无辩乎？

道恶乎隐而有真伪？言恶乎隐而有是非？道恶乎往而不存？言恶乎存而不可？道隐于小成，言隐于荣华。故有儒墨之是非，以是其所非而非其所是。欲是其所非而非其所是，则莫若以明。

辩者自认自己的发言和鸟鸣不同。

【注释】

①鷇（kòu）音：雏鸟孵出时的叫声。

【译文】

言论不像风的自然吹动，发言的人都有自己的言词，他们所说的不能作为是非的标准。他们果真有自己的言论呢？还是未曾有过自己的言论呢？他们以为所言不同于刚出壳小鸟的叫声，到底有分别吗？还是没有分别呢？

道是如何被隐蔽而有了真伪呢？言论是如何被隐蔽而有了是非呢？道去了哪里而不存在呢？言论为何存而不可呢？道被小的成就隐蔽，言论被浮华之词隐蔽。所以有了儒墨各家的是非争辩，他们各以对方所否定的为是，各以对方所肯定的为非。想要肯定对方所否定的而否定对方所肯定的，则不如用明静之心去观照事物的本然。

儒家和墨家争执不休。

【原文】

物无非彼，物无非是。自彼则不见，自是则知之。故曰：彼出于是，是亦因彼。彼是方生之说也，

彼有一个是非，此也有一个是非。

17

虽然，方生方死，方死方生；方可方不可，方
不可方可。因是因非，因非因是。是以圣人不由，
而照之于天，亦因是也。

是亦彼也，彼亦是也。彼亦一是非，此亦
一是非。果且有彼是乎哉？果且无彼是乎哉？
彼是莫得其偶，谓之道枢。枢始得其环中，以
应无穷。是亦一无穷，非亦一无穷也。故曰：
莫若以明。

圣人保持自然均衡，物我各得其所。

【译文】

世界上的事物没有不是"彼"的，也没有
不是"此"的。从彼方则看不见此方之是，从
此方则知此方之是。所以说，彼方出自此方，
此方也因着彼方。彼与此是相对共生的。即便
如此，事物都是随生随灭，随灭随生；有被肯
定的一面就有另一面被否定，有被否定的一面
就有另一面被肯定。有是即有非，有非即有是，
是与非皆因对方的相互关系而产生。所以圣人
不走是非对立的路子，而观照于事物的本然，
这也是顺应自然的道理。

丑女与西施，草茎与房柱，都通而为一。

"此"也是"彼"，"彼"也是"此"。彼
一个是非，此也有一个是非。果真有彼此之分
别吗？果真无彼此之分别吗？彼与此没有对立
面，就叫掌握了大道的枢要。合乎道枢才像入
得圆环的中心，可以顺应无穷的变化。是的变
化无穷尽，非的变化也无穷尽。所以说不如用
明静之心去观照事物的本然。

养猴人给猕猴分橡子。

【原文】

以指喻指之非指，不若以非指喻指之非指
也；以马喻马之非马，不若以非马喻马之非马
也。天地一指也，万物一马也。

可乎可，不可乎不可。道行之而成，物谓之而然。恶乎然？然于然。恶乎不然？不然于不然。
恶乎可？可于可。恶乎不可？不可于不可。物固有所然，物固有所可。无物不然，无物不可。故为
是举莛与楹①，厉与西施②，恢恑憰怪③，道通为一。其分也，成也；其成也，毁也。凡物无成与毁，
复通为一。

唯达者知通为一，为是不用而寓诸庸；因是已。已而不知其然，谓之道。

劳神明为一，而不知其同也，谓之朝三。何谓朝三？狙公赋芧④曰："朝三而暮四。"众狙皆怒。
曰："然则朝四而暮三。"众狙皆悦。名实未亏而喜怒为用，亦因是也。是以圣人和之以是非而休乎
天钧，是之谓两行。

【注释】

①莛（tíng）：草本植物的茎。楹：房屋的柱子。此处"莛"喻指轻易可成的事，"楹"喻指难做的事。②厉：通"疠"（lì），癞病，此处指丑女。西施：春秋时越国人，貌美。此处代指美女。③恢恑憰怪：千形万状之怪异。恑（guǐ），通"诡"。憰（jué），通"谲"。④狙（jū）公：养猴的人。狙，猕猴。芧（xù）：橡子。

【译文】

　　用手指来说明手指不是手指，不如用不是手指的东西来说明手指不是手指；用一匹白马来说明白马不是马，不如用不是白马的东西来说明白马不是马。（就大道通观之，）天地就是一指，万物就是一马。

　　可以是可以，不可以是不可以。道路是人们行走而形成的，事物的称谓是人们叫出来的。为什么是这样的呢？它原本是这样的，所以人们就认为是这样的。为什么不是这样的呢？它原本不是这样的，所以人们就认为是不是这样的。为什么是可以的呢？因为它原本就是可以的，所以人们就认为是可以的。为什么是不可以的呢？因为它原本就是不可以的，所以人们就认为是不可以的。事物本来有它是的地方，事物本来有它可的地方。没有什么事物不是，没有什么事物不可。所以就像草茎和房柱，丑陋的女子和美貌的西施，以及一切奇异古怪的东西，从道的观点来看都可以通而为一。事物有所分就有所成，有所成就有所毁。所以一切事物（从总体上来看）无所谓成与毁，都复归为一。

　　只有通达的人才知道万物通而为一的道理，因而不固执于自己的成见而寄寓于事物本身的自然规律。这就是顺应自然的道理。顺应自然而不知其所以然，这叫做"道"。

　　（辩者们）损耗心神去求一致，而不知道万物本来就是相同的，这就是所谓"朝三"。什么叫做朝三呢？有个养猕猴的人分橡子给猕猴，说："早上三升，晚上四升。"所有的猴子听了都很愤怒。他又说："那么早上四升而晚上三升吧。"所有的猴子都高兴了。名与实没有亏损而猕猴喜怒却因而不同，也是顺应猴子的心理作用罢了。所以，圣人调和是非之争而保持自然均衡，这就叫做物我两行（各得其所）。

【分节导读】

　　此节以昭文、师旷和惠施为例，论述人的偏爱之心。道是虚无的，站在道的角度上看世界，事物并不存在好坏之别，但人一旦有了偏爱之心，区别就产生了，人在把握大道上必然会有亏损。昭文等不懂此理，炫耀自身的偏执，迷惑了众人。圣人明白这个道理，所以不会用知见辩说夸耀于人。

【原文】

　　古之人，其知有所至矣。恶乎至？有以为未始有物者，至矣，尽矣，不可以加矣。其次以为有物矣，而未始有封也。其次以为有封焉，而未始有是非也。是非之彰也，道之所以亏也。道之所以亏，爱之所以成。果且有成与亏乎哉？果且无成与亏乎哉？有成与亏，故昭氏之鼓琴也；无成与亏，故昭氏之不鼓琴也。昭文之鼓琴也，师旷之枝策也，

昭文鼓琴。

惠子之据梧也，三子之知，几乎皆其盛者也，故载之末年。唯其好之也，以异于彼；其好之也，欲以明之。彼非所明而明之，故以坚白之昧终。而其子又以文之纶终，终身无成。若是而可谓成乎？虽我无成，亦可谓成矣。若是而不可谓成乎？物与我无成也。是故滑疑之耀，圣人之所图也。为是

不用而寓诸庸，此之谓以明。

【译文】

古时候的人，他们的智识达到了极高的境界。是怎样的极高境界呢？宇宙初始未形成万物时，认识到原始本无万物的存在，这种认识可谓深刻透彻极了，是智识的极高境界，不可以增加了。智识次一等的人，认为有万物存在，而未曾有分界限定。再次一等的人，认为事物有界限之别，而不曾有是非之别。是非之别明显了，道也因此有了亏损。道之所以有亏损，是因为偏爱产生的。天下的万事万物，果真有成和亏吗？果真无成与无亏吗？有成和亏，犹如昭文的弹琴；无成和无亏，就像昭文的不弹琴。

昭文鼓琴；师旷举杖敲击乐器；惠子背靠梧桐辩论。

昭文弹琴，师旷持杖击节，惠施靠在梧桐树下与人雄辩，他们三人的才智，几乎都登峰造极了，所以他们一直从业到晚年。这三个人只是各自有自己的爱好，便想要以此炫异于别人，他们以自己的所好而想让别人明白了解。惠子不明白了解而非要让人明白了解，所以终身迷于"坚白论"的偏蔽。而昭文的儿子又终身从事昭文的弹琴事业，以致终身没有什么成就。像这样可以说有成就吗？那么即使是我，也算是有成就了。如果像这样不算有成就，那么万物与我

宇宙初始，未有万物。

都无所成就。所以迷乱人心的炫耀，是圣人所要摒弃的。所以圣人不用个人的才技辩说夸示于人，而是寄寓在事物的自然规律中，这就叫做"以明"。

【分节导读】

在此节中，作者思考了宇宙万物的起源和"我"的起源，得出了"天地与我并生，而万物与我为一"的结论。"我"与天地万物同归于"道"，道既是万物之始，又是万物之终。而作者故意将秋毫说成大，泰山说作小，早夭的婴孩说作长寿，八百岁的彭祖说作早夭，是因为作者用"无"做它们的参照。秋毫比无大，所以是大；万物归无，泰山为万物中的一点，所以泰山为小。早夭的婴孩比无长寿，所以长寿；时间亦归无，所以彭祖即使活了八百岁也是早夭。

【原文】

今且有言于此，不知其与是类乎？其与是不类乎？类于不类，相与为类，则与彼无以异矣。

虽然，请尝言之。有始也者，有未始有始也者，有未始有夫未始有始也者。有有也者，有无也者，有未始有无也者，有未始有夫未始有无也者。俄而有无矣，而

秋毫可以大；泰山可以小。

未知有无之果孰有孰无也。今我则已有谓矣，而未知吾所谓之其果有谓乎，其果无谓乎？

天下莫大于秋豪之末，而大山为小；莫寿于殇子，而彭祖为夭。天地与我并生，而万物与我为一。既已为一矣，且得有言乎？既已谓之一矣，且得无言乎？一与言为二，二与一为三。自此以往，巧历不能得，而况其凡乎！故自无适有，以至于三，而况自有适有乎！无适焉，因是已。

夭折的婴儿可以是长寿；八百岁的彭祖可以是早夭。

【译文】

现在在这里说一些话，不知这些话与其他人的是属于同一类呢，还是不属于同一类？同类与不同类，既然发了言都算是一类了，那么与其他人就没有什么分别了。

既然如此，请让我试着说说。宇宙万物有它的开始，有它未曾开始的开始，还有它未曾开始的那未曾开始的开始。宇宙万物的初始有它的"有"，有它的"无"，有它的未曾有"无"的"无"，还有它的未曾有的那未曾有的"无"。一下子产生了"有"和"无"，然而不知道这个"有""无"果真是不是"有"和"无"。现在我已经说了这些话，但不知道我所说的果真是说了呢？还是没有说呢？

天下没有比秋毫的末端更大的东西，而泰山却是小的。没有比夭折的婴儿更长寿的，而活了八百岁的彭祖却是短命的。天地与我并生，而万物与我同为一体。既然已经合为一体了，那还需要言论吗？既然已经说了合为一体，怎能说没有言论呢？万物一体加上我所发的言论就成了"二"，"二"再加上"一"就成了"三"。由此推算下去，精于计算的人也不能得出最后的数目，何况一般人呢？所以，从"无"到"有"，已经推至三，更何况从"有"到"有"呢！不必再推算下去了，顺应自然就是了。

天地与我并生，万物与我为一。

【分节导读】

此节着重论述了"大道不称，大辩不言"的道理。道没有界限，语言却有界限，因此真理无需用语言表述，高明的言论也不用言说，而如仁、谦、勇等美德也是一样，不需要特意去夸耀。人应收敛光芒，让心灵如天然的府库一般，包容万象，不盈不枯。

【原文】

夫道未始有封，言未始有常，为是而有畛也①，请言其畛：有左有右，有伦有义，有分有辩，有竞有争，此之谓八德。六合之外，圣人存而不论；六合之内，圣人论而不议。春秋经世先王之志，圣人议而不辩。故分也者，有不分也；辩也者，有不辩也。曰：何也？圣人怀之，众人辩之以相示也。故曰：辩也者，有不见也。

夫大道不称，大辩不言，大仁不仁，大廉不嗛②，大勇不忮③。道昭而不道，言辩而不及，仁常而不周，廉清而不信，勇忮而不成。五者无弃而几向方矣。

圣人虚怀若谷，不论、不议、不辩。

故知止其所不知，至矣。孰知不言之辩，不道之道？若有能知，此之谓天府。注焉而不满，酌焉而不竭，而不知其所由来，此之谓葆光。

【注释】

① 畛（zhěn）：井田沟上的小路，此处指界限、疆界。② 大廉不嗛（qiǎn）：大廉是不谦逊的。嗛，通"谦"，谦逊。③ 大勇不忮（zhì）：大勇是不伤害的。

【译文】

道不曾有过界限，言论原本是没有固定的标准，为了争一个"是"字而妄加了种种界线。请让我说说这些界线。如有左，有右，有伦序，有等级，有分别，有论辩，有竞辩，有争持，这是世俗所谓的八种才能。天地以外的事，圣人是存而不论的；天地以内的事，圣人只论述而不评议。一切古史中先王治世的记载，圣人只评议而不争辩。故天下的事理有分别，就有不分别；有辩论，就有不辩论。这是为什么呢？圣人胸怀若谷，不去争辩，众人则争辩不休而竞相示。所以说：凡是争辩，就有看不见的地方。

大道是不可称谓的，大辩是不用言词的，大仁是没有偏爱的，大廉是不谦逊的，大勇是不伤害人的。道一旦昭明了就不是道，言语争辩就有所不及，仁常固定在一方就不能周全，廉若露了行迹就不可信，勇有伤害到人就不能成为勇。这五者遵行不弃就几乎近于道了。

故一个人能止于他所不知的领域，就是极点了。谁知道不用言词的辩论，不用称说的道呢？假若有谁能知道，他就能称为天然的府库。往里面注入多少也不会溢满，取出多少也不会枯竭，而且不知道它来自何处，这就叫做潜藏不露的光明。

【分节导读】

此节以尧的故事为引，引出对大道的赞颂。尧制裁小国就如同十日并出，让世间万物都沐浴到他的光辉。大道普照万物也与之同理。在这里，作者将大道置于一切道理之上。

【原文】

故昔者尧问于舜曰："我欲伐宗、脍、胥敖，南面而不释然。其故何也？"

舜曰："夫三子者，犹存乎蓬艾之间。若不释然，何哉？昔者十日并出，万物皆照，而况德之进乎日者乎！"

【译文】

　　从前尧问舜说："我想讨伐宗、脍、胥敖这三个小国，临朝时总感到心里不安，这是什么原因呢？"

　　舜说："这三个小国的君主，犹如生存在蓬蒿艾草中间一样。你还心绪不安，为什么呢？从前十个太阳一起出来，普照万物，何况道德的光芒更胜于太阳的光芒呢！"

尧向舜询问自己内心不安的原因。

【分节导读】

　　作者通过啮缺和王倪的对话阐述了对标准的看法：人用来衡量外物的标准并不是唯一的。利与害都并非绝对。至于"至人"，其早已与万物合而为一，连火焚、冰冻都无法影响到他，更何况为常人念念于心的利害。至人早已摆脱了外物的羁绊，超越了生死，根本不会为利害所累。

【原文】

　　啮缺问乎王倪曰①："子知物之所同是乎？"

　　曰："吾恶乎知之！"

　　"子知子之所不知邪？"

　　曰："吾恶乎知之！"

　　"然则物无知邪？"

　　曰："吾恶乎知之！虽然，尝试言之。庸讵知吾所谓知之非不知邪②？庸讵知吾

人吃家畜肉；麋鹿吃草；蜈蚣吃蛇；猫头鹰和鸦吃鼠。

所谓不知之非知邪？且吾尝试问乎汝：民湿寝则腰疾偏死，鳅然乎哉？木处则惴栗恂惧，猨猴然乎哉？三者孰知正处？民食刍豢③，麋鹿食荐，蝍蛆甘带④，鸱鸦耆鼠⑤，四者孰知正味？猿猵狙以为雌⑥，麋与鹿交，鳅与鱼游。毛嫱、西施⑦，人之所美也；鱼见之深入，鸟见之高飞，麋鹿见之决骤。四者孰知天下之正色哉？自我观之，仁义之端，是非之塗，樊然淆乱，吾恶能知其辩！"

　　啮缺曰："子不知利害，则至人固不知利害乎？"

　　王倪曰："至人神矣！大泽焚而不能热，河汉沍而不能寒⑧，疾雷破山而不能伤，飘风振海而不能惊。若然者，乘云气，骑日月，而游乎四海之外。死生无变于己，而况利害之端乎！"

【注释】

①啮（niè）缺、王倪：皆为虚拟人物。②庸讵（jù）：何以，怎么，哪里。③刍豢（chú huàn）：用草喂养的叫做刍，指牛羊；用谷子喂养的叫做豢，指狗猪。④蝍蛆（jí jū）：蜈蚣。带：蛇。⑤鸱（chī）：猫头鹰。耆（shì）：通"嗜"，喜欢吃，好吃。⑥猵狙（biān jū）：猕猴的一种，似猿。⑦毛嫱（qiáng）：古代美女，一说为越王的美姬。

⑧河汉：黄河和汉水。沍（hù）：冻结。

【译文】

啮缺问王倪说："你知道万物有共同的标准吗？"

王倪说："我怎么知道呢！"

"你知道你所不知道的事物吗？"

"我怎么知道呢！"

"那么万物就无法知道了吗？"

王倪说："我怎么知道呢！即便如此，我还是试着说说：怎么知道我所说的'知道'不是'不知道'呢？怎么知道我所说的'不知道'不是'知

人以毛嫱、西施为美；猿和猵狙为偶；麋鹿交配；鳅与鱼交尾。

道'呢？且让我问问你：人睡在潮湿的地方就会腰生疾病而半身不遂，泥鳅会这样吗？人在高树上就会惊怕不安，猿猴会这样吗？这三者谁知道住在什么地方才是最合适的呢？人吃家畜的肉，麋鹿吃草，蜈蚣爱吃蛇，猫头鹰和乌鸦喜欢吃老鼠，这四者谁知道吃什么东西才是最美味的呢？雌猿和猵狙成为配偶，麋与鹿交配，泥鳅和鱼交尾。毛嫱、西施，人们认为是最美的女子；但鱼见了她们会潜入水底，鸟见了她们会飞向高空，麋鹿见了她们会疾速奔跑；这四者谁知道什么美色才是天下真正的美色呢？依我看来，仁义的端倪，是非的途径，纷然错乱，我怎么能知道它们之间的分别呢？"

啮缺说："你不知道利与害，难道至人也不知道利与害吗？"

王倪说："至人神妙极了！山泽燃烧而不能使他感到热，黄河和汉水都封冻了而不能使他感到冷，疾雷震裂了山岳而不能使他身体受到伤残，狂风掀起海浪而不能使他感到震惊。像这样的至人，乘着云雾，骑着日月，而遨游于四海之外。生和死的变化都不能影响到他，何况利害这类事呢！"

【分节导读】

在此节中，瞿鹊子和长梧子谈到了死亡。圣人与万物合一，并不为尘世熙攘所扰，顺乎自然。但凡夫俗子则习惯用已知推测未知，为想象出来的境遇悲伤欣喜。作者用丽姬入晋宫的故事说明，已知并不一定能推出未知。人不知死却厌恶死亡，即是被知迷惑住了，愚人意识不到自己已陷入自己亲手编造的虚幻之境。"道未始有封"，人却为自己设置界限，人应从知的局限中跳出来，从人造的梦境中走出来，和万物合一。

【原文】

瞿鹊子问乎长梧子曰："吾闻诸夫子：'圣人不从事于务，不就利，不违害，不喜求，不缘道；无谓有谓，有谓无谓，而游乎尘垢之外。'夫子以为孟浪之言，而我以为妙道之行也。吾子以为奚若？"

长梧子曰："是黄帝之所听荧也，而丘也何足以知之！且汝亦大早计，见卵而求时夜，见弹而求鸮炙①。

"予尝为女妄言之，女以妄听之奚？旁日月，挟宇宙，为其吻合，置其滑涽②，以隶相尊③。众人役役，圣人愚芚④，参万岁而一成纯。万物尽然，而以是相蕴。

"予恶乎知说生之非惑邪！予恶乎知恶死之非弱丧而不知归者邪！丽之姬，艾封人之子也，晋国之始得之也，涕泣沾襟；及其至于王所，与王同筐床，食刍豢，而后悔其泣也。予恶乎知夫死者不悔其始之蕲生乎！

"梦饮酒者，旦而哭泣；梦哭泣者，旦而田猎。方其梦也，不知其梦也。梦之中又占其梦焉，觉而后知其梦也。且有大觉而后知此其大梦也。而愚者自以为觉，窃窃然知之。君乎，牧乎，固哉！丘也与女，皆梦也；予谓女梦，亦梦也。是其言也，其名为吊诡。万世之后而一遇大圣，知其解者，是旦暮遇之也。"

瞿鹊子和长梧子讨论死亡。

【注释】

①鸮（xiāo）炙：烤鸮鸟肉。②置其滑涽（hūn）：任其淆乱纷杂而不顾。③以隶相尊：视下贱为同样尊贵，亦即把世俗上的尊卑看做是同样的。④愚芚（chūn）：浑然无知的样子。

【译文】

瞿鹊子问长梧子说："我听孔夫子说过：'圣人不去做尘世间的事情，不谋利益，不逃避危害，不喜追求，不拘泥于道。没有说等于说了，说了又等于没有说，而心神遨游于尘世之外。'孔夫子认为这些是轻率不当的言论，而我认为是通往美妙大道的途径。您认为怎么样呢？"

丽姬为当初的哭泣后悔。

长梧子说："这些话黄帝听了都疑惑不解，孔丘又怎么能理解呢？而且你也求之过急了，就像见到鸡蛋就想得到报晓的鸡，见到弹丸就想烤吃鸮鸟肉。

"我姑且对你说说，你也姑且听听，怎么样？圣人同日月并明，怀抱着宇宙，与天地万物混合为一体，任其淆乱纷杂而不顾，把世俗上的尊贵卑贱看做是一样的。众人忙忙碌碌，圣人则大智若愚，糅合古今事物为一体却精纯不杂。万物都是如此，而互相蕴含着归于精纯浑朴之中。

人在梦中饮酒作乐。

"我怎么知道贪生不是迷惑呢！我怎么知道怕死不是像自幼流浪在外而不知归家那样呢！丽姬是艾地戍守封疆人的女儿。晋国刚得到她的时候，哭得泪水湿透了衣襟；等她到了晋国的王宫，与国君同睡一床，同食美味的肉食，才后悔当初不该哭泣。我怎么能知道死了的人不后悔当初的贪生呢！

"梦中饮酒作乐的人，早上醒来或许会遇到不如意的事而哭泣；梦中哭泣的人，早上醒来后或许去打猎为欢。当人在梦中，不知道是在做梦。有时在梦中又做着梦，醒后才知道是

人的一生犹如一场大梦。

做梦。只有彻底觉醒了的人才知道人生犹如一场大梦。而愚昧的人自以为清醒，显出明察的样子，似乎什么都知道。什么国君呀，臣仆呀，孔丘真是固执浅陋极了！孔丘和你，都在做梦；我说你在做梦，也是在做梦。这些言论，可以称做奇谈怪论。万年以后遇到一位大圣人，能了然这些道理，如同早晚遇着的一样。"

【分节导读】

此节继续瞿鹊子与长梧子的对话，谈到"由谁来判定是非对错"的问题。人各有各的立场，有立场就有局限，有局限就无法保证公正。作者认为唯有站在道的立场上，用自然之道来调和这一切。

【原文】

"既使我与若辩矣，若胜我，我不若胜，若果是也，我果非也邪？我胜若，若不吾胜，我果是也，而果非也邪？其或是也，其或非也邪？其俱是也，其俱非也邪？我与若不能相知也，则人固受黮暗，吾谁使正之？使同乎若者正之，既与若同矣，恶能正之！使同乎我与若者正之？既同乎我与若矣，恶能正之！使异乎我与若者正之？既异乎我与若矣，恶能正之！使同乎我与若者正之？既同乎我与若矣，恶能正之！然则我与若与人俱不能相知也，而待彼也邪？"

瞿鹊子和长梧子讨论评判是非对错的标准。

忘年忘义，遨游无穷。

【译文】

"假使我与你辩论，你胜了我，我没有胜你，你就果然对吗，我就果然错吗？我胜了你，你没有胜我，我就果然对吗，而你就果然错吗？这是我们两人中有一人对，有一人错呢？还是我们两人都对，或者都错呢？我和你都不知道，而他人本来都有偏见。我让谁来评判是非？如果请与你观点相同的人来评判，既然他和你观点相同，怎么评判呢？如果请与我观点相同的人来评判，既然他和我的观点相同，怎么评判呢？如果让不同于我和你的观点的人来评判，既然观点不同于我和你，怎么能评判呢？如果让观点与我和你相同的人评判，既然他的观点与我和你相同了，怎么能评判呢？那么我和你及他人都不能评判谁是谁非了，还等待谁来评判呢？"

【原文】

"化声之相待，若其不相待。和之以天倪，因之以曼衍，所以穷年也。何谓和之以天倪？曰：是不是，然不然。是若果是也，则是之异乎不是也，亦无辩；然若果然也，则然之异乎不然也亦无辩。忘年忘义，振于无竟，故寓诸无竟。"

【译文】

"是是非非变化的声音是互相对立而成的，若要使它们不相对立，就要用自然之道来调和，顺应其自在的变化，以此享尽天年。什么叫做用自然之道来调和天地万物呢？'是'也是'不是'，'然'也是'不然'。'是'若果真是'是'，就和'不是'有区别，这样也就不须辩论了；'然'若果真是'然'，就和'不然'有区别，这样也就不须辩论了。忘掉生死年岁，忘掉是非仁义，遨游于无穷的境地，由此也就能寄寓于这无穷的境地。"

【分节导读】

此节以变幻不定的影子说明依赖外物而生，无以得到自由的道理，并借影子之口提出"物从何来"的问题。影子和罔两都不知道影子所依附之物从何而来，而站在道的角度，万物都从"道"中来，影子依附之物也是如此。

【原文】

罔两问景曰："曩子行[①]，今子止；曩子坐，今子起，何其无特操与？"

景曰："吾有待而然者邪？吾所待又有待而然者邪？吾待蛇蚹蜩翼邪[②]？恶识所以然！恶识所以不然！"

【注释】

①曩（nǎng）：从前。②蛇蚹（fù）：蛇腹下的鳞皮。蜩翼：蝉翅。

【译文】

罔两问影子说："刚才你行走，现在你停下；刚才你坐着，现在你起来，你怎么这样没有独立的操守呢？"

影子说："我是有所待才这样吗？我所待的事物又有所待才这样的吗？我所待的就像蛇凭借腹下的鳞皮而行，蝉凭借翅膀而飞吗？我怎能知道为什么会这样！怎能知道为什么不会这样！"

【分节导读】

此节以梦说事。庄子是庄子，蝴蝶是蝴蝶，但在梦中庄子可以是蝴蝶，蝴蝶也可以是庄子，物与我的界限被打破了。庄子在梦中实现了万物与我的合一，在梦中悟出了万物齐一的道理，抵达了逍遥之境。

【原文】

昔者庄周梦为胡蝶，栩栩然胡蝶也[①]，自喻适志与！不知周也。俄然觉，则蘧蘧然周也[②]。不知周之梦为胡蝶与，胡蝶之梦为周与？周与胡蝶，则必有分矣。此之谓物化。

【注释】

①栩栩（xǔ xǔ）然：翩翩飞舞的样子。②蘧蘧（qú qú）然：僵直卧着的样子。

【译文】

　　从前庄周梦见自己变成了蝴蝶，翩翩飞舞的一只蝴蝶，自我感觉快意极了，不知道自己是庄周了。忽然醒了，自己分明是僵直卧在床上的庄周。不知道是庄周做梦化为蝴蝶呢，还是蝴蝶梦中化为庄周呢？庄周与蝴蝶，必定是有分别的。这种物我的转变就叫做"物化"。

庄周梦蝶

◎养生主◎

【题解】

本篇以阐述人生观为主旨。所谓"养生主",即指养生之道。主,指主宰者,即道。庄子说的这个养生之道,就是"缘督以为经",意思是不要为善去求名,不要因做不好的事而遭受惩罚,顺乎自然之中道,就可以"保身""全生""尽年"。他以庖丁解牛为喻,指出应当"以无厚入有间",避开一切矛盾冲突,使自己在纷繁的社会中"游刃有余"。庄子的这种人生观强调的是精神上的自由,即顺乎自然天性,"安时处顺",听任命运的安排,不要人为地做什么。这种人生哲学有一定的消极性。

【分节导读】

此节作者提出顺乎自然的养生之道。生有涯而知无涯,以有限之生追寻无限之物必疲役身心。人要顺乎自然,不因追名逐利殚思竭虑伤身害体,也不因恣意妄为触犯法律遭刑法所罚。

【原文】

吾生也有涯,而知也无涯。以有涯随无涯,殆已;已而为知者,殆而已矣。为善无近名,为恶无近刑。缘督以为经,可以保身,可以全生,可以养亲,可以尽年。

吾生也有涯,而知也无涯。

【译文】

人的生命是有限的,而知识是无穷的。用有限的生命去追求无限的知识,会陷入疲困;既然这样还要汲汲追求知识,就会更加疲困不堪了!做善事不要有求名之心,做恶事不要遭受刑戮之苦。把顺应自然作为养生的常法,便可以保全身体,可以保全生命,可以培养精神,可以尽享天年。

【分节导读】

此节以庖丁解牛的故事喻处世之道,以解牛之法写处世之法。在作者这里,万物皆出于道,社会与牛相通,解牛与处世相通。解牛需了解牛之肌理,处世需了解世情规律;解牛需"以无厚入有间",处世需规避矛盾障碍;解牛需"视为止,行为迟,动刀甚微",处世则需多观察,多思考,谨言慎行。解牛之刀一如经世之人,善解牛者刀不易折,善处世者人不易损。庖丁目无全牛,而世界在善处世者眼中则开阔无碍。

【原文】

庖丁为文惠君解牛，手之所触，肩之所倚，足之所履，膝之所踦①，砉然响然②，奏刀騞然③，莫不中音；合于《桑林》之舞，乃中《经首》之会。文惠君曰："嘻，善哉！技盖至此乎？"

庖丁为文惠公解牛。

庖丁释刀对曰："臣之所好者道也，进乎技矣。始臣之解牛之时，所见无非全牛者也。三年之后，未尝见全牛也。方今之时，臣以神遇而不以目视，官知止而神欲行。依乎天理，批大郤，导大窾④，因其固然。技经肯綮之未尝微碍⑤，而况大軱乎⑥！良庖岁更刀，割也；族庖月更刀，折也。今臣之刀十九年矣，所解数千牛矣，而刀刃若新发于硎⑦。彼节者有间，而刀刃者无厚；以无厚入有间，恢恢乎其于游刃必有余地矣。是以十九年而刀刃若新发于硎。虽然，每至于族，吾见其难为，怵然为戒，视为止，行为迟。动刀甚微，謋然已解⑧，牛不知其死也，如土委地。提刀而立，为之四顾，为之踌躇满志，善刀而藏之。"

刀用了十九年，还像新的一样。

文惠君曰："善哉！吾闻庖丁之言，得养生焉。"

【注释】

①踦（yǐ）：通"倚"，屈膝抵住。②砉（huò）：象声词，皮骨相离时的声音。③騞（huō）：刀解剖东西所发出的声音。④导：引刀而入。窾（kuǎn）：空处，指骨节间的空隙。⑤技：枝脉。经：经脉。肯：附着在骨头上的肉。綮（qìng）：筋骨盘结处。⑥軱（gū）：大骨。⑦硎（xíng）：磨刀石。⑧謋（huò）：分离，解散。

牛骨节有间隙，刀刃没厚度。

【译文】

庖丁给文惠王宰牛，手接触的地方，肩倚着的地方，脚踩着的地方，膝抵住的地方，发出哗哗的或轻或重的响声，进刀时发出哗啦啦的响声，没有不合乎音律的。合乎《桑林》舞曲的节拍，又同于《经首》乐章的韵律。

文惠王说："啊，好极了！您的技术怎么能达到这般高超的地步呢？"

要按照牛的身体结构动刀。

庖丁放下刀回答说：“我所爱好的是道，已经超越技术了。我刚开始宰牛的时候，所看到的无非是牛。三年以后，未尝看见整个的牛了。到了现在，我只用心神和牛接触而不用眼睛去看，耳目等感官的作用停止而心神在运行着。依照牛体的自然纹理，劈开筋骨间的空隙，引刀入骨间的空隙，顺着牛体本来的结构动刀。那些经络相连、筋骨聚结的地方都不曾有什么妨碍，更何况大骨头呢！好的厨师一年更换一把刀，他们用刀割筋肉；一般的厨师一个月更换一把刀，他们用刀砍骨头。现在我这把刀已用了十九年，所宰过的牛有几千头了，而刀刃好像在磨刀石上新磨过的一样锋利。因为牛骨节是有间隙的，而这刀刃却薄得没有厚度，用没有厚度的刀刃切入有间隙的骨节，这其中宽宽绰绰的，当然会游刃有余了。所以这把刀子用了十九年还像新磨的一样。即便如此，每遇到筋骨聚结的地方，我见了知道不容易，小心谨慎，视线专注，动作慢下来，动刀很轻微，牛体哗啦啦就分解开了，牛还不知道自己已经死了呢，像土溃散在地。这时我提刀站立，环顾四周，感到心满意足，将刀擦净收好。”

牛不知自己死了，像土溃散在地。

文惠公听庖丁谈解牛，悟养生之道。

文惠王说：“好啊！我听了庖丁的这一番言语，得到了养生之道。”

【分节导读】

此节用天生独脚之人引出对“非常”的思考。当人被固有的观念局限，将顺乎自然却与众不同之物当做非常，必引发不必要的烦恼和困惑。作者的养生以养神为重，其用“畜乎樊中”的雉鸡象征精神被束缚住的人。精神自由若被牺牲，即使物质丰盈，也无法达到自在逍遥的境界。

【原文】

公文轩见右师而惊曰：“是何人也？恶乎介也？天与，其人与？”曰：“天也，非人也。天之生是使独也，人之貌有与也。以是知其天也，非人也。”

泽雉十步一啄，百步一饮，不蕲畜乎樊中①。神虽王②，不善也。

【注释】

①蕲（qí）：求。樊（fán）：笼子。②王（wàng）：通“旺”，盛，饱满。

草泽中的野鸡虽觅食艰难，却不求被养于笼中。

【译文】

公文轩看到一个当过右师的人不禁吃惊地说："这是什么人呢？怎么只有一只脚呢？是天生就这样，还是人为造成的呢？"他想了想自语说："是天生的，不是人为造成的。天生此人使他只有一脚，因为人的形貌是天赋予的。所以知道他这是天生的，不是人为造成的。"

草泽里的野鸡走十步才啄到一口食，走百步才饮到一口水，但它并不祈求被养在笼里。在笼中神态虽然旺盛，但并不自在。

【分节导读】

此节通过秦失在老子葬礼上的表现阐释对死亡的看法。人顺应自然而生，顺应自然而死，人若为顺乎自然之事痛苦就违反了自然法则，他所感受到的痛苦就相当于"遁天之刑"。此节用薪火喻生死之变化——古人以薪裹动物脂肪燃烧取光，脂膏燃烧转化为光——让人领悟由生入死亦通薪尽火传，无非是一种形式上的转化，无需悲伤。

【原文】

老聃死①，秦失吊之，三号而出。

弟子曰："非夫子之友邪？"

曰："然。"

"然则吊焉若此，可乎？"

曰："然。始也吾以为至人也，而今非也。向吾入而吊焉，有老者哭之，如哭其子；少者哭之，如哭其母。彼其所以会之，必有不蕲言而言，不蕲哭而哭者。是遁天倍情，忘其所受，古者谓之遁天之刑。适来，夫子时也；适去，夫子顺也。安时而处顺，哀乐不能入也，古者谓是帝之县解。"

指穷于为薪，火传也，不知其尽也。

秦失去吊唁老聃。

【注释】

① 老聃（dān）：即老子，姓李，名耳，字聃，春秋时楚国苦县（今河南鹿邑）人，曾做过周朝管理典籍的史官。

【译文】

老聃死了，秦失去吊唁，号了三声就出来了。

弟子问说："他不是您的朋友吗？"

秦失说："是的。"

"那么像这样吊唁是待朋友之礼吗？"

秦失说："是的。开始我以为他是至人，但现

生命若薪尽火传。

在觉得并非如此。刚才我进去吊唁时，看见有老年人哭他，如同哭自己的孩子；有少年人哭他，如同哭自己的父母。这些人聚在这里吊唁，必定有不想来吊唁而来吊唁的，不想哭的而哭了的。这是逃避天意，违背实情，忘掉了人之生死寿夭皆禀受于自然，古时候称此为逃避自然的规范。正该来的时候，老聃应时而生；正该去的时候，老聃顺时而去。安心时运而顺乎自然变化，哀乐便不能侵入心灵，古时候把这种解脱称为天帝解除人的倒悬。"

油脂做成烛薪燃烧是有穷尽的，火却传续下去，没有穷尽的时候。

◎人间世◎

【题解】

　　"人间世"，即人间的社会。本篇讲的是人的处世哲学。庄子认为他所生活的是一个"仅免刑焉"的充满危险和灾难的社会，处在这样的社会，处世最要紧的是保全自身。为此通过颜回与孔子、孔子与诸梁、颜阖与蘧伯玉的对话和匠石见栎树等寓言，庄子提出"心斋"以忘我，主张游心、顺世代争，阐述了有用的害处和"无用才是大用"的道理。总体上说，庄子的处世哲学有逃避社会的消极色彩。

　　文中谈卫灵公太子一节，表现出庄子厌恶暴君强权的思想，具有批判社会现实的意义。

【分节导读】

　　在此节中，作者借颜回和孔子的对话来阐释自己的处世哲学。颜回试图前往卫国革其政治弊病，孔子却指出"道不欲杂，杂则多，多则扰"，"名"与"知"皆凶器。即使人本身并无名之意，但由于"仁义绳墨之言"和暴人本身已构成对立，强行推行前者相当于激化了对立，和"圣人和之以是非"相悖，必然遭到不幸。作者借孔子之口表达了对"强以仁义绳墨之言术暴人之前"的否定。

【原文】

　　颜回见仲尼，请行。

　　曰："奚之？"

　　曰："将之卫。"

　　曰："奚为焉？"

　　曰："回闻卫君，其年壮，其行独；轻用其国，而不见其过；轻用民死，死者以国量乎泽，若蕉，民其无如矣！回尝闻之夫子曰：'治国去之，乱国就之，医门多疾。'愿以所闻，思其所行，则庶几其国有瘳乎[①]！"

颜回打算去卫国，向孔子辞行。

　　仲尼曰："譆！若殆往而刑耳！夫道不欲杂，杂则多，多则扰，扰者忧，忧而不救。古之至人，先存诸己而后存诸人。所存于己者未定，何暇至于暴人之所行！

　　"且若亦知夫德之所荡而知之所为出乎哉？德荡乎名，知出乎争。名也者，相轧也；知也者，争之器也。二者凶器，非所以尽行也。

　　"且德厚信矼[②]，未达人气，名闻不争，未达人心。而强以仁义绳墨之言术暴人之前者，是以人恶育其美也，命之曰菑人。菑人者，人必反菑之，若殆为人菑夫！且苟为悦贤而恶不肖，恶用而求有以异？若唯无诏，王公必将乘人而斗其捷。而目将荧之，而色将平之，口将营之，容将形之，心且成之。是以火救火，以水救水，名之曰益多。顺始无穷，若殆以不信厚言，必死于暴人之前矣！

"且昔者桀杀关龙逢，纣杀王子比干，是皆修其身以下伛拊人之民③，以下拂其上者也，故其君因其修以挤之。是好名者也。昔者尧攻丛、枝、胥敖，禹攻有扈，国为虚厉，身为刑戮，其用兵不止，其求实无已。是皆求名实者也。而独不闻之乎？名实者，圣人之所不能胜也，而况若乎！虽然，若必有以也，尝以语我来！"

孔子告诫颜回："用忠厚之言谏争，必死于暴君之前。"

【注释】

①则：法则。瘳（chōu）：病愈。②德厚信矼（gāng）：道德纯厚，信誉坚实。③伛拊（yǔ fǔ）：爱养。

【译文】

颜回拜见孔子，向他辞行。

孔子问："到哪儿去？"

颜回说："将到卫国去。"

孔子问："去做什么？"

颜回说："我听说卫国的君主，他年壮气盛，行为独断专横，他轻率地处理国事，而看不见自己的过错；他轻率地用兵而不惜百姓的生命，以国事的名义使死去的人填满了山泽，有如蕉之枕藉不可胜计，百姓真是无路可走了。我曾听先生说过：'安定的国家可以离开，危乱的国家应前往救助，就像医生的门前有很多病人一样。'我愿照先生所说的去想想办法，也许这个国家还有救吧！"

德是因为好名，圣人多难克名利。

孔子说："唉！你去了怕是要遭受刑戮啊！道是不能混杂的，混杂了就多事，多事就会受干扰，干扰就引起忧虑，忧虑时再自救也来不及了。古时的'至人'，先充实自己而后才去扶助别人。如果自己还未立稳，哪有余暇去纠正暴君的行为呢？

"况且你知道'德'之所以过分和'智'之所以外露的原因吗？'德'的过分是由于好名，'智'的外露是由于争胜。'名'这东西，是人们相互倾轧的原因；'智'这东西，是人们相互争斗的器具。这两者都是凶器，是不可以尽行于世的。

"而且一个人德性纯厚、守信诚实，但未必能使别人了解，即使不和别人争名，也未必能达到别人的心意。如果强行用仁义规范的言论在暴君面前陈述，这样将被认为是以人之恶来炫耀自己的美德，这样将被认为是害人。害别人的人，别人必定会反过来害他，你恐怕要被人害了。况且，如果卫君喜欢贤人而厌恶不肖之人，何必用你去显示有异于人呢？除非你不向他谏诤，否则卫君一定钻你言论的空子而争取同你辩论的胜利。那时你的眼睛将会眩惑不清，面色平和下来，口里只顾得营救自己，卑恭的面容将会显露出来，内心也就顺着他了。这是用火去救火，用水去救水，叫做越救越糟。开始时就依从他，以后会没完没了，如果他不信忠厚之言的谏诤，你必定会死在暴君的面前了！

"从前夏桀杀关龙逢，商纣杀王子比干，都是因为他们修身蓄德，以臣下的身份去关爱人君的民众，以臣下的身份拂逆了在上的君主的心意，所以他们的君主因他们修身养德而排挤他们。这就是好名的结果。从前尧攻打丛、枝、胥敖三国，禹攻打有扈，使这些国家成为废墟，人成了厉鬼，国君被杀戮。这都是他们用兵不断、贪利不已所造成的，这都是因为求名贪利。你没有听说过吗？名利之心，有时连圣人都克制不了，何况你呢！虽然这样，你必定有你的想法，且说给我听听！"

【分节导读】

此节承接上文，继续借孔子之口叙述自己的观点，指出无论是"端而虚，勉而一"，还是"内直而外曲，成而上比"，皆属个人德行。个人德行的"小道"还不足以感化暴人。要感化暴人必要有虚静空明之心，即"心斋"——光明自空明之心而生，万物皆可感化。因此，人应无思无虑，浑然忘我，随遇而安。

【原文】

颜回曰："端而虚，勉而一，则可乎？"

曰："恶！恶可！夫以阳为充孔扬，采色不定，常人之所不违，因案人之所感，以求容与其心。名之曰日渐之德不成，而况大德乎！将执而不化，外合而内不訾①，其庸讵可乎！"

"然则我内直而外曲，成而上比。内直者，与天为徒。与天为徒者，知天子之与己皆天之所子，而独以己言蕲乎而人善之，蕲乎而人不善之邪？若然者，人谓之童子，是之谓与天为徒。外曲者，与人之为徒也。擎跽曲拳②，人臣之礼也，人皆为之，吾敢不为邪！为人之所为者，人亦无疵焉，是之谓与人为徒。成而上比者，与古为徒。其言虽教，谪之实也，古之有也，非吾有也。若然者，虽直而不病，是之谓与古为徒。若是则可乎？"

仲尼曰："恶！恶可！大多政法而不谍③，虽固亦无罪。虽然，止是耳矣，夫胡可以及化！犹师心者也。"

颜回问："端肃谦虚，行事专一，可以吗？"

擎笏跪拜，鞠躬行礼，是臣子的礼节。

【注释】

①外合而内不訾：表面附合，内心并不采纳。訾（zī），通"资"，资取，采纳。②擎（qíng）：执，指执笏，即大臣上朝拿着手板。跽（jì）：跪拜。曲拳：鞠躬。③大多政法而不谍：正人之法太多犹不稳当。大，读作"太"。政，通"正"。谍（dié），稳当。

【译文】

颜回说："外表端肃而内心谦虚，勤勉行事而心志专一，这样可以吗？"

孔子说："唉！怎么可以呢！卫君骄盛之气充满于内而张扬于外，喜怒变化不定，平常人都不敢违逆他，因而他压抑别人对他的劝谏，以求自

心斋不同于祭祀之斋。

己内心的畅快。这种人每天用小德渐渐感化都不成，何况用大德来规劝呢！他必定固执不化，即使表面附合而内心并不采纳，你用的办法怎么可行呢！"

颜回说："那么我内心正直而外表恭顺，引用成说上比古人。所谓内心正直，就是和自然同类。和自然同类，就知道人君和我，都是天生的，这样我哪里会祈求别人称赞自己说的话为善，又哪里会管别人的指责为不善呢？像这样，人们便会说我有赤子之心，这就叫做与自然同类。所谓外表恭顺，是和一般人同样。上朝擎笏跪拜，鞠躬行礼，这是做人臣的礼节。别人都这样做，我敢不这样做吗？做大家都做的事，别人也就不会指责我了，这就叫做和世人同类。所谓引用成说上比古人，是和古人同类。所说的虽然是古人的教诲，其实是指责人君的过失，这种做法是古时就有的，并不是我创造的。像这样，言语虽直率但不会招祸，这就叫做与古人同类。这样可以吗？"

形坐而心驰。

心志专一，不用耳朵去听，而是用心去听。

孔子说："唉！怎么可以呢！纠正人君的方法太多而不妥当。这些方法虽然浅陋，但也不会获罪于卫君。然而，只不过如此而已，怎么能够感化他呢！你太执着自己的成见了。"

【原文】

颜回曰："吾无以进矣，敢问其方。"

仲尼曰："斋，吾将语若！有心而为之，其易邪？易之者，暞天不宜[1]。"

颜回曰："回之家贫，唯不饮酒不茹荤者数月矣。如此，则可以为斋乎？"

曰："是祭祀之斋，非心斋也。"

回曰："敢问心斋。"

仲尼曰："若一志，无听之以耳而听之以心，无听之以心而听之以气！耳止于听，心止于符。气也者，虚而待物者也。唯道集虚。虚者，心斋也。"

颜回曰："回之未始得使，实有回也；得使之也，未始有回也；可谓虚乎？"

夫子曰："尽矣。吾语若！若能入游其樊而无感其名，入则鸣，不入则止。无门无毒，一宅而寓于不得已，则几矣。

"绝迹易，无行地难。为人使易以伪，为天使难以伪。闻以有翼飞者矣，未闻以无翼飞者也；闻以有知知者矣，未闻以无知知者也。瞻彼阕者，虚室生白，吉祥止止。夫且不止，是之谓坐驰。夫徇耳目内通而外于心知，鬼神将来舍，而况人乎！是万物之化也，禹、舜之所纽也，伏戏、几蘧之所行终[2]，而况散焉者乎！"

【注释】

①暞（hào）天不宜：与自然之理不合。②伏戏、几蘧（qú）：传说中的上古帝王。戏，通"羲"。

【译文】

颜回说:"我没有更好的办法了,请问先生的高见?"

孔子说:"你先斋戒,我再告诉你。你有诚心去做事,哪里有这么容易呢?如果认为容易,那就不合自然之理了。"

颜回说:"我家贫穷,我不饮酒、不吃荤已经好几个月了。这样子,可以算是斋戒吗?"

孔子说:"你这是祭祀的斋戒,不是心斋。"

颜回说:"请问什么是心斋?"

孔子说:"你心志专一,不用耳朵去听而是用心去听,进一步不用心听而用气去感应。耳的作用止于聆听外物,心的作用止于与外物接合。气这东西,是虚空而能容纳万物的。只有达到空明的虚境才能容纳道的聚集。这种虚境,就是心斋。"

颜回说:"我没有听到心斋这个道理的时候,实在感到我自身的存在;听到心斋这个道理后,就觉得未曾有我自身存在了,这可以叫做达到虚境吗?"

孔子说:"心斋的道理已尽于此。我告诉你!你进入卫国这樊笼中不要为名位而动心,他们能接受你的话就说,不能接受就不说。不走门路去营求,安心于一,了无二念,待人接物一切都不得已而为之,就差不多了。

"人不走路容易,走路不留行迹难。为人的欲望所驱使则容易作伪,为自然所驱使就难以作伪。听说过有翅膀才能飞,没有听说过没有翅膀而能飞的;听说过用心智去求得知识,没听说过不用心智而求得知识的。观照那个空明的心境,空明的心境就会生出光明,吉祥善福止在宁静之心。如果心境不能宁静,这就叫做形坐而心驰。使耳目感觉向内通达而排除心机智识,这样连鬼神也将会来依附,何况人呢!这样万物都可以感化,这是禹、舜处世的关键,也是伏羲、几蘧行为的准则,何况普通人呢!"

【分节导读】

在此节中叶公子高因出使齐国倍感焦虑而向孔子请教解脱之法。孔子则给他以"行事之情而忘其身"的建议。"行事之情"即顺乎自然,"忘其身"即"至人无己",与前文的"心斋"两相呼应。人若从"我"的束缚中挣脱,忘记自我的利害得失,便无暇顾及"悦生恶死",达到解脱。

【原文】

叶公子高将使于齐①,问于仲尼曰:"王使诸梁也甚重,齐之待使者,盖将甚敬而不急。匹夫犹未可动,而况诸侯乎!吾甚栗之。子常语诸梁也曰:'凡事若小若大,寡不道以欢成。事若不成,则必有人道之患;事若成,则必有阴阳之患。若成若不成而后无患者,唯有德者能之。'吾食也执粗而不臧,爨无欲清之人②。今吾朝受命

叶公子高为出使齐国一事请教孔子。

而夕饮冰,我其内热与!吾未至乎事之情,而既有阴阳之患矣;事若不成,必有人道之患。是两也,为人臣者不足以任之。子其有以语我来!"

仲尼曰:"天下有大戒二:其一,命也;其一,义也。子之爱亲,命也,不可解于心;臣之事君,义也,无适而非君也,无所逃于天地之间。是之谓大戒。是以夫事其亲者,不择地而安之,孝之至也;夫事其君者,不择事而安之,忠之盛也;自事其心者,哀乐不易施乎前,知其不可奈何而安之

若命，德之至也。为人臣子者，固有所不得已。行事之情而忘其身，何暇至于悦生而恶死！夫子其行可矣！

"丘请复以所闻：凡交，近则必相靡以信，远则必忠之以言。言必或传之。夫传两喜两怒之言，天下之难者也。夫两喜必多溢美之言，两怒必多溢恶之言。凡溢之类妄，妄则其信之也莫，莫则传言者殃。故法言曰：'传其常情，无传其溢言，则几乎全。'

无论处境如何，都让父母安适。

"且以巧斗力者，始乎阳，常卒乎阴，大至则多奇巧；以礼饮酒者，始乎治，常卒乎乱，大至则多奇乐。凡事亦然。始乎谅，常卒乎鄙；其作始也简，其将毕也必巨。

"言者，风波也；行者，实丧也。夫风波易以动，实丧易以危。故忿设无由，巧言偏辞。兽死不择音，气息茀然③，于是并生心厉。剋核大至④，则必有不肖之心应之，而不知其然也。苟为不知其然也，孰知其所终！故法言曰：'无迁令，无劝成。过度益也。'迁令劝成殆事，美成在久，恶成不及改，可不慎与！

"且夫乘物以游心，托不得已以养中，至矣。何作为报也！莫若为致命，此其难者。"

【注释】

①叶公子高：姓沈，名诸梁，字子高。楚庄王玄孙，被封于叶（shè），僭称公。②爨（cuàn）：烧火做饭。③茀（bó）：通"勃"，气息急促。④剋（kè）核：苛刻，逼迫。

【译文】

叶公子高将要出使齐国，问孔子说："楚王交给我的使命很重大，齐国接待使者，总是表面上很恭敬而实际上很急慢。普通人犹未可轻易打动，何况是诸侯呢！我很是害怕。您曾经对我说：'凡事不论大小，很少有不依道而能畅快办成的。事情如果办不成，则必定有人君的惩罚；事情如果办成了，则必定会使身体阴阳失调而患病。无论成与不成都不会遭到祸患的，只有大德的人才能做到。'我饮食粗简而不求精美，烧火做饭的人不会因为热而求清凉。现在我早上接受使命而晚上就要喝冰水，我是内心焦灼了吧！我还没有了解事情的真相，就已经患了阴阳失调的病了；事情如果办不成，必定会遭人君的惩罚。这两种灾患临头，为人臣的实在承受不了。先生有什么办法告诉我吧！"

孔子说："天下有两个足以为戒的大法则：一个是命，一个是义。子女爱父母，这是人的天性，永远也不能从心里解除。臣子事君，这是臣子应尽的职责，无论到哪里都不会没有君主，这是天地间无法逃避开的。这就叫做足以为戒的大法则。所以子女奉养父母，无论什么境地都要使他们安适，这是行孝的极点了。臣子事奉君主，不管什么事都要安然处之，这是尽忠的极点了。懂得调养自己心性的人，哀乐不会改变之前的心境，知道事情难为无可奈何而能安心去做，这是德的极点了。为人臣的，本来就有不得已的事。按实

以巧斗力的人。

情去行事而忘记自身，哪有余暇去乐生怕死呢？你这样去做就可以了！

"我还要把所听到的再告诉你：大凡结交邻近的国家要以信用求得安顺，远方的国家要用言辞维系忠诚，言辞要靠使臣去传达。传达两国国君喜悦或怨怒的言辞，是天下最难的事。两国国君喜悦时的言辞必然多有溢美之辞，两国国君怨怒时的言辞必然多有溢恶之辞。凡是过分添加的话都是不实的，不实的东西没有诚信可言，不诚信就会让使者遭殃了。所以古语说：

孔子开导叶公子高。

'要传达真实不妄的话，不要传达过分的话，这样就差不多可以保全自己。'

"凭机巧斗力的人，开始是明斗，到最后常常是来阴谋，太过分时就诡计多端了；以礼节饮酒的人，开始时规规矩矩，到最后常常会迷乱昏醉，太过分时就狂态百出了。任何事情都是这样。开始时互谅互让，到最后常常互相欺诈了。许多事情开始做的时候很单纯，快要完成时就变得很艰巨。

"言语这东西，就像捉摸不定的风波；而传达的言语，会有得有失。风波容易兴动，得失之间容易出现危难。所以怨怒的发作没有别的原因，就是由花言巧语和片面言辞造成的。困兽死时狂吼乱叫，怒气勃然而发，于是产生伤人的恶念。苛刻太过，必然会让人兴起恶念来报复，而自己还不知道为什么会这样。如果自己都不知道为什么会这样，谁还会知道他将终遭到什么结果呢！所以古语说：'不要改变所要传达的使令，不要强求成功。过度就是溢了。'改变使令，强求成功，会把事情变得危险，成就好事需要很久的时间，做糟了事情却来不及改过，这可以不谨慎吗？

"顺从事物的自然规律而悠然其心，寄托于不得已而保养心中精气，这是最好的了。何必作意去报答君命呢？不如去如实传达君命，这是很困难的。"

【分节导读】

此节用一系列的比喻来写待人之道，以螳臂当车喻夸耀才能之危害，以养虎与爱马的对比强调顺其性之益与逆其性之危。与暴人相伴，人必要谨慎地依违于逆顺之间，既和他的言行保持一致，又和他的心性保持距离，然后在顺其行的过程中潜移默化地引导他的行为。

【原文】

颜阖将傅卫灵公太子，而问于蘧伯玉曰①："有人于此，其德天杀。与之为无方，则危吾国；与之为有方，则危吾身。其知适足以知人之过，而不知其所以过。若然者，吾奈之何？"

蘧伯玉曰："善哉问乎！戒之，慎之，正女身也哉！形莫若就，心莫若和。虽然，之二者有患。就不欲入，和不欲出。形就而入，且为颠为灭，为崩为蹶。心和而出，且为声为名，为妖为孽。彼且为婴儿，亦与之为婴儿；彼且为无町畦②，亦与之为无町畦；彼且为无崖，亦与之为无崖。达之，入于无疵。

"汝不知夫螳螂乎？怒其臂以当车辙，不知其不胜任也，是其才之美者也。戒之，慎之！积伐而美者以犯之，几矣。

"汝不知夫养虎者乎？不敢以生物与之，为其杀之之怒也；不敢以全物与之，为其决之之怒也；时其饥饱，达其怒心。虎之与人异类，而媚养己者，顺也；故其杀者，逆也。

"夫爱马者，以筐盛矢，以蜄盛溺③。适有蚊虻仆缘，而拊之不时，则缺衔、毁首、碎胸。意有所至而爱有所亡，可不慎邪！"

【注释】

①蘧（qú）伯玉：姓蘧，名瑗，字伯玉，卫国的贤大夫。②町（tǐng）畦（qí）：田界，此处引申为限制、界线。③蜄（shèn）：大蛤壳。

【译文】

颜阖将要做卫灵公太子的老师，他问蘧伯玉说："现在有一个人，天性刻薄。如果不用法度去劝导他，就会危害国家；如果用法度来规劝他，就会危害我自身。他的智能只知道别人的过错，而不知道自己也有这样的过错。像这样的人，我怎么对他呢？"

颜回即将做卫灵公太子的老师。

蘧伯玉说："你问得好！要警惕，要慎重，端正自身的行为吧！外貌不如表现出顺从之态，内心不如存着调和之意。即便如此，这两种做法仍会招来祸患。顺从他而不要太过分，引导他而不要太显露。外表顺从进而陷入太深，就要堕落毁灭。内心调和之意表露出来，他以为你是为了争声名，就会招致灾祸。他若是像天真无知的婴儿，你也姑且和他一样做个天真无知的婴儿。他如果做什么都没有界限，你也和他一样做什么都不分界限。他如果放荡无边际，你也和他一样放荡无边际。这样引导他到无过失的境界。

螳螂试图用双臂挡住车轮。

"你不知道螳螂吗？奋力举起臂膀来阻挡车轮，不知道自身不能胜任，这是因为它把自己的才能看得太高了。要警惕！要慎重！若常常夸耀自己的长处去冒犯别人，就跟挡车的螳螂差不多了。

养虎人依照虎性养虎。

"你不知道饲养老虎的人吗？不敢拿活物给它吃，因为它捕杀活物时会激发凶残的天性；不敢拿完整的食物给它，因为它撕扯食物时会激发凶残的天性。要了解它饥饱的时间，顺着它的喜怒去疏导。虎与人是异类，却驯服于饲养它的人，这是因为人能顺着它的性子。它所以要扑杀人，是因为人违逆了它的性子。

爱马者不通马性，惊吓了马。

"爱马的人，用筐子盛马粪，用大蛤壳接马尿。赶上有蚊虻叮咬马，那爱马的人拍打得不是时候，马就会咬断口勒，毁坏笼头，挣碎胸上络辔。本意出于爱而结果适得其反，这可以不谨慎吗？"

【分节导读】

此节以栎树托梦的故事论无用之用。匠石站在社会的角度称栎树无用，栎树则站在自身的角度向匠石说明社会立场上的"无用"恰是自身立场的"有用"。常人多站在社会的立场上判断事物是有用还是无用，作者则与众不同地站在自身立场上指出，有用导致祸患，无用可保全自身。因此，判断事物是否有用，不单要参照社会标准，也要关照个人视角，忽视其中任何一个方面都有可能步入危难。

【原文】

匠石之齐，至于曲辕，见栎社树。其大蔽数千牛，絜之百围①，其高临山十仞而后有枝，其可以为舟者旁十数。观者如市，匠伯不顾，遂行不辍。弟子厌观之，走及匠石，曰："自吾执斧斤以随夫子，未尝见材如此其美也。先生不肯视，行不辍，何邪？"

曰："已矣，勿言之矣！散木也，以为舟则沉，以为棺椁则速腐②，以为器则速毁，以为门户则液樠③，以为柱则蠹④。是不材之木也，无所可用，故能若是之寿。"

匠石归，栎社见梦曰⑤："女将恶乎比予哉？若将比予于文木邪？夫柤梨橘柚⑥，果蓏之属⑦，实熟则剥，剥则辱；大枝折，小枝泄⑧。此以其能苦其生者也，故不终其天年而中道夭，自掊击于

匠石梦栎社之树。

世俗也。物莫不若是。且予求无所可用久矣！几死，乃今得之，为予大用。使予也而有用，且得有此大也邪？且也，若与予也皆物也，奈何哉其相物也？而几死之散人，又恶知散木！"

匠石觉而诊其梦。弟子曰："趣取无用，则为社何邪？"

曰："密！若无言！彼亦直寄焉，以为不知己者诟厉也⑨。不为社者，且几有翦乎⑩！且也，彼其所保与众异，而以义喻之，不亦远乎！"

【注释】

①絜（xié）：用绳量。百围：周长百尺。旧说直径一尺为一围。一说为两手合抱为一围。②棺椁（guǒ）：棺材。棺材外再有一层叫椁。③液樠（mán）：液体渗出。④蠹（dù）：蛀木虫。⑤见（xiàn）梦：托梦。⑥柤（zhā）：通"楂"，山楂。⑦果蓏（luǒ）：树木所结的果实叫果，瓜类等在地上蔓生植物的果实叫做蓏。⑧泄：通"抴"（yè），牵引。⑨诟（gòu）厉：辱骂。⑩翦（jiǎn）：砍伐。

【译文】

有个名叫石的木匠到齐国去，走到曲辕，看见一棵被视为社神的栎树。这棵树大到可以给几千头牛遮阴，用绳子量一下有百尺粗，树身高达山头，八丈以上才有树枝，可以造船的旁枝就有十几枝。观看的人众多，好像赶集一样，匠伯不屑一顾，不住脚地往前行。弟子看了个饱，跑着赶上匠石，问道："自从我拿了斧头跟随师傅以来，还不曾见过有这么大的木材。师傅不肯看上一眼，行走不停，为什么呢？"

匠石说："算了，不要再说了！那是没用的散木啊！用它做船很快就会沉没，用它做棺材很快

就会腐烂，用它做器具很快就会毁坏，用它
做门户就会渗出脂液，用它做房柱会长蛀虫。
这是棵不成材的树木，没有任何用处，所以
才有这么长的寿命。"

匠石回到家，社神栎树托梦说："你要拿
什么和我相比呢？你拿我和质纹细密的树木
相比吗？山楂树、梨树、橘子树、柚子树，
瓜果之类，果实熟了就被剥落下来，剥落的
时候就会受到折损。大枝被折断，小枝被拽拉。
这是由于它们的才能害苦了自己的一生，所
以不能享其天年而中途就夭折了，这是自己
招来世俗的打击。万物没有不是这样的。况

栎树因无用得以保全自身。

且我追求无所可用的境地已经很久了，几乎被砍死，到现在才得以保全，这正是我的大用。假使我
有用，能长到这么高大吗？而且你和我都是物，为什么要这样评议物呢？你是将要死的散人，又怎
么能知道散木呢？"

匠石醒后把梦告诉弟子。弟子说："栎树的志趣既然是寻求无用，那它为什么要充当社神
树呢？"

匠石说："停！你别说了！它不过是特意假借社神寄托形体罢了，这才被那些不了解它的人辱骂。
它不充当社神，恐怕早就遭到砍伐了！况且它所保全自己的方法与众不同，以常理来评论它，不是
相差太远了吗？"

【分节导读】

　　此节承接上节，通过子綦所见之神木论无用之用，并用荆氏的楸、柏、桑等木作为对比，论述有用之
害。楸、柏、桑因存在利用价值，中途夭折，常人也难免为自己的才能所累。而神人则如不材之木，因超于
物外而免于外物所伤。结合"神人无功"，不为社会所用有利于摆脱社会束缚，免受社会戕害，逍遥自在。

【原文】

　　南伯子綦游乎商之丘，见大木焉，有异，结驷
千乘，将隐芘其所藾[1]。子綦曰："此何木也哉？此
必有异材夫！"仰而视其细枝，则拳曲而不可以为栋
梁；俯而视其大根，则轴解而不可以为棺椁；咶其叶[2]，
则口烂而为伤；嗅之，则使人狂酲[3]，三日而不已。

子綦曰："此果不材之木也，以至于此其大也。
嗟呼神人，以此不材！"

宋有荆氏者，宜楸柏桑[4]。其拱把而上者，求狙
猴之杙者斩之[5]；三围四围，求高名之丽者斩之；七
围八围，贵人富商之家求樿傍者斩之[6]。故未终其天

南伯子綦像。

年，而中道之夭于斧斤，此材之患也。故解之以牛之白颡者与豚之亢鼻者[7]，与人有痔病者不可以
适河。此皆巫祝以知之矣，所以为不祥也。此乃神人之所以大为祥也。

【注释】

①将隐芘其所藾：在这棵树树荫的庇护下可隐蔽车辆千乘。芘，通"庇"。藾（lài），荫。②咶（shì）：同"舐"，舔。③酲（chéng）：醉酒。④楸（qiū）：落叶乔木，树干高且直，木质细密坚实。⑤杙（yì）：小木桩，可用来拴狙猴。⑥樿（shàn）傍：独板棺木。⑦白颡（sǎng）：白额头。亢鼻：仰鼻，鼻孔向上翻。

南伯子綦到商丘游玩，见大木。

【译文】

　　南伯子綦到商丘游玩，见到一棵大树，异乎寻常，即便集结一千辆四匹马拉的车，也可在它的树荫下隐蔽起来。子綦说："这是棵什么树呢？它必定有特异的材质吧！"仰头看看树的细枝，弯弯曲曲而不能做栋梁；低头看看树干的底部，树心松散而不能制作棺材；舔舔它的叶子，嘴巴便溃烂受伤；闻闻它，就使人如醉酒一样发狂，三天醒不过来。

　　子綦说："这果真是棵不成材的树，所以它能长到这么大。唉，神人也是这样显示自己的不材啊！"

　　宋国荆氏那个地方，适宜楸、柏、桑树生长。等它们长到一两把粗的时候，就被想用它做拴狙猴的木桩的人砍了去；等长到三四围粗的时候，就被寻求高大栋梁的人砍了；等长到七八围粗的时候，就被富贵人家寻求棺木的人给砍了。因此这些树都未能尽享天年，而中途便夭折于斧头之下，这就是有用之材的祸患。所以古时禳除的祭祀，凡是白额头的牛、鼻孔向上翻的小猪，以及长了痔疮的人不可以用来投河祭神。这是巫祝都知道的，认为这些是不吉祥的。但这正是神人认为最吉祥的。

【分节导读】

　　此节以支离疏的经历阐述"无用终其年"的道理。人们多只看到肢体不全的不便，看不到其助人养身立命的一面。予人无用的人予己却有大用，有智慧的人不会为形体相貌异于常人而纠结。作者笔下的得道者中不乏肢体残缺之人，其以此来凸显得道者的与众不同。

【原文】

　　支离疏者，颐隐于脐，肩高于顶，会撮指天①，五管在上，两髀为胁②。挫针治繲③，足以糊口；鼓筴播精，足以食十人。上征武士，则支离攘臂而游于其间；上有大役，则支离以有常疾不受功；上与病者粟，则受三钟与十束薪。夫支离其形者，犹足以养其身，终其天年，又况支离其德者乎！

支离疏身形残疾。

【注释】

①会撮（cuō）：发髻。驼背低头，故发髻朝天。②两髀为胁：大腿为两肋。髀（bì），大腿。③挫针：即缝衣服。挫，同"剉"。治繲（xiè）：洗衣服。

【译文】

　　有个叫支离疏的人，面颊隐藏在肚脐下面，肩高过头顶，脑后的发髻朝天，五藏的穴位都在脊背上，两条大腿和胸旁两肋相并。他给人缝洗衣服，可以糊口；给人簸米筛糠，可以养活十口人。国家征兵时，支离疏甩着胳膊走来走去不用躲避。国家摊派徭役时，他便因长期残病不用当差；国家发账救济贫病时，他可以领到三钟粮食和十捆柴。那些形体残缺不全的人，尚足以养身，享尽天年，更何况那忘记世俗德行的人呢？

【分节导读】

此节借楚狂人唱与孔子的悲歌慨叹离乱之世。孔子强调入世及人的社会价值，道家则主张出世，注重人的自我价值。作者以山木、油脂、桂树、漆树的下场喻欲求为社会所用的人的结局。以作者之见，乱世之中即使身为圣人也只能求得保全性命，孔子的有用之说就如牢笼一般害人深陷，妨害了作为个体的人的生命。

【原文】

孔子适楚，楚狂接舆游其门曰："凤兮凤兮，何如德之衰也！来世不可待，往世不可追也。天下有道，圣人成焉；天下无道，圣人生焉。方今之时，仅免刑焉。福轻乎羽，莫之知载；祸重乎地，莫之知避。已乎，已乎！临人以德！殆乎，殆乎！画地而趋！迷阳迷阳，无伤吾行！郤曲郤曲，无伤吾足！"

山木，自寇也；膏火，自煎也。桂可食，故伐之；漆可用，故割之。人皆知有用之用，而莫知无用之用也。

楚狂人接舆路过孔子门前。

【译文】

孔子到楚国，楚国狂人接舆路过孔子的门前唱道："凤啊，凤啊，你的德行为什么衰微了呢？来世不可期待，往世不可追回。天下有道，圣人可以成就事业；天下无道，圣人只能保全生命。当今这个时代，只能求免遭刑戮。福比羽毛还轻微，不知道摘取；灾祸比大地还重，不知道躲避。罢了！罢了！在人面前以德来炫耀自己。危险啊！危险啊！在画定的地域里行走。荆棘啊，荆棘啊，别妨碍我走路！绕弯走啊，绕弯走啊，别伤了我的脚！"

漆树被人用刀割。

山木是自己招致砍伐的；膏火是自己招来的煎熬。桂树可以食用，所以遭砍伐；漆树有用，所以遭刀割。人们都知道有用的用处，而不知道无用的用处。

山木因有用招致砍伐。

◎德充符◎

【题解】

　　本篇是讨论道德问题的，所谓"德充符"，是指道德的充实完美。文中先后写了王骀、叔山无趾、申徒嘉、支离无脤、瓮盎大瘿等形体残缺而道德充实完美的人，说明人的外形的残与完整都是次要的，只要人内在的道德充实完美，即使形体残缺丑陋，也是有价值的，有吸引力的，人们要忘掉形骸而求取道德。这是其一。其二，庄子进而提出了"恶用德"的观点。他认为全德之人对外物要因顺，德并不依赖于外形而存在，而圣人不需要一切人为的东西。所以"恶用德"，只有如此才能做到"有人之形，无人之情"，即不让任何人为的东西侵入心灵，"常因自然"而已。这是庄子无为无己的哲学思想在道德问题上的体现。

【分节导读】

　　此节通过常季和孔子关于得道者王骀的讨论阐述了以道观物的观点。以道观物，超越了物本身的层面，便不会被物体之间的差异迷惑。王骀并未因缺少一只脚不同于常人而自觉有所丧失，这是得道的结果。而道不仅可以让人不再怨得怨失，还会让人散发出超凡的魅力，身体残疾的王骀虽"立不教，坐不议"，无意为人之师，却仍吸引来大量求学求问之人，连孔子都"将以为师"。

【原文】

　　鲁有兀者王骀①，从之游者与仲尼相若。常季问于仲尼曰："王骀，兀者也，从之游者与夫子中分鲁。立不教，坐不议，虚而往，实而归。固有不言之教，无形而心成者邪？是何人也？"

　　仲尼曰："夫子，圣人也，丘也直后而未往耳。丘将以为师，而况不若丘者乎！奚假鲁国！丘将引天下而与从之。"

很多人向兀者王骀求教。

　　常季曰："彼兀者也，而王先生，其与庸亦远矣。若然者，其用心也独若之何？"

　　仲尼曰："死生亦大矣，而不得与之变，虽天地覆坠，亦将不与之遗。审乎无假而不与物迁，命物之化而守其宗也。"

　　常季曰："何谓也？"

　　仲尼曰："自其异者视之，肝胆楚越也；自其同者视之，万物皆一也。夫若然者，且不知耳目之所宜，而游心乎德之和。物视其所一而不见其所丧，视丧其足犹遗土也。"

　　常季曰："彼为己，以其知得其心，以其心得其常心，物何为最之哉？"

　　仲尼曰："人莫鉴于流水而鉴于止水，唯止能止众止。受命于地，唯松柏独也正，在冬夏青青；受命于天，唯尧舜独也正，在万物之首。幸能正生，以正众生。夫保始之征，不惧之实。勇士一人，雄入于九军。将求名而能自要者②，而犹若是，而况官天地，府万物，直寓六骸，象耳目，一知之所知，而心未尝死者乎！彼且择日而登假，人则从是也。彼且何肯以物为事乎！"

【注释】

①兀：断足。王骀（tái）：庄子虚拟的人名。骀，即"驽"，含有大智若愚的意思。②自要（yāo）：自己要求自己，自求上进。

孔子和常季谈论王骀受人尊崇的原因。

【译文】

鲁国有个断足之人叫王骀，跟从他游学的人和跟从孔子学习的人相当。常季问孔子道："王骀是断足之人，跟从他游学的人和先生的弟子在鲁国各占一半。他立不施教，坐不议论，向他游学的人脑中空空而去，回来却满载而归。果真有不言之教，在无形之中得到潜移默化的吗？这是一个什么样的人呢？"

孔子说："这位先生，他是个圣人，我也落在后面还没来得及去请教他。我将拜他为师，何况不如我的人呢！何止鲁国，我将要引导天下的人去跟从他学习。"

常季说："他是个断足之人，而能胜过先生您，他超出普通人也一定深远得多了。如果是这样，他运用起心智来将是怎样的呢？"

孔子说："死生是极大的事，却不能影响到他，即使天地翻覆，他也不会随之遗落毁灭。他洞悉无所凭借的道理而不随外物的变化而变化，顺任万物的变化而固守万物的根本。"

常季说："这是什么意思呢？"

孔子说："从万物相异的角度看，肝和胆就像楚国和越国相距那样远。从万物相同的角度看，万物都是同一的。如果认识到这一点，就不会关心耳目适宜什么样的声音和颜色的问题，只求心畅游于德的和谐境地。万物只见其同一而不见其有什么丧失，看到断去一足就像丢掉一块泥土一样。"

常季说："他是修养自身罢了，用他的智慧获得明理之心，用明理之心获得无所分别的平常心，那么众人为何会聚在他周围呢？"

孔子说："人不会在流动的水面照自己的影子，而是在静止的水面照自己的影子，只有静止的水才能使众人停下来照自己的影子。植物从大地获得生命，唯有松柏禀自然之正，冬夏常青；众人从上天获得生命，唯有尧舜得自然之正，在万物之中为首领。幸而他们能自正心性，才能引导众生端正。保全本始的特征，具有无所畏惧的本质。即便是独自一人，也敢入千军万马之中。为了求名而能自己要求自己的人，尚且能这样，何况主宰天地，包藏万物，以身体六骸为寓所，以耳目为表象，天赋的智慧能观照所能知道的领域，心中未尝有死生变化的观念的人呢！他将指日达到高远的境界，这样的人，人们都愿意追从他。而他哪里肯把能吸引众人当回事呢？"

【分节导读】

在此节中作者用一段对话表达了"知不可奈何而安之若命"的观点。申屠嘉是受刑残废之人，子产是有名望的贵族，站在世俗的立场上前者卑而后者尊。而作者故意通过这种对比强烈的设置说明得道者未必是世俗意义上的达官显贵。子产羞于与社会地位低于自己的申屠嘉同进同出，斤斤计较形骸之外的高低之别，不能以平等之心待人，远远没有得道。而申屠嘉虽遭刑罚却不以为辱，顺安天命，终获心灵之平静，淡泊安然。人不能以地位尊卑来判断人的德行，也不能以形骸是否完备来衡量一个人的境界高低，得道之人早已对形骸之外的千差万别视若无睹。

【原文】

申徒嘉，兀者也，而与郑子产同师于伯昏无人。子产谓申徒嘉曰："我先出则子止，子先出则我止。"其明日，又与合堂同席而坐。子产谓申徒嘉曰："我先出则子止，子先出则我止。今我将出，子可以止乎，其未邪？且子见执政而不违，子齐执政乎？"

子产瞧不起断了脚的申徒嘉。

申徒嘉曰："先生之门，固有执政焉如此哉？子而说子之执政而后人者也？闻之曰：'鉴明则尘垢不止，止则不明也。久与贤人处则无过。'今子之所取大者，先生也，而犹出言若是，不亦过乎！"

子产曰："子既若是矣，犹与尧争善。计子之德，不足以自反邪？"

申徒嘉曰："自状其过以不当亡者众，不状其过以不当存者寡。知不可奈何而安之若命，唯有德者能之。游于羿之彀中①。中央者，中地也；然而不中者，命也。人以其全足笑吾不全足者多矣，我怫然而怒；而适先生之所，则废然而反。不知先生之洗我以善邪？吾与夫子游十九年矣，而未尝知吾兀者也。今子与我游于形骸之内，而子索我于形骸之外，不亦过乎！"

子产蹴然改容更貌曰②："子无乃称！"

【注释】

① 羿：上古时的射箭能手。彀（gòu）中：射程之中。
② 蹴（cù）然：惭愧不安的样子。

【译文】

申徒嘉是个断了脚的人，他和郑子产同是伯昏无人的弟子。子产对申徒嘉说："我先出去，你就留下来；你先出去，我就留下来。"到第二天，子产和申徒嘉又共堂同席坐在一起。子产对申徒嘉说：我先出去，你就留；你先出去，我就留下。

申徒嘉安然接受自然的命运。

现在我要出去，你可以稍留一会儿吗？还是不能呢？你见到执政大臣而不知道回避，你要把自己当成执政大臣和我平起平坐吗？"

申徒嘉说："在老师门下，有这样的执政大臣吗？你炫耀你的执政身份而瞧不起别人吗？听过这样的话：'镜子明亮就不留下灰尘，留下灰尘镜子就不明亮。长久和贤人相处就没有过失。'现在你来先生这里是想求学修德，还说出这样的话，不是太过分吗？"

子产说："你已经是这样了，还要和尧争善。估量一下你的德行，还不够你自我反省吗？"

申徒嘉说："自己申辩自己的过错认为自己不应当断足残形的人众多，不为自己的过错辩说认为自己不应当存足全形的人很少。知道事情的无可奈何而能安然接受自然的命运，唯有有德的人能做到。正如我们走进羿的射程之中，那中央的地方，是箭矢必中的地方；然而也有没被射中的，那是命运。人们因自己双脚齐全而嘲笑我脚不全的很多，我听了很愤怒；等到了老师这里，我的怒气全消了。这不是先生用善来洗净了我的心吗？我跟随老师游学了十九年，从未感觉到我是断了脚的人。现在你和我交往于道德的修养之中，但你却从形貌上来衡量我，不也是过错吗？"

子产惭愧不安，改变了态度说："请你不要再说了！"

【分节导读】

此节借畸人叔山无趾和孔子的对话阐说万物同一的道理。孔子指责叔山无趾的无趾，说明其注意力仍停留在人的形骸上。而老子则刚好与之相反，提出"死生一体，是非同一"。所以叔山无趾会说孔子"蕲以诚诡幻怪之名闻"，不得精神之自由，是上天予其的惩罚。

【原文】

鲁有兀者叔山无趾，踵见仲尼，仲尼曰："子不谨，前既犯患若是矣。虽今来，何及矣！"

无趾曰："吾唯不知务而轻用吾身，吾是以亡足。今吾来也，犹有尊足者存，吾是以务全之也。夫天无不覆，地无不载，吾以夫子为天地，安知夫子之犹若是也！"

孔子曰："丘则陋矣。夫子胡不入乎，请讲以所闻！"

无趾出。孔子曰："弟子勉之！夫无趾，兀者也，犹务学以复补前行之恶，而况全德之人乎！"

叔山无趾对老子说："孔子没达到至人的境界吧？"

无趾语老聃曰："孔丘之于至人，其未邪？彼何宾宾以学子为？彼且蕲以诚诡幻怪之名闻[1]，不知至人之以是为己桎梏邪[2]？"

老聃曰："胡不直使彼以死生为一条，以可不可为一贯者，解其桎梏，其可乎？"

无趾曰："天刑之，安可解！"

【注释】

①诚（chù）诡：奇异。②桎（zhì）梏（gù）：镣铐。

【译文】

鲁国有个被砍断了脚趾的人叫叔山无趾，他用脚跟行走去见孔子。孔子说："你不谨慎，之前既然犯了这样的刑罚。现在虽然来这儿请教，怎么来得及呢！"

无趾说："我只因不懂世务而轻率地对待自己的身体，因此被断了脚趾。现在我来到这儿，还有比脚趾更可贵的东西存在，因此我要努力保全它。天是无所不覆的，地是无所不载的，我把先生视为天地，哪知先生是这样的啊！"

孔子说："我太浅陋了。你为什么不进来呢？请把您所听到的讲一讲。"

无趾走了。孔子说："弟子们，努力啊！无趾是个断了脚趾的人，还力求学习以弥补从前的过错，更何况是身体健全的人呢！"

无趾对老聃说："孔子达没达到至人的境界吧？他为什么常常来求教于您呢？他还在求以奇异幻怪的名声传闻天下，不知道至人都把名声当做是束缚自己的枷锁吗？"

老聃说："为什么不直接使他认识到死生为齐一、可和不可不为同一的道理，解除他的枷锁，这样也就可以了吧！"

无趾说："那是上天加给他的刑罚，怎么可能解除呢？"

【分节导读】

此节以形骸丑陋无权无财却为众人所爱的哀骀它来说明得道之人散发着巨大的感召力。执着于事物形骸上的差异忽略其本质无异于本末倒置，切不可取。得道者"德不形而才全"，不会把德性反映在外表之上。常人观念中形成强烈对比的东西，譬如贫与富、寒与暑、生与死，在得道之人眼中都属自然而发。他们不会为其所扰，以自然之心面对，安于自然，反而拥有了非凡的魅力，以至于"物不能离也"。

【原文】

鲁哀公问于仲尼曰："卫有恶人焉，曰哀骀它。丈夫与之处者，思而不能去也。妇人见之，请于父母曰：'与为人妻，宁为夫子妾'者，十数而未止也。未尝有闻其唱者也，常和人而矣。无君人之位以济乎人之死，无聚禄以望人之腹。又以恶骇天下，和而不唱，知不出乎四域，且而雌雄合乎前。是必有异乎人者也。寡人召而观之，果以恶骇天下。与寡人处，不至以月数，而寡人有意乎其为人也；不至乎期年，而寡人信之。国无宰，寡人传国焉。闷然而后应，氾然而若辞，寡人丑乎，卒授之国。无几何也，去寡人而行。寡人恤焉若有亡也，若无与乐是国也。是何人者也？"

鲁哀公向孔子说起哀骀它。

仲尼曰："丘也尝使于楚矣，适见狓子食其死母者[①]，少焉眴若[②]，皆弃之而走。不见己焉尔，不得类焉尔。所爱其母者，非爱其形也，爱使其形者也。战而死者，其人之葬也不以翣资[③]；刖者之屦[④]，无为爱之。皆无其本矣。为天子之诸御，不爪翦，

鲁哀公告诉闵子，自己与孔子以德相交。

不穿耳；取妻者止于外，不得复使。形全犹足以为尔，而况全德之人乎！今哀骀它未言而信，无功而亲，使人授己国，唯恐其不受也，是必才全而德不形者也。"

哀公曰："何谓才全？"

仲尼曰："死生存亡，穷达贫富，贤与不肖，毁誉，饥渴寒暑，是事之变，命之行也。日夜相代乎前，而知不能规乎其始者也。故不足以滑和，不可入于灵府。使之和豫通而不失于兑；使日夜无隙而与物为春，是接而生时于心者也。是之谓才全。"

"何谓德不形？"

曰："平者，水停之盛也。其可以为法也，内保之而外不荡也。德者，成和之修也。德不形者，物不能离也。"

哀公异日以告闵子曰[⑤]："始也吾以南面而君天下，执民之纪而忧其死，吾自以为至通矣。今吾闻至人之言，恐吾无其实，轻用吾身而亡其国。吾与孔丘，非君臣也，德友而已矣。"

【注释】

① 独（tún）：即"豚"，小猪。② 恂（shùn）若：惊慌的样子。③ 翣（shà）：棺材上的饰品。资：送，给。④ 刖（yuè）：古时一种把脚砍掉的酷刑。⑤ 闵（mǐn）子：姓闵，名损，字子骞，鲁国人，孔子的弟子。

【译文】

鲁哀公问孔子说："卫国有个形貌丑恶的人，叫哀骀它。男人和他相处，思慕他而不能离去。女人见到他，请求父母说：'与其做别人的妻子，不如做他的妾。'这样的女人有十多个而不止。未曾听到他倡导什么，只见他常常应和别人而已。他没有君王的权位去救济别人的死难，没有积聚的钱粮去使人肚腹饱满。而且相貌又丑恶得让天下人害怕，他只应和而不倡导，智慧也不超出人世，可是女人男人都到跟前亲近他。他必定有异于常人之处。我召他来一看，果然丑陋得让天下人惊骇。和我相处，不到一个月，而我已经感觉到他的为人的高明了；不到一年，我就很信任他了。国内没有宰相，我就把国事委托给他。他心不在焉地，又漫不经心如同推辞一般，我觉得很惭愧，最终还是把国事委托给了他。没过多久，他就离开我走了。我忧闷得若有所失，好像在这个国家没有人和我共快乐了。他是个什么样的人呢？"

孔子说："我曾经出使到楚国，正巧看见一群小猪在刚死去的母猪身上吃奶，一会儿突然很惊慌，都抛开母猪逃走了。这是因为死去的母猪对小猪不再有任何感应，不像活着时的样子了。它们所爱自己母亲的，不是爱它的形貌，而是爱主宰其形体的精神。战斗死去的人，安葬时不用在棺材上加饰物；被砍断了脚的人，不会再去爱惜他的鞋子。都因为失去根本了。做天子嫔妃的，不剪指甲，不穿耳眼；娶妻的内侍留在宫外，不得再为役使。为保全形体的完整尚且要如此这般，何况保全德性完备的人呢？现在哀骀它不说话就能使人信任，没有功业而受人亲敬，能让人把国事委托给他，还担心他不接受，他必定是才全而德性不表露在外的人。"

鲁哀公说："什么叫做'才全'呢？"

孔子说："像死生存亡，穷达贫富，贤与不肖，毁与誉，饥渴冷热，这些都是事物的变化、天命的运行。它们日夜交替着展现在人们眼前，而人们的智慧却不能窥伺这些变化的起始。所以这些变化不足以扰乱本性的平和，不能进入我们的心灵。使心灵和顺豫乐通畅而不失去怡悦的天性；使日夜没有间隙地保持着与万物相处的春和之气，使心和万物相接而产生和谐感应。这就叫做'才全'。"

"什么叫做'德不形'？"

孔子说："平，是水静止的极端状态。它可以成为我们取法的准则，内心保持水的静止状态而不被外界变化所摇荡。德，是完满纯和的修养。德不露形迹，万物自然亲附不离。"

鲁哀公后来有一天告诉闵子说："开始的时候，我居国君之位而统治天下，执掌着治理臣民的纲纪而忧虑百姓的死亡，我自以为十分通达了。现在我听闻了至人的言论，担心自己没有实绩，轻率地动用自己的身心而使国家陷入危亡的境地。我和孔子并不是君臣，而是以德相交的朋友。"

【分节导读】

此节以卫灵公所爱的形骸未全的人引出要以德观人，而不要以形观人的观点，并进一步指出拥有好的德性的人会让人忘记其形体上的丑陋残缺。人如果没有遗忘应该遗忘的形体而忘掉了不应该忘掉的德性才是真的遗忘。

【原文】

闉跂支离无脤说卫灵公①，灵公说之，而视全人，其脰肩肩。瓮㼜大瘿说齐桓公②，桓公说之，而视全人，其脰肩肩。故德有所长而形有所忘，人不忘其所忘而忘其所不忘，此谓诚忘。

故圣人有所游，而知为孽，约为胶，德为接，工为商。圣人不谋，恶用知？不斫，恶用胶？无丧，恶用德？不货，恶用商？四者，天鬻也。天鬻者，天食也。既受食于天，又恶用人！

有人之形，无人之情。有人之形，故群于人；无人之情，故是非不得于身。眇乎小哉，所以属于人也！謷乎大哉③，独成其天！

阖跂支离无脤游说卫灵公。

【注释】

①阖（yīn）跂支离无脤（chún）：庄子虚拟的人名。阖，曲。支离，伛背。无脤，缺唇，形容形残貌丑之人。②瓮㼜大瘿（yǐng）：庄子虚拟的人名，形容人脖颈上长着瓮㼜那么大的瘤子。瓮㼜，装东西的陶器。瘿，长在脖子上的一种肉瘤。③謷（áo）：高大。

【译文】

有个跛脚、伛背、无唇叫阖跂支离无脤的人去游说卫灵公，卫灵公很喜欢他，而看到形体完整的人，反倒觉得他们的脖子长得太细小了。有个脖子上长了大瘤子的人叫瓮㼜大瘿去游说齐桓公，齐桓公很喜欢他，而再看形体完整的人，反倒觉得他们的脖子长得太细小了。所以只要道德出众，形体上的残缺

有个脖子长大瘤子的人得到齐桓公喜爱。

就会被人忘记。人们不忘掉所该忘掉的（外形），而忘掉了所不该忘的（道德），这叫做真正的遗忘。

所以圣人能游心于逍遥之境，而智巧是灾祸，约定是束缚，恩惠是交往的手段，工巧是商人的作为。圣人不去谋划，哪里用得着智巧？不去砍削雕琢，哪里用得着胶合？没有丧失什么，哪里谈得上获得？不用货物，哪里用得着商贾？这四者都是自然的养育。自然的养育，就是自然供给的食物。既然受到自然的养育，又哪里用得着人为呢？

圣人只有人的形体，却没有人的性情。有了人的形体，所以和人群居相处；没有人的性情，所以一般人的是非不会纠缠于身。渺小啊，因为属于人类！伟大啊，独自与自然成为一体！

【原文】

惠子谓庄子曰："人故无情乎？"

庄子曰："然。"

惠子曰："人而无情，何以谓之人？"

庄子曰："道与之貌，天与之形，恶得不谓之人？"

惠子曰："既谓之人，恶得无情？"

庄子曰："是非，吾所谓情也。吾所谓无情者，言人之不以好恶内伤其身，常因自然而不益生也。"

惠子曰："不益生，何以有其身？"

庄子曰："道与之貌，天与之形，无以好恶内伤其身。今子外乎子之神，劳乎子之精，倚树而吟，据槁梧而瞑。天选子之形，子以坚白鸣！"

惠子问庄子："人本来是没有情的吗？"

顺应自然，不以好恶损害本性。

【译文】

惠子对庄子说："人本来是没有情的吗？"

庄子说："是的。"

惠子说："人若没有情，怎么能称为人呢？"

庄子说："道给了人容貌，天给了人形体，怎么不能称为人呢？"

惠子说："既然称为人，怎么能没有情呢？"

庄子说："这不是我所说的情。我所说的无情，是说人不要以好恶损害自己内在的本性，要常常顺任自然而不用人为地去增益生命。"

道给人容貌，天给人形体。

惠子说，"不去增益生命，怎么能保有他的身体呢？"

庄子说："道给人容貌，天给人形体，不让好恶损害自己内在的本性。现在你驰骋你的心神在外，劳费你的精力，倚在树下吟咏，靠着几案闭目休息，天授予你形体，你却以坚白论来争鸣！"

◎大宗师◎

【题解】

　　本篇的中心是论道和真人体道的境界，所谓"大宗师"，有二解，一是宗大道为师，一是道是天地万物的主宰。庄子认为道生万物，道主宰天地万物，人与自然是合一的。道是"有情有信，无为无形；可传而不可受，可得而不可见；自本自根，未有天地，自古以存；神鬼神帝，生天生帝；在太极之先而不为高，在六极之下而不为深，先天地生而不为久，长于上古而不为老"，所以只有真人才能认识道。真人忘掉自身，忘掉死生变化，忘掉一切才智，和道融为一体，由此拥有"安化"的人生态度，达到相忘的生活境界，遵从命运的安排，融合于道中。庄子的这种本体论思想，在一定程度上否定了人改造自然与社会的主观能动作用。

【分节导读】

　　此节主要论述何为真人。在作者看来，真人是"知天之所为，知人之所为"的人。在真人这里，天人合一，物我无界，其依时而动，随物而变，不为生死或悲或喜，也不被外物所迷惑，心如止水，恬淡超然。这里的真人同《逍遥游》《齐物论》中的至人、神人、圣人。

【原文】

　　知天之所为，知人之所为者，至矣。知天之所为者，天而生也。知人之所为者，以其知之所知，以养其知之所不知。终其天年，而不中道夭者，是知之盛也。虽然，有患。夫知有所待而后当，其所待者特未定也。庸讵知吾所谓天之非人乎？所谓人之非天乎？且有真人而后有真知。

顺应自然的道理，便知天道运行之理。

【译文】

　　知道天道自然的所为，也知道人的所为，这是认知的最高境界了。知道天道运行的自然之理，是由于顺应自然的道理而得知。知道人的所为，是用人的智力所能知道的道理，去顺应自己智力所不能知道的。由此尽享天年，而不致中途夭亡，这是智力的极致了。即便如此，还是有问题。认知要有所依赖的对象才能判断它是否得当，但它所依赖的对象是变化不定的。怎么知道我所说的天道自然所为不是人为的呢？所说的人为的不是天道自然所为的呢？只有有了真人而后才能有真知。

【原文】

　　何谓真人？古之真人，不逆寡，不雄成，不谟士。若然者，过而弗悔，当而不自得也。若然者，登高不栗，入水不濡，入火不热。是知之能登假于道者也若此。

　　古之真人，其寝不梦，其觉无忧，其食不甘，其息深深。真人之息以踵，众人之息以喉。屈服者，其嗌言若哇①。其耆欲深者，其天机浅。

古之真人，不知说生，不知恶死；其出不䜣②，其入不距；翛然而往③，翛然而来而已矣。不忘其所始，不求其所终；受而喜之，忘而复之。是之谓不以心捐道，不以人助天。是之谓真人。

若然者，其心忘，其容寂，其颡頯④；凄然似秋，暖然似春，喜怒通四时，与物有宜而莫知其极。故圣人之用兵也，亡国而不失人心；利泽施乎万世，不为爱人。故乐通物，非圣人也；有亲，非仁也；天时，非贤也；利害不通，非君子也；行名失己，非士也；亡身不真，非役人也。若狐不偕、务光、伯夷、叔齐、箕子、胥馀、纪他、申徒狄，是役人之役，适人之适，而不自适其适者也。

真人不知道悦生，不知道怕死。

【注释】

①嗌（ài）言若哇：说话言语吞吐。嗌，咽喉。哇，呕吐。
②䜣（xīn）：通"欣"。③翛（xiāo）然：自然无拘的样子。
④颡（sǎng）：额头。頯（kuí）：宽大的样子。

【译文】

什么叫做真人？古时候的真人，不违逆弱寡，不自傲于成功，不谋虑世事。像这样的人，错过时机而不懊悔，正当时机而不自得。像这样的人，登高不战栗，入水不沾湿，入火不觉热，这是认知达到道的境地才能这样。

古时候的真人，睡觉时不做梦，睡醒时不忧愁，饮食不求甘美，呼吸深沉舒缓。真人的呼吸直达脚跟，众人呼吸用的是咽喉。争辩中屈服的人，他的言语堵塞在咽喉中，像要呕吐般难受。嗜欲深的人，他天赋的灵机就浅。

丧失自身本性的人。

古时候的真人，不知道悦生，不知道怕死。他出生到世间不欣喜，他死亡入土不拒绝。他们无拘束地去世，无拘束地来到世上而已。不忘记他生命的开始，不寻求他自己的归宿。欣然地接受生，忘掉死而复归自然。这就叫做不用心智去损害道，不用人为去辅助自然。这就是真人。

真人德行宽厚，令人归依。

像这样的人，他心里忘怀了一切，他的容貌静寂淡然，他的额头宽大朴质。表情严肃时冷凄得像秋天一样，态度和蔼时温暖得像春日一般，喜怒与四时变化相通，和万物相适宜而不知他的终极。所以圣人用兵打仗，灭亡了别人的国家也不会失去民心；利益和恩泽施惠万世，不是为了偏爱人。所以有意与物相通，就不是圣人；有亲疏之分，就不是仁人；计较天时，就不是贤人；利害不能相通为一，就不是君子；追求名声而失却自身本性，就不是士人；丧失自身而失去真性，就不是役使之人。像狐不偕、务光、伯夷、叔齐、箕子、胥馀、纪他、申徒狄，都是被别人役使，使别人快意安适，而不是为自己的安适而求安适的人。

【原文】

古之真人，其状义而不朋，若不足而不承；与乎其觚而不坚也，张乎其虚而不华也；邴邴乎其似喜也①，崔崔乎其不得已也，滀乎进我色也②，与乎止我德也；广乎其似世也，謷乎其未可制也；连乎其似好闭也，悗乎忘其言也③。以刑为体，以礼为翼，以知为时，以德为循。以刑为体者，绰乎其杀也；以礼

天和人是合而为一的。

为翼者，所以行于世也；以知为时者，不得已于事也；以德为循者，言其与有足者至于丘也，而人真以为勤行者也。故其好之也一，其弗好之也一。其一也一，其不一也一。其一与天为徒，其不一与人为徒。天与人不相胜也，是之谓真人。

【注释】

① 邴（bǐng）邴：舒畅而喜悦的样子。② 滀（chù）：水蓄积，此处形容充实而颜色和泽的样子。③ 悗（mèn）乎：无心的样子。

【译文】

古时候的真人，神态巍峨而不畏缩，好像有所不足却无所承受；特立不群而不固执，心胸宽广冲虚而不浮华，舒畅自适好像很欢喜，行为举动好像出于不得已，面色和泽令人亲近，德行宽厚令人归依；气度宽宏如世界一般广大，高远超拔而不可限制；沉默不语好似封闭了感觉，无心的样子像忘了要说的话。把刑法作为本体，把礼仪作为羽翼，把知识当做时变，把道德作为依据。以刑罚为主体，就是从宽对待杀人；把礼仪作为羽翼，以智力相时而动，不过是不得已而行事；以道德作为所遵循的原则，是说就像有脚就能登上山丘一样，而世人却认为是勤于行走的人才能到达。（天和人是合而为一，）人们喜好它们或不喜好它们，它们都是合而为一的。无论人认为天和人是合一的或不合一的，它们都是合一的。其认为合一的与天为同类，其认为不合一的与人为同类。把天和人看做是不相互对立的，这就叫做真人。

【分节导读】

此节着重讲生、死，反映了作者乐死恶生的思想。人生而操劳，死亡反倒是一种休息，生死都属自然现象，而结合《齐物论》，站在道的角度，生死两相转化，无所谓生也无所谓死。人应遵循天道的安排，顺乎命运，以一切变化所依赖的大道为效法对象。作者在此节用干涸之泉的游鱼喻濒死之人，认为与其在死亡降临之时，苦苦挣扎，不如忘记生时的欢乐，坦然赴死。

【原文】

死生，命也，其有夜旦之常，天也。人之有所不得与，皆物之情也。彼特以天为父，而身犹爱之，而况其卓乎！人特以有君为愈乎己，而身犹死之，而况其真乎！

泉涸，鱼相与处于陆，相呴以湿①，相濡以沫，不如相忘于江湖。与其誉尧而非桀也，不如两忘而化其道。

夫大块载我以形，劳我以生，佚我
以老，息我以死。故善吾生者，乃所以
善吾死也。夫藏舟于壑，藏山于泽，谓
之固矣。然而夜半有力者负之而走，昧
者不知也。藏小大有宜，犹有所遁。若
夫藏天下于天下而不得所遁，是恒物之
大情也。特犯人之形而犹喜之。若人之
形者，万化而未始有极也，其为乐可胜
计邪！故圣人将游于物之所不得遁而皆
存。善夭善老，善始善终，人犹效之，
又况万物之所系，而一化之所待乎！

天地给我生命，让我操劳。

【注释】

① 相呴（xǔ）以湿：用湿气互相呼吸。呴，呼气。

【译文】

死与生是自然而不可避免的，它们如同黑夜和白天的永恒交替一样，是自然的规律。人在有些方面是无法干预的，这是事物的实情。人们认为天是生命之父，而终身敬爱它，更何况那卓越无比的道呢？人们认为君主的地位高出自己，而为之舍身效忠，何况那主宰万物的道呢？

泉水干了，鱼儿一同困在陆地上，相互用湿气吸嘘，相互用口沫湿润，不如在江湖里彼此相忘。与其赞美尧而非议桀，不如把二者的是非善恶都忘了而融化在大道之中。

天地赋予了我形体而让我有所寄托，给我生命以而使我操劳，用衰老使我安闲，用死亡来使我安息。所以把生视为好事，也应把死视为好事。把船藏在山谷里，把山藏在大泽中，可以说是牢固的了。然而半夜里有大力的人将它们背走了，睡觉的人都不知道。把小的东西藏在大的东西里面是很适宜的，但还是会有所丢失。如果把天下藏在天下之中就不会有所丢失了，这是万物的普遍实情。人们一旦获得了人的形体就欣喜。如果人的形体，千变万化而没有止境，这也可成为快乐的话那快乐就不可胜计了。所以圣人将游于不会亡失的境地而与大道共存。对于生老病死都要善于安顺的人，人们犹自仿效他，更何况是万物的本源、一切变化所依赖的道呢？

【分节导读】

此节对"道"做了解释。道是客观的存在，又非具体的物质，可感而不可看。它自己产生自己，无所不在又贯通古今，无时不有。作者列举了大量传说故事来说明得道之乐。

【原文】

夫道，有情有信，无为无形；可传而不可受，可得而不可见；自本自根，未有天地，自古以固存；神鬼神帝，生天生地；在太极之上而不为高，在六极之下而不为深，先天地生而不为久，长于上古而不为老。狶韦氏得之，以挈天地①；伏戏氏得之，以袭气母；维斗得之，终古不忒②；日月得之，终古不息；堪坏得之，以袭昆仑；冯夷得之，以游大川；肩吾得之，以处大山；黄帝得之，以登云天；颛顼得之③，以处玄宫；禹强得之，立乎北极；西王母得之，坐乎少广，莫知其始，莫知其终；彭祖得之，上及有虞，下及五伯；傅说得之，以相武丁，奄有天下，乘东维，骑箕尾，而比于列星。

【注释】

①挈（qiè）：提挈，引申为整顿。②忒（tè）：差错。
③颛（zhuān）顼（xū）：又称高阳氏，黄帝之孙，为古代五帝之一，为北方帝，居玄宫。

【译文】

道，是真实有信验的，没有作为，没有形迹；可以心传而不可以教授，可以心得而不能目见；它自己就是自己的根本，在没有天地时，自古以来就一直存在着；是它产生了鬼神和上帝，是它产生了天和地；它在太极之上而不算高，在六合之下而不算深，先于天地存在而不算久，比上古还长远而不算老。狶韦氏得到它，用来整顿天地；伏羲氏得到它，用以调合元气；北斗得到它，就永远不出差错；日月得到它，就能永远运行不停；堪坏得到它，用来入主昆仑；冯夷得到它，以此游历大川；肩吾得到它，以此镇守泰山；黄帝得到它，以此登上云天；颛顼得到它，就住进了玄宫；禺强得到它，就能立身于北极；西王母得到它，就能坐居少广山，人们不知道她的始与终；彭祖得到它，寿数绵长，上自虞舜，下及春秋五霸；傅说得到它，可以做武丁的宰相，治理天下，（死后）乘骑着东维星和箕尾星，而与众星并列在一起。

庄子认为，道是实在确凿的。

黄帝得道，登上云天。

【分节导读】

此节作者借女偊之口讲述得道之法。人要得道，既要有圣人的才质，又要有圣人的道心。道家的创始人老子曾提出"道生一，一生二，二生三，三生万物"。此节提到的关于道的学习方法也与之相类，女偊用反推法，推出了习道之始——似疑。而从女偊的话中亦可看出，要得道必要经历一段艰难的身形修炼的过程。

【原文】

南伯子葵问乎女偊曰①："子之年长矣，而色若孺子，何也？"

曰："吾闻道矣。"

南伯子葵曰："道可得学邪？"

曰："恶！恶可！子非其人也。夫卜梁倚有圣人之才而无圣人之道，我有圣人之道而无圣人之才。吾欲以教之，庶几其果为圣人乎！不然，以圣人之道告圣人之才，亦易矣。吾犹守而告之，三日而后能外天下；已外天下矣，吾又守之，七日而后能外物；已外物矣，吾又守之，九日而后能外生；已外生矣，而后能朝彻。朝彻，而后能见独；见独，而后能无古今；无古今，而后能入于

南伯子葵问道女偊。

不死不生。杀生者不死，生生者不生。其为物，无不将也，无不迎也；无不毁也，无不成也。其名为撄宁②。撄宁也者，撄而后成者也。"

南伯子葵曰："子独恶乎闻之？"

曰："闻诸副墨之子，副墨之子闻诸洛诵之孙，洛诵之孙闻之瞻明，瞻明闻之聂许，聂许闻之需役，需役闻之於讴，於讴闻之玄冥，玄冥闻之参寥，参寥闻之疑始。"

产生一切生命的道，本身不生。

【注释】

① 南伯子葵：即南伯子綦。女偊（yǔ）：庄子虚拟的人名。
② 撄（yīng）宁：扰乱之中而后见其宁定，即心神宁静，不被外界事物所扰。撄，干扰，拂扰。宁，定。

【译文】

南伯子綦问女偊："您的年岁很大了，而面色却如同小孩，为什么呢？"

女偊说："我得到了道。"

南伯子綦说："道可以学得到吗？"

女偊说："不！不可以！你不是那种可以学道的人。卜梁倚有圣人的才能而没有圣人的道，我有圣人的道而没有圣人的才能。我想用道去教化他，也许他真的能成为圣人吧！就是不能，用圣人的道

目见是从耳闻那儿得到的。

告诉有圣人才能的人，也是容易的。我继续持守着，而后告诉他，三天后就能把天下置之度外了；已经置天下于度外了，我又持守，七天以后能把万物置之度外了；已经置物于度外了，我又持守，九天以后能把生死置之度外了；已经把生死置之度外了，而后心胸豁然澄澈。心胸豁然澄澈了，而后能洞见独立而不改的道；洞见独立而不改的道，而后能不受古今时间的限制；不受古今时间的限制了，而后能进入无生无死的境界。杀灭一切生命的道，它本身不死；产生一切生命的道，它本身不生。道对于万物，无时不在有所送，无时不在有所迎；无时不在有所毁，无时不在有所成。这就叫做'撄宁'，'撄宁'的意思，就是在万物生死、成毁的纷扰中保持宁静安定。"

南伯子綦说："您从哪儿学到的道呢？"

女偊说："我从文字那儿学到的，文字是从语言那儿得到的，语言是从目见那儿得到的，目见是从耳闻那儿得到的，耳闻是从修行那儿得到的，修行是从咏叹那儿得到的，咏叹是从静默那儿得到的，静默是从空寂那儿得到的，空寂是从疑似本源那儿得到的。"

【分节导读】

此节再次对死亡进行了探讨。作者用人体和生死进行类比，用"以无为首，以生为脊，以死为尻"强调"生死一体"，又借子舆的病中感悟和子来的将死之言表达人应安于时命，顺其自然，善生善死的观点。人常有"死何往"的疑惑，而站在道的角度，将天地视为熔炉，造化视为铁匠，不管人被铸造成什么样子，都应安然接受。

【原文】

子祀、子舆、子梨、子来四人相与语曰："孰能以无为首，以生为脊，以死为尻①，孰知死生存亡之一体者，吾与之友矣。"四人相视而笑，莫逆于心，遂相与为友。

俄而子舆有病，子祀往问之。曰："伟哉！夫造物者，将以予为此拘拘也！"曲偻发背②，上有五管，颐隐于齐，肩高于顶，句赘指天③。阴阳之气有沴④，其心闲而无事。跰𧿶而鉴于井⑤，曰："嗟呼！夫造物者又将以予为此拘拘也！"

子祀曰："女恶之乎？"

曰："亡，予何恶！浸假而化予之左臂以为鸡，予因以求时夜；浸假而化予之右臂以为弹，予因以求鸮炙；浸假而化予之尻以为轮，以神为马，予因以乘之，岂更驾哉！且夫得者，时也；失者，顺也。安时而处顺，哀乐不能入也。此古之所谓县解也。而不能自解者，物有结之。且夫物不胜天久矣，吾又何恶焉！"

俄而子来有病，喘喘然将死，其妻子环而泣之。子梨往问之，曰："叱！避！无怛化⑥！"倚其户与之语曰："伟哉造化！又将奚以汝为，将奚以汝适？以汝为鼠肝乎？以汝为虫臂乎？"

子来曰："父母于子，东西南北，唯命之从。阴阳于人，不翅于父母。彼近吾死而我不听，我则悍矣，彼何罪焉！夫大块载我以形，劳我以生，佚我以老，息我以死。故善吾

子来四人结为朋友。

子舆生病，子祀前往探视。

子来生病将死，子梨赶去探望。

生者，乃所以善吾死也。今之大冶铸金，金踊跃曰：'我且必为镆铘！'大冶必以为不祥之金。今一犯人之形，而曰：'人耳！人耳！'夫造化者必以为不祥之人。今一以天地为大炉，以造化为大冶，恶乎往而不可哉！"成然寐，蘧然觉⑦。

【注释】

① 尻（kāo）：屁股，脊骨的末端。② 曲偻（lóu）：伛偻，腰背弯曲。发背：背弯曲向上拱露。③ 句（gōu）赘：发髻。④ 沴（lì）：凌乱。⑤ 跰（pián）𨇁（xiān）：走路偏偏跌跌的样子。⑥ 怛（dá）：惊恐。⑦ 蘧（qú）然：喜悦自在的样子。

【译文】

　　子祀、子舆、子犁、子来四人互相谈论说："谁能把无当做头颅，把生当做脊梁，把死当做尾骨，谁能知道生死存亡是一体的，我们就与他做朋友了。"四人相视而笑，心意投合，于是互相结为朋友。

　　不久子舆病了，子祀前往问候他。子舆说："伟大啊！造物者，把我变成这样一个拘曲着身子的人啊！"子舆腰弯驼背，五脏的穴位向上，面颊藏在肚脐下，肩高过头顶，头后的发髻朝天。阴阳之气虽然凌乱失调，但子舆的心却安闲而若无其事。他步履蹒跚地走向水井照着身影，说："哎呀！造物者又把我变成这样一个拘曲着身子的人啊！"

　　子祀说："你厌恶这样吗？"

　　子舆说："不，我怎么会厌恶呢？假使把我的左臂变为鸡，我就用它来司夜报时；假使把我的右臂变为弹丸，我就用它打鸮鸟烤着吃；假使把我的尾骨变为车轮，把我的精神变为马，我就乘着这马走，哪里还会变更再用别的马车呢！况且人们获得生命，乃是适时；失去生命，乃是顺应。安心于适时而处于顺应，哀乐的情绪就不能进入心中。这就是古时所说的解除倒悬。而不能自我解脱的人，是因为被外物束缚住了。况且人力不能胜过自然规律是由来已久了，我又为什么要厌恶呢？"

　　不久子来生了病，气喘吁吁地快要死了，他的妻子儿女围着哭泣。子犁前往问候他，对子来的妻子、儿女们说："去！走开！不要惊了将要变化的人！"他倚着门对子来说："伟大啊！造化者！又要把你变为何物呢？要把你送到何处去呢？要把你变为老鼠的肝吗？要把你变为虫子的臂膀吗？"

　　子来说："子女对父母，无论要到东西南北，都要听从父母的命令。人对于阴阳造化，不啻于父母。它让我死，而我不听从，我就是违逆不顺，它有什么罪过呢？大自然给了我形体，用生来使我劳作，用老来使我安逸，用死来使我安息。所以把我的生视为好的，也应把我的死视为好的。譬如现在有个铁匠铸造金属器具，那金属跳跃起来说：'一定要把我铸成镆铘宝剑！'铁匠必定会认为这是不祥的金属。现在造化一旦造出一个人的形体，这个人就说：'我是人！我是人！'造化者必定认为这是不祥的人。现在把天地当做大熔炉，把造化视为铁匠，往哪里去而不可呢！"子来说完酣然睡去，一会儿又自在地醒来。

【分节导读】

　　此节反映了儒家和道家的不同。儒家强调用"礼"来约束人的行为，道家则主张超脱世俗束缚。由于二者有着不同的价值取向，所以其君子和小人的含义也各不相同，道家并不认可人为标准划分出的"君子与小人"。作者用畅游于大江大海的游鱼比喻那些摆脱了社会礼法，相忘于道术的逍遥自在的人，而其故意安排积极入世的孔子说出"虽然，为与女共之"，则表现了其本人对超然于世俗的自在生活的向往。

【原文】

　　子桑户、孟子反、子琴张三人相与友，曰："孰能相与于无相与，相为于无相为？孰能登天游雾，挠挑无极；相忘以生，无所终穷？"三人相视而笑，莫逆于心，遂相与为友。

　　莫然有间，而子桑户死，未葬。孔子闻之，使子贡往侍事焉。或编曲，或鼓琴，相和而歌曰："嗟来桑户乎！嗟来桑户乎！而已反其真，而我犹为人猗①！"子贡趋而进曰："敢问临尸而歌，礼乎？"

　　二人相视而笑曰："是恶知礼意！"

子贡反，以告孔子，曰："彼何人者邪？修行无有，而外其形骸，临尸而歌，颜色不变，无以命之。彼何人者邪？"

孔子曰："彼，游方之外者也；而丘，游方之内者也。外内不相及，而丘使女往吊之，丘则陋矣。彼方且与造物者为人，而游乎天地之一气。彼以生为附赘县疣，以死为决疣溃痈②。夫若然者，又恶知死生先后之所在！假于异物，托于同体；忘其肝胆，遗其耳目；反覆终始，不知端倪；芒然彷徨乎尘垢之外，逍遥乎无为之业。彼又恶能愦愦然为世俗之礼③，以观众人之耳目哉！"

子贡问孔子："临尸而歌，颜色不变的人是谁？"

子贡曰："然则夫子何方之依？"

孔子曰："丘，天之戮民也。虽然，吾与汝共之。"

子贡曰："敢问其方。"

孔子曰："鱼相造乎水，人相造乎道。相造乎水者，穿池而养给；相造乎道者，无事而生定。故曰：'鱼相忘乎江湖，人相忘乎道术。'"

子贡曰："敢问畸人。"

曰："畸人者，畸于人而侔于天。故曰：'天之小人，人之君子；人之君子，天之小人也。'"

子桑户死，孟子反、子琴张编曲鼓琴。

【注释】

① 猗（yī）：语尾助词，相当于"兮"。② 疣（huàn）：疸，毒疮。痈：恶性脓疮。③ 愦（kuì）愦然：烦乱的样子。

【译文】

子桑户、孟子反、子琴张三人互相结为朋友，说："谁能相交在不相交之中，相助在没有相助痕迹之中？谁能登上天空游于云雾，跳跃于无极之中；忘了生死，没有穷尽？"三个人相视而笑，心意投合，于是互相结为朋友。

不知不觉间过了没多久，子桑户死了，还没有下葬。孔子听到了这事，派子贡前往助理丧事。子贡看见一个人在编挽歌，一个人在弹琴，相互唱和道："哎呀桑户啊！哎呀桑户啊！你已经返本归真了，而我们还寄寓在人世啊！"子贡快步走上前说："请问面对着尸体唱歌，合乎礼仪吗？"

孟子反和子琴张相互看了看，笑着说："他哪里懂得礼的真意！"

子贡回去后，把这些告诉了孔子，说："他们是什么样的人呢？修养德行却不讲礼仪，而把形骸置之度外，面对着尸体唱歌，脸色不变，真是无法来形容他们。他们是什么样的人呢？"

孔子说："他们是游于天地四方之外的人，而我是生活在天地四方之内的人。天地四方的内外彼此不相及，而我让你前往吊唁，我太固陋了。他们正和造物者为友伴，而遨游于天地元气之中。他们把生视为附着的赘瘤，把死视为毒疮的溃败。像这样，又怎么明白死生先后的区别呢！假借着不同之物，寄托在同一形体中；忘却内在的肝胆，遗忘外在的耳目；让生死随着自然而反复循环，不知道它的头绪；无所牵系地神游于尘世以外，逍遥在自然无为的境地。他们又怎能不烦乱地拘守世俗的礼仪，以此让众人观看呢！"

子贡说："那么先生您依从哪一方呢？"

孔子说："我孔丘，是遭受天道惩罚的人。即便如此，我和你还是共同追求方外之道。"

子贡说："请问有什么方法吗？"

孔子说："鱼儿相与寻找水源，人们相与向往大道。相互寻找水源的，挖个池子来供养；相互向往大道的，泰然无事而心性自定。所以说：'鱼在江湖中互相忘掉，人在大道中互相忘掉。'"

子贡说："请问与众不同的异人是什么样的人？"

孔子说："异人是与世俗之人不同而顺应自然的人。所以说：'大自然的小人，是人世间的君子；人世间的君子，是大自然的小人。'"

孔子说："人世间的君子是大自然的小人。"

【分节导读】

此节通过孟孙才的"不知所以生，不知所以死"阐述"知"与"死"的关系。人总是有意识地将生和死的概念区别开来，为生乐，为死悲。道家则把死生视为一体，所以孟孙才不知生也不知死，他用"顺"来应对不可知的变化，即使母亲去世了，也不觉悲伤。人们可以通过一个人对待死亡的态度来体察他的思想境界。

【原文】

颜回问仲尼曰："孟孙才，其母死，哭泣无涕，中心不戚，居丧不哀。无是三者，以善处丧盖鲁国。固有无其实而得其名者乎？回壹怪之。"

仲尼曰："夫孟孙氏尽之矣，进于知矣，唯简之而不得，夫已有所简矣。孟孙氏不知所以生，不知所以死；不知孰先，不知孰后；若化为物，以待其所不知之化已乎！且方将化，恶知不化哉？方将不化，恶知已化哉？吾特与汝，其梦未始觉者邪！且彼有骇形而无损心，有旦宅而无情死。孟孙氏特觉，人哭亦哭，是自其所以乃。且也相与'吾之'耳矣，庸讵知吾所谓'吾之'非吾乎？且汝梦为鸟而厉乎天，梦为鱼而没于渊。不识今之言者，其觉者乎？其梦者乎？造适不及笑，献笑不及排，安排而去化，乃入于寥天一。"

【译文】

颜回问孔子说："孟孙才的母亲死了，他哭泣而没有眼泪，心中不悲戚，守丧不哀痛。没有这三点，却以善于处理丧事而闻名鲁国。难道有不具其实而博得名声的吗？我觉得很奇怪。"

孔子说："孟孙氏已尽了居丧之道了，超过了知道丧礼的人。丧事应该简化却因世俗沿袭而无法做到，他已经有所简化了。孟孙氏不知什么是生，不知什么是死；不知道迷恋生前，不知道惦念死后。他像是要化为物，以等待着他所不知的变化而已！再说方今将要变化，怎么知道不变化呢？方今将要不变化，怎么知道

孔子向颜回解释孟孙才居丧不哀的原因。

已经变化了呢？可我和你，恐怕都是在梦中还未觉醒啊！况且孟孙氏认为有形体的变化而没有心神的损伤，有惊恐而没有精神上的死亡。孟孙氏独自觉醒，别人哭他也哭，这就是他所以如此（苦而不哀）的缘故。众人看到自己的形体就相互称说'这是我'，哪里知道我所谓'这是我'果真是我呢？再且你梦见成为鸟飞到天空，梦见成为鱼潜入深渊。不知道现在说话的人，是醒着呢，还是在做着梦呢？突如其来的快意来不及笑出来，从内心自然流露出来的笑声来不及事先安排，顺任自然的安排而随之变化，就可以进入寂寥廓远之处的纯一境界。"

【分节导读】

此节借意而子之口说出"道在人心"的道理。尧教意而子的仁义是非与道家的观点相左，许由因此认为即使向意而子讲道也无异于让盲人欣赏礼服上的花色，毫无意义。但意而子却指出许并不能断定道不能还他意而子以逍遥无束之身。只要人有向道回归的心，即使曾经接受过有悖于道的观念，也仍可能领悟道的真谛。所以最后许由还是向意而子讲述了道。

【原文】

意而子见许由。许由曰："尧何以资汝？"

意而子曰："尧谓我：'汝必躬服仁义而明言是非。'"

许由曰："而奚来为轵①？夫尧既已黥汝以仁义②，而劓汝以是非矣③，汝将何以游夫遥荡恣睢转徙之涂乎④？"

意而子曰："虽然，吾愿游于其藩。"

许由曰："不然。夫盲者无以与乎眉目颜色之好，瞽者无以与乎青黄黼黻之观⑤。"

意而子曰："夫无庄之失其美，据梁之失其力，黄帝之亡其知，皆在炉捶之间耳。庸讵知夫造物者之不息我黥而补我劓，使我乘成以随先生邪？"

许由曰："噫！未可知也。我为汝言其大略。吾师乎！吾师乎！虀万物而不为义⑥，泽及万世而不为仁，长于上古而不为老，覆载天地、刻雕众形而不为巧。此所游已。"

【注释】

①轵（zhǐ）：通"只"，语助词。②黥（qíng）：古代一种肉刑，在犯人额颊等处刺刻，然后涂上墨，又称墨刑。③劓（yì）：古时一种割鼻子的刑罚。④恣睢（suī）：放纵，无所拘束。⑤黼黻（fǔ fú）：古时礼服上绣的花纹。⑥虀（jī）：调和。

【译文】

意而子去见许由。许由说："尧用什么教导你呢？"

意而子说："尧对我说：'你一定要力行仁义而明辨是非。'"

许由说："你为什么还要到这里来呢？尧既然已经用仁义给你施行了墨刑，用是非给你施行了劓刑，

许由问意而子："尧教了你什么？"

你怎么能逍遥放荡、无拘无束地遨游于变化的境界呢？"

意而子说："即使如此，我还是愿意游于这个境界的边际。"

许由说："不可能这样。盲人无法欣赏眉目颜色的美好，瞎子无法观赏礼服上绣的彩色花纹的华丽。"

意而子说："无庄忘掉了自己的美貌，据梁忘掉了自己的力量，黄帝忘掉了自己的智慧，都是经过造物者的熔炉陶冶锤炼成的。怎么知道造物者不会平息我受的墨刑，修补我受劓刑的伤残，使我载着完整的形体来追随先生呢？"

许由说："唉！这是不可知的呀。我给你说说大略：我的大宗师啊！我的大宗师啊！调和万物而不认为是义，恩泽惠及万世而不认为是仁，长于上古却不算老，覆天载地、雕刻万物的形状而不认为是巧。这就是我所遨游的境界！"

【分节导读】

此节重点写颜回悟道的过程。在道家看来，礼乐是一种形式，是外在的东西，仁义则存在于人的内心，要悟道必须要无限的失去，将限制人精神自由的藩篱——拆除。颜回悟道的过程即是由外而内逐渐脱离束缚的过程，他先挣脱了外在的礼乐，再让心灵从仁义的桎梏中解放，最后突破了"自我"进入物我不分的境界，与万物同化。而进入这种境界后则可化成任何事物，不受任何拘束。

【原文】

颜回曰："回益矣。"

仲尼曰："何谓也？"

曰："回忘仁义矣。"

曰："可矣，犹未也。"

他日复见，曰："回益矣。"

曰："何谓也？"

曰："回忘礼乐矣。"

曰："可以，犹未也。"

他日复见，曰："回益矣。"

曰："何谓也？"

曰："回坐忘矣。"

仲尼蹴然曰："何谓坐忘？"

颜回说："我进步了。"

颜回曰："堕肢体，黜聪明，离形去知，同于大通，此谓坐忘。"

仲尼曰："同则无好也，化则无常也。而果其贤乎！丘也请从而后也。"

【译文】

颜回说："我进步了。"

孔子说："指什么说的呢？"

颜回说："我忘掉仁义了。"

孔子说："好的，但是还不够。"

过了几天又见面，颜回说："我又进步了。"

孔子说："指什么说的呢？"

颜回说："我忘掉礼乐了。"

孔子说："好的，但是还不够。"

过了几天又见面，颜回说："我又进步了。"

孔子说："指什么说的呢？"

颜回说："我坐忘了。"

孔子惊奇地问："什么叫坐忘？"

颜回说："遗忘肢体，抛掉聪明，离弃形体忘掉智识，与化育万物的道融通为一，这就叫坐忘。"

孔子说："和同万物就没有偏好，参与万物的变化就没有偏执。你果真是贤人啊！请让我追随在你的身后。"

孔子说："让我追随在你身后。"

【分节导读】

作者以"命"作为《大宗师》篇的结尾。此节借子桑的悲歌说明不幸乃命之所赐，非人力所能控制。既然如此，人便应顺应命运的安排，坦然面对命带给人的一切。

【原文】

子舆与子桑友。而霖雨十日，子舆曰："子桑殆病矣！"裹饭而往食之。至子桑之门，则若歌若哭，鼓琴曰："父邪！母邪！天乎！人乎！"有不任其声而趋举其诗焉。

子舆入，曰："子之歌诗，何故若是？"

曰："吾思夫使我至此极者而弗得也。父母岂欲吾贫哉？天无私覆，地无私载，天地岂私贫我哉？求其为之者而不得也。然而至此极者，命也夫！"

【译文】

子舆和子桑是朋友。一连下了十天雨，子舆说："子桑恐怕要饿病了吧！"于是带着饭去给他吃。到了子桑的门口，就听到像是唱歌又像是哭泣的声音。子桑弹着琴唱道："父亲呀！母亲呀！天呀！人呀！"声音微弱而诗句急促。

子舆进到屋里，说："你吟唱诗，为什么这样不成调子？"

子桑说："我在思索使我到了这般窘困地步的原因而不得其解。父母难道想要我贫困吗？上天无私地覆盖一切，大地无私地承载着一切，天地岂会偏私而让我贫困呢？探求使我贫困的原因而得不到结果。然而我到了这样的绝境，是命吧！"

子舆冒雨给子桑送饭。

◎应帝王◎

【题解】

本篇谈的是帝王治理天下的问题，表现了庄子无为而治的政治观。文中的六个故事都是寓言，庄子借此以论理。"啮缺问于王倪""肩吾见狂接舆"部分，批评了君王以私愿制定法度统治人民的行为，指出为政当"顺物自然"，统治者当去除私念。"阳子居见老聃""郑有神巫曰季咸""无为名尸""南海之帝为儵"等部分论辩了无为的好处和有为对百姓的损害。庄子为政当无治的政治观，基本上是继承老子的"无为而无不为"的思想而来的，其消极性不言自明，但是这种政治观念在一定程度上也是针对当时日益膨胀的君王权力而发的，不无合理的因素。因为在有阶级的社会，以君主官僚为主体的政治本身就是天下的一大祸害，无论它打着什么旗号。

【分节导读】

此节中啮缺之所以因王倪的不知而欢呼雀跃是因为对方的不知让他悟道。知有限而不知无限，知会引发是非，不知则不会产生利害。知让人为名望利益所累，不知则无欲，无欲也就不会产生烦恼。得道的人不会在意别人用侮辱性的词汇称呼自己，相反未得道的人在治国时借仁义笼络人心，把好名声当做治国工具，必为如何拥有这名声、如何保护这名声所累。

【原文】

啮缺问于王倪，四问而四不知。啮缺因跃而大喜，行以告蒲衣子。

蒲衣子曰："而乃今知之乎？有虞氏不及泰氏。有虞氏，其犹藏仁以要人；亦得人矣，而未始出于非人。泰氏，其卧徐徐，其觉于于。一以己为马，一以己为牛。其知情信，其德甚真，而未始入于非人。"

啮缺问王倪道，四问四不知。

【译文】

啮缺问王倪，问了四次而四次都答称不知道。啮缺因此欢喜得跳了起来，走去把这事告诉蒲衣子。

蒲衣子说："你现在知道了吗？有虞氏不及泰氏。有虞氏，他还心怀仁义以要结人心，虽然也获得了人心，但是未能超脱外物的牵累。泰氏睡时舒缓平静，醒来时安闲自得。任人把自己称作马，任人把自己称作牛。他的知见信实，他的德性纯真，而从来没有受到外物的牵累。"

【原文】

肩吾见狂接舆，狂接舆曰："日中始何以语女？"

肩吾曰："告我，君人者以己出经式义度，人孰敢不听而化诸！"

狂接舆曰："是欺德也。其于治天下也，犹涉海凿河，而使蚊负山也。夫圣人之治也，治外乎？正而后行，确乎能其事者而已矣。且鸟高飞以避矰弋之害[①]，鼷鼠深穴乎神丘之下以避熏凿之患[②]，而曾二虫之无如？"

狂接舆认为日中的话虚伪骗人。

【注释】

① 矰弋（zēng yì）：古时一种带有丝绳射鸟的短箭。② 鼷（xī）鼠：小鼠。神丘：社坛。熏：烟熏。凿：挖掘。

【译文】

肩吾见到狂接舆，狂接舆说："日中始对你说了些什么？"

肩吾说："他告诉我，国君凭自己的意愿定出法规，人们谁敢不听从而被教化呢！"

狂接舆说："这是虚伪骗人的做法。这样去治理天下，就如同趟着大海去凿河，使蚊虫背负大山一样。圣人治理天下，是用法度来约束人们吗？圣人是先端正自己而后感化他人，任人做一些能做的事罢了。鸟尚且知道高飞以躲避罗网弓箭的伤害，小鼠尚且知道在神坛下打洞以避开烟熏和挖掘之祸，难道人还不如这两种虫子吗？"

【分节导读】

此节承接上节的"治世先治己"，讲如何治己。作者借无名人之口点出治己的方法——保持心灵的清静无为，不偏私，顺应事物自然发展。无名人的治己之道正是道家推崇的治国之道。

【原文】

天根游于殷阳，至蓼水之上，适遭无名人而问焉，曰："请问为天下。"

无名人曰："去！汝鄙人也，何问之不豫也！予方将与造物者为人，厌，则又乘夫莽眇之鸟，以出六极之外，而游无何有之乡，以处圹埌之野[①]。汝又何帠以治天下感予之心为[②]？"

又复问。无名人曰："汝游心于淡，合气于漠，顺物自然而无容私焉，而天下治矣。"

天根到殷阳游玩碰到无名人。

【注释】

① 圹埌（kuàng làng）：空旷辽阔。② 帠（yì）：为"臬"的坏字，即梦话，呓语。

【译文】

天根到殷阳游玩，来到蓼水边，恰巧碰到无名人，便问道："请问治理天下的方法。"

无名人说："走开！你这个鄙陋的人，为何问这使我不愉快的问题呢？我正要和造物者为伴，厌烦了，就乘着轻盈虚渺的气，飞出天地四方以外，畅游于无何有之乡，处在空旷辽阔的旷野。你又为什么用治理天下的梦话来干扰我的心呢？"

天根又再次询问。无名人说："你要游心于恬淡的境界，形气要合于漠然无为，顺应事物自然的本性而不夹杂私意，天下就可以治理好了。"

【分节导读】

此节重点讲何为圣明之王。阳子的看法证代表了世俗中人对圣明之王的看法——能力强，做事果断，有敏锐的洞察力，看问题透彻，学道勤奋。但站在道的角度，还不能称这样的王为圣明之王。常人艳羡的"才智"无非是劳心耗力之术，会让人受制于外物。道家眼里的圣明之王不求功名，高深莫测，尊重万物的本性，不治万物却使万物大治。

【原文】

阳子居见老聃，曰："有人于此，向疾强梁，物彻疏明，学道不倦。如是者，可比明王乎？"

老聃曰："是于圣人也，胥易技系，劳形怵心者也。且也虎豹之文来田，猿狙之便、执斄之狗来藉。如是者，可比明王乎？"

阳子居蹴然曰："敢问明王之治？"

老聃曰："明王之治，功盖天下而似不自己，化贷万物而民弗恃；有莫举名，使物自喜；立乎不测，而游于无有者也。"

阳子居问老聃何为圣明君王。

【译文】

阳子居见到老聃，问说："有这样一个人，敏捷果决，认识事物透彻明达，学道精勤不倦。像这样，可以和圣明的君王相比？"

老聃说："这样的人在圣人看来，不过是像胥吏卜官被技能所牵累，劳苦形体，惊怵心神罢了。且虎豹因皮有花纹而招来人们田猎，猕猴因行动便捷、猎狗因能捉狸而招来人的捉系。像这样的人，可以和圣明的君王相比吗？"

阳子居脸色突变，惭愧地说："请问圣明的君王怎样治理天下呢？"

老聃说："圣明的君王治理天下，功绩覆盖天下却好像和自己不相干，教化施及万物而人民不觉得有所恃；虽有功德却不能用语言说出来，使万物欣然自得其所；自己立于不可测识的地位，而畅游于虚无的境地。"

圣明的君王立于不可测识之地。

【分节导读】

　　此节以季咸相壶子的故事来说明"知"的有限。季咸自以为有知，可以预测万物的变化，但却被壶子制造的假象迷惑，大惊而跑。壶子用随风而倒的草和随波逐流的水来形容被知所制的不自由。另一方面，作者又用列子被季咸迷惑一事说明以知为道的危险，若所知非"真"，人就容易误入歧途。知性思考只能让人看到道的表象，要把握道的实质还要依靠悟。

【原文】

　　郑有神巫曰季咸，知人之死生存亡、祸福寿夭，期以岁月旬日，若神。郑人见之，皆弃而走。列子见之而心醉，归，以告壶子，曰："始吾以夫子之道为至矣，则又有至焉者矣。"

　　壶子曰："吾与汝既其文，未既其实，而固得道与？众雌而无雄，而又奚卵焉！而以道与世亢，必信，夫故使人得而相汝。尝试与来，以予示之。"

郑国人见到季咸就跑了。

　　明日，列子与之见壶子。出而谓列子曰："嘻！子之先生死矣！弗活矣！不以旬数矣！吾见怪焉，见湿灰焉。"

　　列子入，泣涕沾襟以告壶子。壶子曰："乡吾示之以地文，萌乎不震不止。是殆见吾杜德机也。尝又与来。"

　　明日，又与之见壶子。出而谓列子曰："幸矣，子之先生遇我也！有瘳矣①，全然有生矣！吾见其杜权矣。"

　　列子入，以告壶子。壶子曰："乡吾示之以天壤，名实不入，而机发于踵。是殆见吾善者机也。尝又与来。"

　　明日，又与之见壶子。出而谓列子曰："子之先生不齐，吾无得而相焉。试齐，且复相之。"

　　列子入，以告壶子。壶子曰："乡吾示之以太冲莫胜。是殆见吾衡气机也。鲵桓之审为渊②，止水之审为渊，流水之审为渊。渊有九名，此处三焉。尝又与来。"

　　明日，又与之见壶子。立未定，自失而走。壶子曰："追之！"列子追之不及。反，以报壶子曰："已灭矣，已失矣，吾弗及已。"

　　壶子曰："乡吾示之以未始出吾宗。吾与之虚而委蛇③，不知其谁何，因以为弟靡，因以为波流，故逃也。"

　　然后列子自以为未始学而归，三年不出。为其妻爨④，食豕如食人⑤。于事无与亲，雕琢复朴，块然独以其形立。纷而封哉，一以是终。

【注释】

①瘳（chōu）：病愈。②鲵（ní）：大鲸鱼。桓：盘旋。审：借为"沈"，深意。③委蛇（wēi yí）：随顺应变。④爨（cuàn）：烧火做饭。⑤食豕（shǐ）如食人：饲养猪如同侍奉人。

【译文】

　　郑国有个神巫叫季咸，能测知人的生死存亡及祸福寿夭，所预言的年、月、日，准确如神。郑国人见了他，都（因怕预闻到有凶祸的事）避开跑得远远的。列子见了，为他的神算所陶醉，回来把这件事告诉了壶子，说："原先我以为先生的道术是最高明的，现在才知道又有更高明的。"

壶子说："我为你讲授的是道的名相，尚未讲授道之实，你就以为得道了吗？有众多雌鸟而没有雄鸟，又如何能由卵化育呢？你用表面的道与世人较量，希望得到世人的信任，所以才让神巫窥测到你的心思。把他请来，让他看看我的相。"

壶子对列子说："我未曾出示我的大道。"

第二天，列子和季咸一起来见壶子。季咸出来后对列子说："哎！你的先生快要死了！不能活了！不会超过十天了！我见他神色怪异，就像见到了不能复燃的湿灰。"

列子进入屋中，泪水沾湿了衣襟，把季咸的话告诉了壶子。壶子说："刚才我让他看到的是我大地般的寂静，茫然无迹，不动不止。这大概是他看到我闭塞了生机。试着再同他一起来看看。"

第二天，列子又和季咸一起来见壶子。季咸出来后对列子说："幸运啊，你的先生遇上了我！现在可以痊愈了，完全有生机了！我看到他闭塞的生机有了活动。"

列子走进屋，将季咸的话告诉壶子。

列子进入屋里，把季咸的话告诉了壶子。壶子说："刚才我让他看了天地间的生气，名声实利皆不入心，生机从脚后跟升起。这大概是他看到我的这线生机了。试着再同他一起来看看。"

第二天，列子又和季咸一起来见壶子。季咸出来后对列子说："你的先生神情变化不定，我没法给他相面。等他神情安定了，我再给他相面。"

壶子告诉列子季咸逃跑的原因。

列子进入屋里，把季咸的话告诉了壶子。壶子说："刚才我显示给他看的是没有征兆可寻的太虚境界。这大概是他看到我的气机平和而不偏一端的状况。鲸鱼盘旋的地方成为深渊，水止的地方成为深渊，水流动的地方成为深渊。深渊有九种，我让他看了三种。试着再同他一起来看看。"

第二天，列子又和季咸一起来见壶子。季咸还没有站定，就惊慌地逃走了。壶子说："追上他！"列子追赶不及，回来告诉壶子说："已经无影无踪了，已经跑掉了，我追不上他。"

壶子说："刚才我显示给他看的是（万象俱空的境界，）未曾出示我的根本大道。我和他随顺应变，他不知究竟是谁，就像草遇风披靡，像水随波逐流，所以逃跑了。"

之后列子才认识到自己没有学到什么，便回家了，三年不出家门。他替妻子烧火做饭，饲养猪如同侍奉人一样。对事物无所偏私，扬弃浮华而复归素朴，不知不识的样子，犹如土块立在地上。在纷纭的世事中持守真朴，终身如此。

列子回家烧火做饭，饲猪如人，持守真朴。

【分节导读】

此节着重强调"不要被知识主宰"。作者认为人应如镜子映照事物一样，客观地看待世界，享受上天赐予的一切。相反，用"有知"来干预自然，必会对自然造成损害。作者以浑沌之死的故事来说明这点，浑沌的无孔无窍乃是天然而成，儵、忽却偏要以世俗常理来评判他，人为地干预他，结果造成浑沌的死亡。

【原文】

无为名尸，无为谋府；无为事任，无为知主。体尽无穷，而游无朕；尽其所受乎天而无见得，亦虚而已。至人之用心若镜，不将不迎，应而不藏，故能胜物而不伤。

南海帝王儵。

【译文】

不要成为名声的载体，不要成为谋略的府库；不要强行任事，不要做智慧的主谋。体悟无穷无尽的大道，而游于虚无之境；承受着自然的本性，而不显露自己所得到的，也就达到了虚寂无为的心境。至人的用心像镜子，物去不送，物来不迎，如实反映而不隐藏，所以能胜物而不为物所伤害。

【原文】

南海之帝为儵[1]，北海之帝为忽，中央之帝为浑沌。儵与忽时相与遇于浑沌之地，浑沌待之甚善。儵与忽谋报浑沌之德，曰："人皆有七窍以视听食息，此独无有，尝试凿之。"日凿一窍，七日而浑沌死。

【注释】

[1] 儵（shū）：与下文的"忽""浑沌"，都是庄子假托的人名。

儵与忽常到浑沌的所在地去。

【译文】

　　南海的帝王叫儵，北海的帝王叫忽，中央的帝王叫浑沌。儵和忽时常到浑沌的所在地相会，浑沌待他们甚好。儵与忽商量回报浑沌之德，说："人都有七窍，用来看、听、饮食、呼吸，唯独他没有，我们试着给他凿开。"他们就每天凿一窍，凿到第七天浑沌就死了。

卷二　外篇

◎骈拇◎

【题解】

《骈拇》以篇首二字名篇。外、杂篇的题目大多如此。本篇主旨阐扬人的行为应当合乎自然，顺应天性。而滥用聪明、矫饰仁义的做法，都如同生理上的"骈拇枝指"一样，并非出乎自然，而是道德上的邪门歪道。在作者看来，所谓的仁义智辩以及为名、为利、为家、为天下，虽然名目不同，却都是违反和伤害人的本性的，不但无益于人类社会，反而是有害的。人类应该摒弃仁智，回复自然，这样才能停止纷争和罪恶，从而实现老子自然无为、返朴归真的社会理想。

【分节导读】

此节作者用骈生的脚趾和歧生的拇指来比喻超出人的本性造作出来的仁义，认为仁义并非人本性使然，推行仁义、滥用聪明智慧，必然会对人性造成伤害。作者在此对儒家的观点进行了严厉地批判，认为儒家标榜的德行闭塞了人的本性，乃旁门左道而非天下正途。一如人不能因为野鸭的腿短就为它接长、鹤的腿长就把它截短，天下的事物都有其自然生态，本已各得其所，人既不应用强力去亏损它们，也不应刻意去修正它们。

【原文】

骈拇枝指①，出乎性哉，而侈于德。附赘悬疣，出乎形哉，而侈于性。多方乎仁义而用之者，列于五藏哉，而非道德之正也。是故骈于足者，连无用之肉也；枝于手者，树无用之指也；骈枝于五藏之情者，淫僻于仁义之行，而多方于聪明之用也。

是故骈于明者，乱五色，淫文章，青黄黼黻之煌煌非乎②？而离朱是已。多于聪者，乱五声，淫六律③，金、石、丝、竹、黄钟大吕之声非乎？而师旷是已。枝于仁者，擢德塞性以收名声，使天下簧鼓以奉不及之法非乎？而曾、史是已。骈于辩者，累瓦、结绳、窜句、棰辞，游心于坚白同异之间，而敝跬誉无用之言非乎④？而杨、墨是已。故此皆多骈旁枝之道，非天下之至正也。

仁义就像骈拇枝指。

【注释】

① 骈（pián）拇：脚的大拇指与第二指连生。骈，并。枝指：手的大拇指旁歧生的一指。② 黼黻（fǔ fú）：已见《大宗师》篇注，白与黑谓之黼；黑与青谓之黻。煌煌：光耀眩目。③ 五声：古乐中的五音，即宫、商、角、徵（zhǐ）、

羽。六律：律，定音器。相传黄帝时的乐宫伶伦，截竹为管，以管的长短，分别声音的高低。乐律有十二种，阴阳各六，阴为吕，阳为律。六律为黄钟、太蔟、姑洗、蕤宾、夷则、无射。④跬（kuǐ）誉：一时的声誉。跬，半步为跬。

【译文】

并生的脚趾和歧长的六指，是出于自然本性，却超出了人体所固有。附生的肉瘤，是在形体上长出来的，却超过了自然本性。多方造作仁义来施行，比列于人的五脏，却不是道德的本然。因而并生在脚上的，只是

耀眼的花纹、悦耳的乐声、德行礼法，皆旁门之道。

连结着一块无用的肉；歧生在手上的，只是长了一个无用的指头；骈拇枝指地把仁义与五脏相比列而超出了五脏的实情，这种过于邪僻的施行仁义的行为，则是多方地滥用了聪明。

因而纵情视觉的人，会被五色所迷，耽溺文彩，彩色华丽花纹的服饰不就是光耀炫目的吗？离朱就是这类人的代表。纵情听觉的人，会被五声混淆，滥用六律，岂不像金、石、丝、竹和黄钟大吕等的音调吗？师旷就是这类人的代表。多余地施行仁义，高举德行和闭塞本性来沽名钓誉，不是使天下人喧嚷着去奉守不可企及的礼法？曾参和史鳅就是这类人的代表。多言善辩的，犹如累瓦、结绳般堆砌词语，穿凿文句，游荡心思于"离坚白""合同异"的争论上，岂不是疲敝精神求一时的声誉而争执无用的言论吗？杨朱墨翟就是这类人的代表。所以这些都是旁门之道，不是天下的至道正理。

【原文】

彼至正者①，不失其性命之情。故合者不为骈，而枝者不为跂②；长者不为有余，短者不为不足。是故凫胫虽短③，续之则忧；鹤胫虽长，断之则悲。故性长非所断，性短非所续，无所去忧也④。意仁义其非人情乎⑤！彼仁人何其多忧也？

【注释】

①至正：通行本误作"正正"，依据褚伯秀、宣颖等说改正。②跂：同"歧"，多生的六指。③凫（fú）胫：野鸭小腿。④无所去忧：没有什么可忧虑的。⑤意：同"噫"，叹息的声音。人情：即前文所言"性命之情"，人的本性。

【译文】

那些至道正理，不失其性命的实情。故而结合的不为骈连，分枝的不为有余，长的不为多余，短的不为不足。所以野鸭的腿虽然短，接长一截便会痛苦；野鹤的腿虽然长，截断一节便会悲哀。所以原本腿长的不能截断，原本腿短的不必接长，没有什么可忧虑的。噫！仁义不是人固有的真情吧！那些仁人为什么如此多忧（去追求）呢？

【原文】

且夫骈于拇者，决之则泣；枝于手者，龁之则啼①。二者，或有余于数，或不足于数，其于忧一也。今世之仁人，蒿目而忧世之患②；不仁之人，决性命之情而饕贵富③。故意仁义其非人情乎？自三代以下者，天下何其嚣嚣也④？

【注释】

①龁（hé）：咬。②蒿目：忧愁的目光，有独坐忧愁之意。③决：溃乱。饕（tāo）：贪。④嚣嚣：喧哗的样子。

【译文】

况且，并生的脚趾，割开它就会哭泣；歧生的手指，咬去它便要哀啼。这两种情况，要么比应有之数多，要么少于应有之数，但其忧患却一样。如今的仁义之人，独坐忧虑世间的祸患；不仁义的人，溃乱生命实情贪图富贵。所以说，仁义不是人固有的真情吧？否则从夏、商、周三代依赖，天下怎么会有那么喧嚣多事呢？

鸭腿短却不可接长；鹤脚长却不可截短。

【原文】

且夫待钩绳规矩而正者，是削其性者也；待绳约胶漆而固者，是侵其德者也；屈折礼乐，呴俞仁义①，以慰天下之心者，此失其常然也。天下有常然。常然者，曲者不以钩，直者不以绳，圆者不以规，方者不以矩，附离不以胶漆，约束不以纆索②。故天下诱然皆生而不知其所以生，同焉皆得而不知其所以得。故古今不二，不可亏也。则仁义又奚连连如胶漆纆索而游乎道德之间为哉！使天下惑也！

【注释】

①呴（xǔ）俞：爱抚。②纆（mò）：绳索。三股合成的绳曰纆。

用钩、绳、规、矩对待木头，便削弱木头的本性。

【译文】

要待钩、绳、规、矩来加以修正的，是削损了事物的本性；需要绳索胶漆来进行加固的，是侵蚀事物的固然；用礼乐来周旋，用仁义来爱抚，以安慰天下人心的，这违背了事物的本然状态。天下万物各有本然状态。这本然状态就是，曲的不用钩，直的不靠绳，圆的不凭规，方的不需矩，粘合的不用胶漆，捆束的不必绳索。所以天下万物自然生长却不知怎样生长的，各得其所而不知怎样自选的。所以古今的道理一样，不能用外力去亏损（事物的本性）。那么仁义又何必连连不断地像胶漆绳索一样施加在道德之间，使天下人迷惑不解呢！

【分节导读】

此节承接上节阐述施行仁义对人本身的危害，用伯夷的死和道跖的死做类比，指出为名而死的士和为利而死的大盗并无本质上的区别。二者都迷失了本性，残害了生命，因此不能断言谁是君子，谁是小人。在作者看来，完善即是随性随情，聪敏是善于内省，明察则是能够清楚地认识自己，"大惑易性"，人应该上不为仁义操守，下不行邪僻之事，虚静无为，逍遥于世。

【原文】

夫小惑易方，大惑易性。何以知其然邪？有虞氏招仁义以挠天下也，天下莫不奔命于仁义，是非以仁义易其性与？故尝试论之，自三代以下者，天下莫不以物易其性矣。小人则以身殉利，士则以身殉名，大夫则以身殉家，圣人则以身殉天下。故此数子者，事业不同，名声异号，其于伤性以身为殉，一也。臧与谷，二人相与牧羊而俱亡其羊。问臧奚事，则挟筴读书①；问谷奚事，则博塞以游。二人者，事业不同，其于亡羊均也。伯夷死名于首阳之下，盗跖死利于东陵之上②。二人者，所死不同，其于残生伤性均也，奚必伯夷之是而盗跖之非乎！天下尽殉也，彼其所殉仁义也，则俗谓之君子；其所殉货财也，则俗谓之小人。其殉一也，则有君子焉，有小人焉；若其残生损性，则盗跖亦伯夷已，又恶取君子小人于其间哉！

小人以身殉利。

放任天性，保持真情。

【注释】

① 挟筴（cè）：挟，用胳膊夹持。筴："策"字的异体，这里指书简。一说筴为牧羊鞭。② 盗跖（zhí）：姓柳下名跖，春秋末年著名的平民起义领袖，先秦不少著作如《孟子》《商君书》《荀子》《韩非子》《吕氏春秋》等书中都提到过他。"盗"是诬蔑之词。死利：为利而死。东陵：山名，在今山东济南境内，一说即泰山。

【译文】

小的迷惑会使人弄错方向，大的迷惑会使人改变本性。从哪里知道是这样的呢？自从虞舜拿仁义为号召而搅乱天下，天下人便没有谁不是为仁义而争相奔走，这岂不是用仁义来改变人原本的真性吗？为此，让我们试着来谈论一下这一问题。自夏、商、周

把本性连于仁义并非完美。

三代以来，天下人没有不借助于外物来改变自身本性的。平民百姓为了私利而舍弃生命，士人为了名声而舍弃生命，大夫为了家族的利益而舍弃生命，圣人则为了求取天下人的幸福而舍弃生命。所以这四种人，所从事的事业不同，名声也有各自的称谓，但他们为所求舍弃生命、损害人的本性这一点却是一样的。臧与谷两个人一块儿放羊，都丢失了羊。问臧做什么事情了，臧说是在拿着书简读书；问谷做什么事情了，谷说是在和别人玩投骰子的游戏。这两个人所做的事不一样，却同样丢失了羊。伯夷为了求得贤名而饿死在首阳山下，盗跖为了求得私利而死在东陵山上，这两个人死的原因不同，但他们在残害生命、损伤本性方面却是相同的。为什么一定要称赞伯夷而指责盗跖呢！

天下的人都在为某种目的而舍弃生命，那些为仁义而死的，世俗之人称他为君子；那些为财货而死的，世俗之人称他为小人。同样是为了某一目的而舍弃生命，有的被称为君子，有的却被叫做小人。倘若就残害生命、损伤本性而言，那么盗跖也就是伯夷，又怎么能在他们中间区分君子和小人呢！

【原文】

且夫属其性乎仁义者，虽通如曾史，非吾所谓臧也；属其性于五味，虽通如俞儿，非吾所谓臧也；属其性乎五声，虽通如师旷，非吾所谓聪也；属其性乎五色，虽通如离朱，非吾所谓明也。吾所谓臧者，非仁义之谓也，臧于其德而已矣；吾所谓臧者，非所谓仁义之谓也，任其性命之情而已矣；吾所谓聪者，非谓其闻彼也，自闻而已矣；吾所谓明者，非谓其见彼也，自见而已矣。夫不自见而见彼，不自得而得彼者，是得人之得而不自得其得者也，适人之适而不自适其适者也。夫适人之适而不自适其适，虽盗跖与伯夷，是同为淫僻也。余愧乎道德，是以上不敢为仁义之操，而下不敢为淫僻之行也。

【译文】

况且，把自己的本性缀连于仁义，即使如同曾参和史鳅那样精通，也不是我所认为的完美；把自己的本性缀连于甜、酸、苦、辣、咸五味，即使如同俞儿那样精通，也不是我所认为的完善；把自己的本性缀连于五声，即使如同师旷那样通晓音律，也不是我所认为的聪敏；把自己的本性缀连于五色，即使如同离朱那样通晓色彩，也不是我所认为的视觉敏锐。我所说的完美，绝不是仁义之类的东西，而是各有所得罢了；我所说的完善，绝不是所谓的仁义，而是放任天性、保持真情罢了。我所说的聪敏，不是说能听到别人什么，而是指能够内审自己罢了；我所说的视觉敏锐，不是说能看见别人什么，而是指能够看清自己罢了。不能看清自己而只能看清别人，不能安于自得而向别人索求的人，这就是索求别人之所得而不能安于自己所应得的人，也就是贪图达到别人所达到而不能安于自己所应达到的境界的人。贪图达到别人所达到而不安于自己所应达到的境界，无论盗跖与伯夷，都同样是滞乱邪恶的。我于道德行为很感惭愧，所以于上我不能奉行仁义的节操，于下我不敢从事滞乱邪恶的行径。

向别人索求的人是滞乱邪恶的。

◎马蹄◎

【题解】

　　本篇的主旨是主张自然放任，无为而治。"马蹄"，就是马的蹄子，取篇首二字作为篇名。作者认为，仁义礼乐之类，是残害人类自然天性的罪魁祸首，原始时代的纯朴无识才是人的本性，应当恢复人的这种本性。这种观点带有复古倒退的色彩，但也含有反对人为礼教，崇尚自由天性的精神。

【分节导读】

　　此节以伯乐驯马来喻圣人"弃道德用仁义"的危害：一损害了人民的天性，二造成天下的混乱。伯乐自以为善驯马，但对马而言，伯乐的"驯"却是不幸的源头。人民本来悠然自得，圣人出现后，制定出繁琐的规则，伤害了人民纯真的本性。马未被伯乐所治时，发起怒来至多彼此践踏，被伯乐治后，为反抗驾驭便开始使用诡计。人本来"居不知所为，行不知所居"，圣人推行仁义后，便开始以智巧谋求私利，致使天下大乱。

【原文】

　　马，蹄可以践霜雪，毛可以御风寒，龁草饮水，翘足而陆，此马之真性也。虽有义台路寝，无所用之。及至伯乐，曰："我善治马。"烧之，剔之，刻之，雒之①，连之以羁馽②，编之以皂栈③，马之死者十二三矣；饥之，渴之，驰之，骤之，整之，齐之，前有橛饰之患④，而后有鞭筴之威，而马之死者已过半矣。陶者曰："我善治埴⑤，圆者中规，方者中矩。"匠人曰："我善治木，曲者中钩，直者应绳。"夫埴木之性，岂欲中规矩钩绳哉？然且世世称之曰"伯乐善治马，而陶匠善治埴木"，此亦治天下者之过也。

马，蹄可以践霜雪，毛可以御寒风。

【注释】

①烧：把铁烧红，在马身上打烙印。剔（tī）：剪修鬃毛。刻：削马蹄。雒（luò）：通"络"，兜头的网状物。《日出东南隅》有："青丝系马尾，黄金络马头。"②羁（jī）：带嚼子的马笼头。馽（zhí）：绊住前足的绳索。③皂（zào）栈：马槽与马棚。④橛（jué）：马嚼子。饰：马铃铛、马缨之类的饰物。⑤埴（zhí）：黏土。

伯乐说："我善治马。"

【译文】

马的蹄子可以践踏霜雪，皮毛能够抵御风寒，吃草喝水，撂蹶子撒欢，这才是马的真性情。纵使有高台大殿，对马来说也毫无用处。到了伯乐出现，说："我善于调教马。"于是他给马打烙印，给马剪鬃毛，给马钉铁掌，给马上笼头，再套上络头和绊索，关在槽枥棚厩之间，结果先把马折腾死了十分之二三。还要饿它们，渴它们，让它们驱驰奔跑，让它们行进整齐，步伐一致。前面是马嚼子、马铃铛的困扰，后面有马鞭、马策的威胁，这样一来，马已死去大半了。陶工说："我会捏制陶土。圆的合于圆规，方的中于矩尺。"木工也说："我善于削木头。弯木如钩，直木似绳。"那些陶土和木头的本性，难道是要符合规矩和钩绳这些工具的标准吗？然而，世世代代的人都说："伯乐善于调教马，陶工木匠善于整治粘土和木头"，这也是治理天下者所犯的过错呀。

陶工说："我善治埴。"

【原文】

吾意善治天下者不然。彼民有常性，织而衣，耕而食，是谓同德；一而不党，命曰天放。故至德之世，其行填填，其视颠颠。当是时也，山无蹊隧，泽无舟梁；万物群生，连属其乡；禽兽成群，草木遂长。是故禽兽可系羁而游，鸟鹊之巢可攀援而窥。

夫至德之世，同与禽兽居，族与万物并，恶乎知君子小人哉！同乎无知[1]，其德不离；同乎无欲，是谓素朴。素朴而民性得矣。及至圣人，蹩躠为仁[2]，踶跂为义[3]，而天下始疑矣；澶漫为乐[4]，摘僻为礼，而天下始分矣。故纯朴不残，

木匠说："我善治本。"

织布而后穿衣，耕种后吃饭，是人共有的本能。

孰为牺尊！白玉不毁，孰为珪璋！道德不废，安取仁义！性情不离，安用礼乐！五色不乱，孰为文采！五声不乱，孰应六律！夫残朴以为器，工匠之罪也；毁道德以为仁义，圣人之过也。

【注释】

①同：通作"惷（chǔn）"，愚蠢，这个意义后代写做"蠢"。②蹩躠（bié xiè）：步履艰难、勉力行走的样子。③踶跂（zhì qǐ）：足尖点地，跷脚站立不安的样子，表现一种急迫求求的心情。④澶（dàn）漫：原义是大，漫无边际的样子，此处引申义为放纵娱乐，无有节制。

【译文】

我认为善于治理天下的人不是这样。黎民百姓有他们固有不变的本能和天性，他们织布而后穿衣，耕种而后吃饭，这就是人类共有的德行和本能。人们的思想和行为浑然一体没有一点儿偏私，

这就叫做任其自然。所以在道德昌盛的上古时代，人们的行动总是那么持重自然，人们的目光又是那么专一而无所顾盼。在那个时代，山间没有开凿大大小小的道路，湖泊河流之上也没有舟船和桥梁。人与万物合群而生，住处相互连接，没有分界，禽兽成群结队，草木顺性滋长。因此，人可以牵引禽兽到处漫游，也可爬到树上窥视鸟鹊之巢。

古时候，人的思想和行为浑然一体。

在那至德之世，人与禽兽住在一起，人群与万物浑然不分，哪里知道什么是君子和小人的区别呢！人与无知之物一样，他的本性就不会离失；人同无欲之物一样，即为他的自然素质；自然素质不变即保持了人的本性。等到世上出了圣人，勉为其难地去倡导所谓仁，竭心尽力地去追求所谓义，于是天下开始出现迷惑与猜疑；放纵无度地追求逸乐的曲章，繁杂琐碎地制定礼仪和法度，于是天下开始分离了。所以，天然的木料不被剖开，谁能作成牺尊之类酒器！白玉不被毁坏，谁能作成珪璋之类玉器！大道不被废弃，哪里用得着仁义呢！自然本性不离失，哪里用得着礼乐呢！五色不相混相间，

圣人倡导仁义，天下出现猜疑。

谁能制出美丽的图案花纹！五声不打乱重组，谁能制出与六律相应的乐曲！毁坏天然木料用以造成器具，是工匠的罪过；毁坏道德以推行仁义，这是圣人的罪过。

【原文】

　　夫马，陆居则食草饮水，喜则交颈相靡①，怒则分背相踶。马知已此矣。夫加之以衡扼，齐之以月题，而马知介倪、阖扼、鸷曼、诡衔、窃辔②。故马之知而态至盗者，伯乐之罪也。

　　夫赫胥氏之时，民居不知所为，行不知所之，含哺而熙，鼓腹而游，民能以此矣。及至圣人，屈折礼乐以匡天下之形，县跂仁义以慰天下之心③，而民乃始踶跂好知，争归于利，不可止也。此亦圣人之过也。

赫胥氏时，民行不知所至；圣人出后，千方百计求智力。

【注释】

①靡（mó）：通作"摩"，以脖颈交互摩蹭。②介倪：犹睥睨，斜视貌。形容马斜视御者不肯前行的样子。阖（yīn）：屈曲。扼：轭。扼指曲颈不伸，抗拒木轭。鸷（zhì）：抵、击。曼：与"幔"通，车之幔帐、篷盖之类。鸷曼，马发怒抵撞、碰击车子的篷盖。诡衔：狡猾地吐掉口勒。窃辔：意思是偷偷地想脱出马络头。③县（xuán）：同"悬"。跂：通作"企"，企望。"县跂"意思是空悬而不可企及。

人们争夺私利，不可制止。

【译文】

　　马生活在陆地上，吃草饮水，高兴时颈交颈相互摩擦，生气时背对背相互踢撞，马所知晓的就只是这样了。等到后来把车衡和颈轭加在它身上，把配着月牙形佩饰的辔头戴在它头上，这样一来，马就懂得斜视御者不肯前行，屈曲头颈抵抗马轭的限制，抵撞车子篷幔，狡猾地吐掉口勒，偷偷脱掉缰绳。所以马的机智而形成与人对抗的动作，这完全是伯乐的罪过啊！

　　上古赫胥氏的时代，百姓安居却不知道做些什么，走动也不知道去哪里，口里含着食物嬉戏，鼓着吃饱的肚子游玩，人们所能做的就只是这样了。等到圣人出现，矫造礼乐来匡正天下百姓的形象，用仁义作标榜来慰藉天下百姓的心，于是人们便开始千方百计地去寻求智力，争先恐后地去竞逐私利，而不可制止。这也是圣人的罪过啊！

◎胠箧◎

【题解】

　　本篇的主旨是主张绝圣弃智。"胠箧"是开箱的意思，取篇首二字为篇名。作者认为，圣人与智慧都利于盗贼，盗贼利用圣智仁义去扰乱天下，所以要灭绝圣人，弃除智慧。这种观点否定了人类智慧与文明对社会进步的意义，是很片面的。文中对社会弊端的批评，不乏尖锐深刻之处。

【分节导读】

　　此节重点论述"圣人出大盗起"。圣人为治世推行仁义就如同为了保护财物将财物装在箱子、口袋、柜子里，将财物收藏起来会方便盗贼将其盗走，用仁义治世也为"诸侯窃国"提供了条件。田成子杀国君即是如此。作者借盗跖的"盗亦有道"提醒世人，如仁义礼智勇聪等为儒家宣扬的美德也可能为人利用成为行恶为乱的工具。因此，要实现"天下平而无故"，就需要将圣人、圣智、圣法，譬如法律制度、礼乐仁义、文艺典章、音乐图画、工艺器皿……一并抛弃，避免智慧外露，并在此基础上将天下人的德行引入与自然合一的境界。

【原文】

　　将为胠箧探囊发匮之盗而为守备①，则必摄缄縢、固扃鐍②，此世俗之所谓知也。然而巨盗至，则负匮揭箧担囊而趋，唯恐缄縢扃鐍之不固也。然则乡之所谓知者③，不乃为大盗积者也？

大盗带着柜子、箱子、口袋就跑。

【注释】

①胠（qū）：撬开。箧（qiè）：小箱子。胠箧：把小箱子打开。探囊：掏布袋。发匮（guì）：开柜子。胠箧、探囊、发匮都是指偷盗行为。为守备：预先防备。②摄（shè）：绑紧。缄縢（jiān téng）：都是绑物的绳索。固：动词，使坚固。扃（jiōng）：从外关闭门户用的门栓。鐍（jué）：箱子上安锁的钮环。扃（jiōng）鐍，加在门窗或箱箧上的锁。以上两种方法皆为防窃而设。③乡（xiàng）：通"向"，早先。

【译文】

　　为了防备那些撬箱子、掏口袋、开柜子的小偷，于是就一定会绑紧绳索，加固锁钥，这便是世俗所谓的聪明。谁知江洋大盗一来，却背上柜子、提起箱子、挑着口袋，抬腿就跑，唯恐绳子锁钥不够牢固。那么以前所谓的聪明，不正是为大盗积聚财宝吗？

【原文】

故尝试论之：世俗之所谓知者，有不为大盗积者乎？所谓圣者，有不为大盗守者乎？何以知其然邪？昔者齐国邻邑相望，鸡狗之音相闻，罔罟之所布[1]，耒耨之所刺[2]，方二千余里。阖四竟之内[3]，所以立宗庙社稷，治邑屋州闾乡曲者，曷尝不法圣人哉[4]！然而田成子一旦杀齐君而盗其国。所盗者岂独其国邪？并与其圣知之法而盗之。故田成子有乎盗贼之名，而身处尧舜之安，小国不敢非，大国不敢诛，专有齐国。则是不乃窃齐国，并与其圣知之法以守其盗贼之身乎？

田成子杀齐君。

【注释】

①罔：即"网"。罟（gǔ）：网的总称。布：设置。②耒（lěi）：犁。耨（nòu）：锄头。刺：插。此句谓可以耕作的土地。③阖（hé）：同"合"，总合。竟：同"境"。④曷（hé）：何。法：效法。

【译文】

所以让我们试作论述：世俗所谓的智者，有不为大盗积聚财宝的吗？世俗所谓的圣人，有不为大盗守护财宝的吗？怎么知道是这个道理呢？当初齐国城邑相望，鸡鸣狗叫之声相闻，撒网捕鱼之水，耕地种田之野，方圆两千多里。统括四境之内，凡是立宗庙建社稷，治理各级行政区域的措施，何尝不是效法圣人所为呢！但是，一旦田成子杀了齐国君主就窃取了齐国。所窃取的又哪里仅仅是这个国家呢！连同治理这个国家的圣制之法也一起窃取了。因此，田成子虽然有盗贼的名声，其处境却如尧舜一样的安稳，小国不敢指责他，大国不敢讨伐他，擅据齐国。这岂不正是窃取了齐国及其圣制之法，用来守护他的盗贼之身吗？

田成子盗齐国，小国不敢非议，大国不敢诛杀。

【原文】

尝试论之：世俗之所谓至知者，有不为大盗积者乎？所谓至圣者，有不为大盗守者乎？何以知其然邪？昔者龙逢斩，比干剖，苌弘胣[1]，子胥靡，故四子之贤而身不免乎戮。故跖之徒问于跖曰："盗亦有道乎？"跖曰："何适而无有道邪？夫妄意室中之藏，圣也；入先，勇也；出后，义也；知可否，知也；分均，仁也。五者不备而能成大盗者，天下未之有也。"由是观之，善人不得圣人之道不立，跖不得圣人之道不行；天下之善人少而不善人多，则圣人之利天下也少而害天下也多。故曰，唇竭则齿寒，鲁酒薄而邯郸围，圣人生而大盗起。掊击圣人[2]，纵舍盗贼，而天下始治矣。

【注释】

①苌（chāng）弘：？—前492年，春秋时期周敬王大夫。晋国内讧，助晋大夫中行氏，晋卿赵鞅为此责周，周杀苌弘。胣（chǐ）：剖腹剔肠。②掊（pǒu）击：抨击，打倒。

【译文】

让我们试作论述：世俗所谓的最聪明的人，有不为大盗积聚财宝的吗？而所谓的最圣明的人，有不为大盗守护财宝的吗？怎么知道是这个道理呢？从前关龙逢被斩首，比干被剖心，苌弘被剖腹，伍子胥抛尸江中而糜烂，以这四个人的贤能尚且不免于杀身之祸。因此，跖的门徒问跖："强盗也有道可言吗？"跖回答道："做什么事情没有道呢？推测屋里的财物，就是英明；带头闯入，就是勇敢；最后退出，就是仗义；决策可否动手，就是智慧；分财合理，就是仁义。不具备这五条，而能成为大盗的，天下不会有这种人。"由此看来，善人不得圣人之道不能成其为善，盗跖不得圣人之道就不能行盗下去。而天下善人少而不善的人多，可知圣人对天下来说是利少而害多。所以说，唇亡则齿寒，鲁国的贡酒不醇，赵国的首都就被围，圣人出现，大盗蜂起。打倒圣人，放走盗贼，天下才可能太平无事。

盗亦有道。

分财合理，就是仁义。

【原文】

夫谷虚而川竭，丘夷而渊实。圣人已死，则大盗不起，天下平而无故矣。

圣人不死，大盗不止。虽重圣人而治天下，则是重利盗跖也。为之斗斛以量之①，则并与斗斛而窃之；为之权衡以称之，则并与权衡而窃之；为之符玺以信之，则并与符玺而窃之；为之仁义以矫之，则并与仁义而窃之。何以知其然邪？彼窃钩者诛，窃国者为诸侯，诸侯之门而仁义存焉，则是非窃仁义圣知邪？故逐于大盗，揭诸侯，窃仁义并斗斛权衡符玺之利者，虽有轩冕之赏弗能劝，斧钺之威弗能禁②。此重利盗跖而使不可禁者，是乃圣人之过也。

用斗斛计量物品，连斗斛一起偷走。

故曰：鱼不可脱于渊，国之利器不可以示人。彼圣人者，天下之利器也，非所以明天下也。故绝圣弃知，大盗乃止；摘玉毁珠③，小盗不起；焚符破玺，而民朴鄙；掊斗折衡④，而民不争；殚残天下之圣法⑤，而民始可与论议。擢乱六律⑥，铄绝竽瑟⑦，塞师旷之耳，而天下始人含其聪矣；灭文章，散五采，胶离朱之目，而天下始人含其明矣。毁绝钩绳而弃规矩，攦工倕之指⑧，而天下始人有其巧矣。削曾、史之行，钳杨、墨之口，攘弃仁义，而天下之德始玄同矣。彼人含其明，则天下不铄矣；人含其聪，则天下不累矣；人含其知，则天下不惑矣；人含其德，则天下不僻矣。彼曾、史、杨、墨、师旷、工倕、离朱，皆外立其德，而以爚乱天下者也⑨，法之所无用也。

偷盗腰带环钩的人，遭刑戮。

【注释】

① 斗斛（hú）：古代的两种量器，十斗为一斛。本句两个"之"字含意不一，前指天下之人，后指斗斛所量之物。② 钺（yuè）：大斧。"斧"和"钺"都常用作刑具，这里代指行刑。③ 擿（zhì）：投掷、丢弃之意。④ 掊（pǒu）：破，打碎。⑤ 殚（dān）：耗尽。残：毁坏。⑥ 擢（zhuó）：疑或为"搅"，搅乱也。⑦ 铄（shuò）：销毁。绝：折断。竽瑟：两种古乐器之名，这里泛指乐器。⑧ 攦（lì）：折断。工倕（chuí）：传说中的能工巧匠。⑨ 爚（yuè）：炫耀。"爚乱"就是迷乱的意思。

【译文】

溪水干涸则山谷显得格外空旷，山丘夷平则深潭显得格外充实。圣人死了，那么大盗也就不会再兴起，天下就太平而没有变故了。

圣人不死，大盗也就不会停止。虽然是重用圣人来治理天下，却让盗跖获得最大的好处。给天下人制定斗斛来计量物品的多少，却连同斗斛一道给盗窃走了；给天下人制定秤锤秤杆来计量物品的轻重，却连同秤锤秤杆一道给盗窃走了；给天下人制定符玺来取信于人，却连同符玺一道给盗窃走了；给天下人制定仁义来规范人们的道德和行为，却连同仁义一道给盗窃走了。怎么知道是这样的呢？那些偷窃腰带环钩之类小东西的人受到刑戮和杀害，而窃夺了整个国家的人却成为诸侯。诸侯的门里就有仁义了，这就不是盗窃了仁义和圣智吗？所以，那些追随大盗，高居诸侯之位，窃夺了仁义以及斗斛、秤具、符玺之利的人，即使有高官厚禄的赏赐也不能劝阻他们，即使有行刑杀戮的威严也不能禁止他们。这些大大有利于盗跖而不能禁止的局面，都是圣人的过错。

因此说：鱼儿不能脱离深潭，治国的利器不能随便拿给人看。那些所谓的圣人，就是治理天下的利器，是不可以用来明示天下的。所以抛弃聪明智巧，大盗才能休止；弃掷玉器毁坏珠宝，小的盗贼就会消失；焚烧符记破毁玺印，百姓就会朴实浑厚；打破斗斛折断秤杆，百姓就会没有争斗；尽毁天下的圣人之法，百姓方才可以参与议论。搅乱六律，毁折各种乐器，并且堵住师旷的耳朵，天下人方能内敛他们的智慧；消除纹饰，离散五彩，粘住离朱的眼睛，天下人方能内藏他们的明敏；毁坏钩弧和墨线，抛弃圆规和角尺，弄断工倕的手指，天下人方能保有他们原本的智巧。削除曾参、史鳅的忠孝，钳住杨朱、墨翟善辩的嘴巴，摒弃仁义，天下人的德行方能混同而齐一。人人都内藏明慧，天下就不会乱了；人人都内敛聪敏，天下就不会出现忧患；人人都内含智巧，天下就不会出现迷惑；人人都保有原本的秉性，天下就不会出现邪恶。那曾参、史鳅、杨朱、墨翟、师旷、工倕和离朱，都外露并炫耀自己的德行，而且用来迷乱天下之人，这是正法所不取的。

窃夺整个国家的人成为诸侯。

【分节导读】

此节将天下大乱的原因归咎为"好知"上，认为智巧是造成诡诈、狡辩、奸黠的原因，追求智巧会让人丧失本性。作者用了一定的笔墨怀念上古时代质朴纯真的生活，并用"至德"来形容古代社会，反映了其对返璞归真的向往。

【原文】

子独不知至德之世乎？昔者容成氏、大庭氏、伯皇氏、中央氏、栗陆氏、骊畜氏、轩辕氏、赫胥氏、尊卢氏、祝融氏、伏牺氏、神农氏，当是时也，民结绳而用之，甘其食，美其服，乐其俗，安其居，邻国相望，鸡狗之音相闻，民至老死而不相往来。若此之时，则至治已。今遂至使民延颈举踵曰，"某所有贤者"，赢粮而趣之，则内弃其亲而外去其主之事，足迹接乎诸侯之境，车轨结乎千里之外。则是上好知之过也。

古时的人甘其食，美其服，乐其俗，安其居。

上诚好知而无道，则天下大乱矣。何以知其然邪？夫弓弩毕弋机辟之知多①，则鸟乱于上矣；钩饵罔罟罾笱之知多②，则鱼乱于水矣；削格罗落罝罘之知多，则兽乱于泽矣；知诈渐毒颉滑坚白解垢同异之变多，则俗惑于辩矣。故天下每每大乱，罪在于好知。故天下皆知求其所不知而莫知求其所已知者，皆知非其所不善而莫知非其所已善者，是以大乱。故上悖日月之明，下烁山川之精，中堕四时之施③；惴耎之虫④，肖翘之物，莫不失其性。甚矣，夫好知之乱天下也！自三代以下者是已，舍夫种种之民，而悦夫役役之佞，释夫恬淡无为而悦夫啍啍之意⑤，啍啍已乱天下矣。

人们带着干粮，背井离乡归向圣人。

【注释】

①弩（nǔ）：带有机关的连珠箭。毕：一种带柄的网。弋（yì）：系有丝绳可以回收的箭。机变：疑为"机辟"之误，即捕鸟兽的机关。②罾（zēng）：用竿子支撑形如伞状的鱼网。笱（gǒu）：用做捕鱼的竹笼。③堕（huī）：通作"隳"，毁

弓弩等机关多了起来。

坏的意思。施：推移。④惴耍（ruǎn）：蠕动的样子，这里指附地而生的小虫。⑤释：放置，废弃。啍啍（tūn）：喋喋不休，不停地说教的样子。

【译文】

你不知道那盛德的时代吗？从前容成氏、大庭氏、伯皇氏、中央氏、栗陆氏、骊畜氏、轩辕氏、赫胥氏、尊卢氏、祝融氏、伏牺氏、神农氏，在那个时代，人民靠结绳的办法记事，把粗疏的饭菜认做美味，把朴素的衣衫认做美服，把纯厚的风俗认做欢乐，把简陋的居所认做安适，邻近的国家相互观望，鸡狗之声相互听闻，百姓直至老死也互不往来。像这样的时代，就可说是真正的太平治世了。可是当今竟然使人们盼望着说："某个地方出了圣人"，于是带着干粮归向他，家里抛弃了双亲，外边离开了主上的事业，足迹交接于各国境域，车轮印迹往来交错于千里之外，而这就是统治者追求圣智的过错。

鱼在水里乱游躲避抓鱼者。

统治者一心追求圣智而不遵从大道，那么天下必定会大乱啊！怎么知道是这样的呢？弓弩、鸟网、弋箭、机关之类的智巧多了，上空的鸟就要被扰乱了；钩饵、鱼网、竹笼之类的智巧多了，那么鱼儿就只会在水里乱游；木栅、兽栏、兔网之类的智巧多了，那么野兽就只会在草泽里乱窜；伪骗欺诈、奸黠狡猾、言词诡曲、坚白之辩、同异之谈等权变多了，那么世俗的人就只会被诡辩所迷惑。所以天下常常大乱，罪过就在于喜好智巧。所以天下人都只知道追求他所不知道的，却不知道探索他所已经知道的；都知道非难他所认为不好的，却不知道否定他认为好的，因此天下才大乱。所以对上而言遮掩了日月的光辉，对下而言消解了山川的精华，居中而言损毁了四时的交替；就连附生地上蠕

鸟在天空乱飞躲避箭弩。

野兽在山中乱跑躲避机关。

动的小虫，飞在空中的蛾蝶，也没有不丧失本性的。追求智巧扰乱天下，竟然达到如此地步！自夏、商、周三代以来的情况就是这样啊，抛弃那众多淳朴的百姓而喜好那钻营狡诈的谄佞小人，废置那恬淡无为的引导而喜好那碟碟不休的说教，喋喋不休的说教已经搞乱了天下啊！

◎在宥◎

【题解】

　　本篇的主旨是反对人治，主张一种以人性自然论为基础的无为政治论，所谓"在宥"，即自在宽宥之意。作者认为，一切人为的治理天下的行为只会给天下人带来灾难，为君为政者应无为而治，如此才合于天道。

【分节导读】

　　此节重点写"宥天下"的政治思想。作者认为，只要天下人都"不淫其性，不迁其德"，天下便无需治理。因此无论是让百姓欢欣的圣德之治，还是让百姓痛苦的暴虐之治，都会破坏人天性的安宁，都不可取。作为统治者，与其治天下，不如宥天下，为百姓提供宽松悠然的生活环境，让百姓保持心灵的恬静与愉悦。即使迫不得已君临天下，如果能不放纵情欲，不炫耀聪明，精神合于自然，万物自会如升腾而起的炊烟一般欣欣向荣。

【原文】

　　闻在宥天下，不闻治天下也。在之也者，恐天下之淫其性也；宥之也者，恐天下之迁其德也。天下不淫其性，不迁其德，有治天下者哉！昔尧之治天下也，使天下欣欣焉人乐其性，是不恬也；桀之治天下也，使天下瘁瘁焉人苦其性，是不愉也。夫不恬不愉，非德也。非德也而可长久者，天下无之。

　　人大喜邪，毗于阳①；大怒邪，毗于阴。阴阳并毗，四时不至，寒暑之和不成，其反

让天下自然发展。

伤人之形乎！使人喜怒失位，居处无常，思虑不自得，中道不成章，于是乎天下始乔诘卓鸷，而后有盗跖、曾、史之行。故举天下以赏其善者不足，举天下以罚其恶者不给，故天下之大，不足以赏罚。自三代以下者，匈匈焉终以赏罚为事，彼何暇安其性命之情哉！

【注释】

①毗（pí）：偏。

【译文】

　　只听说使天下人自在安然地生活，没听说过要治理天下百姓的。所谓自在，就是怕天下人超出原有的本性；所谓安然，就是怕天下人改变了根本的德性。天下人不超出原有的本性，不改变根本

的德性，哪里还需要什么治理天下呢？当初尧治理天下时，使天下人都兴高采烈地乐其本性，这是不安然守静；而桀治理天下时，使天下人都劳累疲病地苦其本性，这是不舒畅欢愉。不守静也罢，不欢愉也罢，都是违背德行的。违背德行而可以长久的，这是天下所没有的事。

人过于欢乐，就偏于阳，过于愤怒，则偏于阴。一旦阴阳失调，就会四时不顺，寒暑失调。这样岂不反过来伤害人的身体吗！使人喜怒无常，居无定所。思考问题丧失根本，做起事来半途而废，

尧治天下，人不守静；桀治天下，人不欢愉。

于是乎天下人开始狂妄自大，自命不凡，而后便有了盗跖、曾参、史鳅的行为。所以尽天下之物不足以劝善，尽天下之力不足以惩恶，因此，天下之大竟不足以赏罚。从夏、商、周以后，乱哄哄地只把赏罚当成能事，哪里还有功夫安于性命本来的情态呢！

【原文】

而且说明邪，是淫于色也；说聪邪，是淫于声也；说仁邪，是乱于德也；说义邪，是悖于理也；说礼邪，是相于技也；说乐邪，是相于淫也；说圣邪，是相于艺也；说知邪，是相于疵也。天下将安其性命之情，之八者，存可也，亡可也；天下将不安其性命之情，之八者，乃始脔卷獊囊而乱天下也①。而天下乃始尊之惜之，甚矣天下之惑也！岂直过也而去之邪！乃齐戒以言之，跪坐以进之，鼓歌以儛之，吾若是何哉！

故君子不得已而临莅天下，莫若无为。无为也而后安其性命之情。故曰："贵以身为天下，则可以托天下；爱以身为天下，则可以寄天下。"故君子苟能无解其五藏，无擢其聪明②；尸居而龙见，渊默而雷声，神动而天随，从容无为而万物炊累焉。吾又何暇治天下哉！

【注释】

①脔（luán）卷：不伸展，受拘束的样子。獊（cāng）囊：纷乱烦扰。②擢（zhuó）：炫耀。

【译文】

至于喜欢目明，就会沉迷于色彩；爱好耳聪，就会沉迷于声音；讲仁，就是惑乱于德；讲义，就是惑乱于理；提倡礼，便是助长技巧；提倡乐，便是助长淫逸；推崇圣，便会沉溺于技艺；推崇智，便会吹毛求疵。天下人如果能安于性命之情，这八者可有可无；天下人如果不能安于性命之情，这八者就会纠结迂曲、纷乱烦扰而把天下搞乱。可天下人却反而推崇和珍惜它们，可见天下人所受的迷惑真是太过分了。这些人哪里是把它们当成错误而抛弃呢！他们简直是斋戒后去谈论它们，恭敬地去传授它们，手舞足蹈地去供奉它们，我对此又能怎么样呢？

所以说，君子一旦不得已而君临天下，最好是无为而治。无为之后才能安于性命之情，

君子施行无为之治。

所以说以看重生命的态度看待天下，才可以让他管理天下，以爱惜生命的心情对待天下，才能够让他治理天下。所以君子如果能够不放纵情欲，不炫耀聪明，安然不动而神灵活现，深沉静默而蕴育惊雷，心有所动而天随人愿，从容无为而万物如尘埃一般自然运动。我又何必多此一举地去治理天下呢！

【分节导读】

　　此节主讲人心，借老子之口指出人心的特点是"排下进上"：被排挤就会感到压抑，受到表扬就会高昂。由于人心极易被惊扰，束缚人心必招致祸患。黄帝试图用仁义来改变人心结果却让人心欲念丛生，导致无休无止的争名夺利，纷争厮杀。在作者眼里，圣知仁义就是祸患之源，要天下大治必要"绝圣弃知"，将人心从仁义圣知的枷锁中解放出来。

【原文】

　　崔瞿问于老聃曰："不治天下，安藏人心？"

　　老聃曰："女慎，无撄人心①。人心排下而进上，上下囚杀，淖约柔乎刚彊②。廉刿雕琢③，其热焦火，其寒凝冰。其疾俛仰之间而再抚四海之外。其居也渊而静，其动也县而天。偾骄而不可系者④，其唯人心乎！

仁义罪在扰乱人心。

　　"昔者黄帝始以仁义撄人之心，尧舜于是乎股无胈，胫无毛，以养天下之形，愁其五藏以为仁义，矜其血气以规法度。然犹有不胜也。尧于是放谨兜于崇山⑤，投三苗于三峗，流共工于幽都，此不胜天下也。夫施及三王而天下大骇矣。下有桀、跖，上有曾、史，而儒墨毕起。于是乎喜怒相疑，愚知相欺，善否相非⑥，诞信相讥，而天下衰矣；大德不同，而性命烂漫矣；天下好知，而百姓求竭矣。于是乎斤锯制焉⑦，绳墨杀焉，椎凿决焉。天下脊脊大乱，罪在撄人心。故贤者伏处大山嵁岩之下⑧，而万乘之君忧栗乎庙堂之上。

　　"今世殊死者相枕也，桁杨者相推也⑨，刑戮者相望也，而儒墨乃始离跂攘臂乎桎梏之间。噫，甚矣哉！其无愧而不知耻也甚矣！吾未知圣知之不为桁杨椄槢也⑩，仁义之不为桎梏凿枘也⑪，焉知曾、史之不为桀、跖嚆矢也⑫！故曰：'绝圣弃知，而天下大治。'"

【注释】

①撄（yīng）：扰乱。②淖（chuò）约：柔弱貌。柔：屈从。彊：同"强"。③廉刿雕琢：形容一个人在精神上饱受折磨。廉，棱。刿（guì），割伤。《老子》第五十八章："廉而不刿。"④偾（fèn）：骄矜。不可系：无法约束。⑤放：放逐。谨兜（huān dōu）：传说是帝鸿氏之子，共工的同党，与其联合反对尧。崇山：在湖南张家界市西南。⑥否（pǐ）：恶。⑦斤（jīn）：与"斤"通，大斧。⑧嵁（kān）岩：深岩。⑨桁（héng）杨：绑在脚和颈上的刑具。相推：在道路上推挤，比喻受刑人很多。⑩椄槢（jiē xí）：连接桎梏两孔的木梁。⑪凿枘（záo ruì）：凿为木孔，枘为入孔之本楔。有孔有楔，桎梏才牢固。⑫嚆（hāo）矢：响箭。发射时，声先于箭而到。因此比喻为事物的开端、先声。

【译文】

　　崔瞿问老子说："不治理天下，怎样使人心向善？"

　　老子回答："你必须谨慎，不要扰乱了人心。人心受压抑就消沉，受鼓舞就振奋，心志的消沉和振奋之间，犹如被囚禁、伤杀，柔美的心志表现可以柔化刚强。一个人饱受折磨时，心理上备受磨难，如火烤，如冰冻，水深火热。心绪变化之快，顷刻之间就能来往于四海之外。安定时深沉静默，激动时高悬九天。骄矜自傲而不受约束的，就是人心啊。

内心如火烤，如冰冻。

当初，黄帝开始用仁义之说扰乱人心，使得后来的尧、舜奔波得连腿上的汗毛都磨光了。就是为了供养天下人的形体，为了施行仁义而愁劳心思，煞费苦心地建立法令制度，然而还是不能胜任。于是，只得把谨兜放逐到南方的崇山，把三苗流放到西方的三峗山，把共工也赶到了北方的幽州，就是这样也无法治理好天下。到了后来夏、商、周三代的时候，天下就大乱。下有暴桀、盗跖，上有仁曾、孝史，儒家墨家兴起，于是喜怒互相猜忌，愚智互相欺骗，好坏互相指责，真假互相讥讽，世道也就衰落了。不能同归于大德，人的性命也就被伤害了。天下崇尚心智，百姓就多纠葛。于是君主靠斧铖来制裁，以法律来杀伐，用刑具来处决。天下纷然大乱的根源就是君主扰乱了人心。所以，贤者隐居在高山深谷之中，而国君忧虑于朝廷之上。

尧、舜奔波得连腿上的汗毛都没有了。

当今之世，身首异处的死人多得相互堆积，身戴刑具的犯人多得相互推挤，受刑被杀的人随处可见，而儒家墨家还踮脚举臂于刑徒之间。唉，真是太过分了！也太不知羞耻和可耻了！我不知道圣智不是刑具的开关，仁义不是枷锁的部件，怎么知道曾参、史鳝不是暴桀、盗跖的先声呢！所以说，断绝圣明，抛弃智巧，天下就会大治了。"

【分节导读】

　　此节讲述了两个关于求道的故事。黄帝和云将都曾抱着以道干预自然的目的向圣人求道，但由于其想法本身就与道家主张的顺乎自然、无为而治相悖，所以黄帝遭到广成子的斥责，鸿蒙则以"吾弗知"回答云将。直到黄帝和云将询问修身之法，广成子和鸿蒙才对其进行点拨，要他们以养心为重，谨护自身，忘形弃智。作者借广成子和鸿蒙之口表达了"治身先于治国"的观点，认为自然无为方可使万物昌盛。

【原文】

　　黄帝立为天子十九年，令行天下，闻广成子在于空同之山，故往见之，曰："我闻吾子达于至道，敢问至道之精。吾欲取天地之精，以佐五谷，以养民人，吾又欲官阴阳，以遂群生，为之奈何？"

　　广成子曰："而所欲问者，物之质也；而所欲官者，物之残也。自而治天下，云气不待族而雨，草木不待黄而落，日月之光益以荒矣。而佞人之心翦翦者，又奚足以语至道哉！"

【译文】

　　黄帝做天子十九年后，政令通行天下，听说广成子隐居在空同山上，特地前往拜见他，说："我听说先生您的境界已经达于至道，冒昧地向您请教至道的精髓。我想用至道的精华，使五谷丰登，以养育万民。我还想调和阴阳，以成就万物，应当如何实施？"

广成子说："你所问的，是万物的本质，而你想掌管的，却是万物的渣滓。自从你治理天下以来，云气没等积聚就下雨，草木不等发黄便凋零，日月之光越发昏暗。而你这位智巧之人心胸狭窄得很，又哪里配得上谈论至道！"

黄帝到空同之山见广成子。

【原文】

黄帝退，捐天下，筑特室，席白茅，闲居三月，复往邀之。

广成子南首而卧，黄帝顺下风，膝行而进，再拜稽首而问曰："闻吾子达于至道，敢问，治身奈何而可以长久？"广成子蹶然而起，曰："善哉问乎！来！吾语汝至道。至道之精，窈窈冥冥；至道之极，昏昏默默。无视无听，抱神以静，形将自正。必静必清，无劳汝形，无摇汝精，乃可以长生。目无所见，耳无所闻，心无所知，汝神将守形，形乃长生。慎汝内，闭汝外，多知为败。我为汝遂于大明之上矣，至彼至阳之原也；为汝入于窈冥之门矣，至彼至阴之原也。天地有官，阴阳有藏，慎守汝身，物将自壮。我守其一以处其和，故我修身千二百岁矣，吾形未常衰。"

黄帝盖了间屋，闲居三个月。

【译文】

黄帝回去之后，放弃治理天下的政事，盖了一间独居的屋子，地上铺着白茅，在里面闲居了三个月以后，又前去请教。

广成子头朝南边躺着，黄帝从下方跪着向前，再次磕头到地，然后问到："我听说先生的境界已经达于至道。冒昧地向您请教，如何修身才能活得长久？"广成子顿时起身说到："你的问题问得好。过来，我告诉你至道。至道的根本，深不可测；至道的极致难以触及。不用看不用听，凝神静默，形体自然正常健康。一定要心静神清，不要让肢体疲劳，不要使精神动荡，这样才可以长生。目不外视，耳不旁听，心不多想，你的精神就能守护你的形体，而形体也就能长生了。把持内心的澹泊，远离外界的纷扰，心智越多越难悟道。我帮你达到大明的境界和至阳的根源；帮你进入窈冥的门径和至阴的根源。天地各司其职，阴阳各居其所；谨慎地守护你的身体，万物将自行健壮成长。我执守大道而处于阴阳调和之境，所以我修身养性一千二百多年了，而形体未尝衰老。"

【原文】

　　黄帝再拜稽首曰："广成子之谓天矣！"

　　广成子曰："来！余语汝。彼其物无穷，而人皆以为有终；彼其物无测，而人皆以为有极。得吾道者，上为皇而下为王；失吾道者，上见光而下为土。今夫百昌皆生于土而反于土，故余将去汝，入无穷之门，以游无极之野。吾与日月参光，吾与天地为常。当我，缗乎[①]！远我，昏乎！人其尽死，而我独存乎！"

【注释】

　　①缗（mín）：同"昏"。

【译文】

　　黄帝再次伏地磕头说："广成子真可谓天人合一了呀！"

　　广成子说："过来，我跟你说。至道是没有穷尽的，而人却都认为它有终结；至道是无法测知的，而人却都认为它有极限。获得我的道，上可成皇下可成王；丧失我的道，只能上见光明，下变泥土。现在万物都生于土而归于土，因此，我将离开你，入于无穷之门，遨游于无极之所。我会与日月同放光明，我将与天地永存。迎我而来的，背我而去的，与我都没有任何关系，绝不会为之所动。人都是要死的，而我却可以独存！"

广成子与日月同光。

云将在扶摇之枝遇见鸿蒙。

【原文】

　　云将东游，过扶摇之枝而适遭鸿蒙。鸿蒙方将拊脾雀跃而游。云将见之，倘然止，贽然立[①]，曰："叟何人邪？叟何为此？"

　　鸿蒙拊脾雀跃不辍，对云将曰："游！"

　　云将曰："朕愿有问也。"

　　鸿蒙仰而视云将曰："吁！"

　　云将曰："天气不和，地气郁结，六气不调，四时不节。今我愿合六气之精以育群生，为之奈何？"

　　鸿蒙拊脾雀跃掉头曰："吾弗知！吾弗知！"

　　云将不得问。又三年，东游，过有宋之野而适遭鸿蒙。云将大喜，行趋而进曰："天忘朕邪？天忘朕邪？"再拜稽首，愿闻于鸿蒙。

　　鸿蒙曰："浮游，不知所求；猖狂，不知所往；游者鞅掌，以观无妄。朕又何知！"

　　云将曰："朕也自以为猖狂，而民随予所往；朕也不得已于民，今则民之放也。愿闻一言。"

　　鸿蒙曰："乱天之经，逆物之情，玄天弗成；解兽之群，而鸟皆夜鸣；灾及草木，祸及止虫。噫！

治人之过也！"

云将曰："然则吾奈何？"

鸿蒙曰："噫，毒哉！僊僊乎归矣。"

云将曰："吾遇天难，愿闻一言。"

鸿蒙曰："噫！心养。汝徒处无为，而物自化。堕尔形体，黜尔聪明，伦与物忘；大同乎涬溟②，解心释神，莫然无魂。万物云云，各复其根，各复其根而不知；浑浑沌沌，终身不离；若彼知之，乃是离之。无问其名，无窥其情，物固自生。"

云将想随心所欲游荡而不得。

云将曰："天降朕以德，示朕以默；躬身求之，乃今也得。"再拜稽首，起辞而行。

【注释】

① 倘然：惊疑的样子。赘（zhì）然：站着不动的样子。② 涬溟（xìng mǐng）：自然元气。

【译文】

云将到东方漫游，经过神木的枝头时，恰好遇上鸿蒙。鸿蒙正拍着大腿蹦跳游玩。云将看见了，立即停下来，恭敬地站好问："老人家是谁呀？老人家为什么到这里？"

鸿蒙一边继续拍腿跳跃，一边回答："遨游。"

云将说："我想请教您一些问题。"

鸿蒙抬起头来看着云将说："嗯。"

云将说："气候不调和，地气不通畅，六气不协调，四季不按时。现在我想融合六气的精华以化育万物，该怎样做呢？"

鸿蒙拍腿跳跃摇头说："我不知道，我不知道。"

云将没有得到回答。又过了三年，云将去东方漫游，经过宋国时又碰上了鸿蒙。云将大喜过望，快走上前说："您忘记我了吗？您忘记我了吗？"再次趴在地上磕头，愿意向鸿蒙请教。

鸿蒙说："我上下飘浮，无所贪求；随心所欲，无所往；任意遨游，观察万物的真相。我又知道什么呢？"

云将说："我原来也很想随心所欲地游荡，然而民众却总是跟着我前往；我也是迫不得已才君临天下的，现在民众都仿效我，所以想听听您的高见。"

鸿蒙说："扰乱了自然的常道，违反了万物的本性，上天就不会让你成功；群兽离散，禽鸟夜鸣；灾及草木，祸及昆虫。唉，这都是治人的过错呀！"

云将说："那么我该怎么办呢？"

鸿蒙说："唉！你受的毒太深了，还是轻飘飘地回去吧。"

云将说："我遇上您太不容易了，希望您千万不吝指教。"

鸿蒙说："唉！重在养心吧。你只要做到无为，万物自会变化。忘怀你的形体，闭塞你的聪明，物我两忘，与自然元气混为一体，心如止水，神似枯井，木然无知。万物纷纭，各自恢复本性而不自知。混混沌沌，本性就会终身不失。如果有意识地要恢复本性，反而会失去本性。不必追问万物之名，不要窥测万物的情况；万物本来就是自生自灭的。"

云将说："您赐我大德，教我以静默；由于我亲身求道，今天总算如愿以偿了。"再次磕头至地，起身辞别离去。

【分节导读】

此节指出"主宰万物的非有形之物"。人也属有形之物，即使身居高位统管如国家、土地、人民这样的"大物"，也不应萌发将其据为己有的私心。一旦人有了贪求私利的念头，必被物所累。而若做到任物自为，超然于物，不单可"独治天下百姓"，还可"出入六合，游乎九州，独往独来"。至人没有"出乎众"的心，其身躯形骸都已和自然化为一体，根本无需用外物来凸显自身的存在感。

【原文】

世俗之人，皆喜人之同乎己而恶人之异于己也。同于己而欲之，异于己而不欲者，以出乎众为心也。夫以出乎众为心者，曷常出乎众哉！因众以宁所闻，不如众技众矣。而欲为人之国者，此揽乎三王之利而不见其患者也。此以人之国侥倖也，几何侥倖而不丧人之国乎！其存人之国也，无万分之一；而丧人之国也，一不成而万有余丧矣。悲夫，有土者之不知也！

夫有土者，有大物也。有大物者，不可以物；

君主的个人所闻不如众人的技艺多。

物而不物，故能物物。明乎物物者之非物也，岂独治天下百姓而已哉！出入六合，游乎九州，独往独来，是谓独有。独有之人，是谓至贵。

大人之教，若形之于影，声之于响。有问而应之，尽其所怀，为天下配。处乎无响，行乎无方。挈汝适复之挠挠，以游无端；出入无旁①，与日无始；颂论形躯，合乎大同，大同而无己。无己，恶乎得有有！亲有者，昔之君子；亲无者，天地之友。

【注释】

① 旁（bàng）：依。

【译文】

世俗之人都喜欢别人跟自己的观点相同而讨厌别人跟自己的观点不同。跟自己观点一致的就喜欢，跟自己观点不一致的就不喜欢。这是内心想要出人头地的缘故。那些一心只想出人头地的人，何尝又能够真正超出众人呢！随顺众人之意当然能够得到安宁，可是个人的所闻总不如众人的技艺多。希图治理国家的人，必定是贪取夏、商、周三代帝王之利而又看不到这样做的祸害。这样做是把治国成功的希望寄托在侥幸上面，贪求个人的侥幸而不至于丧失国家统治权力的又有多少呢！他们中能够保存国家的，不到万分之一，而丧失国家的，自身一无所成还会留下许多祸患。可悲呀，拥有国家的人却不明白啊！

拥有国家的，就拥有土地人民。拥有土地人民的，不可以受外物所役使；使用外物而不为外物所役使，才能主宰天下万物。明白主宰外物的不是物，岂只是治理天下百姓而已啊！这样的人已经能往来于天地四方，游乐于整个世界，独自无拘无束地去，又自由自在地来。这样的人就叫做拥有万物而又超脱于万物。这样特立独行的人就称得上是至高无上的贵人了。

　　至贵之人的教诲，就好像形躯对于身影，传声对于回响一样。有提问就有应答，竭尽自己所能，为天下人的提问作出应答。处心于没有声响的境界，活动在变化不定的地方。引领着人们往返于纷扰的世界，从而遨游在无始无终的浩渺之境；或出或进都无须依傍，像跟随太阳那样周而复始而没有尽头；容颜、谈吐和身形躯体均和众人一样，大家都是一样也就无所谓自身。无所谓自身，怎会执着于形象！执着于形象，这是过去的君子；体悟着根源，这就跟永恒的天地结成了朋友。

拥有国家的，就拥有土地和人民。

◎天地◎

【题解】

本篇的主旨是讲为君之德。作者认为，君为万众之主，君德就是天德。为君者应以德为本，无心无为，让一切成于自然，从而成为天道的体现者。君德即天德。从这种观点出发，作者对后世以人力治世的君主如夏禹、周武王等进行了激烈的批评。

【分节导读】

此节表达了人君应依照天地的规律自然无为的观点。万物虽然纷杂多样，但本质同一，所以管理天下也要以道为依据，站在道的视角上审视名利、职分、能力，不刻意追求富足，任事物自然发展。而求道需"刳心"，只有先摒弃心智，去除对事物的成见和繁杂的欲望，才能拥有容纳万物的广博胸怀，不被世俗名利所动。道与万物相连，王者若以大道为立足之本，国之上下必安定均和。

【原文】

天地虽大，其化均也；万物虽多，其治一也；人卒虽众，其主君也。君原于德而成于天，故曰：玄古之君天下，无为也，天德而已矣。

以道观言，而天下之名正；以道观分，而君臣之义明，以道观能，而天下之官治；以道泛观，而万物之应备。故通于天者，道也；顺于地者，德也；行于万物者，义也；上治人者，事也；能有所艺者，技也。技兼于事，事兼于义，义兼于德，德兼于道，道兼于天，故曰：古之畜天下者，无欲而天下足，无为而万物化，渊静而百姓定。《记》曰："通于一而万事毕，无心得而鬼神服。"

【译文】

天地虽然大，但运动变化却是均匀的；万物种类虽多，但循性自得的性质却是一样的。天下百姓虽然很多，主政的却是君主。君主治理天下本于德性，而成于自然，所以说，上古的君主治理天下，靠的是无为而治，顺应自然罢了。

从道的观点来看称谓，那么天下君主就名正言顺；从道的观点来看职分，那么君臣各自承担的道义就明确了；从道的观点来看才能，那么天下的官吏都尽职尽力；从道的观点广泛地考察，那么天下万物就应有尽有，无不齐备。所以，通达于天的，是道；通行于地的，是德；周行于万物的，是义；善于治理天下的，是使人们各尽其能，各任其事；能够让才能和技艺充分发挥的，是各种技巧。技巧

天地虽大，运动变化却相同。

归属于事务，事务归属于义理，义理归属于德，德归属于听任自然的道,道归属于事物的自然本性。所以说，古时养育万民的君主，没有贪欲而天下富足；无所作为而万物自行变化；深沉静默而百姓安定。《记》中说："通于大道而万事自然完满，心无欲求而鬼神敬服。"

君主治天下成于自然。

【原文】

夫子曰："夫道，覆载万物者也，洋洋乎大哉！君子不可以不刳心焉[①]。无为为之之谓天，无为言之之谓德，爱人利物之谓仁，不同同之之谓大，行不崖异之谓宽，有万不同之谓富。故执德之谓纪，德成之谓立，循于道之谓备，不以物挫志之谓完。君子明于此十者，则韬乎其事心之大也，沛乎其为万物逝也。若然者，藏金于山，沈珠于渊，不利货财，不近富贵；不乐寿，不哀夭；不荣通，不丑穷；不拘一世之利以为己私分，不以王天下为己处显[②]。显则明，万物一府，死生同状。"

不因穷困感到羞耻。

【注释】

① 刳（kū）心：抛弃个人心智。刳，挖空。② 王（wàng）天下：在天下称王。处（chǔ）显：处于显要的地位。

【译文】

老子说过："道，是覆盖承载万物的，多么广阔盛大！君子不能不彻底抛弃个人心中的一切私智去效法。以无为的态度处世，就是顺应天道；以无为的方式表达，就是顺应天性；给人以爱或给物以利，就是仁；把不同的万物等同看待，就是大；行为不乖异离奇，就是宽；心中能包容万种差异，就是富。所以说持守德性就是纲纪，成就德行便是立身，遵循大道就是完备，不让外界干扰内心就是完美。君子明白这十个方面，那么就能包容万物心胸宽广，德泽充盈而为万物所归往。如能这样，就像黄金藏在深山，珠宝沉在深渊，不谋财货，不求富贵；就能不因长寿而喜，不因夭折而哀，不因通达而荣耀，不因困穷而感到羞耻，更不会聚敛天下之利而为己有，不以称王天下而觉得地位显赫。显赫就会彰明，万物一体，死和生一样。"

【原文】

夫子曰："夫道，渊乎其居也，漻乎其清也[①]。金石不得，无以鸣。故金石有声，不考不鸣。万物孰能定之！

"夫王德之人，素逝而耻通于事，立之本原而知通于神。故其德广，其心之出，有物采之[②]。故形非道不生，生非德不明。存形穷生，立德明道，非王德者邪！荡荡乎！忽然出，勃然动，而万物从之乎！此谓王德之人。

"视乎冥冥！听乎无声。冥冥之中，独见晓焉；无声之中，独闻和焉，故深之又深而能物焉，神之又神而能精焉；故其与万物接也，至无而供其求，时骋而要其宿。大小，长短，修远。"

【注释】

①漻（liáo）：清澈透明。②採：感应。

【译文】

道幽深静默，澄澈清明。

老子说过："道，幽深静默，澄澈清明。金石不得外力，便不能发声。所以金石虽然能发声，但不敲就不会响。天下万物谁能确定它的性质！

"盛德之人，抱朴而行，以通晓事务为羞耻，立身于天道根本而智慧通于神秘莫测的境界，所以他德行广大。他心思所动，是受外物的感应。所以，形体不凭借道就不能生成生命，生命不顺应德就无法彰明。保存形体以尽生性，树立德行，明晓大道，岂不就是盛德吗！浩浩荡荡，忽然而出，勃然而动，万物无不依从！这就是盛德之人。

"大道看上去幽深暗昧，听起来无声无息。昏暗之中，却能看见光亮；无声之中，却能听到和谐之音。所以大道深而又深却能主宰万物，神秘莫测却能显示微妙的作用；所以道与万物相接，虽然虚无却能满足万物的需求，时刻运行变化却能使万物有所归宿。可大可小，可长可短，直至久远。"

【分节导读】

此节以玄珠喻大道。昆仑是传说中仙人的居所，黄帝登昆仑说明其已得道，失玄珠则喻示他失了道。知、离朱、喫诟分别代表智者、视力好的人和善辩者，象罔则为无心者。知、离朱、喫诟都没能找到玄珠，玄珠偏偏为象罔所取。作者特意用这样的安排说明道无法通过感官和言论取得，而要靠无心之悟——去除机巧的心智，在虚静的心中求道。

【原文】

黄帝游乎赤水之北，登乎昆仑之丘而南望，还归，遗其玄珠。使知索之而不得，使离朱索之而不得，使喫诟索之而不得也。乃使象罔，象罔得之。黄帝曰："异哉！象罔乃可以得之乎？"

知、离朱、喫诟为黄帝寻玄珠。

【译文】

黄帝在赤水的北面游览，登上昆仑山向南眺望，返回的时候，丢失了玄珠。派知去找却没有找到，派离朱去找也没有找到，又派喫诟去找，还是没有找到。于是派象罔去找，结果象罔找到了。黄帝说："真奇怪呀，象罔怎么可以找到呢？"

【分节导读】

此节中，作者通过许由之口描述了其心目中理想的天子的形象。由于智慧过人者不免会以人的智巧干预自然，不知不觉便对万物的本性造成损害，引发天下混乱，并为琐事制约己身，所以常人看来智慧超群，行事迅速的人并不是合适的天子人选。

【原文】

尧之师曰许由，许由之师曰啮缺，啮缺之师曰王倪，王倪之师曰被衣。

尧问于许由曰："啮缺可以配天乎？吾藉王倪以要之。"

尧问许由："啮缺能做天子吗？"

许由曰："殆哉圾乎天下！啮缺之为人也，聪明叡知①，给数以敏②，其性过人，而又乃以人受天。彼审乎禁过，而不知过之所由生。与之配天乎？彼且乘人而无天，方且本身而异形，方且尊知而火驰，方且为绪使，方且为物絯③，方且四顾而物应，方且应众宜，方且与物化而未始有恒。夫何足以配天乎？虽然，有族，有祖，可以为众父，而不可以为众父父。治，乱之率也，北面之祸也，南面之贼也。"

【注释】

①叡（ruì）："睿"字之异体，聪慧的意思。②给：捷。数（shuò）：频繁，引申为快捷的意思。③絯（gāi）：拘束。

【译文】

尧的老师叫许由，许由的老师叫啮缺，啮缺的老师叫王倪，王倪的老师叫被衣。

尧问许由说："这样啮缺可以做天子吗？我想请王倪来让他做天子。"

许由说："恐怕天下也就危险了！啮缺的为人，耳聪目明智慧超群，行动办事快捷机敏，他天赋过人，而又用人事来应对天然，他明了该怎样禁止过失，不过他并不知晓过失产生的原因。让他做天子吗？他将借助于人为而抛弃天然，将会以自身为本位来区分人我，将会尊崇才智而急急忙忙地为求知和驭物奔走驰逐，将会被细末的琐事役使，将会被外物拘束，将会环顾四方，目不暇接地跟外物应接，将会应接万物而又奢求处处合宜，将会参预万物的变化而从不曾有什么定准。他怎么能当天子呢？尽管如此，有人群的地方就应该有主事的人，他可以做百姓的长官，却不可以做一国的君主。治是导致乱的起因，是人臣的祸患，是君主祸害的根由。"

【分节导读】

此节作者借华封人之口表明道虽然反对刻意追求长寿、富裕、多子，但是也不必把这些世俗幸福当做烦恼之源，刻意回避。刻意回避本身就是一种恐惧，人并不能借此得到真正意义上的精神自由。因此华封人会说尧"我原以为你是圣人，没想到你是君子"。人应学会随遇而安，如此无论身处何种环境，是否拥有世俗幸福，都不会感到恐惧、屈辱。

【原文】

尧观乎华。华封人曰："嘻，圣人！请祝圣人。"

"使圣人寿。"尧曰："辞。""使圣人富。"尧曰："辞。""使圣人多男子。"尧曰："辞。"

封人曰："寿、富、多男子，人之所欲也。女独不欲，何邪？"

尧曰："多男子则多惧，富则多事，寿则多辱。是三者，非所以养德也，故辞。"

封人曰："始也我以女为圣人邪，今然君子也。天生万民，必授之职。多男子而授之职，则何惧之有？富而使人分之，则何事之有！夫圣人，鹑居而鷇食①，鸟行而无彰，天下有道，则与物皆昌；天下无道，则修德就闲；千岁厌世，去而上仙②；乘彼白云，至于帝乡；三患莫至，身常无殃；则何辱之有！"

封人去之。尧随之，曰："请问？"

封人曰："退已！"

【注释】

① 鹑（chún）：鹌鹑，一种无固定居巢的小鸟。"鹑居"意思就是像鹌鹑那样没有固定的居所。鷇（kòu）：初生待哺的小鸟。"鷇食"意思是像初生待哺的小鸟那样无心觅求食物，这里喻指圣人随物而安。② 僊（xiān）："仙"字之异体。

华封人为尧祝愿。

【译文】

尧在华巡视。华地守护封疆的人说："啊，圣人！请让我为圣人祝愿吧。"

"祝愿圣人长寿。"尧说："免了吧。""祝愿圣人富有。"尧说："免了吧。""祝愿圣人多男儿。"尧说："免了吧。"

守护封疆的人说："寿延、富有和多男儿，这是人们都想得到的。您偏偏不希望得到，这是为什么呢？"

华封人要尧回去。

尧说："多男孩子就多了忧惧，多财物就多出了麻烦，寿命长就会多受些困辱。这三个方面都无助于培养无为的观念和德行，所以我谢绝你对我的祝愿。"

守护封疆的人说："起初我把您看做圣人呢，如今发现您不过是个君子。苍天让万民降生人间，必定会授给他一定的差事，男孩子多而授给他们的差事也就一定很多，还有什么可忧惧的？富有了就把财物分给众人，有什么麻烦！圣人随遇而安、居无常处，像待哺雏鸟一样觅食无心，就像鸟儿在空中飞行不留下

圣人随遇而安，居无常处。

一点踪迹。天下太平，就跟万物一同昌盛；天下纷乱，就修身养性趋就闲暇。寿延千年而厌恶活在世上，便离开人世而升天成仙；驾驭那朵朵白云，去到天与地交接的地方。寿延、富有、多男孩子所导致的多辱、多事、多惧都不会降临于我，身体也不会遭殃，那么还会有什么屈辱呢！"

守护封疆的人离开了尧，尧却跟在他的后面，说："请问要怎样办？"

守护封疆的人说："您还是回去吧！"

【分节导读】

此节以伯成子高辞为诸侯而耕的故事阐述无为而治的政治思想，借伯成子高之口表达了对统治者以赏罚治天下的不满。道家认为君以其德影响百姓，君有德则"不赏而民劝，不罚而民畏"，社会自然安宁和谐。相反，君无德而赏罚出，人不仅不能凭借赏罚治理好社会，还会使社会愈发混乱。而伯成子高宁愿回家耕地也不愿为禹之臣，则反映了作者对出仕一事的看法和孔子的"天下有道则仕，无道则隐"不谋而合。

【原文】

尧治天下，伯成子高立为诸侯。尧授舜，舜授禹，伯成子高辞为诸侯而耕。禹往见之，则耕在野。禹趋就下风，立而问焉，曰："昔尧治天下，吾子立为诸侯。尧授舜，舜授予，而吾子辞为诸侯而耕。敢问，其故何也？"

子高曰："昔尧治天下，不赏而民劝，不罚而民畏。今子赏罚而民且不仁，德自此衰，刑自此立，后世之乱自此始矣。夫子阖行邪①？无落吾事！"俋俋乎耕而不顾②。

禹拜访伯成子高时，后者正在耕作。

【注释】

①阖（hé）：通作"盍"。怎么不的意思。②俋（yì）：用力耕地的样子。

【译文】

尧统治天下，伯成子高立为诸侯。尧把帝位让给了舜，舜又把帝位让给了禹，伯成子高便辞去诸侯的职位而去从事耕作。夏禹前去拜访他，伯成子高正在地里耕作。夏禹快步上前居于下方，恭敬地站着问伯成子高道："当年尧统治天下，先生立为诸侯。尧把帝位让给了舜，舜又把帝位让给了我，可是先生却辞去了诸侯的职位而来从事耕作，我冒昧地问您，这是为什么呢？"

伯成子高说："当年帝尧统治天下，不须奖励而百姓自然勤勉，不须惩罚而人民自然敬畏。如今你施行赏罚的办法而百姓还是不仁不爱，德行从此衰败，刑罚从此建立，后世之乱也就从此开始了。先生为什么不走开呢？不要耽误我的事情！"于是低下头去耕地而不再理睬。

【分节导读】

此节对"德""命""形""性"等概念做了说明并指出其来源——"混沌"，又在此基础上提出"同乃虚"的观点。既然德、命、形、性皆来自于太初的混沌，那么回归太初，便可拥有太初一般无比广博，容纳万物的心胸。

【原文】

泰初有无，无有无名；一之所起，有一而未形。物得以生，谓之德；未形者有分，且然无间，谓之命；留动而生物，物成生理，谓之形；形体保神，各有仪则，谓之性。性脩反德，德至同于初。同乃虚，虚乃大。合喙鸣①；喙鸣合，与天地为合。其合缗缗②，若愚若昏，是谓玄德，同乎大顺。

宇宙起源于"无"，没有称谓。

【注释】

①喙（huì）：鸟口。②缗缗（mín）：混合无迹的样子。

【译文】

宇宙源起是"无"，一无所有，也没有称谓；混一的状态就是宇宙的初始，不过混一之时，还远未形成任何形体。万物从混一的状态中产生，这就叫做德；未形成形体时禀受的阴阳之气已经有了区别，不过阴阳的交合却是如此吻合而无缝隙，这就叫做天命；阴气滞留阳气运动而后生成万物，万物生成生命的肌理，这就叫做形体；形体守护精神，各有轨迹与法则，这就叫做本性。善于修身养性就会返归自得，自得的程度达到完美的境界就同于太初之时。同于太初之时，心胸就会无比虚豁，心胸无比虚豁就能包容广大。混同合一之时，说起话来就跟鸟鸣一样无心于是非和爱憎。说话跟鸟一样无别，则与天地融合而共存。混同合一是那么不露踪迹，好像蒙昧又好像是昏暗，这就叫做深奥玄妙的大道，也就如同返回本真而一切归于自然。

【分节导读】

此节借老聃之口说出修道的关键是"忘己"。有形的人无法和无形的大道共存，人若要得道，必须要忘记自己的形体，只有消除"我"与外物间的界限，才能和自然融为一体。相反，故作高深和故弄玄虚的人都不能被称为得道的圣人，他们被语言、智巧所拘，如同因才能为人所制的猎狗和猿猴，必会因自己的技艺"劳形怵心"。

【原文】

夫子问于老聃曰："有人治道若相放，可不可，然不然。辩者有言曰，'离坚白若县寓'。若是则可谓圣人乎？"

老聃曰："是胥易技系，劳形怵心者也[1]。执留之狗成思，猿狙之便自山林来。丘，予告若，而所不能闻与而所不能言。凡有首有趾无心无耳者众，有形者与无形无状而皆存者尽无。其动止也，其死生也，其废起也，此又非其所以也。有治在人，忘乎物，忘乎天，其名为忘己，忘己之人，是之谓入于天。"

孔子向老聃询问圣人。

【注释】

① 胥：通作"谞"，指具有一定智巧的小吏。易：改，指供职。系：系累。怵（chù）：恐惧，害怕。

【译文】

孔子向老聃请教："有人研修和体验大道却好像跟大道相背逆，把不能认可的看做是可以认可的，把不正确的认为是正确的。善于辩论的人说：'离析石的质坚和色白就好像高悬于天宇那样清楚醒目。'像这样的人可以称做圣人吗？"

老聃说："这样的人就像聪明的小吏供职时为技艺所拘系、劳苦身躯、担惊受怕一样。善于捕猎的狗被人拘执，猿猴因为行动便捷而被人从山林里捕捉来。孔丘，我告诉你的，都是你没听过而又说不出的道理。凡是具体的人，无知无闻的很多，有形体的人跟没有形体、没有形状的道并存的却完全没有。或是运动或是静止，或是死亡或是生存，或是衰废或是兴盛，这六种情况全都出于自然而不可能探知其所以然。有心于治，是在于人的。忘掉外物，忘掉自然，它的名字就叫做忘掉自己。忘掉自己的人，这就可以说是与自然融为一体。"

【分节导读】

在此节中将闾葂的"必服恭谨"实则是对人自然本性的一种干预，他的"拔出公忠之属而无阿私"又本属"偏私"——拔公忠即意味着偏私公忠——这些都与道家的治国主张相悖。作者借季彻之口对这些进行了反驳，并进一步指出圣人治国的方法：任百姓自然发展本性，使之成教易俗，却不知自己如何成教易俗。

【原文】

将闾葂见季彻曰①："鲁君谓葂也曰：'请受教。'辞不获命，既已告矣，未知中否，请尝荐之。吾谓鲁君曰：'必服恭俭，拔出公忠之属而无阿私，民孰敢不辑！'"季彻局局然笑曰："若夫子之言，于帝王之德，犹螳螂之怒臂以当车轶②，则必不胜任矣。且若是，则其自为处危，其观台多物，将往投迹者众。"

将闾葂觑觑然惊曰："葂也汒若于夫子之所言矣③。虽然，愿先生之言其风也④。"

将闾葂和季彻谈论治理天下的方法。

季彻曰："大圣之治天下也，摇荡民心，使之成教易俗，举灭其贼心而皆进其独志，若性之自为，而民不知其所由然。若然者，岂兄尧舜之教民，溟涬然弟之哉⑤？欲同乎德而心居矣！"

【注释】

① 将闾葂（miǎn）、季彻：均为人名。② 轶（zhè）：通作"辙"，车轮印。"车轶"在这里代指车轮。③ 汒（máng）：同于"茫"，"汒若"亦即茫然。④ 风（fán）：凡。"言其风"意思就是说个大概。⑤ 溟涬（xìng）然：元气未分时浑浑沌沌的样子。弟：用法跟上句之"兄"字相同，意义与"兄"相反。

【译文】

将闾葂拜见季彻说："鲁国国君对我说：'请让我接受您的指教。'我一再推辞，可是鲁君却不答应，我已经对他说了，不知道对还是不对，请让我试着说给您听。我对鲁国国君说：'您必须躬身实行恭敬和节俭，选拔出公正、忠诚的臣子管理政务而没有偏护与私心，这样百姓谁敢不和睦！'"

季彻听了后俯身大笑说："按你所说的去做，想达到帝王的德业，恐怕就像是螳螂奋起臂膀企图阻挡车轮一样，必定不能胜任。果真这样，那一定会把自己置于高危的境地，朝廷多事，众多事物必将归往，投向那里的人也必然很多。"

将闾葂吃惊地说："我对于先生的谈话实在感到茫然。不过，还是希望先生谈个大概。"

季彻说："伟大的圣人治理天下，让民心纵放自由不受拘束，使他们在教化方面各有所成，在陋习方面各有所改，完全消除伤害他人的用心而增进自我教化的思想，好像一切都是本性在驱使他们活动，而人们并不知道为什么会是这样。像这样，难道还用得着尊崇尧舜对人民的教化，低头甘心跟随他吗？圣人是要人民同于天然之德而心境安定啊！"

【分节导读】

　　此节借子贡和为圃者的对话表达了作者对"机巧"的看法。子贡师承孔子，强调以机巧做事，以"事求可，功求成，用力少，见功者多"为圣人之道。而为圃者却对此不以为然，认为人一旦有了机心就无法保全淳朴之心，心境不得空明，精神不得专一，大道也无法进入内心。而人若连一己之身都不能修养好就不要提治理好天下了。作者以为圃者之口点出真正的圣人是"神全者"即精神完备的人。

【原文】

　　子贡南游于楚，反于晋，过汉阴，见一丈人方将为圃畦，凿隧而入井，抱瓮而出灌，滑滑然用力甚多而见功寡①。子贡曰："有械于此，一日浸百畦，用力甚寡而见功多，夫子不欲乎？"

　　为圃者仰而视之曰："奈何？"曰："凿木为机，后重前轻，挈水若抽②；数如泆汤，其名为槔③。"为圃者忿然作色而笑曰："吾闻之吾师，有机械者必有机事，有机事者必有机心。机心存于胸中，则纯白不备；纯白不备，则神生不定；神生不定者，道之所不载也。吾非不知，羞而不为也。"

子贡问灌园者："为何不用机械？"

　　子贡瞒然惭，俯而不对。

　　有间，为圃者曰："子奚为者邪？"

　　曰："孔丘之徒也。"

　　为圃者曰："子非夫博学以拟圣，於于以盖众④，独弦哀歌以卖名声于天下者乎？汝方将妄汝神气，堕汝形骸，而庶几乎！汝身之不能治，而何暇治天下乎！子往矣，无乏吾事！"

　　子贡卑陬失色⑤，顼顼然不自得⑥，行三十里而后愈。

【注释】

①滑（gǔ）滑然：费力的样子。见功寡：功效少。②挈（qiè）：提，抽。③槔（gāo）：桔（jié）槔，是利用杠杆原理制作的汲水工具。④於（wū）于：夸耀。盖众：压倒众人。⑤卑陬（zōu）：惭愧不安。⑥顼（xù）顼然：失态的样子。

【译文】

　　子贡到南方的楚国游历，返回晋国，路过汉水南岸时，见到一位老者正在园子里劳作，他凿了一条通道下到井底，抱着陶罐装水，出来浇地，非常费力却功效很低。子贡说："有一种器械，一天可以浇一百畦地，用力少而功效大，老先生您不愿意用吗？"

　　灌园者抬起头看着他说："怎么回事？"子贡说："用木头做成器械，后面重前头轻，提水就像从井里抽水，快得就像水漫溢出来一样，这种机械叫做桔槔。"灌园者面带怒容讥笑说："听我老师讲，有了机械就一定会有机巧之事，而有了机巧之事就一定会有机巧之心。胸中一旦有了机之心，淳朴清白之心就不完备；淳朴清白之心不完备，精神就无法安定；精神不安定的人，必被大道抛弃。我不是不知道，而是用桔槔感到羞愧。"

　　子贡满脸羞愧，低头无语。

过了一会儿，灌园者说："你是干什么的呀？"

子贡说："孔子的弟子。"

灌园者说："你不就是那个因多读了几年书就自比圣人，自吹自擂盖过众人，自弹自唱哀歌于天下，卖弄名声的人吗？你的神气就要消散，形体也要毁坏，就快完蛋了！你对自己都不善于修养调理，哪还有功夫去治理天下！你快走开吧，别耽误了我的事情。"

子贡惭愧失色，垂头丧气，走了三十里路，神色才恢复正常。

子贡将灌园者的话告诉孔子。

孔子认为灌园者是修研浑沌氏之道的人。

【原文】

其弟子曰："向之人何为者邪？夫子何故见之变容失色，终日不自反邪？"

曰："始吾以夫子为天下一人耳，不知复有夫人也。吾闻之夫子，事求可，功求成。用力少，见功多者，圣人之道。今徒不然。执道者德全，德全者形全，形全者神全。神全者，圣人之道也。托生与民并行而不知其所之，汇乎淳备哉①！功利机巧必忘夫人之心。若夫人者，非其志不之，非其心不为。虽以天下誉之，得其所谓，謷然不顾②；以天下非之，失其所谓，傥然不受③。天下之非誉，无益损焉，是谓全德之人哉！我之谓风波之民。"

反于鲁，以告孔子，孔子曰："彼假修浑沌氏之术者也，识其一，不知其二；治其内，而不治其外。夫明白太素，无为复朴，体性抱神，以游世俗之间者，汝将固惊邪？且浑沌氏之术，予与汝何足以识之哉！"

【注释】

①汒（máng）：茫昧深远。②謷（áo）：自得。不顾：不理会赞扬。③傥（tǎng）然：无心之貌。不受：不接受。

【译文】

子贡的弟子问："刚才那个人是做什么的呀？先生为什么见过他之后神色大变，整天都缓不过劲来呢？"

子贡答道："开始我以为天下只有孔夫子一位圣人，不知道还有像他那样的人。我听孔夫子讲，行事要追求合理，功业要追求成功，费力少而功效高的，便是圣人之道。现在才知道并非如此，坚守大道的人德行才完备，德行完备的人形体才健全，形体健全的人精神才专注完全。精神专注完全，才是圣人之道。寄生世上，与百姓并存而不知道要去哪里，茫昧深沉而至德淳备呀！功利机巧肯定不放在这种人的心上。像这种人，不是他想做的，不会去干；不合他心愿的，不会去做。即使天下人都赞扬他，哪怕赞誉合于他的德行，他也会傲然不理会；哪怕天下人都责备他，只要不合他的心意，他也一样漠然不理睬！世上的毁誉，对他毫无影响，这就是道德完善的人呀！我只不过是随波逐流之辈罢了。"

回到鲁国，子贡把这件事告诉了孔子。孔子说："他是寄托修研浑沌氏之道的人呀。只知天道，不知其他；执守内心，不顾外物。见到那心地明净，至于纯素，淡泊无为，返朴归真，体悟真性，执守专一，而逍遥于世俗之中的人，你当然感到惊异呀！而且，浑沌氏之道，我与你怎么能了解呢！"

【分节导读】

　　此节分别对何为"圣人""德人""神人"进行了阐述。其中属"神人"的境界最高，"德人"其次。由于圣人在治国之时仍需要"官施""拔举"，因此其治国还算不上真正无为之治，所以境界不及德人。而三者虽境界有高低之别，但都做到了顺应外物，行为言论出于天性，都属得道之人。

【原文】

　　谆芒将东之大壑，适遇苑风于东海之滨。苑风曰："子将奚之？"

　　曰："将之大壑。"

　　曰："奚为焉？"

　　曰："夫大壑之为物也，注焉而不满，酌焉而不竭。吾将游焉。"

　　苑风曰："夫子无意于横目之民乎？愿闻圣治。"

　　谆芒曰："圣治乎？官施而不失其宜，拔举而不失其能，毕见情事而行其所为，行言自为而天下化，手挠顾指，四方之民莫不俱至，此之谓圣治。"

　　"愿闻德人。"

　　曰："德人者，居无思，行无虑，不藏是非美恶。四海之内共利之之谓悦，共给之之谓安；怊乎若婴儿之失其母也①，傥乎若行而失其道也。财用有余而不知其所自来，饮食取足而不知其所从，此谓德人之容。"

　　"愿闻神人。"

　　曰："上神乘光，与形灭亡，此谓照旷。致命尽情，天地乐而万事销亡，万物复情，此之谓混冥②。"

【注释】

①怊（chāo）：惆怅。②混冥：浑然一体，混沌没有差别。

【译文】

　　谆芒将东游大海，在东海之滨恰巧遇上了苑风。苑风问："您要去哪里？"

　　谆芒回答说："要去大海。"

　　苑风问："做什么？"

　　谆芒回答："大海作为一种物象，百川灌注而不会满，终日酌取也不会干。我将要去那里游览。"

　　苑风说："先生难道无意关心百姓吗？希望听听您有关圣人治世的高见。"

　　谆芒说："圣人治世嘛，官员施政得当，选拔任用不遗漏有真才实学的人，洞察物情而按需而为。一言一行，任情而为，天下百姓自然归化。举手示意，四方百姓没有不来投奔的，这就是圣人治世。"

　　"希望再听听有关德人的高见。"

　　谆芒说："德人嘛，安居而没有思考，行动而不去谋虑，不评论是非美恶。四海之内人人都得到好处就喜悦，人人都富足就安宁。惆怅的样子像婴儿失去了母亲，茫然的样子像走路时迷失了方向。

谆芒东游大海，遇到苑风。

财用有余却不知道从哪里来，饮食充足也不知道从何处出。这就是德人的风采。"

"希望听听有关神人的高见。"

谆芒说："至上神人驾乘光明，不见形迹，这是照彻空旷。达到生命的极致，穷尽物情，与天地同乐而不受万事牵累，万物返璞归真，这就是混同玄冥。"

【分节导读】

此节通过门无鬼和赤张满稽的谈话，对有为之治进行了批评，并用孝子为父治病与世俗推崇的贤人治世做类比。孝子只能在父亲生病后为父亲买药医病，却不能让父亲不生病，贤人只能待世道大乱后出来治世，而不能让世道不大乱。所以理想的治世之君不是盛德在外的贤人，而是"不尚贤，不使能"的无为之君。

【原文】

门无鬼与赤张满稽观于武王之师。赤张满稽曰："不及有虞氏乎！故离此患也。"门无鬼曰："天下均治而有虞氏治之邪？其乱而后治之与？"

赤张满稽曰："天下均治之为愿，而何计以有虞氏为！有虞氏之药疡也，秃而施髢①，病而求医。孝子操药以修慈父，其色燋然②，圣人羞之。

"至德之世，不尚贤，不使能；上如标枝，民如野鹿。端正而不知以为义，相爱而不知以为仁，实而不知以为忠，当而不知以为信，蠢动而相使，不以为赐。是故行而无迹，事而无传。"

门无鬼与赤张满稽看周武王的军队。

【注释】

①髢（dí）：假发。②燋（qiáo）然：憔悴的样子。意为忧亲之病至于憔悴，不如养亲使不病更好。

【译文】

门无鬼与赤张满稽观看武王伐纣的部队。赤张满稽说："周武王还是比不上有虞氏啊！所以天下便遭遇了这种祸患。"

门无鬼说："天下太平无事有虞氏才去治理呀！还是天下混乱才去治理呢？"

赤张满稽说："天下太平无事是人们的心愿，又为什么还要考虑有虞氏的盛德而推举他为国君呢！有虞氏替人治疗头疮，毛发脱落而成秃子方才装上假发，正如有了疾病方才会去求医。孝子操办药物用来调治慈父的疾病，累得面容憔悴，圣人却仍以此为羞。

"盛德的时代，不崇尚贤才，不任使能人；国君居于上位如同树颠高枝无心在上而自然居于高位，百姓却像无知无识的野鹿般无所拘束；行为端正却不知道把它看做道义，相互友爱却不知道把它看做仁爱，敦厚老实却不知道把它看做忠诚，办事得当却不知道把它看做信义，无心地活动而又相互支使却不把它看做恩赐。所以行动之后不会留下痕迹，事成之后不会留传后世。"

【分节导读】

此节由对世俗的"孝""贤"的疑惑，引出对世俗观念的思考。世俗认为不阿谀父母的子女是孝子，不谄媚的臣子是贤臣，人们以此为依据认为对父母君王惟命是从是不肖。但如果世俗说好即好，世俗说不好即不好，那对世俗惟命是从和对父母君王惟命是从便不存在本质上的差别。作者认为因为世俗观念大行其道，人们相互阿谀，欺世盗名，迷失本性却一无所知，实为莫大的悲哀。

【原文】

孝子不谀其亲，忠臣不谄其君，臣子之盛也。亲之所言而然，所行而善，则世俗谓之不肖子；君之所言而然，所行而善，则世俗谓之不肖臣。而未知此其必然邪？世俗之所谓然而然之，所谓善而善之，则不谓之道谀之人也。然则俗故严于亲而尊于君邪？谓己道人，则勃然作色；谓己谀人，则怫然作色[①]。而终身道人也，终身谀人也，合譬

忠臣不谄媚国君。

饰辞聚众也，是终始本末不相罪坐。垂衣裳，设采色，动容貌，以媚一世，而不自谓道谀；与夫人之为徒，通是非，而不自谓众人，愚之至也。知其愚者，非大愚也；知其惑者，非大惑也。大惑者，终身不解；大愚者，终身不灵。三人行而一人惑，所适者犹可致也，惑者少也；二人惑则劳而不至，惑者胜也。而今也以天下惑，予虽有祈向，不可得也。不亦悲乎！

大声不入于里耳，折杨、皇荂，则嗑然而笑[②]。是故高言不止于众人之心，至言不出，俗言胜也。以二垂踵惑，而所适不得矣。而今也以天下惑，予虽有祈向，其庸可得邪！知其不可得也而强之，又一惑也，故莫若释之而不推。不推，谁其比忧？厉之人夜半生其子，遽取火而视之，汲汲然唯恐其似己也。

【注释】

①怫（fú）然：形容生气发怒的样子。②嗑（hé）然：笑声。

【译文】

孝子不奉承父母，忠臣不谄媚国君，这是忠臣、孝子尽忠尽孝的极致。凡是父母所说的都加以肯定，父母所做的都加以称赞，那就是世俗之人所说的不肖之子；凡是君王所说的都加以应承，君王所做的都加以奉迎，那就是世俗之人所说的不良之臣。可是人们却不了解，世俗的看法就必定是正确的吗？而世俗之人所谓正确的便把它当做是正确的，世俗人所谓好的便把它当做是好的，却不称他们是谄谀之人。然而，世俗果然比父母更可敬，比君王更可尊？有人说你是个谄谀的人，就勃然大怒颜容顿改，说你是个阿谀的人，也定会忿恨填胸面色剧变。可是一辈子谄谀的人，一辈子阿谀的人，又只不过是用巧妙的譬喻和华丽的辞藻博取众人的欢心，却始终认不出过错。穿上华美的衣裳，绣制斑斓的纹彩，变动着仪态表情，讨好献媚于举世之人，却不认为那就是谄谀与

市井之人听不进高雅的音乐。

阿谀。他就是这一类人，跟世俗是非观念相通，却又不把自己看做是普通人，这真是愚昧到了极点。知道自己愚昧的人，并不是大愚昧；知道自己迷惑的人，并不是大迷惑。大迷惑的人，一辈子也不会醒悟；大愚昧的人，一辈子也不会明白。三个人在一起行走，其中一个人迷惑，所要去的地方还是可以到达的，因为迷惑的人毕竟要少；三个人中，要是两人迷惑就徒劳而不能到达，因为迷惑的人多。如今天下人全都迷惑，我虽然祈求导向，也不可能对众人有所帮助，这不是可悲吗！

高雅的音乐世俗人不可能欣赏，民间小曲，世俗人听了都会欣然而笑。所以高雅的谈吐不可能留在世俗人的心里，而至理名言也不能从世俗人的口中说出，因为流俗的言谈占了优势。要是两个人迷惑而弄错方向，所要去的地方便不可能到达。如今天下人都大惑不解，我虽然寻求导向，又怎么可能会到达呢！明知不可能到达却要勉强去做，这又是一大迷惑，所以不如弃置一旁不予推究。不去寻根究底，还会跟谁一道忧愁？丑陋的人半夜里生下孩子，立即拿过火来照看，惶惶然唯恐生下的孩子像自己一样丑陋。

【分节导读】

作者在此节提出了世俗观念残害人性的观点。其用做成酒器的古木和被扔在沟渠里的断木来说明，无论是夏桀、盗跖这样为世俗不齿的恶名者，还是曾参、史鳍这样为世俗推崇的好名者，本质上并无不同，都是丧失本性之人。而如杨朱、墨翟这样的失性者，即使有所得，其精神也早已被世俗推崇之物牢牢束缚，如笼中虎豹，不得自由。为世俗所制之人不分高下贵贱，皆是可悲之人。

【原文】

百年之木，破为牺尊，青黄而文之，其断在沟中。比牺樽于沟中之断，则美恶有间矣，其于失性一也。桀跖与曾史，行义有间矣，然其失性均也。且夫失性有五：一曰五色乱目，使目不明；二曰五声乱耳，使耳不聪；三曰五臭薰鼻，困惾中颡[1]；四曰五味浊口，使口厉爽；五曰趣舍滑心，使性飞扬。此五者，皆生之害也。而杨墨乃始

身体被皮帽羽冠、朝板、宽带和长裙捆束。

离跂自以为得，非吾所谓得也。夫得者困，可以为得乎？则鸠鹗之在于笼也，亦可以为得矣。且夫趣舍声色以柴其内，皮弁鹬冠缙笏绅修以约其外[2]，内支盈于柴栅[3]，外重缰缴，睆睆然在缰缴之中而自以为得[4]，则是罪人交臂历指而虎豹在于囊槛，亦可以为得矣。

【注释】

①困惾（zōng）中颡（sǎng）：意为气味上逆，由鼻孔达于额头，伤害头脑。惾，气味上逆。颡，额。②皮弁（biàn）：古冠名，用白鹿皮制成，为大臣上朝时佩戴。鹬（yù）冠：鹬为翠鸟，羽毛很漂亮。鹬冠指用翠鸟羽毛装饰的帽子，一般认为为术士所戴。缙（jìn）：插于带间。笏（hù）：手板。古时大臣上朝时所持，有事记在上面以备忘，用玉、象牙和木制成。绅：大带。③支盈：支撑充满。柴栅（zhàn）：用木柴编成之篱笆。④睆（huǎn）

睆然：睁大眼睛。

【译文】

百年的大树，被伐倒剖开后雕刻成精美的酒器，再用青、黄二色彩绘出美丽的花纹，而余下的断木则弃置在山沟里。雕刻成精美酒器的一段木料比起弃置在山沟里的其余木料，当然有美和丑的差别，不过从失去了原有的本性来说却是一样的。夏桀、盗跖与曾参、史鰌，行为和道义上存在着差别，然而他们从失却

百年大树，被制成精美酒器。

人所固有的真性来看却也是一样的。大凡丧失真性有五种情况：一是五种颜色扰乱视觉，使得眼睛看不明晰；二是五种乐音扰乱听力，使得耳朵听不真切；三是五种气味薰扰嗅觉，使得鼻腔受激扰；四是五种滋味秽浊味觉，使得味觉丧失；五是取舍的欲念迷乱心神，使得心性驰竞不息、轻浮躁动。这五种情况，都是生命的祸害。可是，杨朱、墨翟竟不停地奋力追求而自以为有所得，不过这却不是我所说的优游自得。得到什么反而为其所困，也可以说是有所得吗？那么斑鸠关于笼中，也可以算是优游自得了。况且取舍于声色的欲念像柴草一样堆满内心，皮帽羽冠、朝板、宽带和长裙捆束于外，内心里充满柴草栅栏，外表上被绳索捆了一层又一层，却瞪着大眼在绳索束缚中自以为有所得，那么罪犯反绑着双手，虎豹被关在圈栅、牢笼中，也可以算是优游自得了！

◎天道◎

【题解】

　　本篇从天道论及人道，旨在阐述虚静无为的思想。作者认为，虚静无为是"万物之本"，人世间的帝王应效法天道，无为而治。但同时，作者又认为天道和人道都有尊卑先后，人的伦理秩序有存在的合理性。其思想前后有些矛盾。

【分节导读】

　　此节讲天地以无为为德，自然界中万物自行变化发展，圣人也要以自然之法为依据，以明静之心关照万物。作者在此节大谈虚静无为的好处，虚静可以让人心灵充实，无为则能予人安逸。明白虚静、无为、恬淡、寂漠是万物本性的人于上可成为圣德之君，于下可成为受敬仰的德者，进可安天下，退可闲游天地。

【原文】

水静便能照清人的样子。

　　天道运而无所积，故万物成；帝道运而无所积，故天下归；圣道运而无所积，故海内服。明于天，通于圣，六通四辟于帝王之德者，其自为也，昧然无不静者矣。圣人之静也，非曰静也善，故静也；万物无足以铙心者，故静也。水静则明烛须眉，平中准，大匠取法焉。水静犹明，而况精神！圣人之心静乎！天地之鉴也，万物之镜也。夫虚静恬淡寂漠无为者，天地之本，而道德之至，故帝王圣人休焉。休则虚，虚则实，实者备矣。虚则静，静则动，动则得矣。静则无为，无为也，则任事者责矣。无为则俞俞，俞俞者忧患不能处，年寿长矣。夫虚静恬淡寂漠无为者，万物之本也。明此以南乡，尧之为君也；明此以北面，舜之为臣也。以此处上，帝王天子之德也；以此处下，玄圣素王之道也。以此退居而闲游，则江海山林之士服；以此进为而抚世，则功大名显而天下一也。静而圣，动而王，无为也而尊，朴素而天下莫能与之争美。

　　夫明白于天地之德者，此之谓大本大宗，与天和者也；所以均调天下，与人和者也。与人和者，谓之人乐；与天和者，谓之天乐。

　　庄子曰："吾师乎！吾师乎！鳌万物而不为义[①]，泽及万世而不为仁，长于上古而不为寿，覆载天地、刻雕众形而不为巧，此之为天乐。故曰：'知天乐者，其生也天行，其死也物化。静而与阴同德，动而与阳同波。'故知天乐者，无天怨，无人非，无物累，无鬼责。故曰：'其动也天，其静也地，一心定而天地正。其魄不祟②，其魂不疲，一心定而万物服。'言以虚静推于天地，通于万物，此之谓天乐。天乐者，圣人之心，以畜天下也。"

虚静、恬淡、寂漠、无为，是万物之本。

【注释】

①鳌（jī）：调和。"吾师乎"以下数句已见《大宗师》篇，原为许由所言，与此处"庄子曰"不同。②祟（suì）：鬼神给人带来的祸害。

【译文】

天道运行而不停滞，所以万物得以生成；帝王之道运行而不停滞，所以天下百姓都归顺；圣人之道运行而不停滞，所以四海之内都顺服。明白自然天道，通晓圣贤之道，又对帝王之德无所不通的人，任天下人随性自为，不知不觉而处心虚静。圣人心静，不是说静好才静，而是因为万物没有能乱其心神的，所以才静。水静便能照清人的胡须眉毛，水面平得符合水平测定的标准，就为高明的木匠所效法。水静下来尚且明澈，何况是精神。圣人内心清静，可以作为天地万物的镜子。虚静、恬淡、寂漠、无为，是天地的准则和道德的极致。所以，帝王与圣人都安心于此。安心于此就虚无，虚无就充实，充实就是完备。虚无就静止，静止然后才能运动，运动就是得其所宜。静止就无为，无为则百官各负其责。无为就能从容自得，从容自得就会无忧无虑，就能长命百岁。虚静、恬淡、寂漠、无为，是万物之本。明白这

以虚静之道隐居闲游。

知晓天乐的人顺自然而行。

个道理而南面为君的，就能成为尧一样的明君；明白这个道理而北面为臣的，就能成为舜一样的贤臣。以此道处上位的，就是帝王天子之德；以此道处下位的，便是布衣君子之道；以此道隐居闲游，山林的隐士就无不佩服；以此道入仕为官，就能功成名就天下一统。清静的是圣人，随天而动的是帝王，无为的受人尊崇。保持淳朴的天性之美，天下就没有可以与他媲美的。

明白天地之德的，就是大根本大本原，便是与天合一。用此来平衡协调天下之事，就是与人合一。与人合一，称为人乐；与天合一，称为天乐。

庄子说："我的宗师啊！我的宗师啊！调和万物不认为是义，泽及万代不认为是仁，比上古久远不认为长寿，覆盖上天，承载大地，雕刻万物也不称为智巧，这就是天乐。所以说：'知晓天乐的人，活着的时候顺应自然而运行，死了以后转化为其他物质。静与阴同德，动与阳合流。'所以

知晓天乐的人，不怨天，不尤人，不受外物牵累，不怕鬼神责罚。所以说：'动时如天运转，静时似地安然，其心安定而为天下之王。鬼神不为害，精神不疲劳。其心安定而万物归附。'说的是以虚静推及天地，通达于万物，这就是天乐。所谓天乐，就是以圣人之心来养育善待天下。"

【分节导读】

　　此节通过尧和舜的对话说明天道优于人道。尧不废穷民、苦死者等举措虽为世俗称道，却并不是依天道而行的治世之法，所以只能应付人事而无法实现天下大治。作者借舜之口指出治天下要顺应天地法则。

【原文】

黄帝、尧舜都赞美博大无际的天地。

　　昔者舜问于尧曰："天王之用心何如？"

　　尧曰："吾不敖无告，不废穷民，苦死者，嘉孺子而哀妇人。此吾所以用心已。"

　　舜曰："美则美矣，而未大也。"

　　尧曰："然则何如？"

　　舜曰："天德而土宁，日月照而四时行，若昼夜之有经，云行而雨施矣。"

　　尧曰："胶胶扰扰乎！子，天之合也；我，人之合也。"

　　夫天地者，古之所大也，而黄帝尧舜之所共美也。故古之王天下者，奚为哉？天地而已矣。

【译文】

　　当初，舜问尧说："天子的用心如何？"

　　尧说："我不怠慢孤苦无告的人，不抛弃穷人，悲悯死者，善待孩子，哀怜妇人。这就是我的用心所在。"

　　舜说："好虽然好，但不完善。"

　　尧问："那么应该怎样呢？"

　　舜说："天德运行，自然呈现安宁，日月照耀，四季变换，就像昼夜交替一样有规律，云聚来就降雨一样。"

　　尧说："我的做法真是庸人自扰，徒增困扰呀！你是与天道合一，我只是符合人事罢了。"

　　天与地，自古以来博大无际，为黄帝、尧舜之君共同赞美。所以古代的君主，还要干什么呢？不过像天地一样无为罢了。

【分节导读】

　　此节以老子之口对孔子推行仁义之举进行了批评。天地万物本有其生长发展的规律，人只需效仿天德，不用对万物做什么干预。孔子把内心平和兼爱无私视为"仁义之情"，而以道家的观点看，有"爱"则必然有"无爱"，孔子的兼爱无私仍是偏私。由于认为孔子把仁义当成人之本性只会起到扰乱人心的作用，老子拒绝将孔子以仁义为主旨的书保存在周王室。

【原文】

　　孔子西藏书于周室。子路谋曰："由闻周之征藏史有老聃者，免而归居，夫子欲藏书，则试往因焉。"

　　孔子曰："善。"

往见老聃，而老聃不许，于是繙十二经以说①。老聃中其说，曰："大谩，愿闻其要。"

孔子曰："要在仁义。"

老聃曰："请问，仁义，人之性邪？"

孔子曰："然。君子不仁则不成，不义则不生。仁义，真人之性也，又将奚为矣？"

老聃曰："请问，何谓仁义？"

孔子曰："中心物恺，兼爱无私，此仁义之情也。"

孔子阐述仁义的要旨。

老聃曰："意，几乎后言！夫兼爱，不亦迂乎！无私焉，乃私也。夫子若欲使天下无失其牧乎？则天地固有常矣，日月固有明矣，星辰固有列矣，禽兽固有群矣，树木固有立矣。夫子亦放德而行，循道而趋，已至矣。又何偈偈乎揭仁义②，若击鼓而求亡子焉？意，夫子乱人之性也！"

【注释】

① 繙（fán）：演绎发挥。十二经：有三种说法：一说指《诗》《书》《礼》《乐》《易》《春秋》六种经书加上相应的六种纬书；一说指《周易》上下经和十翼，共十二篇；一说指《春秋》十二公之经。三说皆不可信。严灵峰先生以为十二应为六，此说可从。说：说服。② 偈（jié）偈：用力的样子。揭：举，引申为提倡、倡导。

【译文】

孔子想把书保藏到西边的周王室去。子路出主意说："我听说周王室管理文典的史官老聃，已经引退回到家乡隐居，先生想要藏书，不妨试试找他帮帮忙。"

孔子说："好。"

孔子前往拜见老聃，老聃对孔子的要求不予承诺，孔子于是翻检众多经书反复加以解释。老聃中途打断了孔子的话，说："你说得太冗繁，希望能够听到要点。"

孔子说："要旨就在于仁义。"

老聃说："请问，仁义是人的本性吗？"

孔子说："是的。君子如果不仁就不能成长，如果不义就不能立身社会。仁义的确是人的本性，离开了仁义又能干些什么呢？"

老聃说："再请问，什么叫做仁义？"

孔子说："中正不偏而且和乐外物，兼爱而且没有偏私，这就是仁义的实质。"

老聃说："噫，危险啊，你后面所说的这许多话几乎都是浮华虚伪的言辞！兼爱天下，这不是太迂腐了吗！对人无私，其实正是希望获得更多的人对自己的爱。先生你是想让天下的人都不失去养育自身的条件吗？那么，天地原本就有自己的运动规律，日月原本就存在光亮，星辰原本就有各自的序列，禽兽原本就有各自的群体，树木原本就直立于地面。先生你还是仿依自然的状态行事，顺着规律去进取，这就是极好的了。又何必如此急切地标榜仁义，这岂不就像是打着鼓去寻找迷失的孩子，鼓声越大跑得越远吗？先生扰乱了人的本性啊！"

老聃拒绝了孔子藏书周王室的要求。

【分节导读】

此节与《应帝王》呼应。《应帝王》中，作者提到得道之人不为名所累，不会在意别人怎样称呼自己："一以己为马，一以己为牛"。老子面对士成绮的指责"漠然不应"，正是因为得道的缘故。无论士成绮说什么，老子的心灵都不会受到惊扰。士成绮意识到这点，所以才"雁行避影"，恭敬地向老子请教修身之法。而老子则从他前倨后恭的态度中看出他内心的浮躁，本性的迷失。

【原文】

士成绮见老子而问曰："吾闻夫子圣人也，吾固不辞远道而来愿见，百舍重趼而不敢息[①]。今吾观子，非圣人也。鼠壤有余蔬而弃妹之者，不仁也，生熟不尽于前，而积敛无崖。"

老子漠然不应。

士成绮明日复见，曰："昔者，吾有刺于子，今吾心正却矣，何故也？"

老子评士成绮，发动迅疾如放箭。

老子曰："夫巧知神圣之人，吾自以为脱焉。昔者子呼我牛也而谓之牛，呼我马也而谓之马。苟有其实，人与之名而弗受，再受其殃。吾服也恒服，吾非以服有服。"

士成绮雁行避影，履行遂进而问："修身若何？"

老子曰："而容崖然，而目冲然，而颡頯然[②]，而口阚然[③]，而状义然[④]，似系马而止也。动而持，发也机，察而审，知巧而睹于泰，凡以为不信。边竟有人焉，其名为窃。"

【注释】

① 百舍：在路途上住宿了上百次，意为走了上百日。趼（jiǎn）：通"茧"。② 颡（sǎng）：额。頯（kuí）：高宽之状。③ 阚（kàn）然：虎怒貌。④ 义（é）然：高傲。义，通"峨"。

【译文】

士成绮拜见老子，问："我听说先生是圣人，所以我才不辞远道而来求见您，旅途百日，脚上磨出了厚茧也不敢停歇。可据我现在观察，您并不是圣人。鼠洞边有剩余的粮食，却弃之不顾，这是不仁！生熟食物堆积于前，却还聚敛不止。"

老子听了十分冷淡，没有回答。

士成绮第二天又来见老子，说："昨天，我冒犯了您，现在我心里有所醒悟，这是什么原因呢？"

老子说："我自以为已经从智巧神圣的这类人中超脱出来了。先前，你说我是牛就是牛，你说我是马就是马。如果确有其事，别人加上罪名而我不承认，反而会再遭祸殃，我接受别人的称号就长久接受，并非是为了接受而故意接受。"

士成绮在斜后方跟从，避开老子的影子，穿着鞋进了老子的屋里，问道："如何修身？"

老子说："你的表情岸然，你的目光专注，你的额头高大宽阔，你的言论专横凶暴，你的举止自命不凡，好像马被拴住而不得不停下，想动又受到约束，发动迅疾如同放箭，明察而精审，自恃智巧而外露骄矜之态，不能相信这就是人的真实本地。边境上也有这种人，名为取巧。"

【分节导读】

此节强调了道的博大，它存于万物，无所不包。得道的至人即使坐拥天下，也不会为天下牵累，不为权动，不为利诱，始终持守本根。

【原文】

夫子曰："夫道，于大不终，于小不遗，故万物备，广广乎其无不容也，渊渊乎其不可测也。形德仁义，神之末也，非至人孰能定之！夫至人有世，不亦大乎！而不足以为之累。天下奋棅而不与之偕，审乎无假而不与利迁，极物之真，能守其本，故外天地，遗万物，而神未尝有所困也。通乎道，合乎德，退仁义，宾礼乐，至人之心有所定矣。"

【译文】

先生说："道，从大的方面说它没有穷尽，从小的方面说它没有遗缺，所以说具备于万物之中。广大啊，道没有什么不包容，渊深啊，道不可以探测。推行刑罚德化与仁义，这是精神的枝节末流，不是道德修养高尚的至人谁能判定它！道德修养高尚的至人一旦居于统治天下的位置，责任不是很大吗！可是这却不足以成为他的拖累。天下人争相夺取权柄，但至人却不会随之趋赴，他审慎地不凭借外物而又不为私利所动，深究事物的本原，

道无穷无尽，没有缺憾。

持守事物的根本，所以忘乎天地，忘怀万物，而精神世界不曾有过困扰。通晓于道，融合于德，辞却仁义，摈弃礼乐，至人的内心也就静定了。"

【分节导读】

此节重点写"大道不言"。道的博大为语言不能形容，作者用齐桓公与轮扁的故事阐述了这一道理。轮扁只能将制轮的技术传授给儿子，却不能教授儿子制轮的奥妙；齐桓公可以从古人的文字中了解古人想要传达的道理，但古人思想中不可言传的部分却早已随古人一起死了。既然无法通过语言文字等具体事物把握道的精髓，追求大道的人也就不应让思想拘泥于具体的形物，而是要靠悟领略道的真义。

【原文】

世之所贵道者书也，书不过语，语有贵也。语之所贵者意也，意有所随。意之所随者，不可以言传也，而世因贵言传书。世虽贵之，我犹不足贵也，为其贵非其贵也。故视而可见者，形与色也；听而可闻者，名与声也。悲夫，世人以形色名声为足以得彼之情！夫形色名声果不足以得彼之情，则知者不言，言者不知，而世岂识之哉！

【译文】

世人所看重的道载于书，书并没有超越言语，而言语确有可贵之处。言语所可看重的就在于它的意义，而意义又有它的出处。意义的出处，是不可以用言语来表达的，然而世人却因为看重言语而传之于书。世人虽然看重书，我还是认为它不值得看重，因为它所看重的并不是真正珍贵的。所以，用眼睛看而可以看见的，是形和色；用耳朵听而可以听到的，是名和声。可悲啊，世人以为从形、

色、名、声上就足以获得事物的实情！假如形、色、名、声实在是不足以获得事物的实质，那么知道的人不说，说的人并不知道，世人又怎么能懂得这个道理呢！

桓公在堂上读书。

【原文】

桓公读书于堂上，轮扁斫轮于堂下①，释椎凿而上，问桓公曰："敢问，公之所读者何言邪？"

公曰："圣人之言也。"

曰："圣人在乎？"

公曰："已死矣。"

曰："然则君之所读者，古人之糟魄已夫！"

桓公曰："寡人读书，轮人安得议乎！有说则可，无说则死。"

轮扁曰："臣也以臣之事观之。斫轮，徐则甘而不固，疾则苦而不入，不徐不疾，得之于手而应于心，口不能言，有数存焉于其间。臣不能以喻臣之子，臣之子亦不能受之于臣，是以行年七十而老斫轮。古之人与其不可传也死矣，然则君之所读者，古人之糟魄已夫！"

【注释】

①轮扁：制造车轮的人。斫（zhuó）：砍削。

【译文】

齐桓公在堂上读书，轮扁在堂下砍制车轮，他放下椎和凿走到堂上，问桓公道："请问，您所读的书讲的是什么呢？"

桓公回答："是圣人之言。"

轮扁问："圣人还活着吗？"

桓公回答："已经死了。"

于是轮扁说："那么，您所读的，不过是古人的糟粕罢了！"

桓公说："寡人读书，做轮子的人怎么能随便议论！你能说出道理来就算了，说不出来就要处死你。"

轮扁说："我从我干的活儿中观察到了这个道理。砍制轮子，榫眼砍得宽了就会松滑而安不牢固，砍得紧了就会涩滞而装不进去，不松不紧，手上顺利而能应合于心，这种奥妙虽然嘴里说不出来，却有技巧在里面。可惜我却不能使我儿子明白这个奥妙，我的儿子也不能从我这里掌握这个技巧。所以，我活了七十岁，如今老了还在自己砍轮子。古人与他心中难以言传的妙理一起死了，既然这样，那么您所读的书，不过是古人的糟粕罢了！"

◎天运◎

【题解】

本篇主旨在说明天道就是自然之道，所谓"天运"，即自然的运转。作者认为天道在不停地运行和发展变化，应当顺应之。而三皇五帝和忠孝仁义都是背离天道的陈旧之说，故不可取。这种强调发展变化、反对儒家等学派中保守落后一面的观点，带有朴素辩证法的特点。

【分节导读】

天运指日月星辰的运转、风起雨落等自然现象。在此节中，作者提出天有六极五常的变化，并借巫咸之口表达"顺六极五常得治，逆六极五常则乱"的观点。由于巫是沟通人与鬼神的使者，这种写法既反映了道家对宇宙的敬畏，也反映了道家对彼岸世界的向往。

【原文】

"天其运乎？地其处乎？日月其争于所乎？孰主张是？孰维纲是？孰居无事而推行是？意者其有机缄而不得已邪？意者其运转而不能自止邪？云者为雨乎？雨者为云乎？孰隆施是？孰居无事淫乐而劝是？风起北方，一西一东，有上彷徨，孰嘘吸是？孰居无事而披拂是？敢问何故？"

巫咸祒曰[1]："来！吾语女。天有六极五常，帝王顺之则治，逆之则凶。九洛之事，治成德备，监照下土，天下戴之，此谓上皇。"

雨是云降落形成的吗？

【注释】

[1] 巫咸祒（shào）：虚构的人名。

【译文】

"天在运行吗？大地静止吗？日月都在争着回到各自的处所吗？谁主宰着这些？谁维系着这些？谁闲居无事推动着它们运行？或者是有机关控制而出于不得已呢？或者是它们运行起来就不能停止呢？云是雨升腾而成的呢，还是雨是云降落形成的？谁在兴云降雨？又是谁闲居无事寻欢作乐而促成这种现

天地四时的运行。

象？风从北方吹来，一会儿西，一会儿东，又上升回旋，是谁在呼吸？又是谁闲居无事在扇动？请问这都是什么缘故？"

巫咸祒说："来吧，我告诉你。天地有六极、五行，帝王顺应它就天下太平，违背它就天下大乱。遵照上天昭示和治国之法行事，使天下太平而道德完备，光辉照临人间，万民拥戴，这就是所说的至高至上的君主。"

【分节导读】

　　在此节中，庄子和大宰荡就"何为仁"进行了讨论，以一问一答的形式，从世俗观念的孝与仁层层递进地讲到"使天下皆忘我"的至高境界，表达了"去仁去我"的观点。在庄子看来，仁与孝都是人为推行的道德，与天道不合，其在此节开篇便提出"虎狼，仁也"旨在说明儒家倡导的仁爱并不具有社会性。

【原文】

　　商大宰荡问仁于庄子。庄子曰："虎狼，仁也。"

　　曰："何谓也？"

　　庄子曰："父子相亲，何为不仁？"

　　曰："请问至仁。"

　　庄子曰："至仁无亲。"

　　大宰曰："荡闻之，无亲则不爱，不爱则不孝。谓至仁不孝，可乎？"

　　庄子曰："不然。夫至仁尚矣，孝固不足以言之。此非过孝之言也，不及孝之言也。夫南行者至于郢①，北面而不见冥山，是何也？则去之远也。故曰：以敬孝易，以爱孝难；以爱孝易，以忘亲难；忘亲易，使亲忘我难；使亲忘我易，兼忘天下难；兼忘天下易，使天下兼忘我难。夫德遗尧舜而不为也，利泽施于万世，天下莫知也，岂直大息而言仁孝乎哉！夫孝悌仁义，忠信贞廉，此皆自勉以役其德者也，不足多也。故曰：至贵，国爵并焉；至富，国财并焉；至愿，名誉并焉。是以道不渝。"

【注释】

① 郢（yǐng）：古地名，在今湖北江陵北部，春秋、战国时楚国都城。

【译文】

　　宋国的大宰荡向庄子请教仁爱的问题。庄子说："虎和狼也具有仁爱。"

　　大宰荡说："怎么说呢？"

　　庄子说："虎狼也能父子相互亲爱，为什么不能叫做仁呢？"

　　大宰荡又问："请教最高境界的仁。"

　　庄子说："最高境界的仁就是没有亲。"

　　大宰荡说："我听说，没有亲就不会有爱，没有爱就不会有孝。说最高境界的仁就是不孝，可以吗？"

　　庄子说："不是这样。最高境界的仁实在值得推崇，孝本来就不足以说明

至人无亲，至仁不孝。

它。你所说的并没有超过孝，而是没有达到孝的境界。向南方走的人到了楚国都城郢，往北便看不到冥山，这是为什么呢？距离冥山越发得远了。所以说：用恭敬的态度来行孝容易，以爱的本心来行孝困难；用爱的本心来行孝容易，用虚静淡泊的态度对待双亲困难；虚静淡泊地对待双亲容易，使双亲也能虚静淡泊地对待自己困难；使双亲虚静淡泊地对待自己容易，能一并虚静淡泊地对待天下人困难；一并虚静淡泊地对待天下之人容易，使天下之人能一并忘却自我困难。蔑视尧舜不足以为德，利益和恩泽施给万世，天下人却没有谁知道，难道需要深深慨叹而大谈仁孝吗！孝、悌、仁、义、忠、信、贞、廉，这些都被称为美德而劳苦德性的，却是不值得推崇的。所以说：最尊贵的，一国的爵位都可以弃之不顾；最富有的，一国的资财都可以弃之不顾；最显荣的，名声和荣誉都可以弃之不顾。所以，大道是永恒不变的。"

【分节导读】
　　此节写《咸池》之乐，以音乐阐释大道，以北门成听《咸池》时心境的变化来喻修道过程中心境的变化：初听时恐惧不安，慢慢的不安消除了，心情松弛下来，最后迷惑不解，神情恍惚，茫然无知。而茫然无知正是最接近大道的状态。

【原文】

　　北门成问于黄帝曰："帝张《咸池》之乐于洞庭之野，吾始闻之惧，复闻之怠，卒闻之而惑；荡荡默默，乃不自得。"

　　帝曰："汝殆其然哉！吾奏之以人，征之以天，行之以礼义，建之以太清。四时迭起，万物循生；一盛一衰，文武伦经；一清一浊，阴阳调和，流光其声；蛰虫始作^①，吾惊之以雷霆；其卒无尾，其始无首；一死一生，一偾一起^②；所常无穷，而一不可待。汝故惧也。

黄帝弹奏"咸池"之乐。

　　"吾又奏之以阴阳之和，烛之以日月之明；其声能短能长，能柔能刚，变化齐一，不主故常；在谷满谷，在阬满阬^③；涂郤守神，以物为量。其声挥绰，其名高明。是故鬼神守其幽，日月星辰行其纪。吾止之于有穷，流之于无止。子欲虑之而不能知也，望之而不能见也，逐之而不能及也；傥然立于四虚之道，倚于槁梧而吟。心穷乎所欲知，目穷乎所欲见，力屈乎所欲逐，吾既不及，已夫！形充空虚，乃至委蛇。汝委蛇，故怠。

　　"吾又奏之以无怠之声，调之以自然之命，故若混逐丛生，林乐而无形；布挥而不曳，幽昏而无声。动于无方，居于窈冥。或谓之死，或谓之生；或谓之实，或谓之荣。行流散徙，不主常声。世疑之，稽于圣人。圣也者，达于情而遂于命也。天机不张而五官皆备，无言而心说，此之谓天乐。故有焱氏为之颂曰：'听之不闻其声，视之不见其形，充满天地，苞裹六极。'汝欲听之而无接焉，而故惑也。

　　"乐也者，始于惧，惧故祟。吾又次之以怠，怠故遁；卒之于惑，惑故愚；愚故道，道可载而与之俱也。"

【注释】

①蛰（zhé）虫：冬眠之虫。作：活动，复苏。②偾（fèn）：仆倒。由这句以"生、死、偾、起"形容乐曲通过强烈的节奏、情绪转换，给人心灵以巨大震动。③阬（kēng）：同"坑"。"谷"与"坑"比喻大小不等的空间。满：

为乐曲所充塞也。

【译文】

北门成向黄帝问道："您在广漠的原野上演奏《咸池》乐曲，我起初听起来感到惊惧，再听下去就逐渐松缓下来，听到最后却又感到迷惑不解，神情恍惚无知无识，竟然消融在音乐的意境中，不能自主。"

黄帝说："你恐怕会有那样的感觉吧！我以人事来弹奏，以天理来伴演，以仁义来运行，以自然元气应和。四时相继而起，万物顺序而生；忽盛忽衰，生杀循序；一清一浊，阴阳调和，声光交流；冬眠的虫豸开始活动，我用雷霆使它们惊起；乐声终结却寻不到结尾，乐声开始却寻不到源头；一会儿消逝一会儿兴起，一会儿偃息一会儿亢进；变化的方式无穷无尽，全不可以有所期待，因此你会感到惊恐不安。

人们排队跳武舞。

"我又用阴阳的交和来演奏，用日月的光辉来烛照；声调能短能长，能柔

用阴阳交合演奏，用日月光辉烛照。

能刚；变化有规律，却能翻陈出新；乐声盈满坑谷；制约情欲，凝守精神，循任自然。音乐悠扬，节奏明朗。因此连鬼神也能持守幽暗，日月星辰也能运行在各自的轨道上。我演奏有时而止，回声却流泛无穷。你想思考它却不能知晓，要观看它却不能看见，要追赶它却总不能赶上；只得茫然地伫立在通达四方而无涯际的大道上，依着几案吟咏。内心穷竭于所要明了的，目光困窘于一心想要见到的，力气竭尽于一心想要追求的，你早已经赶不上了我啊！形体充盈而内心空明，方才能够随应变化。你随应变化，因此惊恐不安的情绪慢慢平息下来。

"我又演奏起忘情忘我的乐声，并且用自然的节奏来加以调和，因而乐声像是混同驰逐相辅相生，犹如风吹丛林自然成乐却又无有形迹，传播和振动均无外力引曳，幽幽暗暗又好像没有了一点儿声响。乐声启奏于不可探测的地方，滞留于深远幽暗的境界。有时候可以说它消逝，有时候又可以说它兴起；有时候可以说它实在，有时候又可说它虚华。流动不定，绝不固守一调。世人往往迷惑不解，向圣人问询查考。所谓圣，就是通达事理而顺应于自然。自然的枢机没有开张而五官俱全，没有说话却心里喜悦，这就是天乐。所以有焱氏颂扬它说：'用耳听听不到声音，用眼看看不见形迹，充满于大地，包容了六极。'你想听却无法听到，所以你到最后会迷惑不解。

"这样的乐章，初听时感到惶惶不安，因为恐惧而认为是祸患。我接着又演奏了使人心境松缓的乐曲，因为松缓而渐渐消除恐惧。乐声最后在迷惑不解中终结，因为迷惑不解才会淳和无识，心灵淳和无识就接近大道。到达这种境地，就可以与大道融合相通了。"

【分节导读】

此节以师金之口，用扯碎衣服的猿猴和效颦的丑女来比喻不顾具体事实情况一味推行古代礼法的儒家，认为礼仪法度应应时而变、应物而变，否则必然导致"劳而无功"的后果，自己也会深受其害。

【原文】

孔子西游于卫。颜渊问师金曰："以夫子之行为奚如？"

师金曰："惜乎，而夫子其穷哉！"

颜渊曰："何也？"

师金曰："夫刍狗之未陈也，盛以箧衍，巾以文绣，尸祝齐戒以将之。及其已陈也，行者践其首脊，苏者取而爨之而已[①]。将复取而盛以箧衍，巾以文绣，游居寝卧其下，彼不得梦，必且数眯焉[②]。今而夫子，亦取先王

颜渊和师金谈论孔子西游一事。

已陈刍狗，聚弟子游居寝卧其下。故伐树于宋，削迹于卫，穷于商周，是非其梦邪？围于陈蔡之间，七日不火食，死生相邻，是非其眯邪？

"夫水行莫如用舟，而陆行莫如用车。以舟之可行于水也而求推之于陆，则没世不行寻常。古今非水陆与？周鲁非舟车与？今蕲行周于鲁[③]，是犹推舟于陆也，劳而无功，身必有殃。彼未知夫无方之传，应物而不穷者也。

"且子独不见夫桔槔者乎？引之则俯，舍之则仰。彼，人之所引，非引人也，故俯仰而不得罪于人。故夫三皇五帝之礼义法度，不矜于同而矜于治，故譬三皇五帝之礼义法度，其犹柤梨桔柚邪[④]！其味相反而皆可于口。

"故礼义法度者，应时而变者也。今取猿狙而衣以周公之服[⑤]，彼必龁啮挽裂[⑥]，尽去而后慊[⑦]。观古今之异，犹猿狙之异乎周公也。故西施病心而矉其里[⑧]，其里之丑人见之而美之，归亦捧心而矉其里。其里之富人见之，坚闭门而不出，贫人见之，挈妻子而去走[⑨]。彼知矉美，而不知矉之所以美。惜乎，而夫子其穷哉！"

【注释】

① 苏者：打柴草的人。爨（cuàn）：烧火做饭。② 彼：指珍重已陈刍狗者。且：将。数（shuò）：屡次。眯（mì）：梦魇。③ 蕲（qí）：希望。行周于鲁：把当初周朝的政治措施推行于今日的鲁国。④ 柤（zhā）：通"楂"，即山楂，味酸。⑤ 猿狙（jū）：猴子。衣（yì）：用如动词，穿衣。⑥ 龁啮（hé niè）：用牙咬。挽裂：扯破。⑦ 慊（qiè）：满意。⑧ 西施：古代美女，春秋越人。病心：心口疼。矉（pín）：同"颦"，皱眉。里：邻里。⑨ 挈（qiè）：带领。妻子：妻子儿女。去：逃离。

【译文】

孔子向西到卫国游说，颜渊问师金说："您认为先生这次出行会怎么样呢？"

师金说："可惜呀！你的先生将陷入困境！"

颜渊问："为什么？"

师金说："刍狗在没有摆上祭台之前，用筐子装起来，再用绣巾盖好，巫师们斋戒之后才用它来奉神。等到祭祀完之后，行人踩着它的头和背，抬草的人捡走它拿去烧火做饭罢了。如果将它取来装回筐里，用绣巾盖上，游乐居处在它的下方，这种人即使不做恶梦，也会一再被鬼神惊吓。如今你的先生也拿着先王已经用过的刍狗，聚集弟子游乐居处于其下。所以在宋国遭遇砍树的屈辱，被卫国禁止入境，受困于宋、周，这难道不是那样的恶梦吗？在陈国、蔡国被围困，七天没有吃热饭，几乎丢了性命，这难道不是被鬼神惊吓？

"走水路莫过于乘船，走陆路莫过于坐车。船能在水中前行，但是想把它推到陆上行走，那么一辈子也走不了多远。古和今不就像水和陆吗？周朝和鲁国不就像船和车吗？现在，试图把周朝的做法施行于鲁国，就像是要把船推到陆地上，劳累却没有功效，自身肯定还要遭殃。他不懂只有不拘泥于一个固定方向，才能从容应付事物的无穷变化。

"而且你难道没见过桔槔吗？拉它它就低下来，放开手它就抬上去。桔槔，是由人牵引的，而不是牵引人的，所以或俯或仰都不会得罪人。所以三皇五帝的礼义法度，不贵于古今相同而贵于能使天下太平。所以三皇五帝的礼义法度，就如同山楂、梨、桔、柚，味道虽然不同，却都很可口。

"所以礼义法度，是顺应时代的变化而变化的。如今给猴子穿上周公的礼服，它一定嘴咬手扯，全部脱光才痛快。观察古今的不同，就像猴子不同于周公一样。西施心口疼，在邻里间皱着眉头行走，邻居中一个丑女人见到后觉得很美，回去也捧着胸口对邻居皱起眉头。邻居的富人看了，紧闭屋门而不肯出来，穷人看了，带着妻子孩子远远跑开。这个丑女人只知道皱眉美，却不知道皱眉为什么美。可惜呀，你的老师将陷于困境了！"

【分节导读】

此节通过孔子和老子的谈话论述求道的方法。孔子从制度条款、阴阳变化中寻找大道，未果。表明儒家宣扬的仁义、法家注重的制度条款以及阴阳家提倡的阴阳五行说，都与大道不符。大道只能靠内心体悟而得，世人放不下利禄、名声、权势，便无法让道进驻内心。而庄子把怨、恩、取、与、谏、教、生、杀作为端正内心的手段，则反映了道家思想和其他学派的相互渗透。

【原文】

孔子行年五十有一而不闻道，乃南之沛见老聃。

老聃曰："子来乎？吾闻子，北方之贤者也，子亦得道乎？"

孔子曰："未得也。"

老子曰："子恶乎求之哉？"

曰："吾求之于度数，五年而未得也。"

老子曰："子又恶乎求之哉？"

曰："吾求之于阴阳，十有二年而未得。"

老子曰："然。使道而可献，则人莫不献之于其君；使道而可进，则人莫不进之于其亲；使道而可以告人，则人莫不告其兄弟；使道而可以与人，则人莫不与其子孙。然而不可者，无佗也，中无主

孔子向老聃请教得道的方法。

而不止，外无正而不行。由中出者，不受于外，圣人不出；由外入者，无主于中，圣人不隐。名，公器也，不可多取。仁义，先王之蘧庐也[①]，止可以一宿而不可久处，觏而多责。

"古之至人，假道于仁，托宿于义，以游逍遥之虚，食于苟简之田，立于不贷之圃。逍遥，无为也；苟简，易养也；不贷，无出也。古者谓是采真之游。

"以富为是者，不能让禄；以显为是者，不能让名；亲权者，不能与人柄。操之则慄，舍之则悲，而一无所鉴，以窥其所不休者，是天之戮民也。怨、恩、取、与、谏、教、生、杀，八者，正之器也，

唯循大变无所湮者为能用之。故曰：正者，
正也。其心以为不然者，天门弗开矣。"

【注释】

① 蘧（qú）庐：用茅草搭成的有脊无柱的茅舍，
如今天山民所说的马架子。这种简陋小屋只能暂
留，不宜久住。

【译文】

　　孔子活了五十一岁还没有领悟大道，
于是往南到沛地拜见老聃。

粗疏简单，无奢无华。

　　老聃说："你来了吗？我听说你是北方
的贤者，你恐怕已经领悟了大道吧？"

　　孔子说："还未能得到。"

　　老子说："你是怎样寻求大道的呢？"

　　孔子说："我在规范、名数方面寻求大道，用了五年的时间还未得到。"

　　老子说："你又怎样寻求大道呢？"

　　孔子说："我又从阴阳的变化来寻求，十二年了还是未能得到。"

　　老子说："会是这样的。假使道可以用来进献，那么人臣没有谁不会向国君进献的；假使道可
以用来奉送，那么人子没有谁不会向自己的双亲奉送的；假使道可以传告他人，那么人们没有谁不
会告诉给兄弟；假使道可以给与人，那么人们没有谁不会给与子孙。然而不可以这样做的原因，没
有别的，内心不能自持因而大道不能停留，对外不能印证则大道不能推行。从内心发出的东西，倘
若不能为外者所接受，圣人也就不会有所传教；从外部进入内心的东西，倘若心中无所领悟而不能
自持，圣人也就不会有所怜惜。名声，乃是人人都可使用的器物，不可过多猎取。仁义，乃是前代
帝王的馆舍，可以住上一宿而不可以久居，形迹昭彰必然会生出许多责难。

　　"古代道德修养高的至人，假道于仁，托足于义而游乐于自由自在、无拘无束的境域，生活于
粗疏简单、无奢无华的境地，立身于从不施与的园圃。自由自在、无拘无束，便是无为；粗疏简单、
无奢无华，就易于生存；从不施与，就不会使自己受损，也无裨益于他人。古代称这种情况叫做神
采真实的遨游。

　　"把贪图财富看做正道的人，不会让出利禄；把追求显赫看做正道的人，不会让出名声；迷恋
权势的人，不会授人权柄。掌握了利禄、名声和权势便唯恐丧失而整日战栗不安，而放弃上述东西
又会悲苦不堪，而且心中全无一点鉴识，眼睛只盯住自己无休止追逐的东西。从自然的道理来看，
这样的人只能算是被刑戮的人。怨恨、恩惠、获取、施与、谏诤、教化、生存、杀戮，这八种做法
全是用来端正他人的工具，只有遵循自然的变化而无所阻塞滞留的人才能够运用它。所以说，自正
的人，才能正人。如果心里认为不是这样，那么心灵的门户就永远不可能打开。"

【分节导读】

　　此节以老子之口论述了仁义的危害，用飞入眼内的糠皮和叮咬皮肤的蚊虫来形容仁义迷惑人的思想、
扰乱人的心智，用"鹄不日浴而白，乌不日黔而黑"来说明万物自有其本性，人不应用仁义来判定事物
的美丑善恶。三皇五帝违背了道，致使百姓"莫得安其性命之情"，其不过名为治世，实际却是"乱莫甚
焉"。庄子特意安排孔子称老子为真龙，子贡在听过老子的话后"蹴蹴然，立不安"，旨在表现道的伟大。
老子已得道，变化无方，无论是学识渊博的孔子还是能言善辩的子贡，在其面前，皆无话可说。

【原文】

孔子见老聃而语仁义。老聃曰："夫播穅眯目^①，则天地四方易位矣；蚊虻噆肤^②，则通昔不寐矣。夫仁义憯然乃愤吾心，乱莫大焉。吾子使天下无失其朴，吾子亦放风而动，总德而立矣，又奚杰杰然揭仁义，若负建鼓而求亡子者邪？夫鹄不日浴而白，乌不日黔而黑^③。黑白之朴，不足以为辩；名誉之观，不足以为广。泉涸，鱼相与处于陆，相呴以湿，相濡以沫^④，不若相忘于江湖！"

三皇五帝部分像。

孔子见老聃归，三日不谈，弟子问曰："夫子见老聃，亦将何规哉？"

孔子曰："吾乃今于是乎见龙！龙，合而成体，散而成章，乘云气而养乎阴阳。予口张而不能嗋^⑤，予又何规老聃哉！"

子贡曰："然则人固有尸居而龙见，渊默而雷声，发动如天地者乎？赐亦可得而观乎？"遂以孔子声见老聃。

老聃方将倨堂而应，微曰："予年运而往矣，子将何以戒我乎？"

子贡曰："夫三皇五帝之治天下不同，其系声名一也。而先生独以为非圣人，如何哉？"

老聃曰："小子少进！子何以谓不同？"

对曰："尧授舜，舜授禹，禹用力而汤用兵，文王顺纣而不敢逆，武王逆纣而不肯顺，故曰不同。"

老聃曰："小子少进！余语汝三皇五帝之治天下。黄帝之治天下，使民心一，民有其亲死不哭而民不非也。尧之治天下，使民心亲，民有为其亲杀其杀而民不非也。舜之治天，使民心竞，孕妇十月而生子，子生五月而能言，不至乎孩而始谁，则人始有夭矣。禹之治天下，使民心变，人有心而兵有顺，杀盗非杀人，自为种而天下耳。是以天下大骇，儒墨皆起。其作始有伦，而今乎妇女，何言哉！余语汝，三皇五帝之治天下，名曰治之，而乱莫甚焉。三皇之知，上悖日月之明，下睽山川之精^⑥，中堕四时之施^⑦，其知憯于蛎虿之尾^⑧，鲜规之兽，莫得安其性命之情者，而犹自以为圣人，不亦可耻乎，其无耻也？"

子贡蹴蹴然立不安。

【注释】

①播：播扬。穅：谷物皮屑也。眯（mǐ）目：灰尘入眼，难以视物。②虻（méng）：似蝇而稍大的会飞昆虫，生于野草丛中，雄的吸食植物津液，雌的刺吸人畜血液。噆（zǎn）：叮，咬。③鹄：天鹅。黔（qián）：黑色，这里作动词，染黑。④呴（xū）：吐气。濡：沾湿。⑤不能嗋：形容由于过度惊诧连嘴都合不拢的神态。嗋（xuē），合拢嘴。⑥睽（kuí）：违背。⑦堕：毁坏。⑧蛎虿（lì chài）：蝎子一类用尾部毒刺刺人的毒虫。

【译文】

孔子拜见老聃谈论仁义。老聃说："播扬的穅屑进入眼睛，天地四方看来便颠倒了；蚊虻之类的小虫叮咬皮肤，就会通宵不能入睡。仁义给人的毒害就更为惨痛乃至令人昏愦糊涂，对人的祸乱没有什么比仁义更为厉害。你应该让天下人不要丧失淳厚质朴，你也可顺化而行，执德而立了，又何必那么卖力地去宣扬仁义，好像是敲着鼓去寻找迷失的孩子呢？天鹅不需要天天沐浴而毛色自然洁白，乌鸦不需要每天用黑色颜料渍染而毛色自然乌黑。乌鸦的黑和白鹤的白都是出于本然，不值得分辨谁优谁劣；名声和荣誉那样的外在东西，更不足以播散张扬。泉水干涸了，鱼儿相互依偎在陆地上，大口出气来取得一点儿湿气，靠唾沫来相互得到一点儿润湿，倒不如将过去江湖里的生活彻底忘怀！"

老子跟子贡说三皇五帝治天下的事。

孔子拜见老聃回来，整整三天不讲话。弟子问道："先生见到老聃，对他作了什么规劝吗？"

孔子说："我直到如今才见到了真正的龙！龙，合在一起便成为一个整体，分散开来又成为华美的文采，乘驾云气而养息于阴阳之间，我大张着口久久不能合拢，我又哪能对老聃作出规劝呢！"

子贡说："这样说，那么人难道有像尸体一样安稳不动而又像龙一样神情飞扬地显现，像疾雷一样震响而又像深渊那样沉寂，一旦发生和运动就犹如天地运动变化的情况吗？我也能见到他并亲自加以体察吗？"于是借助孔子的名义前去拜见老聃。

老子认为三皇五帝扰乱了人性和真情。

老聃正伸腿坐在堂上，轻声地应答说："我年岁老迈，你将用什么来告诫我呢？"

子贡说："远古时代三皇五帝治理天下各不相同，然而却都有好的名声，唯独先生您不认为他们是圣人，这是为什么呢？"

老聃说："年轻人，你稍稍近前些！你凭什么说他们各自有所不同？"

子贡回答："尧让位给舜，舜让位给禹，禹用力治水而汤用力征伐，文王顺从商纣不敢有所背逆，武王背逆商纣而不顺服，所以说各不相同。"

老聃说："年轻人，你再稍微靠前些！我对你说说三皇五帝治理天下的事。黄帝治理天下，使人民心地淳厚保持本真，有人死了亲人并不哭泣，人们也不会加以非议。尧治理天下，使百姓相亲，有人为了亲近亲人亲疏有别，人们同样也不会非议。虞舜治理天下，使百姓心存竞争，怀孕的妇女十个月生下孩子，孩子生下五个月就张口学话，不等到成儿童就开始识人问事，于是开始有夭折短命的人。夏禹治理天下，使百姓心怀变诈，人人存有机变之心因而动刀动枪成了理所当然之事，认为杀死盗贼不算杀人，原来是为了同伙的私利却说是为了天下。所以天下大受惊扰，儒家、墨家都纷纷而起。他们初始时也还有伦有理，可是时至今日却变成这样，还有什么可言呢！我告诉你，三皇五帝治理天下，名义上叫做治理，而扰乱人性真情没有什么比他们更严重的了。三皇的心智，对上而言遮掩了日月的光明，对下而言违背了山川的精粹，就中而言毁坏了四时的运行。他们的心智比蛇蝎之尾还毒，就连小小的兽类，也不可能使本性真情获得安宁，却还自以为是圣人，不是很可耻吗，他们是这样无耻啊！"

子贡听了惊惶不定，心神不安地站着。

【分节导读】

　　此节讲孔子在老子的点拨下得道，借老子之口指出书籍中的道并非道本身，人不能通过照搬书籍来领悟道的真谛。此节提到的"乌鸦喜鹊孵化而生，鱼类以口沫相育，蜂化育桑蚕而为己子，兄弟同母乳"，即卵生、湿生、化生、胎生这四种生命形态。孔子从中得到启发，意识到自己未能得道的原因在于忽略了自然造化，而人既然未能得道，传道也就无从谈起。

【原文】

　　孔子谓老聃曰："丘治《诗》《书》《礼》《乐》《易》《春秋》六经，自以为久矣，孰知其故矣[①]；以奸者七十二君，论先王之道而明周召之迹，一君无所钩用。甚矣夫！人之难说也！道之难明邪？"

孔子学习六经。

　　老子曰："幸矣子之不遇治世之君也！夫《六经》，先王之陈迹也，岂其所以迹哉！今子之所言，犹迹也。夫迹，履之所出，而迹岂履哉？夫白鹢之相视[②]，眸子不运而风化；虫，雄鸣于上风，雌应于下风而风化；类自为雌雄，故风化。性不可易，命不可变，时不可止，道不可壅。苟得于道，无自而不可；失焉者，无自而可。"

　　孔子不出三月，复见曰："丘得之矣。乌鹊孺，鱼傅沫，细要者化，有弟而兄啼。久矣夫丘不与化为人！不与化为人，安能化人！"

　　老子曰："可。丘得之矣！"

【注释】

①孰：同"熟"，熟知，熟悉。故：故事。②白鹢（yì）：一种水鸟。

【译文】

　　孔子对老聃说："我研修《诗》《书》《礼》《乐》《易》《春秋》六部经书，自认为很久很久了，熟悉了旧时的各种典章制度，以此求见七十二个国君，论述先王（治世）的方略和彰明周公、召公的政绩，可是一个国君也没有取用我的主张。实在难啊！是人难以规劝，还是大道难以彰明呢？"

　　老子说："幸运啊，你不曾遇到过治世的国君！六经，乃是先王留下的陈旧遗迹，哪里是先王遗迹的本原呢！如今你所谈论的东西，就好像是足迹。足迹是鞋踩出来的，然而足迹难道就是鞋吗！白鹢相互而视，眼珠子一动也不动便相诱而孕；虫，雄的在上方鸣叫，雌的在下方相应而诱发生子；同类生物，雌雄相吸，不待交合而生子。本性不可改变，天命不可变更，时光不会停留，大道不会壅塞。假如真正得道，无论去到哪里都不会受到阻遏；而失道的人，无论去到哪里都行不通。"

　　孔子三月闭门不出，再次见老聃说："我终于懂得了。乌鸦喜鹊在巢里交尾孵化，鱼儿借助水里的泡沫生育，蜜蜂自化而生，生下弟弟，哥哥就常常啼哭。很长时间了，我没有能跟万物的自然变化相识为友，不能跟自然的变化相识为友，又怎么能教化他人！"

　　老子听了后说："好。孔丘得道了！"

◎刻意◎

【题解】

　　本篇的主旨论养神，所谓"刻意"，即雕砺心志之意。作者对世间游学、为官等人格形态进行了尖锐批评，指出理想的圣人之德是"淡然无极而众美从之"，只有保持心性的纯朴，才可以达到真人的精神境界。

【分节导读】

　　此节以五种世俗常见的人格形态引出圣人之德，这五种常见的人格形态分别为：隐居者、愤世嫉俗者和自我牺牲者；教诲者、游说者和讲学者；朝廷之士、尊君强国者和建功拓疆者；闲游者和逃避世士者；养身者和长寿者。这五种人都需要借助外物实现各自的目标，但真正得道的人却无需借助仁义功名江河湖海便自然拥有宁静的心境、长寿和治天下的力量。

【原文】

　　刻意尚行，离世异俗，高论怨诽，为亢而已矣。此山谷之士，非世之人，枯槁赴渊者之所好也。语仁义忠信，恭俭推让为修而已矣。此平世之士，教诲之人，游居学者之所好也。语大功，立大名，礼君臣，正上下，为治而已矣。此朝廷之士，尊主强国之人，致功并兼者之所好也。就薮泽①，处闲旷，钓鱼闲处，无为而已矣。此江海之士，避世之人，闲暇者之所好也。

磨砺心志，超脱尘世。

吹呴呼吸②，吐故纳新，熊经鸟申，为寿而已矣。此道引之士，养形之人，彭祖寿考者之所好也。

　　若夫不刻意而高，无仁义而修，无功名而治，无江海而闲，不道引而寿，无不忘也，无不有也，澹然无极而众美从之③。此天地之道，圣人之德也。

【注释】

①就薮（sǒu）泽：到湖泊沼泽之地去。②吹呴（xǔ）：皆指吐气，深者为呴，浅者为吹，为练功调息呼吸的方法。
③澹（dàn）然：淡漠无心，不在意。

【译文】

磨砺心志崇尚修养，超脱尘世不同流俗，谈吐不凡，抱怨怀才不遇而讥评世事无道，算是孤高卓群罢了，这样做乃是避居山谷的隐士，是愤世嫉俗的人，正是那些洁身自好、宁可以身殉志的人所一心追求的。宣扬仁爱、道义、忠贞、信实和恭敬、节俭、辞让、谦逊，算是注重修身罢了。这样做乃是意欲平定治理天下的人，是对人施以教化的人，

宣扬仁义的讲学之人。

正是那些游说各国而后退居讲学的人所一心追求的。宣扬大功，树立大名，用礼仪来划分君臣的秩序，并以此端正和维护上下各别的地位，算是投身治理天下罢了，这样做是身居朝廷的人，尊崇国君强大国家的人，正是那些醉心于建立功业、开拓疆土的人所一心追求的。走向山林湖泽，处身闲暇旷达，垂钓钓鱼来消遣时光，算是无为自在罢了，这样做乃是闲游江湖的人，是逃避世事的人，正是那些闲暇无事的人所一心追求的。嘘唏呼吸，吐却胸中浊气吸纳清新空气，像黑熊攀缘引体，像鸟儿展翅飞翔，算是善于延年益寿罢了，这样做乃是舒活经络气血的人，善于养身的人，正是像彭祖那样寿延长久的人所一心追求的。

若不需磨砺心志而自然高洁，不需倡导仁义而自然修身，不需追求功名而天下自然得到治理，不需避居江湖而心境自然闲暇，不需舒活经络气血而自然寿延长久，没有什么不忘于身外，而又没有什么不据于自身，宁寂淡然而且心智从不滞留一方，而世上一切美好的东西都汇聚在他的周围。这才是像天地一样的永恒之道，这才是圣人无为的无尚之德。

【分节导读】

此节主讲圣人的德象，并由圣人的德象引出"养神"和"贵精"。圣人总是身处恬淡、寂漠、虚无、无为的境界中，以顺乎自然常理为养神之道，处变不惊，泰然自若。他们像珍藏珍贵的宝剑一样保守自己的精神，保持精神的质朴完整。

【原文】

安然恬淡，忧患就无法侵入内心。

故曰，夫恬惔寂漠，虚无无为，此天地之本而道德之质也。故圣人休焉，休则平易矣，平易则恬惔矣。平易恬惔，则忧患不能入，邪气不能袭，故其德全而神不亏。

故曰：圣人之生也天行，其死也物化；静而与阴同德，动而与阳同波；不为福先，不为祸始；感而后应，迫而后动，不得已而后起。去知与故，循天之理。故曰无天灾，无物累，无人非，无鬼责。不思虑，不豫谋。光矣而不耀，信矣而不期。其寝不梦，其觉无忧。其生若浮，其死若休。其神纯粹，其魂不罢。虚无恬惔，乃合天德。

故曰，悲乐者，德之邪；喜怒者，道之过；好恶者，心之失。故心不忧乐，德之至也；一而不变，静之至也；无所于忤，虚之至也；不与物交，惔之至也；无所于逆，粹之至也。

故曰，形劳而不休则弊，精用而不已则竭。水之性，不杂则清，莫动则平；郁闭而不流，亦不能清，天德之象也。故曰，纯粹而不杂，静一而不变，惔而无为，动而天行，此养神之道也。

【译文】

所以说，恬淡寂漠，虚无无为，这是天地的准则和道德的本质。所以说，圣人总是停留在这一境域中，停留在这一境域就安然无难，安然无难就会恬淡。安然恬淡，那么忧患就无法侵入，邪气就无法侵袭，所以就能道德完善而精神充沛。

悲伤与欢乐，都是德的邪僻。

所以说，圣人活着就顺应自然而行，死去便像万物一样幻化而去。他静时与阴气一样宁寂，动时与阳气一同波动。不会成为幸福的先兆，也不会成为灾祸的开始，有所感发才有所应和，受到逼迫才有所行动，不得已才兴起。抛弃智巧和世故，遵循天理。所以没有天灾，不受外物牵累，无人非议，没有鬼神谴责。活着时就像浮萍，死了的时候像在休息。不思考，不谋划。光亮但不耀眼，信实却不求示。熟睡无梦，醒来无忧，精神纯粹，魂魄不劳。虚无恬淡，才合乎自然本性。

水之性，不杂则清，莫动则平。

所以说，悲伤与欢乐，是德的邪僻；欢喜与愤怒，是道的过错；喜好和厌恶，是心的过失。因而，心中不存忧乐，是德的最高境界；持守纯一不变，是静的最高境界；不与外物相抵触，是虚的最高境界；不跟外物交接，是淡的最高境界；不与外物相违逆，是粹的最高境界。

所以说，形体劳而不止则疲惫不堪，精神使用过度就会心劳神倦。水的本性，没有杂物就清澈，不动则平静；但是郁塞而不流通，也不会清澈，这是自然本质的反映。所以说，纯粹而不驳杂，虚静专一而不改变，恬淡无为，行动顺应自然，这是养神之道。

【原文】

夫有干越之剑者，柙而藏之①，不敢轻用也，宝之至也。精神四达并流，无所不极，上际于天，下蟠于地②，化育万物，不可为象，其名为同帝。

纯素之道，唯神是守；守而勿失，与神为一；一之精通，合于天伦。野语有之曰："众人重利，廉士重名，贤人尚志，圣人贵精。"故素也者，谓其无所与杂也；纯也者，谓其不亏其神也。能体纯素，谓之真人。

【注释】

①柙（xiá）：盛物的匣子。②"无所"三句：极，极点、尽头。际，交会，会合。蟠（pán），遍及。

【译文】

今有吴越地方出产的宝剑，用匣子秘藏起来，不敢轻意使用，因为是最为珍贵的。精神可以通达四方，没有什么地方不可到达，上接近苍天，下遍及大地，化育万物，却又不可能捕捉到它的踪迹，它的功用如同天帝。

　　纯粹素朴的道，就是持守精神；持守精神而不失却本真，就跟精神融合为一；浑一就使精智畅通无碍，也就合于自然之理。俗语有这样的说法："普通人看重利益，廉洁的人看重名声，贤能的人崇尚志向，圣哲的人重视素朴的精神。"所以，素就是说没有什么与它混杂，纯就是说自然赋予的东西没有亏损。能够体察纯和素，就可叫他"真人"。

圣哲的人重视素朴的精神。

◎缮性◎

【题解】

　　本篇主旨论修心养性，所谓"缮性"，即修心养性之意。作者认为，社会发展之后，道德日益沦丧，所以要进行道德上的修养。人要"以恬养知"，即以内心的恬静来涵养生命的智慧，而不要步俗学之后，"丧己于物"。

【分节导读】

　　缮性即修缮保养心性。此节对以世俗学问、世俗思想来修缮心性的做法做出了批评，提出"以恬养知"的观点。

【原文】

　　缮性于俗学，以求复其初；滑欲于俗思①，以求致其明；谓之蔽蒙之民。

　　古之治道者，以恬养知；知生而无以知为也，谓之以知养恬。知与恬交相养，而和理出其性。"夫德，和也；道，理也。德无不容，仁也；道无不理，义也；义明而物亲，忠也；中纯实而反乎情，乐也；信行容体而顺乎文，礼也。礼乐偏行，则天下乱矣。"彼正而蒙己德，德则不冒，冒则物必失其性也。

用智慧涵养恬淡。

【注释】

①滑（gǔ）：借为"汩"，治理。欲：情。俗思：追求名利等世俗观念。

【译文】

　　用世俗之学修治性情，想要复归本性；靠世俗之念规范欲望，想要明达事理，这真是蒙昧之民。

　　古时修道的人，是用恬淡涵养智慧；虽有大智却不凭智慧行事，这就叫以智慧涵养恬淡。智慧与恬淡相互调治，就可形成中和顺理之性。各人能自我端正又能收敛自己的德性，德性就不会外露，德性外露，那么就必然会失去其本性。

【分节导读】

此节重点论述"存身之道"。当大道和世运都已丧失，复兴大道已无从谈起，人要关注的不是有所作为，而是如何保持心灵的宁静，端正自身，避免为世俗纷争所扰在追逐名利时丧失本性。

【原文】

古之人，在混芒之中，与一世而得澹漠焉。当是时也，阴阳和静，鬼神不扰，四时得节，万物不伤，群生不夭，人虽有知，无所用之，此之谓至一。当是时也，莫之为而常自然。

逮德下衰，及燧人伏羲始为天下，是故顺而不一。德又下衰，及神农黄帝始为天下，是故安而不顺。德又下衰，及唐虞始为天下，兴治化之流^①，澆淳散朴^②，离道以为，险德以行^③，然后去性而从于心。心与心识知，而不足以定天下，然后附之以文，益之以博。文灭质，博溺心，然后民始惑乱，无以反其性情而复其初。

由是观之，世丧道矣，道丧世矣。世与道交相丧也，道之人何由兴乎世，世亦何由兴乎道哉！道无以兴乎世，世无以兴乎道，虽圣人不在山林之中，其德隐矣。

隐，故不自隐。古之所谓隐士者，非伏身而弗见也，非闭其言而不出也，非藏其知而不发也，时命大谬也。当时命而大行乎天下，则反一无迹；不当时命而大穷乎天下，则深根宁极而待。此存身之道也。

【注释】

①兴：开始。治化：治理，教化。②澆（xiāo）：扰乱。③险：通"俭"，缺乏。

【译文】

古代的人，处于混沌茫昧之中，与世相处而能淡漠无为。那时，阴阳调和宁静，鬼神不搅扰生活，气候变化与季节相应，万物不受伤害，生命不会夭折，人虽有智慧，却无处可用，这就是最纯粹的时代。那时，人们无所作为而一切都合于自然。

文采和博学让人迷惑动乱。

及至道德衰落，到燧人氏、伏羲氏时就开始治理天下了，所以只能顺从人心而不能与天道合一了。德性又衰落，到神农氏、黄帝开始治理天下时，只能安定天下而不能顺从民心了。德性更衰落，到唐尧、虞舜来治理天下时，开始兴起教化之风，扰乱、破坏了淳朴之心，背离道而作为，危害德而行事，这样一来，舍弃了天性而听从心智。彼此以私心窥测对方，然而仍然无法安定天下，只好用文采来粉饰，以广博来增益。文采破坏质朴，博学沉溺心灵，这样以后，人们开始迷惑动乱，而无法返回本性，恢复自然的本初了。

由此来看，世运丧失了大道，大道也就丧失了世运。两者相互丧失，明道之人还凭什么复兴世运呢，世运又如何复兴大道呢！道无法复兴世运，世运也无法复兴道，圣人虽然不退居山林之中，他们的道德也自行隐匿了。

这种隐匿，本不是有意的。古代所谓的隐士，不是藏起来不见人，不是闭口不说话，不是隐其智慧而不外露，而是世运与天道大相背离呀。当世运与天道合一而盛行时，圣人当然返归于至一之道而了无痕迹；当世运不济而天下困顿时，圣人就会保持宁静至极之性来等待时机。这就是保全自身的方法。

【原文】

古之存身者，不以辩饰知，不以知穷天下，不以知穷德，危然处其所而反其性已，又何为哉！道固不小行，德固不小识。小识伤德，小行伤道。故曰，正己而已矣。乐全之谓得志。

古之所谓得志者，非轩冕之谓也，谓其无以益其乐而已矣。今之所谓得志者，轩冕之谓也。轩冕在身，非性命也，物之傥来^①，寄者也。寄之，其来不可圉，其去不可止^②。故不为轩冕肆志，不为穷约趋俗，其乐彼与此同，故无忧而已矣。今寄去则不乐，由是观之，虽乐，未尝不荒也。故曰，丧己于物，失性于俗者，谓之倒置之民。

【注释】

① 傥（tǎng）：偶然。② 圉（yǔ）：抵挡。止：留。

【译文】

古代善于保全自身的人，不用辩解来文饰智慧，不用智巧使天下人困窘，也不用心智困扰心性。独立自处而返归自然的本性，又何必要有所作为呢！道不是世俗之行，德不是世俗之见。世俗之见危害德，世俗之行危害道。所以说：端正自身就可以了。保全内在纯朴的心性就是得志。

古时所说的得志，不是指获得高官厚禄，而是指得到无以复加的快乐而已。现在所说的得志，就是指得到高官厚禄。高位在身，不是与生俱来的，而是偶然得到的外物，暂寄于此。暂时得来的东西，来时无法阻挡，离时不可挽留。因而，能够不为高位而放纵心志，不为穷困而趋炎附势，富也好穷也罢，其间快意相同，自然也就无忧无虑了。现在暂寄的东西一旦失去就闷闷不乐。这样看来，虽然看上去很快乐，但内心未尝不是心慌意乱的。所以说，因追求外物而丧失自我，为附和世俗而丧失本性的，就叫做本末倒置的人。

独立自处，返归自然本性。

得志，非指获得高官厚禄。

不在意穷富，无忧无虑。

◎秋水◎

【题解】

　　本篇与《逍遥游》的意旨有一致处，认为人应听命于自然，认识宇宙的宏大和无限，认识一切事物的贵贱、是非的相对性，由此获得自由。其思想基调仍是消极无为的哲学，但其中"物无贵贱"，"道无终始"以及物质世界在时空上有相对性、多样性的观点，多少具有一些朴素的辩证法色彩。

【分节导读】

　　此节中，自以为大的河伯在见到北海后发现了自己的渺小与浅陋，北海神则就大小问题进行了阐述，其所阐述的内容集中体现了庄子的无限相对思想。河伯小却自以为大，海神大却自以为小，大小是相对的概念，世间没有最大，也没有最小。北海相对于黄河确实很大，但"四海"于"天地之间"就如同蚁穴处在大泽之中一样。至于人，相对于天地，就更为渺小了。作者批评了伯夷、孔子等显名博学之人，认为他们夸耀于世的声名、学问，在磅礴天地的参照下，根本就微不足道。

【原文】

　　秋水时至，百川灌河，泾流之大，两涘渚崖之间①，不辨牛马。于是焉河伯欣然自喜，以天下之美为尽在己。顺流而东行，至于北海，东面而视，不见水端，于是焉河伯始旋其面目，望洋向若而叹曰："野语有之曰'闻道百，以为莫己若者'，我之谓也。且夫我尝闻少仲尼之闻而轻伯夷之义者，始吾弗信；今我睹子之难穷也，吾非至于子之门，则殆矣，吾长见笑于大方之家。"

　　北海若曰："井蛙不可以语于海者，拘于虚也；夏虫不可以语于冰者，笃于时也②；曲士不可以语于道者，束于教也。今尔出于崖涘，观于大海，乃知尔丑，尔将可与语大理矣。天下之水，莫大于海，万川归之，不知何时止而不盈；尾闾泄之，不知何时已而不虚；春秋不变，水旱不知。此其过江河之流，不可为量数。而吾未尝以此自多者，自以比形于天地而受气于阴阳，吾在天地之间，犹小石小木之在大山也，方存乎见少，又奚以自多？计四海之在天地之间也，不似礨空之在大泽乎③？计中国之在海内，不似稊米之在大仓乎④？号物之数谓之万，人处一焉；人卒九州，谷食之所生，舟车之所通，人处一焉；此其比万物也，不似豪末之在于马体乎？五帝之所连，三王之所争，仁人之所忧，任士之所劳，尽此矣。伯夷辞之以为名，仲尼语之以为博，此其自多也，不似尔向之自多于水乎？"

秋汛到了，百川灌河。

【注释】

① 涘（sì）：水边，岸边。渚（zhǔ）：水中的小块陆地。崖：岸。② 笃
（dǔ）：限制。时：季节。③ 礨（lěi）空：石块上的小孔。大泽：大湖。
④ 稊（tí）米：像稗籽一样的小米。大仓：储粮的大仓库。

【译文】

秋汛按时而至，千百条河流注入黄河，水面之宽阔，两
岸和洲渚之间放眼望去，看不清对岸的牛马。于是，河伯沾
沾自喜，以为天下的壮美之景都在自己这儿了。河伯顺流东下，
到了渤海，往东望去，看不见水的边际。于是，河伯才改变
了沾沾自喜的表情，望着汪洋大海对海神若感叹说："俗话说
'听到许多道理之后，就以为没有人能比得上了'的人，就是
说的我呀。而且，我曾经听说有贬低孔子的学识，轻视伯夷
的义举的人，开始我还不相信；现在我看到您这样浩瀚无边，
我如果不是来到您这里，可真危险了。我将会被明道之人永
久地耻笑。"

北海若说："我正觉得自己渺小。"

海神若说："井底之蛙无法跟它谈论大海，因为受到狭小的井底的局限；只生活在夏天的虫子
不可以和它谈论冰雪，因为受到生存时间的限制；孤陋寡闻的人不能和他谈论大道，因为他被所受
的教育束缚了。现在你摆脱了河道的约束，见到了大海，于是认识了自己的不足，这就可以和你谈
论大道了。天下的水流，没有比海更大的了，万条江河归流其内，没有休止却不会满溢；从尾闾泄
走，无休无止却不见减少。春天、秋天都没有变化，旱灾、涝灾也不会有所察觉，它大大超过了江
河的水量，无法估量和计算。然而，我从未因此而自夸的原因，是因为大海寄形于天地之间，禀受
了阴阳之气，我在天地之间，好比是大山中的小石头、小树木，正觉得自己很渺小，哪里会自认为
很多呢？估计大海在天地之间，不就像蚁穴在大湖旁边？估计中国在四海之内，不就像米粒在粮
仓中吗？物的种类数以万计，人不过是万物之一而已；人们聚集在九州，谷物所生之地，舟车所通
之处，个人只不过是其中的一员而已。人与万物相比，不就像毫毛生在马身上一样渺小吗？五帝所
禅让的，三王所争夺的，仁人所担忧的，贤才所操劳的，全在这里了。伯夷辞让它是为了取得好名声，
孔丘谈论它是为了显示博学，这就是他们的自满和骄傲，不就像你之前在河水暴涨时的自夸吗？"

【分节导读】

此节紧承上文，由河神之问写起，继续论述小大之辩。作者认为，万物在量上是不可穷尽的，时间
的推移永无止境，得与失的划分并没有不变的规则，事物的终结和起始也没有定因，而人的认知常受事
物自身的不定性和事物总体的无穷性影响。此节对"道人"之道进行了阐述，得道之人明察远近，明白
是非是无法区分的、小大是不能划分的道理，他们无名于世、一无所求、忘却自我。

【原文】

河伯曰："然则吾大天地而小毫末，可乎？"

北海若曰："否，夫物，量无穷，时无止，分无常，终始无故。是故大知观于远近，故小而不
寡，大而不多，知量无穷；证向今故，故遥而不闷，掇而不跂①，知时无止；察乎盈虚，故得而不
喜，失而不忧，知分之无常也；明乎坦涂，故生而不说，死而不祸，知终始之不可故也。计人之所
知，不若其所不知；其生之时，不若未生之时；以其至小求穷其至大之域，是故迷乱而不能自得也。
由此观之，又何以知毫末之足以定至细之倪！又何以知天地之足以穷至大之域！"

河伯曰：“世之议者皆曰'至精无形，至大不可围，'是信情乎？”

北海若曰：“夫自细视大者不尽，自大视细者不明。故异便，此势之有也。夫精，小之微也；垺，大之殷也②；夫精粗者，期于有形者也；无形者，数之所不能分也；不可围者，数之所不能穷也。可以言论者，物之粗也；可以意致者，物之精也；言之所不能论，意之所不能致者，不期精粗焉。

河伯和北海若谈论大小。

“是故大人之行，不出乎害人，不多仁恩；动不为利，不贱门隶；货财弗争，不多辞让；事焉不借人，不多食乎力，不贱贪污；行殊乎俗，不多辟异；为在从众，不贱佞谄；世之爵禄不足以为劝，戮耻不足以为辱；知是非之不可为分，细大之不可为倪。闻曰：'道人不闻，至德不得，大人无己。'约分之至也。”

大德之人一无所得，大人至人忘却自我。

【注释】

① 掇（duō）：拾取，表示相距很近，随手可取。跂（qǐ）：企求。② 垺（fú）：同“郭”，城外城。殷：盛大。

【译文】

河伯说：“那么我以天地为大，以毫末为小，可以吗？”

海神若说：“不可以。事物在量上是没有穷尽的，在时间上也是没有止境的，得与失没有不变的常规，事物的终结和起始没有定因。所以具有大智慧的人明察远近，小的不以为少，大的也不以为多，是因为知道事物的量是无穷的；求证于古今之事，因而对遥远的事不感到纳闷，对就近的事也不强求，因为知道时间是没有止境的；洞察盈亏规律，所以得到了也不欢喜，失去也不难过，因为知道得失是变化无常的；明白生命大路，所以生于世间而不喜悦，死去了也不认为是灾祸，因为知道终了和起始不会一成不变。估计人所知道的东西，不如他不知道的东西多；他活在世上的时间，比不上他不在世上的时间多；以其有限的智力、短暂的生命去穷尽无限的境域，所以会陷入迷惑混乱而终无所得。这样看来，又怎能知道毫毛之末就足以确定为最细微的限度呢？天地就足以包括最大的领域呢？”

河伯问：“世间的议论者都说'最细微的东西没有形体，最大的东西无法确定范围'，这是真的吗？”

海神若说：“从小的方面看大的方面看不全面，从大的方面看小的方面看不分明。精，是小中之小。垺，是大中之大；因而大小各有不同的方便，这是情势如此。所谓的精与粗，是就有形之物而言的；至于小到无形，不能用数字划分；大到没边，无法用数字穷尽。可以谈论的，是粗重的物体；只可意会的，是精微的物体；而言语无法论及，意识不能察觉的，就不限于精粗的范围了。

“因而明道之人的行为，无意害人，也不夸耀仁义恩惠；举动不为谋利，也不小看门童；不争货物财富，也不有意推辞谦让；行事不求人，不赞扬自食其力，也不鄙视贪污；行为与世俗不同，也不标新立异；从俗随众，却不指责谄媚；世上的高官厚禄不足以让他去追求，世上的刑罚耻辱也不足以使他感到羞辱；明白是非是不能划分界限的，小大没有划分的标准。我听说：'得道之人不求功名于世，大德之人一无所得，至人忘却自我。'这就是把一切区分和对立都缩小到了极致的境界呀！"

【分节导读】
　　此节借海神之口阐述事物的相对性。任何事物都存在多个方面，大小、贵贱、好坏都并非绝对。作者通过"尧舜让而帝"和"之、哙让而绝"的故事告诫人们万事万物都处在变动不居的状态中，不能用一成不变的准则对事物进行判断。

【原文】

　　河伯曰："若物之外，若物之内，恶至而倪贵贱①？恶至而倪小大？"

　　北海若曰："以道观之，物无贵贱；以物观之，自贵而相贱；以俗观之，贵贱不在己。以差观之，因其所大而大之，则万物莫不大；因其所小而小之，则万物莫不小；知天地之为稊米也，知毫末之为丘山也，则差数睹矣。以功观之，因其所有而有之，则万物莫不有；因其所无而无之，则万物莫不无。知东西之相反而不可以相无，则功分定矣。以趣观之，因其所然而然之，则万物莫不然；因其所非而非之，则万物莫不非；知尧桀之自然而相非，则趣操睹矣。

河伯问："如何区分物的贵贱、大小？"

　　"昔者尧、舜让而帝，之、哙让而绝；汤、武争而王，白公争而灭。由此观之，争让之礼，尧桀之行，贵贱有时，未可以为常也。梁丽可以冲城，而不可以窒穴，言殊器也；骐骥、骅骝，一日而驰千里，捕鼠不如狸狌②，言殊技也；鸱鸺夜撮蚤③，察毫末，昼出瞋目而不见丘山，

从前，尧、舜禅让称帝。

言殊性也。故曰，盖师是而无非，师治而无乱乎？是未明天地之理，万物之情者也。是犹师天而无地，师阴而无阳，其不可行明矣。然且语而不舍，非愚则诬也。帝、王殊禅，三代殊继。差其时，逆其俗者，谓之篡夫；当其时，顺其俗者，谓之义之徒。默默乎河伯！女恶知贵贱之门，小大之家。"

【注释】

①恶（wū）至：从何。倪：划分。②狸：野猫。狌（shēng）：同"鼪"，黄鼠狼。③鸱鸺（chī xiū）：即鸱鸮，猫头鹰。撮蚤：抓跳蚤。

【译文】

　　河伯说："或在万物之外，或在万物之内，从哪里区别它们的贵贱？又从哪里区分它们的大小呢？"

　　海神若说："用道来观察，万物就没有贵贱之分。从万物自身看，万物都自以为贵而轻贱他物。从世俗观念来看，贵与贱由他人决定。说起事物之间的差别，就事物大的方面来看，那么万物就没有什么不是大的；而就其小的方面来看，那么万物也就没有什么不是小的。明白天地虽大，跟更大

的事物相比就像米粒一样小；毫毛之末虽小，跟更小的事物相比则像山丘一样大，这样就能看清万物之间的差别了。说起事物的功效，从有效的方面来看，那么万物就没有无效的；从无效的方面来看，那么万物也就没有有效的。知道了东与西的方向虽然截然相反，二者却不可或缺的道理，那么万物就的功用和地位就可以确定了。从趋向来看，顺着肯定的理由而肯定，那么万物没有不对的；顺着否定的理由而否定，那么万物就没有不错的。明白了尧和桀的自以为是和互相指责，那么不同的趣向和操守就看得很清楚了。

"当初尧舜禅让而称帝，燕王哙和燕相子之禅让却几乎亡国；商汤周武以武力相争而称王，白公胜用武力争权却灭亡。由此看来，争夺与禅让的礼制，唐尧和夏桀的做法，好与坏是因时而异的，不能看做是一成不变的。粗木可以冲撞城门，却不能用来堵耗子洞，这是说不同的器物有不同的作用。骐骥和骅骝日行千里，抓老鼠却不如野猫和黄鼠狼，这是说它们的技能不同。猫头鹰夜里捉跳蚤，能明察秋毫，白天出来即使睁大眼睛却连山丘都看不见，这是说性能的不同。所以说，怎么能只取法对的而抛弃错的，师法治理的而抛弃动乱的呢？这是因为不明白天地之理与万物之情。这就好比只师法天而放弃地，只效法阴而放弃阳，这样做行不通是很明显的。然而却仍有人对此不停地鼓吹，这如果不是愚蠢，就是说谎了。帝王禅让的方式不同，三代继承的方式也不同。不合时宜、违背世俗，就是篡夺者，而合乎时代、顺应世俗的，就是明义之人。河伯，你还是别说了吧，你怎么懂得贵贱的分野、小大的区别呢。"

【分节导读】

此节河伯问了三个问题：事物该怎样取舍、道的可贵之处在哪里以及天性、人为有哪些分别。海神则针对此三个问题，指出人们认知外物必将无所作为，只能等待它们的"自化"。作者认为懂得了道就能通晓事理，就能认识事物的变化规律，人应该返归本真，即不以人为毁灭天然。明道之人以天性为根本，明察安危、安于福祸，他们或进或退，去留从容，返归道的中心而淡出了道的极致。

【原文】

河伯曰："然则我何为乎，何不为乎？吾辞受趣舍，吾终奈何？"

北海若曰："以道观之，何贵何贱，是谓反衍；无拘而志，与道大蹇①。何少何多，是谓谢施；无一而行，与道参差。严严乎若国之有君，其无私德；繇繇乎若祭之有社②，其无私福；泛泛乎其若四方之无穷，其无所畛域③。兼怀万物，其孰承翼？是谓无方。万物一齐，孰短孰长？

道无边无际，无始无终。

道无终始，物有死生，不恃其成；一虚一盈，不位乎其形。年不可举，时不可止；消息盈虚，终则有始。是所以语大义之方，论万物之理也。物之生也，若骤若驰，无动而不变，无时而不移。何为乎？何不为乎？夫固将自化。"

河伯曰："然则何贵于道邪？"

北海若曰："知道者必达于理，达于理者必明于权，明于权者不以物害己。至德者，火弗能热，水弗能溺，寒暑弗能害，禽兽弗能贼。非谓其薄之也，言察乎安危，宁于祸福，谨于去就，莫之能害也。故曰，天在内，人在外，德在乎天。知乎人之行，本乎天，位乎得；蹢躅而屈伸④，反要而语极。"

河伯曰："何谓天？何谓人？"

北海若曰："牛马四足，是谓天；落马首，穿牛鼻，是谓人。故曰：无以人灭天，无以故灭命，无以得殉名。谨守而勿失，是谓反其真。"

牛有四条腿是天性，穿牛鼻是人为。

【注释】

①蹇（jiǎn）：妨碍，阻塞。②繇（yóu）繇：通"悠悠"，自得的样子。社：土地神。③畛（zhěn）域：界限。④踯躅（zhí zhú）：进退不定。

【译文】

河伯问："那么我该做什么？又不该做什么？我对事物的推辞接受取舍，到底该怎么办？"

海神若说："从道的角度观察，是无所谓贵贱的，因为贵贱是互相转化的；不要拘束你的心志，否则会与大道相抵触。无所谓多少，多少是互相变换的；不要固执你的行为，否则会与大道不一致。庄重威严得如同国君一样，对谁都没有过多的

得道的人，水不能淹。

恩德；悠闲自在得好似受祭的土神，对谁都没有偏心的保佑；像天地四方般广阔而无边无际。包容万物，又有谁受到特殊的照顾庇护？这就叫没有偏向。万物原本是齐一的，哪个短，哪个长呢？大道无始无终，万物有死有生，其生成不足凭依。时而空虚，时而盈满，不能固守不变的形态。年岁不能留存，时间不可停止，消亡生息，盈满空虚，终而复始。这就是说大道的方向，讲万物的事理。万物的生息，快如马奔，没有一个动作不在变化，没有一刻光阴不在推移。做什么？不做什么？万物本来是会自行变化的。"

河伯问："那么道又有什么可贵之处呢？"

海神若说："明道的人肯定通达事理，通达事理的人肯定明了权变，明了权变的人不会让外物伤害自己。有最高道德的人，火不能烧他，水不能淹他，严寒酷暑无法损伤他，凶禽猛兽也不能伤害他。这不是说至德之人迫近它们而能不受伤害，而是说他能明察安危之情，安于福祸，谨慎地对待进退去留，所以就没有能加害他的。所以说，天性蕴藏于内心，人事表现于外在行动，而道德体现在天性上。知道天性与人为，就能以天性为根本，而处于自得的地位，或进或退，随时屈伸，返归道的中心而谈出了道的极致。"

河伯问："什么是天性？什么是人为？"

海神若回答："牛马生下来有四只脚，这就是天性；套马笼头，穿牛鼻子，这就是人为。所以说，不要用人为破坏天性，不要用造作妨害天命，不要患得患失以求取功名，谨守天命而不失，就叫做返归真性。"

【分节导读】

此节中，庄子通过夔、蚿、蛇、风、目、心依次钦羡、自叹不如的拟人化描述，阐述了万物的本能都是出自自然禀赋的观点。羡慕他人他物固有的机能抑或想胜过他人他物，既无必要，亦无可能。人应顺其自然，忘却得失、胜负，以小胜大。

【原文】

夔怜蚿，蚿怜蛇，蛇怜风，风怜目，目怜心①。

夔谓蚿曰："吾以一足趻踔而行②，予无如矣。今子之使万足，独奈何？"

蚿曰："不然。子不见夫唾者乎？喷则大者如珠，小者如雾，杂而下者不可胜数也。今予动吾天机，而不知其所以然。"

蚿谓蛇曰："吾以众足行，而不及子之无足，何也？"

蚿羡慕蛇，没有脚也能行。

蛇曰："夫天机之所动，何可易邪？吾安用足哉！"

蛇谓风曰："予动吾脊胁而行，则有似也。今子蓬蓬然起于北海，蓬蓬然入于南海，而似无有，何也？"

风曰："然。予蓬蓬然起于北海而入南海也，然而指我则胜我，鰌我亦胜我③。虽然，夫折大木，蜚大屋者，唯我能也，故以众小不胜为大胜也。为大胜者，唯圣人能之。"

【注释】

①夔（kuí）：远古传说中一只脚的怪兽。怜：羡慕。蚿（xián）：多足虫。②趻踔（chěn chuō）：跳着走。③鰌（qiū）：又作"蹜"，踢，踩踏。

【译文】

一只脚的夔羡慕多足的蚿，蚿羡慕蛇，蛇羡慕风，风羡慕眼，眼羡慕心。

夔对蚿说："我用一只脚跳着走，再也没有比我更简单的了，现在您使用一万只脚，怎么走法呢？"

蚿说："不是这个理。您没见过打喷嚏的人吗？喷出的唾沫大的如珠子，小的像雾气，乱喷下来的数也数不清。现在我行动只是出于天生的机能而已，而不知道为什么能这样。"

蚿对蛇说："我用许多脚运动而不如您没有脚，这是为什么呢？"

蛇说："各自用天生的机能而运动，怎么可以变换呢？我哪里用得着脚呢！"

蛇对风说："我运用我的脊背和肋部爬行，是有形可见的；现在您呼呼地从北海吹起，呼呼地刮到南海，却好像是无形的，这是为什么呢？"

风回答说："是啊。我呼呼地从北海刮到南海。然而用手指，用脚踏，都能胜过我。虽然如此，刮断大树，吹倒大屋的，却只有我能做到，所以不能在许多小的方面取胜的，却反而能在大的方面取胜。能够取得大胜的，只有圣人才能办到。"

此节通过孔子及其弟子一行在宋被围的故事，向人们昭示命运是由天主宰，并非人力可为的道理。人是否得志由时势决定，人应坦然地面对各种人生际遇。此节中，孔子区别了三种不同的勇敢，指出何为圣人的勇敢——懂得困厄潦倒为命中注定，知道顺利通达乃时运所致，面临大难而毫不畏惧。

【原文】

孔子游于匡，宋人围之数匝，而弦歌不惙①。子路入见，曰："何夫子之娱也？"

孔子曰："来！吾语女。我讳穷久矣，而不免，命也；求通久矣，而不得，时也。当尧舜之时而天下无穷人，非知得也；当桀纣之时而天下无通人，非知失也；时势适然。夫水行不避蛟龙者，渔父之勇也；陆行不避兕虎者②，猎夫之勇也；白刃交于前，视死若生者，烈士之勇也；

孔子向弟子阐释勇敢。

知穷之有命；知通之有时，临大难而不惧者，圣人之勇也。由处矣，吾命有所制矣。"

无几何，将甲者进，辞曰："以为阳虎也，故围之。今非也，请辞而退。"

【注释】

①惙（chuò）：通"辍"，止。②兕（sì）：犀牛。

【译文】

孔子周游到宋、卫、郢国之间的匡地，被宋国人团团包围，但他还是不停地弹琴吟唱。子路进见老师说："先生您为什么还这样快乐呢？"

孔子说："过来，我告诉你原因。我忌讳困穷已经很了，可仍然无人任用我，这就是命该如此；我追求通达也很久了，可照样潦倒，这就是时运不济。处在尧舜的时代，天下没有不得志的人，不是靠他们的智慧得志；处在桀纣的时代，天下没有得志的人，也不是他们的才智不足。一切都是时势造成的。在水中行走而不躲避蛟龙，是渔夫的勇敢。在陆上行走而不躲避犀牛老虎，是猎人的勇敢。在刀光剑影中视死如归，是烈士的勇敢。知道困穷是由于命运，通达需等待时机，临危而不惧，是圣人的勇敢。仲由，你安心待着吧，我的命运是由上天决定的。"

没多久，带兵的人进来，道歉说："以为是阳虎呢，所以把你们包围了。现在知道弄错了，请允许我表示歉意而退兵。"

此节中，公子牟对自以为辩才了得的公孙龙进行了讽刺，用井底之蛙来形容后者的狂妄浅薄。在大道的面前，玄妙的言论、论辩的言辞都渺小得不值一提，把这些当做炫耀的资本，无异于显露自己的无知。公孙龙不明大道，所以对庄子那阐释大道的学说，会有茫然无知之感。作者用公孙龙的茫然感来说明庄子学说的博大精深为一般人难以企及。

【原文】

公孙龙问于魏牟曰："龙少学先王之道，长而明仁义之行；合同异，离坚白；然不然，可不可；困百家之知，穷众口之辩；吾自以为至达矣。今吾闻庄子之言，汒焉异之。不知论之不及与，知之弗若与？今吾无所开吾喙，敢问其方。"

公子牟隐机大息[1]，仰天而笑曰："子独不闻夫坎井之蛙乎？谓东海之鳖曰：'吾乐与！出跳梁乎井干之上，入休乎缺甃之崖[2]；赴水则接腋持颐，蹶泥则没足灭跗；还视虾蟹与科斗[3]，莫吾能若也。且夫擅一壑之水，而跨跱坎井之乐[4]，此亦至矣，夫子奚不时来入观乎！'东海之鳖左足未入，而右膝已絷矣[5]。于是逡巡而却[6]，告之海曰：'夫千里之远，不足以举其大；千仞之高，不足以极其深。禹之时十年九潦，而水弗为加益；汤之时八年七旱，而崖不为加损。夫不为顷久推移，不以多少进退者，此亦东海之大乐也。'于是坎井之蛙闻之，适适然惊[7]，规规然自失也。

"且夫知不知是非之竟，而犹欲观于庄子之言，是犹使蚊虻负山，商蚷驰河也[8]，必不胜任矣，且夫知不知论极妙之言而自适一时之利者，是非坎井之蛙与？且彼方跐黄泉而登大皇[9]，无南无北，奭然四解[10]，沦于不测；无东无西，始于玄冥，反于大通。子乃规规然而求之以察，索之以辩，是直用管窥天，用锥指地也，不亦小乎！子往矣！且子独不闻夫寿陵馀子之学行于邯郸与？未得国能，又失其故行矣，直匍匐而归耳。今子不去，将忘子之故，失子之业。"

公孙龙口呿而不合[11]，舌举而不下，乃逸而走。

公子牟讲述井底之蛙。

【注释】

① 公子牟：即魏牟。隐机：背靠几案。机，同"几"。大（tài）息：叹息。② 缺甃（zhòu）之崖：砖头脱落的井壁。甃，砌井壁的砖。③ 还视：回顾看看。虾（hán）：井中赤虫。蟹：小螃蟹。科斗：即蝌蚪。④ 跨跱（zhì）：盘踞。⑤ 絷（zhí）：绊住。⑥ 逡（qūn）巡：迟疑徘徊。⑦ 适（tì）适：惊视自失貌。⑧ 商蚷（jù）：即马蚿，生活在陆地的小虫。⑨ 彼：指庄子。跐（cǐ）：踏。黄泉：地下泉水。大（tài）皇：天之极高处。⑩ 奭（shì）然：消解，释然自在。四解：四通八达。⑪ 呿（qū）：张口。

【译文】

公孙龙问魏公子牟："我年轻时学习先王之道，长大后明白仁义的行为；能把事物的相同相异混为一谈，能把白石头的坚硬与洁白一分为二；把不对的说成对的，把不可以的说成可以的；困窘百家的才智，而使善辩者理屈辞穷。我自认为已经极其通达明理了。现在我听了庄子的言论，深感茫然与惊异。不知是我的口才不如他呢，还是我的知识不如他？我现在都不知道从何谈起了，请问这是什么缘故？"

公子牟靠着几案一声长叹，仰天大笑说："你难道没听说过浅井之蛙的故事吗？它对东海之鳖说：'我快乐极了！在井栏边跳上跳下，在井壁缝里休息；浮在水上，水托着我的胳肢窝和腮帮子，跳到泥里，泥没过我的脚丫子和脚面，回头看看周围的小虫子、小螃蟹和小蝌蚪，谁也比不上我。而且独占了一坑水，盘据了一口井，这也是快乐的最高境界了，您为什么不时常到井里来光顾一下呢？'东海之鳖的左脚还没有进去，右腿就被绊住了。于是迟疑地退了出来，便告诉井蛙大海的情况：'千里的长远，不足以形容海的大；八千尺的高度，不足以穷尽海的深。大禹时十年九涝，而海水不见多；商汤时八年七旱，而海水也不向后退。它不因时间的长短而推移，不为雨水的多少而升降，这便是东海的大乐趣。'井蛙听了这话，目瞪口呆，茫然若失。

"如果智力达不到明白是非的境界，就想了解庄子的言论，这就如同让蚂蚁背山，让商蚷过河一样，必定无法胜任。再说智力不能够论述玄妙言论而只自足于口舌之辩的一时胜利，这不是和浅井之蛙一般的见识吗？况且庄子的学识上天入地，不分南北，四通八达，深不可测；无东无西，始于玄妙幽昧，归于无所不通。你却只会鼠目寸光地从常理考察，还想和庄子辩论，这简直就是用竹管看天，以锥子指地一样，不是显得太渺了吗？你赶快走吧！难道你就没听说过寿陵少年邯郸学步的故事吗？不但没有学会邯郸人走路的样子，连自己原来的走法也丢掉了，只好爬着回去。现在你要是还不快走，将忘却你原来的本事，失去你的学业了。"

公孙龙听了不禁张口结舌，灰溜溜地逃走了。

井底之蛙。

【分节导读】

此节讲述了庄子拒绝楚王聘其为相的故事。庄子善于通过寓言故事说明道理和剖白心迹。此处庄子仍然沿袭寓言式表达的风格，通过设计"神龟是宁愿死去为了留下骨骸而显示尊贵，还是宁愿活着在泥水里拖着尾巴"的问题，引导楚使，借使者之口表明不愿为官的态度，委婉地回绝了楚王的聘意。

【原文】

庄子钓于濮水，楚王使大夫二人往先焉，曰："愿以境内累矣！"

庄子持竿不顾，曰："吾闻楚有神龟，死已三千岁矣，王以巾笥而藏之庙堂之上①。此龟者，宁其死为留骨而贵乎？宁其生而曳尾于涂中乎？"

二大夫曰："宁生而曳尾涂中。"

庄子曰："往矣！吾将曳尾于涂中。"

【注释】

① 巾笥（sì）：装进竹箱，蒙上巾被。笥，盛物的竹器。庙堂：宗庙明堂。古代国有大事，告于宗庙，议于明堂。宗庙是古代帝王议事或祭祀的地方。

【译文】

庄子在濮水边钓鱼，楚威王派了二位大夫先行转达要他担任楚相的意思，说："愿意把楚国交给您管理！"

庄子手持钓竿，头也不回，说："我听说楚国有一只神龟，已经死了三千年了，楚王把它装在竹箱子里，蒙上巾被，而藏在太庙明堂里。对这只龟来说，是宁可死后留下龟骨而被人珍贵呢，还是宁可活着在泥里拖着尾巴爬行呢？"

二位大夫说："当然愿意活着拖着尾巴爬行泥中。"

庄子说："你们请回吧！我也将拖着尾

庄子在濮水边钓鱼。

巴在泥中爬行。"

【分节导读】

　　此节庄子将自己比喻成非醴泉不饮的鹓鶵，将惠施比喻成吃腐鼠的鸱，不只讽刺了惠施，也讽刺了和惠施一样看重名利权位的人。在得道者眼中，世俗崇尚的名利权位就如腐败的老鼠，没有丝毫吸引力，庄子以此表达对世俗观念的轻视。而如惠施一般，用世俗的观念揣度得道者的行为，无异于用小的器物盛取大的事物，只会暴露自己的浅薄。

【原文】

　　惠子相梁，庄子往见之。或谓惠子曰："庄子来，欲代子相。"于是惠子恐，搜于国中三日三夜。

　　庄子往见之，曰："南方有鸟，其名为鹓鶵①，子知之乎？夫鹓鶵，发于南海而飞于北海，非梧桐不止，非练实不食，非醴泉不饮②。于是鸱得腐鼠③，鹓鶵过之，仰而视之曰：'吓！'今子欲以子梁国而吓我邪？"

【注释】

①鹓鶵（yuān chú）：传说中凤凰一类的神鸟。此庄子自喻。②醴（lǐ）泉：味如甜酒的泉水。醴，甜酒。③鸱（chī）：猫头鹰。此喻惠施。腐鼠：喻相位。

庄子去魏国拜访魏相惠施。

【译文】

　　惠子在魏国为相，庄子前去拜访他。有人对惠子说："庄子这次来，是想代替您做宰相。"于是惠子很害怕，在都城中搜捕庄子，整整三天三夜。

　　庄子前去见惠子，对他说："南方有一种鸟，叫做鹓鶵，您知道吗？这种鸟从南海出发，而飞往北海，不是梧桐树不肯在上面栖息，不是竹子的果实不肯吃，不是甘美的泉水不喝。在这时，猫头鹰得到一只腐烂的老鼠，见鹓鶵飞过，连忙抬起头来看着鹓鶵，喊：'吓！'现在您也想用您的魏国来吓唬我吗？"

【分节导读】

　　此节讲述的是著名的"濠梁观鱼"。庄子和惠施就"鱼之乐"展开辩论，庄子认为"鲦鱼出游从容，是鱼之乐"，惠施则反驳庄子"子非鱼，安知鱼之乐"。庄子予惠施的回答看似答非所问，实际则反映了其对自由的向往。出游从容，不一定是鱼之所乐，却必然是庄子所乐。

【原文】

　　庄子与惠子游于濠梁之上①。庄子曰："鲦鱼出游从容②，是鱼之乐也。"

　　惠子曰："子非鱼，安知鱼之乐？"

　　庄子曰："子非我，安知我不知鱼之乐？"

　　惠子曰："我非子，固不知子矣；子固非鱼也，子之不知鱼之乐，全矣③。"

　　庄子曰："请循其本。子曰'汝安知鱼乐'云者，既已知吾知之而问我，我知之濠上也。"

【注释】

①濠梁：濠水桥上。濠河在安徽凤阳县境内。梁，桥。②鲦（tiáo）鱼：白鱼。从容：自得。③全矣：完全如此。

【译文】

庄子与惠子在濠水桥上游玩。庄子说："白鱼悠闲自在地游水，这是鱼儿的乐趣呀。"

惠子说："您不是鱼，哪知道鱼的乐趣呢？"庄子说："您不是我，怎么知道我不知道鱼的乐趣？"

惠子说："我不是您，当然不知道您的想法；您原本也不是鱼，所以您也不知道鱼的乐趣，是完全可以肯定的。"

庄子说："还是让我们从开头的话题说起吧。您所说：'您（在）哪儿知道鱼的乐趣'这句话，就是已经知道我晓得鱼的乐趣才问我的，（我告诉您吧，）我是在濠水桥上知道鱼的乐趣的呀。"

◎至乐◎

【题解】

　　本篇论述的是有关人生快乐和生死态度的问题，所谓"至乐"，即最大快乐之意。作者通过若干事例说明生老病死是自然变化，不以人的忧乐为转移，只要将这些统统看破，摒弃世俗的忧伤，安于所化，就能达到至乐的境地。

【分节导读】

　　此节主要论述了苦乐生死的问题，反映了庄子的人生观和生死观。庄子极其重视养生，提出"至乐活身"的命题，就世人所贵、所乐、所下、所苦展开论述，否定了世俗之见，表达了"无为诚乐""至乐无乐"的观点。

【原文】

　　天下有至乐无有哉？有可以活身者无有哉？今奚为奚据？奚避奚处？奚就奚去？奚乐奚恶？

　　夫天下之所尊者，富贵寿善也；所乐者，身安厚味美服好色音声也；所下者，贫贱夭恶也；所苦者，身不得安逸，口不得厚味，形不得美服，目不得好色，耳不得音声；若不得者，则大忧以惧，其为形也亦愚哉！

　　夫富者，苦身疾作，多积财而不得尽用，其为形也亦外矣。夫贵者，夜以继日，思虑善否，其为形也亦疏矣。人之生也，与忧俱生，寿者惛惛[①]

人一出生，就与忧并生。

久忧不死，何苦也！其为形也亦远矣。烈士为天下见善矣，未足以活身。吾未知善之诚善邪，诚不善邪？若以为善矣，不足活身；以为不善矣，足以活人。故曰："忠谏不听，蹲循勿争。"故夫子胥争之以残其形，不争，名亦不成。诚有善无有哉？

　　今俗之所为与其所乐，吾又未知乐之果乐邪，果不乐邪？吾观夫俗之所乐，举群趣者，诋诋然如将不得已[②]，而皆曰乐者，吾未之乐也，亦未之不乐也。果有乐无有哉？吾以无为诚乐矣，又俗之所大苦也。故曰："至乐无乐，至誉无誉。"

　　天下是非果未可定也。虽然，无为可以定是非。至乐活身，唯无为几存。请尝试言之。天无为以之清，地无为以之宁，故两无为相合，万物皆化。芒乎芴乎[③]，而无从出乎！芴乎芒乎，而无有

象乎！万物职职，皆从无为
殖。故曰天地无为也而无
不为也，人也孰能得无为
哉！

【注释】

①惛（hūn）惛：神志不清。
②诇（kēng）诇：争先恐后向
前的样子。③芒乎芴（hū）
乎：同"恍惚"，无为之象。

【译文】

　　天下到底有没有至极
的快乐？有没有可以保全
生命的方法？现在应当做
什么，以什么为依据？回
避什么？安于什么？怎样
趋就？怎样舍弃？喜欢什
么？厌恶什么？

　　天下人所崇尚的，是
富有、尊贵、长寿、善名；
所喜欢的，是身体安逸、
山珍海味、华美服饰、娇
艳容貌、悦耳音乐；而
所卑贱的，是贫穷下贱、
短命恶名；所痛苦的，是
身体不得安逸，吃不着
山珍海味，穿不上华美服
饰，看不到娇艳容貌，
听不见悦耳音乐。如果得
不到这些，就会大为忧
虑恐惧，这对养生来说，
也太愚蠢了！

富有者多劳苦，高贵者多思虑，烈士不全生。

天地无为，生化万物。

　　富有之人，身体劳苦，拼命工作，多积财富却不能尽情享用，这对养生来说，不也太外行了！
高贵之人，夜以继日，权衡利弊，这对养生来说也太疏忽了！人一出生，与忧并存。长寿的人昏昏
沉沉，长期忧愁而不死去，这是何等痛苦呀！这对养生来说，真是离得太远了！烈士被天下人赞扬，
却无法保全自己的生命。我真的不知道这种善到底是真的善呢，还是真的不善？如果以为是善，却
不能够保全自己的生命；以为不善，却足以使他人存活。俗语说："忠言进谏如不听从，闭口不言
而不强争。"当初伍子胥因为强谏而遭杀戮，但是不谏争，他又不会成名。到底是有善还是没有呢？

　　现在世俗的所作所为以及他们的快乐，我也不知道是真的快乐呢，还是根本不快乐？我观察世
俗的快乐，所有的人趋之若鹜，争先恐后好像身不由己似的，却都异口同声地说是快乐，而我却不
知道这些是快乐还是不快乐。到底有没有快乐呢？我以为无为才是真正的快乐，而世俗却知道是极
大的痛苦。所以说："最大的快乐就是无乐，最高的荣誉就是无誉。"

天下的是是非非实在是没法确定的。即便如此，无为却可以定是非。寻求极乐，保全生命，唯有无为差不多可以达到目的。请让我尝试着分析一下：天因无为而清明，地因无为而安宁，天地无为相结合，万物由此而化生。恍恍惚惚，不知从何产生！恍恍惚惚，没有迹象可寻！万物繁多，都是出自无为。所以说：天地虽然无为，而实际上无所不为也，而世俗之人，又有谁能够达到无为的境界呢！

形形色色的万物都出自无为。

【分节导读】

庄子的妻子去世了，庄子没有痛哭流涕，而是鼓盆而歌。在世俗眼里，亲人去世却不悲哀是无情的表现。惠子对庄子的指责正代表了世俗的看法，而庄子则站在道的角度反驳了惠子。在庄子看来，生死一如四时运行，都属自然变化，为死者痛苦哀伤是不通天命的表现，人不应为顺乎自然的事难过。

【原文】

庄子妻死，惠子吊之，庄子则方箕踞鼓盆而歌①。

惠子曰："与人居，长子、老、身死，不哭，亦足矣，又鼓盆而歌，不亦甚乎！"

庄子曰："不然。是其始死也，我独何能无概！然察其始而本无生，非徒无生也而本无形，非徒无形也而本无气。杂乎芒芴之间，变而有气，气变而有形，形变而有生，今又变而之死，是相与为春秋冬夏四时行也。人且偃然寝于巨室，而我嗷嗷然随而哭之②，自以为不通乎命，故止也。"

妻子死了，庄子鼓盆而歌。

【注释】

① 箕踞（jī jù）：盘腿而坐，其形如簸箕，故而得名，古人是屈膝跪地，臀部坐在脚跟上，为标准坐态。盘腿而坐是比较随便的坐式。鼓盆：敲击瓦盆作歌唱之拍节。② 嗷（jiào）嗷然：哀哭声。

【译文】

庄子的妻子死了，惠子前往吊唁，庄子却一边分开双腿像簸箕一样坐着，一边敲打着瓦缶唱歌。

惠子说："你跟死去的妻子生活了一辈子，生儿育女直至衰老而死，人死了不伤心哭泣也就算了，又敲着瓦缶唱起歌来，这岂不太过分了吗？"

庄子说："不是这样。她刚死之时，我怎么能不感慨伤心呢？然而仔细考察，她原本就

庄子向惠子解释鼓盆而歌的原因。

不曾出生，不只是不曾出生，而且本来就不曾具有形体；不只是不曾具有形体，而且原本就不曾形成元气。夹杂在恍恍惚惚的境域之中，变化而有了元气，元气变化而有了形体，形体变化而有了生命，如今变化又回到死亡，这就跟春夏秋冬四季运行一样。死去的那个人将安安稳稳地寝卧在天地之间，而我却呜呜地围着她啼哭，我认为这样做不能通达天命，所以也就停止了哭泣。"

【分节导读】

　　在此节中，作者虚构了支离叔和滑介叔两个人物，通过二人的对答，表达了"万物齐一"的观点。滑介叔对疾病的豁达态度为作者肯定，作者认为疾病乃自然变化在人身体上的反映，不必为此介怀。

【原文】

　　支离叔与滑介叔观于冥伯之丘，昆仑之虚，黄帝之所休。俄而柳生其左肘，其意蹶蹶然恶之[①]。

　　支离叔曰："子恶之乎？"

　　滑介叔曰："亡，予何恶！生者，假借也；假之而生生者，尘垢也。死生为昼夜。且吾与子观化而化及我，我又何恶焉！"

【注释】

①蹶（jué）蹶然：惊动的样子。恶：厌恶。

【译文】

　　支离叔和滑介叔在冥伯的山丘上和昆仑的旷野里游乐观赏，那里曾是黄帝休息的地方。忽然间，滑介叔的左肘上长出了一个瘤子，他感到十分吃惊并且厌恶这东西。

　　支离叔说："你讨厌这东西吗？"

　　滑介叔说："没有，我怎么会讨厌它！生命的形体，不过是借助外物凑合而成；一切假借他物而生成的东西，就像是灰土微粒一时间的聚合和积累。人的死与生也就犹如白天与黑夜交替运行一样。况且我跟你一道观察事物的变化，如今这变化来到了我身上，我又怎么会讨厌它呢！"

滑介叔的左肘上长出瘤子。

【分节导读】

　　此节仍是一个寓言故事。作者虚构了自己与髑髅相遇对话的场景，借髑髅之口，写出了人生在世的拘累和劳苦。从表面上看，庄子见空髑髅，是说人生的拘累、死亡的快乐，似乎是在鼓励人们追求死亡之乐。而实际上并非如此，髑髅死后的心理体验其实是庄子在逻辑上对人生困境的一种解脱，一种超越现实负累的精神解脱，是一种超越功利的纯精神快感。

【原文】

　　庄子之楚，见空髑髅[①]，髐然有形[②]，撽以马捶[③]，因而问之，曰："夫子贪生失理，而为此乎？将子有亡国之事，斧钺之诛，而为此乎？将子有不善之行，愧遗父母妻子之丑，而为此乎？将子有冻馁之患，而为此乎？将子之春秋故及此乎？"

于是语卒，援髑髅，枕而卧。夜半，髑髅见梦曰："子之谈者似辩士。视子所言，皆生人之累也，死则无此矣。子欲闻死之说乎？"

庄子曰："然。"

髑髅曰："死，无君于上，无臣于下；亦无四时之事，从然以天地为春秋，虽南面王乐，不能过也。"

庄子不信，曰："吾使司命复生子形，为子骨肉肌肤，反子父母、妻子、闾里、知识，子欲之乎？"

髑髅深矉蹙頞曰："吾安能弃南面王乐而复为人间之劳乎！"

庄子在路上看到一个髑髅。

【注释】

① 髑髅（dú lóu）：骷髅，死人的头骨。② 髐（xiāo）然：尸骨干枯的样子。有形：有似生人头颅之形状。③ 撽（qiào）：敲打旁击。马捶：马鞭。"捶"同"箠"。

【译文】

庄子到楚国去，途中见到一个骷髅，枯骨突露呈现出原形，庄子用马鞭从侧旁敲了敲，问道："先生是贪求生命、失却真理，因而成了这样呢？抑或是遇上了亡国的大事，遭受刀斧的砍杀，因而成了这样呢？抑或有了不好的行为，担心给父母、妻子儿女留下耻辱，羞愧而死成了这样呢？抑或是遭受寒冷与饥饿的灾祸而成了这样呢？抑或是享尽天年而死去成了这样呢？"

庄子枕骷髅而睡，梦见骷髅。

庄子说罢，拿过骷髅，当做枕头睡去。到了半夜，骷髅给庄子显梦说："你先前谈话的样子真像一个善于辩论的人。看你所说的那些话，全属于活人的拘累，人死了就没有上述的忧患了。你愿意听听人死后的快乐吗？"

庄子说："好。"

骷髅说："人一旦死了，在上没有国君的统治，在下没有官吏的管辖；也没有四季的操劳，从容安逸地把天地的长久看做是时令的流逝，即使南面为王的快乐，也不可能超过。"

庄子不相信，说："我让主管生命的神来恢复你的形体，为你重新长出骨肉肌肤，归还你的父母、妻子儿女、左右邻里和朋友故交，你愿意这样吗？"

骷髅皱眉蹙额，深感忧虑地说："我怎么能抛弃南面称王的快乐而再次经历人世的劳苦呢！"

【分节导读】

此节作者借孔子之口强调"命有所成而形有所适"，万物的形成皆有一定道理，其形体必有所适之处。孔子知道颜渊的性格和齐侯不同，担心齐侯因无法理解颜渊的主张而加害颜渊。他以养鸟为喻，说明顺乎对方本性的重要性，认为只有以顺应对方的禀性、心意为前提，才有可能打动对方，而万万不可将自己的想法强加于人。同样的，若统治者将自己的意志强施于民，也会对人造成伤害。

【原文】

颜渊东之齐,孔子有忧色,子贡下席而问曰:"小子敢问,回东之齐,夫子有忧色,何邪?"

孔子曰:"善哉汝问!昔者管子有言,丘甚善之,曰:'褚小者不可以怀大,绠短者不可以汲深①。'夫若是者,以为命有所成而形有所适也,夫不可损益。吾恐回与齐侯言尧舜黄帝之道,而重以燧人神农之言。彼将内求于己而不得,不得则惑,人惑则死。

颜渊去齐国,孔子很担忧。

"且女独不闻邪?昔者海鸟止于鲁郊,鲁侯御而觞之于庙②,奏《九韶》以为乐,具太牢以为膳。鸟乃眩视忧悲,不敢食一脔,不敢饮一杯,三日而死。此以己养养鸟也,非以鸟养养鸟也。夫以鸟养养鸟者,宜栖之深林,游之坛陆,浮之江湖,食之鳅鲦③,随行列而止,委蛇而处④。彼唯人言之恶闻,奚以夫谯谯为乎⑤!咸池九韶之乐,张之洞庭之野,鸟闻之而飞,兽闻之而走,鱼闻之而下入,人卒闻之,相与还而观之⑥。鱼处水而生,人处水而死。彼必相与异,其好恶故异也。故先圣不一其能,不同其事。名止于实,义设于适,是之谓条达而福持。"

【注释】

①褚(zhǔ):盛衣物的袋子。怀大:装大的东西。绠(gěng):汲水的井绳。汲深:从深井中汲水。②御(yà):迎。觞(shāng):酒器,用如动词,指设酒宴招待。③鳅:泥鳅。鲦(tiáo):白条鱼,小鱼。④委蛇(wēi yí):通"逶迤",从容自得的样子。⑤奚:何。谯(náo)谯:喧闹之声。⑥还:同"环",环绕。

【译文】

颜渊东去齐国,孔子面有忧色。子贡离开座位,问道:"学生请问老师,颜渊东去齐国,老师您面有忧色,这是为什么呢?"

孔子说:"你问得很好。当初管仲有句话,我认为说得很好,他说:'小袋子不能装大东西,短绳子汲不了深井水。'之所以如此,是因为命运各有所定,形体各有所宜,不能够随意增加或减少。我担心颜渊向齐侯谈论黄帝与尧舜之道,又推崇燧人氏、神农氏的主张。齐侯听了就会反思自己,而无法做到,做不到就会产生疑惑,而使人疑惑就可能被置于死地。

鲁侯把海鸟迎进庙堂。

"况且,你难道没有听说过吗?从前有一只海鸟停留在鲁都郊外,鲁侯把它迎进庙堂,设酒宴招待,并演奏《九韶》之乐助兴,备太牢之膳为食。海鸟却眼花缭乱,忧愁悲伤,不敢吃一块肉,不敢饮一杯酒,三天就死了。这是用养人的方法养鸟,不是以养鸟的方法养鸟。用养鸟的方法养鸟,就应该让鸟栖息在深林里,漫游在原野中,浮沉于江湖之上,捕食小鱼小虾,结队飞行,自由自在地生活。鸟类最讨厌听到人的声音,为什么还要对它大声喧闹不止呢!那些《咸池》《九韶》一类的乐曲,演奏在旷野之上,鸟听了高飞,兽听了远走,鱼听了潜入水底,而众人听了,就会围上来观赏。鱼在水里就能生存,人在水里却要淹死。人与鱼秉性各异,好恶也就不同。所以古代圣人不认为众人的才能都是一样的,也就不让众人承担相同的事务。名义要与实际相符,义理讲求适宜,这就叫条理畅达而保持福分。"

【分节导读】

在此节中，作者通过列子对骷髅所发的感慨，阐述对生、死的看法。世人多为生而乐，为死而忧，见骷髅便联想到死亡。但在得道者的眼里，死骷髅未必忧愁，活生生的人也未必欢乐。人要想达到"至乐"的境界，就必须超脱生死，不为生乐，不为死忧。

【原文】

列子行食于道从，见百岁髑髅，攓蓬而指之曰①："唯予与汝知而未尝死，未尝生也。若果养乎？予果欢乎？"

【注释】

①攓（qiān）：同"搴"，拔取。蓬：蒿草。骷髅隐于草下，列子拔去蒿草，指而言之。

【译文】

列子外出游玩，在道旁吃东西，看见一个上百年的死人的头骨，便拔掉周围的蓬草指着骷髅说："只有我和你知道你是不曾死，也不曾生的道理。你果真忧愁吗？我又果真快乐吗？"

【分节导读】

此节的主旨与《齐物论》的主要思想遥相呼应，作者特地将种子、水草、青苔、蛴螬、蝴蝶、鸲掇乃至马、人都设置在一条演化链上，是为了强调"万物皆出于机，皆入于机"。事物表面上形态各异，实际却出自同一根源。物体从一种形式转化成另一种形式，人由生至死也是如此，不过是存在形式发生了变化。明白了这个道理，人就可以坦然地面对生死，顺应自然，达到"至乐"。

【原文】

种有几，得水则为继鹮，得水土之际则为蛙蠙之衣，生于陵屯则为陵舄，陵舄得郁栖则为乌足。乌足之根为蛴螬①，其叶为胡蝶。胡蝶胥也化而为虫，生于灶下，其状若脱，其名为鸲掇②。鸲掇千日为鸟，其名为乾余骨。乾余骨之沫为斯弥，斯弥为食醯③。颐辂生乎食醯④，黄轵生乎九猷，瞀芮生乎腐蠸⑤。羊奚比乎不筍，久竹生青宁；青宁生程，程生马，马生人，人又反入于机。万物皆出于机，皆入于机。

物种因所遇条件不同化成不同形态。

【注释】

①蛴螬（qí zāo）：俗称地蚕，金龟子幼虫，生在粪壤中，并非乌足跟所化。②鸲掇（qú duō）：虫名，其状柔嫩，像刚刚脱皮的样子。③食醯（xī）：食醋。④颐辂（lú）：醋放久了，孳生出的一种小飞虫，称蠛蠓，与蚋相似。故《荀子·劝学》篇有"醯酸而蚋聚焉"之说。⑤瞀芮（mào ruì）：蠓虫之类。腐蠸：《列子》张湛注以为："瓜中黄甲虫也。"成玄英疏以为萤火虫。

【译文】

物类千变万化，源起于微细状态的"几"，有了水的滋养便会逐步相继而生，处于陆地和水面的交接处就形成青苔，生长在山陵高地就成了车前草，车前草获得粪土的滋养长成乌足，乌足的根变化成土蚕，乌足的叶子变化成蝴蝶。蝴蝶很快又变化成为虫，生活在灶下，那样子就像是蜕皮，它的名字叫做鸲掇。鸲掇一千天以后变化成为鸟，它的名字叫做乾余骨。

形形色色的事物都出自自然造化。

乾余骨的唾沫长出虫子斯弥，斯弥又生出蠛蠓。颐辂从蠛蠓中形成，黄軦从九猷中长出，瞀芮则产生于萤火虫。羊奚草跟不长笋的老竹相结合，老竹又生出青宁虫，青宁虫生出赤虫，赤虫生出马，马生出人，而人又返归造化之初的浑沌中。万物都产生于自然的造化，又全都回返自然的造化。

◎达生◎

【题解】

　　本篇的主旨是养生，所谓"达生"，乃养身以畅达生命之意。作者认为生命为自然所赋予，人对它无可奈何，所能做的是使自己"形全精复，与天为一"，也就是说要看破生死，排除功名等杂念，调节饮食色欲，以求心地纯净，达到"神全"的境界，这样才算得上达生。

【分节导读】

　　此节论述了养形与养神的关系以及养形与养神的方法。作者认为，人应通达生命的真谛，超然外物，不因外物的好坏和自己的得失欢喜悲伤。不追求与生命无关的外在事物，不思考无可奈何的事情，才能形全精复，身形健全，心灵完整，与天为一。

【原文】

　　达生之情者，不务生之所无以为；达命之情者，不务命之所无奈何。养形必先之以物，物有余而形不养者有之矣；有生必先无离形，形不离而生亡者有之矣。生之来不能却，其去不能止。悲夫！世之人以为养形足以存生；而养形果不足以存生，则世奚足为哉！虽不足为而不可不为者，其为不免矣。

　　夫欲免为形者，莫如弃世。弃世则无累，无累则正平，正平则与彼更生，更生则几矣。事奚足弃而生奚足遗？弃事则形不劳，遗生则精不亏。夫形全精复，与天为一。天地者，万物之父母也，合则成体，散则成始。形精不亏，是谓能移；精而又精，反以相天。

【译文】

　　明白养生情理的人，不追求生命所不必要的东西；通达性命实情的人，不追求命运所无可奈何的事。保养形体必须先有物质保证，不过物资绰绰有余却保养不了身体的人也是有的；保存生命必须不脱离形体，然而形体虽未脱离而生命却死亡了的人也是有的。生命来临不能推却，生命离去也无法阻留。可悲呀！世上的人以为保养好身体就足以保全性命，然而只保养身体确实不足以保全性命，那么世人养性保命的方法也就不值得去干了。但是，

生命来临不能推却，生命离开也不能阻挡。

即使不值得干却又不得不干的原因，是因为它们实在是不可避免的！

要想免除养形的劳累，最好是摒弃世俗的一切。摒弃一切就没有牵累，没有牵累就会心性纯正平和，心性纯正平和就会和形体一起获得新生，获得新生也就接近了免除养形劳累的境界了。世事为什么值得抛弃？人生为什么值得忘怀？抛弃世事则形体不劳累，忘怀人生则精神不消耗。形体健全，精神复元，就能与天道合为一体。天地是万物的父母，天地阴阳结合就生成万物的形体，天地消散则回归到宇宙之本初。形体与精神不亏损，就叫能与天地一起变化推移。精益求精，反过来能辅助天道。

摒弃一切就没有牵累。

通达生命实情的人不追求无可奈何的事。

【分节导读】

此节通过列子和关尹的对话引出"一其性，养其气，合其德"的养生观点。作者认为，靠智巧养生远远不够，只有做到持守本性，合于天道，才能不为外物所伤，进入"潜行不窒，蹈火不热，行乎万物之上而不栗"的境界。

【原文】

子列子问关尹曰："至人潜行不窒，蹈火不热，行乎万物之上而不栗。请问何以至于此？"

关尹曰："是纯气之守也，非知巧果敢之列。居，予语女。凡有貌象声色者，皆物也，物与物何以相远？夫奚足以至乎先？是形色而已。则物之造乎不形而止乎无所化，夫得是而穷之者，物焉得而止焉！彼将处乎不淫之度，而藏乎无端之纪，游乎万物之所终始，一

关尹告诉列子："至人持守住了纯和之气。"

其性，养其气，合其德，以通乎物之所造。夫若是者，其天守全，其神无郤，物奚自入焉！

"夫醉者之坠车，虽疾不死。骨节与人同而犯害与人异，其神全也，乘亦不知也，坠亦不知也，死生惊惧不入乎其胸中，是故迕物而不慑[1]。彼得全于酒而犹若是，而况得全于天乎？圣人藏于天，故莫之能伤也。"

复仇者不折镆干，虽有忮心者不怨飘瓦[2]，是以天下平均。故无攻战之乱，无杀戮之刑者，由此道也。

不开人之天，而开天之天，开天者德生，开人者贼生。不厌其天，不忽于人，民几乎以其真！"

【注释】

① 逞（wǔ）：同"迕"，逆。慴（shè）：惊惧。② 忮（zhì）心：忌恨之心。飘瓦：被风吹落的瓦片。这句的意思是：即使忌恨报复心极重的人，被风吹落的瓦片砸伤，他也不会报怨瓦片，因为瓦片是无心的。

【译文】

列子问关尹说："道德修养臻于完善的至人潜行水中却不会感到窒塞，跳入火中却不会感到灼热，行走

开发自然真情，而不是人为的智巧。

于万物之上也不感到恐惧。请问为什么能达到这样的境界？"

关尹回答说："这是持守纯和之气的缘故，并不是智巧、果敢所能做到的。坐下，我告诉给你，大凡具有面貌、形象、声音、颜色的东西，都是人，那么人与人之间又为什么差异很大，区别甚多？同样是具有形色的东西，有些人怎能超在他人前面呢？而至人能达到不显露形色而留足于无所变化的境界，懂得这个道理而且深明内中的奥秘，他物又怎么能控制或阻遏住他呢！至人要处在本能所为的限度内，藏身于无端无绪的混沌中，游乐于万物或灭或生的变化环境里，本性专一不二，元气保全涵养，德行相融相合，从而使自身与自然相通。像这样的人，他的禀性持守保全，他的精神没有亏损，外物又从什么地方侵入呢！

"醉酒的人坠落车下，虽然满身是伤却没有死去。他的骨骼关节跟别人一样而受到的伤害却跟别人不同，是因为他的神思高度集中，乘坐在车子上也没有感觉，即使坠落地上也不知道，死、生、惊、惧全都不能进入到他的思想中，所以遭遇外物的伤害却完全没有惧怕之感。那个人从醉酒中获得保全完整的心态尚且能够如此忘却外物，何况从自然之道中忘却外物而保全完整心态的人呢？圣人藏身于自然，所以没有什么能够伤害他。

"复仇的人并不会去折断曾经伤害过他的宝剑，即使常存忌恨之心的人也不会怨恨那偶然飘来无心地伤害到他的瓦片，这样一来天下也就太平安宁。没有攻城野战的祸乱，没有残杀戮割的刑罚，全因为遵循了这个道理。不要开启人为的思想与智巧，而要开发自然的真性，开发了自然的真性则随遇而安，获得生存，开启人为的思想与智巧，就会处处使生命受到残害。不要厌恶自然的禀赋，也不忽视人为的才智，人们也就几近纯真无伪了！"

【分节导读】

此节借捕蝉老人之口点出"用志不分，乃凝于神"的做事诀窍。只有做到精神集中，心无旁骛，技能才能得到充分发挥，这从一个侧面反映出精神活动对人行为的重要影响。

【原文】

仲尼适楚，出于林中，见痀偻者承蜩①，犹掇之也。

仲尼曰："子巧乎！有道邪？"

曰："我有道也。五六月累丸二而不坠，则失者锱铢②；累三而不坠，则失者十一；累五而不坠，犹掇之也。吾处身也，若橛株枸；吾执臂也，若槁木之枝；虽天地之大，万物之多，而唯蜩翼之

知。吾不反不侧，不以万物易蜩之翼，何为
而不得！"

孔子顾谓弟子曰："用志不分，乃凝于神，
其痀偻丈人之谓乎！"

孔子看到了一个驼背的捕蝉老人。

【注释】

① 痀偻（jū lóu）：驼背。承蜩：捕蝉。在竹竿顶部
粘胶，把蝉粘住。② 锱铢（zī zhū）：比喻极少。古
代六铢为一锱，四锱为一两。

【译文】

孔子前往楚国，经过一片树林，见到一
位驼背老人从树上粘蝉，就像从地上拾取东西一样轻而易举。

孔子问："您真灵巧呀，有什么窍门吗？"

老人回答："当然有。我经过五六个月的练习，在竹竿梢上可以垒二个丸子而不落地，粘蝉的时候，
失手就很少了；垒三个丸子不掉，失手不过十分之一；垒五个丸子不掉，粘蝉就像从地上捡一样容
易了。当粘蝉时，我立定身体，像树桩一样纹丝不动；我举起胳膊，像枯树枝一样。虽然天地广大，
万物繁多，我却只看见蝉的翅膀。我头也不回，目不斜视，不因任何事物转移我对蝉翅膀的注意力，
为什么会粘不到蝉！"

孔子回过头来对弟子们说："心不二用，精神凝聚专一，就是说的驼背老人呀！"

【分节导读】

此节借"操舟"和"赌博"的故事说明外在事物地人精神心态的影响。如同善游泳的人不畏惧水，
可以轻松地学会划船，人只有放下精神负担，不被外在事物迷惑、干扰，才能避免因"内拙"造成失败，
是否成功做成一件事情很大程度取决于做这件事的人的心理素养。

【原文】

颜渊问仲尼曰："吾尝济乎觞深之渊，津人
操舟若神。吾问焉，曰：'操舟可学邪？'曰：'可。
善游者数能。若乃夫没人，则未尝见舟而便操之
也。'吾问焉而不吾告，敢问何谓也？"

仲尼曰："善游者数能，忘水也。若乃夫没
人之未尝见舟而便操之也，彼视渊若陵，视舟之
覆犹其车却也。覆却万方陈乎前而不得入其舍，
恶往而不暇！以瓦注者巧，以钩注者惮，以黄金
注者殙①。其巧一也，而有所矜，则重外也。凡
外重者内拙。"

撑船人说："善游泳的人会忘记对水的恐惧。"

【注释】

① 殙（hūn）：同"惛"，心绪昏乱。黄金贵重之物，胜负非同小可，故而思想负担极重，举措失常，以这种心绪去
赌很少有不输掉的。

【译文】

颜渊问孔子说："我曾经在觞深渊渡河，摆渡人驾船的技巧实在神妙。我问他：'驾船可以学习吗？'摆渡人说：'可以的。善于游泳的人很快就能驾船。假如是善于潜水的人，即使他不曾见到船也会熟练地驾船。'我进而问他怎样学习驾船而他却不再回答我。请问他的话是什么意思呢？"

孔子回答说："善于游泳的人很快就能学会驾船，这是因为他忘了对水的恐惧。至于那善于潜水的人不曾见到过船也能熟练地驾驶船，是因为在他眼里深渊就像是陆地上的小丘，其看待船翻犹如车子倒退一样。船的覆没和车的倒退以及各种景象展现在他眼前，也不能扰乱他的内心，他到哪里不从容自得！用瓦器作为赌注的人心地坦然而格外技高，用金属带钩作为赌注的人而心存疑惧，用黄金作为赌注的人则头脑发昏内心迷乱。各种赌注碰巧得胜的机会都是一样的，而有所顾惜，便重视外物。大凡对外物看得过重的人，其内心就笨拙。"

【分节导读】

在此节中，庄子用单豹片面追求养心忽视养身而被野兽所食、张毅单纯追求养身忽视养心而病重身亡的例子来强调养生必须做到"内外兼修"。养生，就应该像牧人放羊那样，时刻进行检视，"视其后者而鞭之"，确保身心都能健康发展。最后，庄子又以祝宗人喂猪为喻，提醒人们养生需注重生命的实质，不要因为被事物外表的光鲜、舒适迷惑而做出危害生命的举动。

【原文】

田开之见周威公。威公曰："吾闻祝肾学生，吾子与祝肾游，亦何闻焉？"

田开之曰："开之操拔篲以侍门庭，亦何闻于夫子！"

威公曰："田子无让，寡人愿闻之。"

开之曰："闻之夫子曰：'善养生者，若牧羊然，视其后者而鞭之。'"

威公曰："何谓也？"

田开之曰："鲁有单豹者，岩居而水饮，不与民共利，行年七十而犹有婴

周威公向田开之询问养生之道。

儿之色，不幸遇饿虎，饿虎杀而食之。有张毅者，高门县薄，无不走也，行年四十而有内热之病以死。豹养其内而虎食其外，毅养其外而病攻其内，此二子者，皆不鞭其后者也"。

仲尼曰："无入而藏，无出而阳，柴立其中央。三者若得，其名必极。夫畏涂者，十杀一人，则父子兄弟相戒也，必盛卒徒而后敢出焉，不亦知乎！人之所取畏者，衽席之上①，饮食之间；而不知为之戒者，过也！"

祝宗人玄端以临牢策，说彘②曰："汝奚恶死？吾将三月犓汝③，十日戒，三日齐，藉白茅，

孔子说："人最可怕的是男女之事，口腹之欲。"

加汝肩尻乎彫俎之上④，则汝为之乎？"为彘谋，曰不如食以糠糟而错之牢筴之中，自为谋，则苟生有轩冕之尊，死得于腞楯之上、聚偻之中则为之⑤。为彘谋则去之，自为谋则取之，所异彘者何也？

【注释】

① 衽（rèn）席：卧席。衽席之上男女色欲过度，足以害身。② 祝宗人：掌管祭祀祝祷之官。玄端：掌管祭祀之官穿的斋服，黑色，端正。牢筴：猪栏，猪圈。彘（zhì）：猪。③ 豢（huàn）：用谷物饲养。④ 尻（kāo）：臀部，即猪后鞘肉。彫俎（zǔ）：在俎上雕有图案花纹之类。俎，祭祀时盛肉的礼器，有青铜制和木制漆饰的。⑤ 腞楯（zhuàn xún）：送葬载灵柩之车。聚偻：棺椁上面放的众多装饰物。

【译文】

田开之拜见周威公。周威公说："我听说祝肾在学习养生，你跟祝肾交游，从他那儿听到过什么呢？"

田开之说："我只不过拿起扫帚来打扫门庭，又能从先生那里听到什么！"

周威公说："先生不必谦虚，我希望能听到这方面的道理。"

田开之说："听先生说：'善于养生的人，就像是牧羊似的，看到落后的便用鞭子赶一赶。'"

周威公问："这话说的是什么意思呢？"

田开之说："鲁国有个叫单豹的，山居而饮水，不跟任何人争利，活了七十岁还有婴儿一样的面容，不幸遇上了饿虎，饿虎扑杀并吃掉了他。另有一个叫张毅的，大户小家，没有不往来的，活到四十岁便患内热病而死去。单豹注重内心世界的修养，可是老虎却吞食了他的身体，张毅注重身体的调养，可是疾病攻入体内，这两个人，都不能弥补自己的不足。"

孔子说："不要进入荒山野岭把自己深藏起来，也不要投进世俗而使自己处处显露，要像槁木一样站立在两者中间。倘若以上三种情况都能做到，可称至人。要是路有劫贼行人怯长，十个行人有一个人被杀害，那么父子兄弟便会相互提醒戒备，必定要使随行的徒众多起来方敢外出，这不是很聪明吗！人自取祸患的，还是男女之事、口腹之欲，却不知道警戒，这实在是过错！"

主持宗庙祭祀的官吏穿好礼服戴上礼帽来到猪圈边，对着栅栏里的猪说："你为什么要怕死呢？我将喂养你三个月，用十天为你上戒，用三天为你作斋，铺垫上白茅，然后把你的肩胛和臀部放在雕有花纹的祭器上，你愿意这样吗？"为猪打算，就不如吃糠咽糟而关在猪圈里；为自己打算，就希望活在世上有高贵荣华的地位，死后则能盛装在绘有文彩的柩车上和棺椁中。为猪打算就会舍弃白茅、彫俎之类的东西，为自己打算却想求取这些东西，这和猪有什么不同呢？

【分节导读】

此节中的桓公在遇到鬼后受惊生病，但在被告其遇鬼是称霸的预兆后，又迅速恢复了健康。同是遇鬼，不同的解释会产生截然不同的结果。庄子以此说明精神状态对人身体健康的重要影响。多思多虑，会损害人身，人的很多烦恼都属无中生有，人应学会开解自己，乐观地看待问题。

【原文】

桓公田，于泽，管仲御，见鬼焉。公抚管仲之手曰："仲父何见？"对曰："臣无所见。"

公反，诶诒为病①，数日不出。齐士有皇子告敖者曰："公则自伤，鬼恶能伤公！夫忿滀之气②，散而不反，则为不足；上而不下，则使人善怒；下而不上，则使人善忘；不上不下，中身当心，则为病。"

桓公曰："然则有鬼乎？"

曰："有。沈有履，灶有髻③。户内之烦壤，雷霆处之；东北方之下者，倍阿鲑蠪跃之④；西北方之下者，则泆阳处之⑤。水有罔象，丘有峷⑥，山有夔⑦，野有彷徨，泽有委蛇。"

公曰："请问，委蛇之状何如？"

皇子曰："委蛇，其大如毂⑧，其长如辕，紫衣而朱冠。其为物也，恶闻雷车之声，则捧其首而立。见之者殆乎霸。"

桓公辴然而笑曰⑨；"此寡人之所见者也。"于是正衣冠与之坐，不终日而不知病之去也。

桓公遇鬼，大恐。

【注释】

① 反：同"返"，返回。诶诒（éi dài）：因惊吓失魂出呓语，自言自笑。② 忿滀（xù）：怒气郁结。滀为水停聚的样子，引申为蓄愤，郁结。③ 灶有髻（jì）：这句的意思是，灶神穿红衣，梳如髻，状如美女。④ 倍阿：神名，有说指蜥蜴类。鲑蠪（guī lóng）：鬼名。据传说，其物状如小几，长一尺四寸，着黑衣，戴红头巾，带剑持戟。有说指蛙类。⑤ 泆（yì）阳：神名，豹头马尾。⑥ 峷（xīn）：怪兽，状如狗，有角，身上有五彩花纹。⑦ 夔（kuí）：一足兽，见《秋水》注。⑧ 毂（gǔ）：车轮中心套轴的圆木，又代表车轮。⑨ 辴（zhèn）然：欢笑之态。

告敖为桓公讲鬼。

【译文】

齐桓公在野泽中打猎，管仲替他驾车，桓公见到了鬼。桓公拉住管仲的手说："仲父，你见到了什么？"管仲回答："我没有见到什么。"

桓公打猎回来，受惊吓而生了病，好几天都不出门。齐国有个士人叫皇告敖的对齐桓公说："您是自己伤害了自己，鬼怎么能伤害您呢！身体内部都郁结着气，精魂就会离散而不返归于身，对来自外界的骚扰也就缺乏足够的精神力量。郁结着的气上通而不能下达，就会使人易怒；下达而不能上通，就会使人健忘；不上通又不下达，郁结内心而不离散，那就会生病。"

委蛇，身紫而头红。

桓公说："那么有鬼吗？"

告敖回答："有。水中污泥里有叫履的鬼，灶里有叫髻的鬼。门户内的各种烦攘，是雷霆之鬼待的地方；东北的墙下，有名叫倍阿鲑蠪的鬼在跳跃；西北方的墙下，有名叫泆阳的鬼住在那里。水里有水鬼罔象，丘陵里有山鬼峷，大山里有山鬼夔，郊野里有野鬼彷徨，草泽里还有一种名叫委蛇的鬼。"

桓公接着问："请问，委蛇的形状怎么样？"

告敖回答："委蛇，身躯大如车轮，长如车辕，身紫而头红。这种鬼，最怕听到雷车的声音，一听见就两手捧着头站着。见到了他的人恐怕也就成了霸主了。"

桓公听了后开怀大笑，说："这就是我所见到的鬼。"于是整理好衣帽跟皇告敖坐着谈话，不到一天时间病也就不知不觉地消失了。

【分节导读】

此节以纪渻子为王养斗鸡的故事，说明真正道德完美的人不一定会将智慧表现在外表上，而是如同"呆若木鸡"的斗鸡一样，表面上虽然像木头一样，但却无需出击即能令对手望风而逃。这与老子所提出的"大直若屈，大巧若拙，大辩若讷"道理相得益彰。木鸡那无知无觉，令活鸡望而生畏的形象，是道家"无为而无不为"哲学理念的形象表达。

【原文】

纪渻子为王养斗鸡[①]。

十日而问："鸡可斗已乎？"曰："未也，方虚憍而恃气。"

十日又问，曰："未也，犹应向景。"

十日又问，曰："未也，犹疾视而盛气。"

十日又问，曰："几矣，鸡虽有鸣者，已无变矣，望之似木鸡矣，其德全矣，异鸡无敢应，见者反走矣。"

纪渻子训练斗鸡。

【注释】

①纪渻（shěng）子：姓纪，名渻子。王：《列子·黄帝篇》作"周宣王"。养：训。

【译文】

纪渻子为齐宣王训练斗鸡。

十天以后宣王来问："鸡训练好了吗？"纪渻子回答："没有，眼下还色厉内荏，自恃意气。"

十天后又问，回答说："还没有，对其他鸡的声响和影子还有反应。"

十天后再问，回答说："仍没有，还整日怒目而视，气焰嚣张。"

十天后再来问，回答说："差不多了，虽然听见别的鸡叫，却已毫无反应，看上去就像是一只木鸡，它的德性已经完善了。其他的鸡见了不敢应战，掉头就跑了。"

【原文】

孔子观于吕梁，县水三十仞，流沫四十里，鼋鼍鱼鳖之所不能游也[①]。见一丈夫游之，以为有苦而欲死也，使弟子并流而拯之。数百步而出，被发行歌而游于塘下。

孔子从而问焉，曰："吾以子为鬼，察子则人也。请问，蹈水有道乎？"

曰："亡，吾无道。吾始乎故，长乎性，成乎命。与齐俱入，与汩偕出[②]，从水之道而不为私焉。

此吾所以蹈之也。"

孔子曰："何谓始乎故，长乎性，成乎命？"

曰："吾生于陵而安于陵，故也；长于水而安于水，性也；不知吾所以然而然，命也。"

【注释】

①鼋（yuán）：鳖中之大者为鼋。鼍（tuó）：鳄鱼类，俗称猪婆龙，有说即扬子鳄。②汩（gǔ）：涌出之旋涡。

【译文】

孔子在吕梁观赏，瀑布高悬二三十丈，冲刷而起的激流和水花远达四十里，鼋、鼍、鱼、鳖都不敢在这一带游水。只见一个壮年男子游在水中，还以为是有痛苦想寻死的，便派弟子顺着水流去拯救他。忽见那壮年男子游出数百步远而后露出水面，披着头发吟歌游到岸下。

孔子紧跟在他身后问他，说："我还以为你是鬼，仔细观察你却是个人。请问，游水也有什么特别的门道吗？"

那人回答："没有什么特别的方法。我起初是故常，长大是习性，有所成就在于自然。我跟水里的漩涡一块儿下到水底，又跟向上的涌流一道游出水面，顺着水势而不作任何违拗。这就是我游水的方法。"

孔子说："什么叫做'起初是故常，长大是习性，有所成就在于自然'呢？"

那人又回答："我出生于山地就安于山地的生活，这就叫做故常；长大了又生活在水边就安于水边的生活，这就叫做习性；不知道为什么会这样而这样生活着，这就叫做自然。"

顺应水道的吕梁男子。

【分节导读】

此节通过描述讲述梓庆削木为鐻时所作的准备，来阐述养生之术：摒除杂念，忘形忘我，顺应自然万物的本性。一如怀着"以天合天"的心态创出来的鐻被誉为鬼斧神工的佳作，人只有放下自我，才能抵达无所限、无所待的境界。

【原文】

梓庆削木为鐻①，鐻成，见者惊犹鬼神。鲁侯见而问焉，曰："子何术以为焉？"

对曰："臣工人，何术之有！虽然，有一焉。臣将为鐻，未尝敢以耗气也，必齐以静心。齐三日，而不敢怀庆赏爵禄；齐五日，不敢怀非誉巧拙；齐七日，辄然忘吾有四枝形体也。当是时也，无公朝，其巧专而外滑消；然后入山林，观天性；形躯至矣，然后成见鐻，然后加手焉；不然则已。则以天合天，器之所以疑神者，其由是与！"

梓庆削刻木头做鐻。

【注释】

①梓庆：人名。梓，梓匠，指木工，此人以职为姓，称梓庆。鐻（jù）：悬挂钟鼓之木架，形似虎，上面雕刻有精美生动的图案。

【译文】

梓庆能削刻木头做鐻，鐻做成以后，看见的人无不惊叹好像是鬼神的工夫。鲁侯见到便问他，说："你用什么办法做成的呢？"

梓庆回答道："我是个做工的人，会有什么特别高明的技术！虽说如此，我还是有一种本事。我准备做鐻时，从不敢随便耗费精神，必定斋戒来静养心思。斋戒三天，不再怀有庆贺、赏赐、获取爵位和俸禄的思想；斋戒五天，不再心存非议、夸誉、技巧或笨拙的杂念；斋戒七天，已不为外物所动，仿佛忘掉了自己的四肢和形体。正当这个时候，我的心里已不存在见君主之念，智巧专一，而外界的扰乱全都消失。然后我便进入山林，观察各种木料的质地；选择好外形与体态最与鐻相合的，这时业已形成的鐻的形象便呈现于我的眼前，然后动手加工制作；不是这样我就不做。这就是用我木工的纯真本性融合木料的自然天性，制成的器物疑为神鬼工夫的原因，恐怕也就出于这一点吧！"

【分节导读】

此节以东野稷御马过度致使马被累垮的故事，阐述了凡事应循序其自然规则的道理，做事不能超过事物本身的限度，万事万物都应当留有余地。东野稷马术高超，马也很优秀，然而使马"钩百而反"则超过了马所能承受的限度，物极必反，马力竭而败。

【原文】

东野稷以御见庄公，进退中绳，左右旋中规。庄公以为文弗过也，使之钩百而反。

颜阖遇之，入见曰："稷之马将败。"公密而不应。

少焉，果败而反。公曰："子何以知之？"

曰："其马力竭矣。而犹求焉，故曰败。"

工倕旋而盖规矩，指与物化而不以心稽，故其灵台一而不桎。忘足，屦之适也；忘要，带之适也；忘是非，心之适也；不内变，不外从，事会之适也。始乎适而未尝不适者，忘适之适也。

颜阖说东野稷的马一定会疲困。

【译文】

东野稷因为善于驾车而得见鲁庄公，他驾车时进退能够在一条直线上，左右转弯形成规整的弧形。庄公认为画圆也不过如此，于是要他转上一百圈后再回来。

颜阖遇上了这件事，入内会见庄公，说："东野稷的马一定会疲困的。"庄公默不作声。

不多久，东野稷果然马疲困而回。庄公便问颜阖："你怎么知道的？"

颜阖回答说："东野稷的马力气已经用尽，可是还要它转圈奔走，所以说必定会疲困的。"

工倕随手画来就胜过用圆规与矩尺画出的，手指跟随事物一道变化而不须用心留意，所以他心灵深处专一凝聚而不曾受过拘束。忘掉了脚，便是鞋子的舒适；忘掉了腰，便是带子的舒适；忘掉是非，便是内心的安适；不改变内心的持守，不顺从外物的影响，便是遇事的安适。本性常适而从未有过不适，也就是忘掉了安适的安适。

【分节导读】

此节借扁庆子对孙休的看法表达了庄子对怨天尤人的看法。没有德的人被告以至人才能领悟的德，如同用马车来托载老鼠，用钟鼓之乐取悦雀鸟一样，不但不能为之解忧，反而会增添烦愁。

【原文】

有孙休者，踵门而诧子扁庆子曰："休居乡不见谓不脩，临难不见谓不勇；然而田原不遇岁，事君不遇世，宾于乡里，逐于州部，则胡罪乎天哉？休恶遇此命也？"

扁子曰："子独不闻夫至人之自行邪？忘其肝胆，遗其耳目，芒然彷徨乎尘垢之外，逍遥乎无事之业，是谓为而不恃，长而不宰。今

用太牢晏请鸟，不如让它栖息于深林。

汝饰知以惊愚，脩身以明污，昭昭乎若揭日月而行也。汝得全而形躯，具而九窍，无中道夭于聋盲跛蹇而比于人数亦幸矣①，又何暇乎天之怨哉！子往矣！"

孙子出。扁子入，坐有间，仰天而叹。弟子问曰："先生何为叹乎？"

扁子曰："向者休来，吾告之以至人之德，吾恐其惊而遂至于惑也。"

弟子曰："不然。孙子之所言是邪？先王之所言非邪？非固不能惑是。孙子所言非邪？先生所言是邪？彼固惑而来矣，又奚罪焉！"

扁子曰："不然。昔者有鸟止于鲁郊，鲁君说之，为具太牢以飨之，奏九韶以乐之，鸟乃始忧悲眩视，不敢饮食。此之谓以己养养鸟也。若夫以鸟养养鸟者，宜栖之深林，浮之江湖，食之以鰍鲦，委蛇而处，则安平陆而已矣。今休，款启寡闻之民也，吾告之以至人之德，譬之若载鼷以车马，乐鴳以钟鼓也②。彼又恶能无惊乎哉！"

【注释】

①夭：夭折。跛蹇（jiǎn）：瘸腿。比：列。幸：侥幸。②鴳（yàn）：一种小鸟。

【译文】

有个名叫孙休的人，直接叩门求见扁庆子，惊诧地问道："我安居乡里没人说过道德修养差，面临危难也没有人说过不勇敢；然而我的田地里却从未遇上过好年成，为国家出力也未遇上圣明的国君，被乡里所摈弃，受地方官放逐，而我对上天有什么罪过呢？我怎么会遇上如此的命运？"

扁子说："你不曾听说过那道德修养极高的人的事迹吗？忘却自己的肝胆，也遗弃了自己的耳目，无心地纵放于世俗尘垢之外，自由自在地生活在不求建树的环境中，这就叫做有所作为而不自

167

恃，做万物之长又不支配万物。如今你把自己打扮得很有才干用以惊吓众人，用修养自己的办法来突出他人的污秽，毫不掩饰地炫耀自己就像举着太阳和月亮走路。你得以保全你的身躯，具备了九窍，没有中道上夭折于聋、瞎、跛、瘸而处于寻常人的行列，也真是万幸了，又有什么闲暇抱怨上天呢！你还是走吧！"

孙休走出屋子，扁子回到房里。不多一会儿，扁子仰天长叹，弟子问道："先生为什么长叹呢？"

扁子说："刚才孙休进来，我把道德修养极高的人的德行告诉给他，我真担心他会吃惊以至迷惑更深。"

弟子说："不是这样。孙休所说的话是正确的吗？先生所说的话是错误的吗？错误的本来就不可能迷惑正确的。孙休所说的话是错误的吗？先生所说的话是正确的吗？他本来就因迷惑而来请教，又有什么过错呀！"

扁子说："不是这样的。从前有只海鸟飞到鲁国都城郊外，鲁国国君很喜欢它，用'太牢'来宴请它，奏'九韶'乐来让它快乐，海鸟竟忧愁悲伤，眼花缭乱，不敢吃喝。这叫做按自己的生活习性来养鸟。假若是按鸟的习性来养鸟，就应当让它栖息于幽深的树林，浮游于大江大湖，让它吃泥鳅和小鱼，自由自在地生活在原野而已。如今的孙休，乃是管窥之见、孤陋寡闻的人，我告诉给他道德修养极高的人的德行，就好像用马车来托载小老鼠，用钟鼓的乐声来取悦小鹌雀一样。他又怎么会不感到吃惊啊！"

◦山木◦

【题解】

　　本篇由若干寓言故事组成，主要论述生逢乱世的避祸之道。作者认为乱世多患，动辄受害，因此要淡泊名利，有忍让屈从之心，顺从天道，只有如此才能避开祸患。这样的人生观和处世哲学，与庄子生逢战乱多难的时代环境有密切关系，带有消极避世的倾向。

【分节导读】

　　此节以木、鹅喻人。木因无用终其天年，鹅却因无用成为人的盘中餐。人成材是忧患，不成材也是忧患，处在材与不材中间又难免疲累不堪。材与不材的忧患本就由外物所起，因此，只有"乘道德而浮游"，与时俱化，顺应自然，才能"物物而不物于物"，成为万物的主宰，摆脱为外在环境所左右的命运。

【原文】

　　庄子行于山中，见大木，枝叶盛茂①，伐木者止其旁而不取也。问其故，曰："无所可用。"庄子曰："此木以不材得终其天年夫②！"

　　出于山，舍于故人之家。故人喜，命竖子杀雁而烹之。竖子请曰："其一能鸣，其一不能鸣，请奚杀？"主人曰："杀不能鸣者。"

　　明日，弟子问于庄子曰："昨日山中之木，以不材得终其天年；今主人之雁，以不材死；先生将何处？"

大树因不材得以枝繁叶茂，终其天年。

　　庄子笑曰："周将处乎材与不材之间。材与不材之间，似之而非也，故未免乎累。若夫乘道德而浮游则不然。无誉无訾③，一龙一蛇，与时俱化，而无肯专为；一上一下，以和为量，浮游乎万物之祖。物物而不物于物，则胡可得而累邪！此神农、黄帝之法则也。若夫万物之情，人伦之传，则不然。合则离，成则毁，廉则挫，尊则议，有为则亏，贤则谋，不肖则欺，胡可得而必乎哉！悲夫！弟子志之，其唯道德之乡乎！"

【注释】

①大木：大树。②不材：不成材。天年：按自然规律应有的寿命。③訾（zǐ）：诋毁。

【译文】

庄子在山中行走，看到一棵大树枝叶茂盛，伐木的人却停在树边而不去砍伐。问其原因，回答说："没有地方可用。"庄子说："这棵树以不成材而得以享其天年。"

庄子从山中走出，借宿于友人家中。友人很高兴，叫童仆杀鹅款待客人。童仆请示："一只鹅会叫，一只鹅不会叫，请问杀哪只？"主人说："杀不会叫的。"

友人告诉童仆："杀不会叫的那只鹅。"

第二天，弟子问庄子："昨天山里的大树，以不成材而得以享其天年；现在主人家的鹅，却以不成材而丧命。请问先生您将如何做人呢？"

庄子笑着说："我庄周将处于材与不材之间。处于材与不材之间，实际上似是而非，所以仍不免会受牵累。若是顺应道德随意漫游就不一样了，既无称誉也无诋毁，时而如龙腾达，时而似蛇潜藏，随时变化，而不固守一端。或上或下，以顺应自然为原则，游心于虚无飘渺的混沌之境。主宰外物而不被外物主宰，怎么还会受牵累呢！这是神农、黄帝处世的法则。至于万物的情理、人类的习俗就不一样了。有聚合就有离散，有成功就有毁坏，有刚正就有挫伤，有尊贵就有非议，有作为就有损亏，贤能遭暗算，不肖被欺侮，怎么可能尽如人意呢！可悲呀！弟子们记住，只有道德才是唯一应当归向的！"

【分节导读】

此节通过市南宜僚与鲁侯的问答，描绘了一个桃花源般的建德之国。鲁侯虽学先王之道，修先君之业，仍不免于患难。庄子借市南宜僚之口阐述了消除忧愁之心的方法，即抛弃权力等身外之物，清心寡欲，虚怀忘己。人若做到听任外物，与道相辅而行，就能够免于忧愁患难，处世无心而自由自在地遨游于世，到达理想中的建德之国。

【原文】

市南宜僚见鲁侯，鲁侯有忧色。市南子曰："君有忧色，何也？"

鲁侯曰："吾学先王之道，脩先君之业；吾敬鬼尊贤，亲而行之，无须臾离居；然不免于患，吾是以忧。"

市南子曰："君之除患之术浅矣！夫丰狐文豹，栖于山林，伏于岩穴，静也；夜行昼居，戒也；虽饥渴隐约，犹且胥疏于江湖之上而求

市南宜僚建议鲁侯，去国政弃世俗。

食焉，定也；然且不免于罔罗机辟之患。是何罪之有哉？其皮为之灾也。今鲁国独非君之皮邪？吾愿君刳形去皮①，洒心去欲，而游于无人之野。南越有邑焉，名为建德之国。其民愚而朴，少私而寡欲；知作而不知藏，与而不求其报；不知义之所适，不知礼之所将；猖狂妄行，乃蹈乎大方；其生可乐，其死可葬。吾愿君去国捐俗，与道相辅而行。"

君曰："彼其道远而险，又有江山，我无舟车，奈何？"

市南子曰："君无形倨，无留居，以为君车。"

君曰："彼其道幽远而无人，吾谁与为邻？吾无粮，我无食，安得而至焉？"

市南子曰："少君之费，寡君之欲，虽无粮而乃足。君其涉于江而浮于海，望之而不见其崖，愈往而不知其所穷。送君者皆自崖而反，君自此远矣！故有人者累，见有于人者忧。故尧非有人，非见于人也。吾愿去君之累，除君之忧，而独与道游于大莫之国。方舟而济于河，有虚船来触舟，虽有偏心之人不怒[2]。有一人在其上，则呼张歙之；一呼而不闻，再呼而不闻，于是三呼邪，则必以恶声随之。向也不怒而今也怒，向也虚而今也实。人能虚己以游世，其孰能害之！"

豹子因身上的斑斑花纹招致祸患。

【注释】

① 刳（kū）形去皮：比喻舍弃鲁国的权力和财富。刳，剖空。② 偏（biǎn）：心地狭窄。

【译文】

市南宜僚拜见鲁侯，鲁侯正面带忧色。市南宜僚说："您面呈忧色，为什么呢？"

鲁侯说："我学习先王治国的办法，承继先君的事业；我敬仰鬼神尊重贤能，身体力行，没有片刻懈怠，可是仍不能免除祸患，我因为这个缘故而忧愁。"

市南宜僚说："您消除忧患的办法太浅薄了！皮毛丰厚的大狐和斑斑花纹的豹子，栖息于深山老林，潜伏于岩穴山洞，这是静心；夜里行动，白天居息，这是警惕；即使饥渴也隐形潜踪，还要远离各种足迹到江湖上觅求食物，这又是审慎。然而还是不能免于罗网和机关的灾祸。这两种动物有什么罪过呢？是它们自身的皮毛给它们带来灾祸啊！如今的鲁国不就是为鲁君您带来灾祸的皮毛吗？我希望您能剖空身形舍弃皮毛，荡涤心智摈除欲念，进而逍遥于没有人迹的地方。遥远的南方有个城邑，名字叫做建德之国。那里的人民纯厚而又质朴，很少有私欲；知道耕作而不知道储备，给与别人从不希图酬报；不明白义的归宿，不懂得礼的去向；随心所欲任意而为，竟能各自行于大道；他们生时自得而乐，他们死时安然而葬。我希望国君您也能舍去国政捐弃世俗，从而跟大道相辅而行。"

鲁侯说："那里道路遥远而又艰险，又有江河山岭阻隔，我没有可用的船和车，怎么办呢？"

市南宜僚说："国君只要不以势傲人，不贪恋权位，便可以此作为您的车子。"

鲁侯说："那里道路幽暗遥远而又无人居住，我跟谁为伴呢？我没有米粮，无处求食，怎么能够到达那里呢？"

市南宜僚说："减少您的耗费，节制您的欲念，虽然没有粮食也是充足的。您渡过江河浮游大海，一眼望去看不到涯岸，越向前行便越发不知道它的穷尽。送行的人都从河岸边回去，您从此就远离尘世之患了！所以说统治他人的人必定受劳累，受制于别人的人必定会忧心。所以唐尧从不役使他人，也从不受制于人。我希望能减除您的劳累，除去您的忧患，而独自跟大道一同遨游于太虚之境。并合两条船来渡河，突然有条空船碰撞过来，即使心地最偏狭、性子最火急的人也不会发怒；倘若有一个人在那条船上，那就会人人大呼：'撑开，后退。'呼喊一次没有回应，呼喊第二次也没有回应，于是喊第三次，那就必定会骂声不绝。刚才不发脾气而现在发起怒来，那是因为刚才船是空的而今却有人在船上。一个人倘能听任外物、处世无心而自由自在地遨游于世，又有谁能够伤害他呢！"

【分节导读】

此节通过北宫奢铸钟的故事阐述了行事听顺自然，无为无心，就能取得良好效果的道理。北宫奢不对百姓做任何要求，却只用了三个月就征集齐铸钟款项，虽"朝夕赋敛而毫毛不损"。

【原文】

北宫奢为卫灵公赋敛以为钟，为坛乎郭门之外，三月而成上下之县。

王子庆忌见而问焉，曰："子何术之设？"

奢曰："一之间，无敢设也。奢闻之，'既彫既琢，复归于朴。'侗乎其无识[1]，傥乎其怠疑[2]；萃乎芒乎，其送往而迎来；来者勿禁，往者勿止；从其强梁，随其曲傅，因其自穷，故朝夕赋敛而毫毛不挫，而况有大塗者乎！"

北宫奢为卫灵公铸钟。

【注释】

① 侗（tǒng）：形容淳朴的样子。
② 傥（tǎng）乎：无心之状。怠疑：呆滞的样子。

【译文】

北宫奢替卫灵公征集捐款铸造钟器，在外城门设下祭坛，三个月就造好了钟并编组在上下两层钟架上。

王子庆忌见到这种情况便

北宫奢说铸钟的经验：精诚专一。

向他问道："您是用了什么方法啊，这么快就完工了？"

北宫奢说："精诚专一而又顺其自然，除此之外没有好的办法。我曾听说：'既然已细细雕刻细细琢磨，就又要返归事物的本真。'我无知无识不加分辨，淡漠无心而又呆滞；人们聚集而来我却茫然不识，只是送走去的人，迎接来的人；来的人不禁止，去的人不挽留；不愿捐献的任他自去，不赞助我的随他自便，依照各自的情况而竭尽力量，所以早晚征集捐款而民力丝毫不受损伤，更何况有大道的人呢？"

【分节导读】

此节着重写无为无争，通过太公任和孔子的对话，阐明了"不死之道"：无为。作者用"进不敢为前，退不敢为后"的意怠之鸟来说明，人只有做到无为无争，不炫耀不彰显，抛弃功名利禄，才能避免落入"直木先伐，甘井先竭"的境地。

【原文】

孔子围于陈蔡之间，七日不火食。

大公任往吊之曰："子几死乎？"曰："然"。

"子恶死乎？"曰："然。"

任曰："予尝言不死之道。东海有鸟焉，其名曰意怠。其为鸟也，翂翂翐翐^①，而似无能；引援而飞，迫胁而栖；进不敢为前，退不敢为后；食不敢先尝，必取其绪。是故其行列不斥，而外人卒不得害，是以免于患。直木先伐，甘井先竭。子其意者饰知以惊愚，修身以

道德修养极高的人不求闻名于世。

明污，昭昭乎如揭日月而行，故不免也。昔吾闻之大成之人曰：'自伐者无功，功成者堕，名成者亏。'孰能去功与名而还与众人！道流而不明居，得行而不名处；纯纯常常，乃比于狂；削迹捐势，不为功名。是故无责于人，人亦无责焉。至人不闻，子何喜哉？"

孔子曰："善哉！"辞其交游，去其弟子，逃于大泽；衣裘褐^②，食杼栗；入兽不乱群，入鸟不乱行。鸟兽不恶，而况人乎！

【注释】

① 翂（fēn）翂翐（zhì）翐：形容鸟飞又低又慢的样子。② 裘褐（qiú hè）：裘为皮衣，褐为用兽毛或粗麻制成之短衣，贫贱之人所服。裘褐泛指粗陋之服。

【译文】

孔子被围困在陈、蔡两国之间，七天七夜不能生火就食。

大公任前去看望他，说："先生快要饿死了吧！"

孔子说："是的。"

大公任又问："先生怕死吗？"

孔子回答："是的。"

大公任说："我来谈谈不死的方法。东海里生活着一种鸟，它的名字叫意怠。意怠作为一种鸟啊，飞得很慢，好像不能飞行似的；它们总是要有其他鸟引领而飞，栖息时又都跟别的鸟挤在一起；前进时不敢飞在最前面，后退时不敢落在最后面；吃食时不敢先动嘴，总是吃别的鸟所剩下的。所以它们在鸟群中从不受排斥，人们也终究不会去伤害它，因此能够免除祸患。长得

太公任与饥困的孔子交谈。

很直的树木总是先被砍伐，甘甜的井水总是先枯竭。先生用心装扮得很有才干惊醒愚顽，注重修养以便彰明别人的浊秽，毫不掩饰地炫耀自己就像是举着太阳和月亮走路，所以总不能免除灾祸。从前我听有大成的人说过：'自吹自擂的人不会成就功业；功业成就了而不知退隐的人必定会毁败，名声彰显而不知韬光隐晦的必定会遭到损伤。'谁能够摈弃功名而还原成普通人一样！大道广为流传而不显山露水；

太公任告诉孔子："入兽不乱群，入鸟不乱行。"

德行出众而不求声名。纯朴而又平常，好似无所顾虑；削除形迹捐弃权势，不求取功名。因此不责求于人，别人也不会责求于我。道德修养极高的人不求闻名于世，您为什么偏偏喜好名声呢？"

孔子说："说得实在好啊！"于是辞别朋友故交，离开众多弟子，逃到山泽旷野；穿着粗布衣服，吃柞树和栗树的果实；进入兽群而兽不乱群，进入鸟群而鸟不乱行。连鸟兽都不讨厌他，何况是人呢！

【分节导读】

此节通过孔子向子桑雽询问自己"亲友益疏，徒友益散"的原因，来阐述何为君子之交。交友也当如修身养性一样，遵从自然天性率真而为，不用刻意修饰美化彼此关系，正所谓"君子之交淡如水，小人之交甘若醴"。

【原文】

孔子问子桑雽曰[①]："吾再逐于鲁，伐树于宋，削迹于卫，穷于商周，围于陈蔡之间。吾犯此数患，亲交益疏，徒友益散，何与？"

子桑雽曰："子独不闻假人之亡与？林回弃千金之璧，负赤子而趋。或曰：'为其布与？赤子之布寡矣；为其累与？赤子之累多矣；弃千金之璧，负赤子而趋，何也？'林回曰：'彼以利合，此以天属也。'夫以利合者，迫穷祸患害相弃也；以天属者，迫穷祸患害相收也。夫相收之与相弃亦远矣。且君子之交淡若水，小人之交甘若醴[②]；君子淡以亲，小人甘以绝。彼无故以合者，则无故以离。"

孔子曰："敬闻命矣！"徐行翔佯而归，绝学捐书，弟子无挹于前，其爱益加进。

异日，桑雽又曰："舜之将死，乃命禹曰：'汝戒之哉！形莫若缘，情莫若率。缘则不离，率则不劳；不离不劳，则不求文以待形；不求文以待形，固不待物。'"

【注释】

①子桑雽（hù）：人名，得道者。或以为即《大宗师》篇子桑户。②醴（lǐ）：甜酒。

【译文】

孔子问桑雽道："我两次被鲁国驱逐，在宋国受到伐树的惊辱，在卫国被禁

林回舍弃了璧玉，背起了婴儿。

止居留，在宋、周之地穷愁潦倒，在陈国和蔡国间受到围困。我遭逢这么多的灾祸，亲朋故交越发疏远了，弟子友人更加离散了，这是为什么呢？"

子桑雽回答说："先生难道没有听说过假国之人逃亡的故事吗？林回舍弃了价值千金的璧玉，背着婴儿就跑。有人议论：'他是为了钱财吗？初生婴儿的价值太少了；他是为了怕拖累吗？初生婴儿的拖累太多了。舍弃价值千金的璧玉，背着婴儿就跑，这是

君子之交淡泊却心地亲近，小人则甘甜易断。

为了什么呢？'林回说：'价值千金的璧玉与我是以利益相合，而孩子与我则是以天性相连。'以利益相合的，遇上困厄、灾祸、忧患与伤害时就会相互抛弃；以天性相连的，遇上困厄、灾祸、忧患与伤害时就会相互包容。相互收容与相互抛弃差别也就太远了。而且君子的交情淡得像清水一样，小人的交情甜得像甜酒一样；君子淡泊却心地亲近，小人甘甜却容易断绝。大凡没有缘分故结合的，也就没有缘故而离散了。

孔子说："我会由衷地听取您的指教！"于是慢慢地离去，闲放自得地走了回来，终止了学业，丢弃了书简，弟子无须行揖拜的礼节，可是他们对老师的敬爱反而更加深厚了。

有一天，桑雽又说："舜将死的时候，告诉禹说：'你要警惕啊！行动不如随缘，情感不如率真。随缘就不会背离，率真就不会劳苦；不背离不劳苦，那么也就不需要用纹饰来修整举止，当然也就不必有求于外物了。'"

【分节导读】

此节通过庄子与魏王的对话论述"贫"和"惫"之别。用庄子的话说："士有道德不能行，惫也；衣弊履穿，贫也。"对身怀大道的人而言，道不得行，有志难抒和物质的匮乏一样令人痛苦。庄子以猿猴喻人，生动地描绘了身怀道德的人在"非时"时代的艰难处境，从一个侧面反映了其对混乱时局及统治者的不满。

【原文】

庄子衣大布而补之①，正緳系履而过魏王②。魏王曰："何先生之惫邪？"

庄子曰："贫也，非惫也。士有道德不能行，惫也；衣弊履穿，贫也，非惫也，此所谓非遭时也。王独不见夫腾猿乎？其得枏梓豫章也③，揽蔓其枝而王长其间，虽羿、蓬蒙不能眄睨也④。及其得柘棘枳枸之间也⑤，危行侧视，振动悼栗；此筋骨非有加急而不柔也，处势不便，未足以逞其能也。今处昏上乱相之间，而欲无惫，奚可得邪？此比干之见剖心征也夫！"

【注释】

①衣（yì）：动词，穿。大布：粗布。②緳（xié）：通"絜"，腰带。系履：鞋子已坏，用麻绳扎牢。过：拜访。魏王：魏惠王。③枏（nán）：楠树。梓：楸树。豫章：樟树。三者皆为高大乔木。④羿（yì）：古代善射的英雄，上射十日，下射猛兽。蓬蒙：羿的弟子，也善射。眄睨（miàn nì）：斜视，看不起。⑤柘（zhè）：桑科灌木。棘：小型枣树，带刺。枳（zhǐ）：如桔而小，多刺。枸（jǔ）：枸橼，枝间有刺。

【译文】

庄子穿着带补丁的粗布衣，扎好腰带，系紧鞋子去拜访魏惠王。魏惠王问："先生为什么如此困顿？"

庄子回答："这是贫穷而不是困顿。士有道德而不得实施，是困顿；衣破鞋烂，是贫穷而不是

困顿，这就是所谓的生不逢时。君王难道没有见过善于腾跃的猿猴吗？当它们活动于高大的楠、梓、豫、樟树之间时，在树枝间牵引腾跃，称王称霸，善射如后羿、蓬蒙连斜眼看它们一眼都不能。可当它们一旦处于多刺的柘、棘、枳、枸之类的灌木丛中，只好谨慎行动，左顾右盼，提心吊胆了，并不是此时由于过度紧张而使筋骨不柔软，而是因为所处的环境不利，不足以施展它的本领了。现在处于主上昏庸、宰臣乱国的世道而想不困顿，怎么可能呢？这就是由忠臣比干被剖心所证明的真理呀！"

庄子对魏惠王说："这是贫穷而不是困顿。"

【分节导读】

　　此节，庄子借孔子穷困与陈蔡两国之间时与颜回的问答，阐述了"无受天损易，无受人益难"的道理。在作者看来，避免为自然所伤要不抵制利禄的诱惑容易。为人行事遵照自然的法则，一切顺其自然。像燕子一般，对不属于自己的"外者"不屑一顾。道家认为。人与自然都受"天"主宰，人只有安于天性，尊重自然规律，才能做到"人与天一"。

【原文】

　　孔子穷于陈蔡之间，七日不火食，左据槁木，右击槁枝，而歌猋氏之风①，有其具而无其数，有其声而无宫角，木声与人声，犁然有当于人之心。

　　颜回端拱还目而窥之。仲尼恐其广己而造大也，爱己而造哀也，曰："回，无受天损易，无受人益难。无始而非卒也，人与天一也。夫今之歌者其谁乎？"

　　回曰："敢问无受天损易。"

　　仲尼曰："饥渴寒暑，穷桎不行，天地之行也，运物之泄也，言与之偕逝之谓也。为人臣者，不敢去之。执臣之道犹若是，而况乎所以待天乎！"

　　"何谓无受人益难？"

　　仲尼曰："始用四达，爵禄并至而不穷，物之所利，乃非己也，吾命其在外者也。君子不为盗，贤人不为窃。吾若取之，何哉！故曰，鸟莫知于鹢鸸②，目之所不宜处，不给视，虽落其实，弃之而走。其畏人也，而袭诸人间，社稷存焉尔。"

　　"何谓无始而非卒？"

　　仲尼曰："化其万物而不知其禅之者，焉知其所终？焉知其所始？正而待之而已耳。"

　　"何谓人与天一邪？"

　　仲尼曰："有人，天也；有天，亦天也。人之不能有天，性也，圣人晏然体逝而终矣！"

孔子左手拿木枝，右手敲枯枝，唱起歌谣。

【注释】

①猋（biāo）氏：神农氏，传说为教民稼穑之古帝王。风：歌谣。②知：同"智"。鹢鸸（yì ér）：燕。

【译文】

孔子受困于陈国、蔡国之间，整整七天不能生火就食，左手拿着木杖，右手敲击枯枝，而且还唱起了神农时代的歌谣，有了敲击的声响却没有符合五音的音阶，敲木声和咏歌声悠然地使人心里感到舒适。

颜回恭敬地在一旁侍立，掉过脸去偷偷地看了看。孔子真担心他把自己的道德看得过于高远而至于夸大，因为爱戴自己而过度悲伤，便说："颜回，不受自然的损害容易，不接受他人的利禄则较困难。没有哪个起点不同时又是终点的，人与自然原本也是同一的。至于现在唱歌的人又是谁呢？"

颜回说："我冒昧地请教什么叫做不受自然的损害容易？"

人类的出现，是由于自然。

孔子说："饥饿、干渴、严寒、酷暑、穷困的束缚使人事事不能通达，这是天地的运行，万物的变迁，说的是要随着天地、万物一块儿变化呀！做臣子的，不敢违拗国君的旨意，做臣子的道理尚且如此，何况是用这样的办法来对待自然呢！"

颜回又问："什么叫做不接受他人的利禄则较困难呢？"

孔子说："初被任用办什么事都觉得顺利，爵位和俸禄一齐到来没有穷尽，外物带来的好处，本不属于自己，只不过是我的机遇得到这些外物罢了！君子不会做劫盗，贤人也不会去偷窃，我又为何要追求这些非己之物呢？所以说，没有比燕子更聪明的鸟，看见不适宜居住的地方，绝不投出第二次目光，即使掉落了食物，也会舍弃不顾而飞走。燕子很害怕人，却进入到人的生活圈子，不过只是将它们的巢穴暂寄于人的房舍罢了。"

颜回又问："什么叫做没有什么起点不同时又是终点的？"

孔子说："变化无穷的万物不可能知道是谁替代了谁而谁又为谁所替代，这怎么能知道它们的终了？又怎么能知道它们的开始？顺其自然的变化就是了。"

颜回又问："什么叫做人与自然原本也是同一的呢？"

孔子说："人类的出现，是由于自然；自然的出现，也是由于自然。人不可能支配天道，也是人固有的天性所决定的，只有圣人能安然地随着自然而变化！"

【分节导读】

此节中，庄子去雕陵游玩，见到"螳螂捕蝉，异鹊在后"，不禁有了"物固相类"的感慨。此节构思巧妙，一波三折。作者提醒人们，物类之间相互牵连，切不可忽视利益背后的危险。物轻而人贵，无论面对多么大的诱惑，人都不应该以自我本性为代价博取身外之物，否则必会招致祸患，得不偿失。

【原文】

庄周游于雕陵之樊，睹一异鹊自南方来者，翼广七尺，目大运寸，感周之颡，而集于栗林。庄周曰："此何鸟哉，翼殷不逝，目大不睹？"褰裳躩步①，执弹而留。睹一蝉，方得美荫而忘其身；螳螂执翳而搏之，见得而忘其形；异鹊从而利之，见利而忘其真。庄周怵然曰②："噫！物固相累，二类相召也！"捐弹而反走，虞人逐而谇之③。

庄周反入，三日不庭。蔺且从而问之④："夫子何为顷间甚不庭乎？"

庄周曰："吾守形而忘身，观于浊水而迷于清渊。且吾闻诸夫子曰：'入其俗，从其令。'今吾游于雕陵而忘吾身，异鹊感吾颡，游于栗林而忘真，栗林虞人以吾为戮，吾所以不庭也。"

【注释】

①搴（qiān）：同"搴"，拔取。躩（jué）步：疾步，快走。②怵（chù）：惊觉。③虞人：管园之人。谇（suì）：责骂。④蔺且（lìn jū）：庄周弟子。

【译文】

庄子到雕陵的栗园里游玩，看见一只奇异的鹊从南边飞来，翅膀展开有七尺长，眼睛的直径有一寸宽，碰到庄周的额头之后，落在栗树林里。庄周说："这是什么鸟呀！翅膀很大却不飞走，眼睛很大却看不见人。"便提起衣裳，快步靠上前去拿着弹弓，等待机会射它。这时却看到一只蝉正躲在浓荫下而忘了自身的危险，一只螳螂正举起前臂准备搏杀它，只想到捕蝉却忘了自身的危险。那只怪鹊见有利可图，也忘记了自身的危险。庄周见此不由得吃了一惊，说："唉！真是万物相互牵累，福祸相互招致呀！"于是扔下弹弓转身就跑，看栗园人的人追赶着把他骂了一顿。

庄子回去以后，三天不出门。弟子蔺且因而询问："先生为什么最近不爱出门了？"

庄子回答："我原本虚静而守形，却因外物而忘却了自身的危险；只能看到他人逐利忘形的危险，自己却不免同样糊涂。而且，我听先生说过：'入乡就要随俗。'现在我游雕陵而忘了自身，怪鸟碰了我的头；在栗林中游逛而忘记了真性，看栗林的人还把我骂了一顿。所以我闭门不出了。"

【分节导读】

此节通过阳子到宋国住宿时，旅馆主人对美丑两妾的不同态度，阐明了为人谦卑才能收到世人的尊重和认可的道理，而自持优秀炫耀的人终会被贱弃。旅馆主人对美丑二妾态度反映了作者对美丑的看法，在作者看来，内在的品德、修养比外在的容貌更为重要。人如果能在行贤良美好的事时，抛却自我炫耀的心理，无论走到哪里，都会受到众人喜爱。

【原文】

阳子之宋，宿于逆旅。逆旅人有妾二人，其一人美，其一人恶，恶者贵而美者贱。阳子问其故，逆旅小子对曰："其美者自美，吾不知其美也；其恶者自恶，吾不知其恶也。"

阳子曰："弟子记之！行贤而去自贤之心，安往而不爱哉！"

【译文】

杨朱到宋国去，寄宿在旅店里。店主人有两个妾，一个漂亮，一个丑陋。丑陋的尊贵而漂亮的低贱。杨朱问其中的缘故，店主人说："漂亮的自以为漂亮，我不晓得她有什么漂亮；丑陋的自以为丑陋，我也不知道她哪儿丑陋。"

杨朱说："弟子们记住，行为贤良而抛弃自以为贤的念头的人，哪里会不受爱戴呢！"

店主人有两个妾，一个漂亮，一个丑陋。

◎田子方◎

【题解】

本篇以倡导"人貌而天虚，缘而葆真，清而容物"的人生哲学为主旨，提倡纯真自然、无为寡欲的生活方式，同时对儒家学派推崇的圣智礼义进行了深刻地批评。

【分节导读】

此节通过田子方与魏文侯的对话，突出了东郭顺子"真"的形象，称赞了其为人的至真淳厚。突显作者对于"缘而葆真"的肯定，于内保存本真之心，于外顺随万物的规则变化，端正自我，借以让他人开悟的得道之人。并通过魏文侯的感悟表达了"圣知之言仁义之行"对人的真实生命的束缚。遵循本性，保存真我才是至人之路。

【原文】

田子方侍坐于魏文侯，数称谿工。

文侯曰："谿工，子之师邪？

子方曰："非也，无择之里人也；称道数当，故无择称之。"

文侯曰："然则子无师邪？"

子方曰："有。"

曰："子之师谁邪？"

子方曰："东郭顺子。"

文侯曰："然则夫子何故未尝称之？"

子方曰："其为人也真，人貌而天虚，缘而葆真，清而容物。物无道，正容以悟之，使人之意也消。无择何足以称之！"

田子方向魏文侯谈起老师东郭顺子。

子方出，文侯傥然终日不言，召前立臣而语之曰："远矣，全德之君子！始吾以圣知之言仁义之行为至矣。吾闻子方之师，吾形解而不欲动，口钳而不欲言。吾所学者直土梗耳，夫魏真为我累耳！"

【译文】

田子方陪坐在魏文侯身边，再三地称赞谿工。

文侯说："谿工是您的老师吗？"

子方回答："不是，是我的邻居。他论道恰当有理，所以我称赞他。"

文侯问："那么您没有老师吗？"

子方回答："有呀。"

问："那么您的老师是谁呢？"

子方回答:"是东郭顺子。"

文侯问:"那么您为什么没有称赞过他呢?"

子方回答:"我的老师为人纯真,与常人容貌相同,心灵却像上天一样虚静,随缘而保持真性,心性清净而包容万物。对于无道之人,他只是端正自己的仪容使其感悟,消除其邪念,我哪里有资格称赞他呀!"

田子方走了以后,魏文侯若有所失,一整天都没有说话。后来,才把站在近旁的侍臣召至面前说:"德性完美的君子真是高远呀!当初,我以为圣智者的言论和仁义者的行为就是最高尚的了。现在我听说了子方老师的所作所为以后,身体懒散而不想动弹,嘴巴像被钳住一样不想说话。我过去所学的东西就像土偶人一样粗陋啊,魏国可真是我的大拖累呀!"

【分节导读】

此节借用温伯雪子评鲁国人"明乎礼义而陋乎知人心",表达了庄子对儒家思想的讽刺,否定了儒家思想重规矩而轻人心的内容。用孔子见温伯雪子"不言"的体悟,说明了"得意忘言"。惟有突破了语言的限制而感悟的道理才是真正的大道,而真正的大道之人目光所及之处就是大道,更是不需多言的。

【原文】

温伯雪子适齐,舍于鲁。鲁人有请见之者,温伯雪子曰:"不可。吾闻中国之君子,明乎礼义而陋于知人心①,吾不欲见也。"

至于齐,反舍于鲁,是人也又请见。温伯雪子曰:"往也蕲见我②,今也又蕲见我,是必有以振我也。"

出而见客,入而叹。明日见客,又入而叹。其仆曰:"每见之客也,必入而叹,何耶?"

曰:"吾固告子矣'中国之民,明乎礼义而陋乎知人

温伯雪子拒见前来拜访的鲁人。

心,'昔之见我者,进退一成规一成矩,从容一若龙一若虎,其谏我也似子,其道我也似父,是以叹也。"

仲尼见之而不言。子路曰:"吾子欲见温伯雪子久矣,见之而不言,何邪?"

仲尼曰:"若夫人者,目击而道存矣,亦不可以容声矣。"

【注释】

①陋:浅陋。②蕲(qí):通"祈",请求。

【译文】

温伯雪子到齐国去,途中在鲁国歇宿。鲁国有人请求拜会他,温伯雪子说:"不行。我听说中原国家的读书人,明了礼义却不了解人心,我不想见他们"。

到了齐国,返回途中又在鲁国歇足,那个人又请求会见。温伯雪子说:"先前要求会见我,如今又要求会见我,那个人一定是有什么可以打动我的。"

　　温伯雪子于是出来接见了客人，可是回到屋里叹息不已。第二天再次会见客人，回到屋里又再次叹息不已。他的仆从问道："您每次会见这个客人，必定回到屋里就叹息不已，这是为什么呢？"

孔子见到温伯雪子后一言不发。

　　温伯雪子说："我原先就告诉过你'中原国家的人，明了礼义却不了解人心，'前几天会见我的那个人，进退都那么循规蹈矩，动容犹如龙虎，他劝告我时那样子就像是个儿子，他开导我时那样子又像是个父亲，因此我总是叹息不已。"

　　孔子见到温伯雪子时却一言不发。子路问："先生想会见温伯雪子已经很久了，可是见到了他却一句话也不说，为什么呢？"

　　孔子说："像他那样的人，目光方才投出，大道就已经在那里存留，也就无须再用言语了。"

【分节导读】

　　此节通过描写颜渊与孔子的对话，阐述了宇宙的长流不息，万事万物变故日新的"日徂"之说：宇宙一天天的变化，自然万物都参与其中，然而人心若是不能跟随自然一同参与变化，那便是心死。"哀莫大于心死"，在庄子看来最悲哀的事情莫过于精神的死亡，而身死是次要的。至人的身形虽然随自然天道而改变、消散，但其内在的道德精神却会亘古长存，一味地追逐某个至人的外在言行没有意义，惟有顺应自然，保存真我才能体悟大道。

【原文】

　　颜渊问于仲尼曰："夫子步亦步，夫子趋亦趋，夫子驰亦驰；夫子奔逸绝尘，而回瞠若乎后矣[①]！"

　　仲尼曰："回，何谓邪？"

　　曰："夫子步，亦步也；夫子言，亦言也；夫子趋，亦趋也；夫子辩，亦辩也；夫子驰，亦驰也；夫子言道，回亦言道也；及奔逸绝尘而回瞠若乎后者，夫子不言而信，不比而周，无器而民滔乎前，而不知所以然而已矣"。

孔子告诉颜渊："没有比心灵的僵死更悲哀的了。"

　　仲尼曰："恶！可不察与！夫哀莫大于心死，而人死亦次之。日出东方而入于西极，万物莫不比方，有首有趾者，待是而后成功，是出则存，是入则亡。万物亦然，有待也而死，有待也而生。吾一受其成形，而不化以待尽，效物而动，日夜无隙，而不知其所终；薰然其成形。知命不能规乎其前，丘以是日徂[②]。

　　"吾终身与汝交一臂而失之，可不哀与！女殆著乎吾所以著也。彼已尽矣，而女求之以为有，是求马于唐肆也。吾服女也甚忘，女服吾也亦甚忘。虽然，女奚患焉！虽忘乎故吾，吾有不忘者存。"

【注释】

①瞠（chēng）：瞪大眼睛看。②日徂（cú）：日日与变化俱往。徂，往。

【译文】

颜渊向孔子问道："先生缓步我也缓步，先生快走我也快走，先生奔跑我也奔跑；若先生脚不沾地迅疾飞奔，学生只能干瞪着眼落在后面了！"

孔子说："颜回，你这些话是什么意思呢？"

颜回说："先生行走，我也跟着行走；先生说话，我也跟着说话；先生快步，我也跟着快步；先生辩论，我也跟着辩论；先生奔跑，我也跟

根据外物的变化行动，一如日出而作，日落而息。

着奔跑；先生谈论大道，我也跟着谈论大道；等到先生快步如飞、脚不沾地迅速奔跑，而学生干瞪着眼落在后面，是说先生不说什么却能够取信于大家，不偏私却能使情意传遍周围所有的人，不居高位、不获权势却能让人民像滔滔流水那样涌聚于身前，而我却不懂得先生为什么能够这样。"

孔子说："唉，这怎么能够不加审察！没有比心灵的僵死更悲哀的了，而人的躯体死亡还是次一等的。太阳从东方升起而隐没于最西端，万物没有什么不遵循这一方向，有头有脚的人，期待着太阳的运行而获取成功，太阳升起便劳作，太阳隐没便休息。万物全都是这样，等候太阳的隐没而逐步消亡，仰赖太阳的升起而逐步生长。我一旦禀受大自然赋予我的形体，就不会变化成其他形体而等待最终的衰亡，随应外物的变化而相应有所行动，日夜不停从不会有过间歇，而不知道变化发展的终结所在；是那么温和却又自然地铸就了现在的形体，我知道命运的安排不可能预先窥测，所以我只是每天随着变化而变化。

"我一直与你过从甚密，而你却不能了解这个道理，能不悲哀吗？你大概只是看到了我那些显著的方面。其实它们全都已经逝去，可是你却不停追寻，就好像它们还存在一样，这就像是在空市上寻求马匹一样。我对你形象的思存很快就会遗忘，你对我的形象的思存也会很快成为过去。既然如此，你还忧患什么呢！即使忘掉了旧有的我，而我仍会有不被遗忘的东西存在"。

【分节导读】

此节通过孔子向老聃问道，引出"物之初"的概念，所谓物之初就是事物存在的根源。而至人就是能够认识事物存在的根源、把握自然运行规律的人，他们的心情淡泊宁静，不会因为外物的变迁大喜大悲，他们洒脱通达，自由自我，体察到至美，邀游于至乐。同时，作者又借老子之口指出，道的产生、存在都没有借助人力，至人对万物的影响也都属无心，不存在刻意的成分。

【原文】

孔子见老聃，老聃新沐，方将被发而干，慹然似非人①。孔子便而待之，少焉见，曰："丘也眩与，其信然与？向者先生形体掘若槁木，似遗物离人而立于独也。"

老聃曰："吾游心于物之初。"

孔子曰："何谓邪？"

曰："心困焉而不能知，口辟焉而不能言，尝为汝议乎其将。至阴肃肃，至阳赫赫；肃肃出乎天，赫赫发

老子凝神寂志，好像木头人。

乎地；两者交通成和而物生焉，或为之纪而莫见其形。消息满虚，一晦一明，日改月化，日有所为，而莫见其功。生有所乎萌，死有所乎归，始终相反乎无端而莫知乎其所穷。非是也，且孰为之宗！"

孔子曰："请问游是。"

老聃曰："夫得是，至美至乐也，得至美而游乎至乐，谓之至人。"

孔子曰："愿闻其方。"

曰："草食之兽不疾易薮②，水生之虫不疾易水，行小变而不失其大常也，喜怒哀乐不入于胸次。夫天下也者，万物之所一也。得其所一而同焉，则四支百体将为尘垢，而死生终始将为昼夜而莫之能滑，而况得丧祸福之所介乎！弃隶者若弃泥塗，知身贵于隶也，贵在于我而不失

吃草的动物不担忧更换草泽。

于变。且万化而未始有极也，夫孰足以患心！已为道者解乎此。"

孔子曰："夫子德配天地，而犹假至言以修心，古之君子，孰能脱焉？"

老聃曰："不然。夫水之于汋也③，无为而才自然矣。至人之于德也，不修而物不能离焉，若天之自高，地之自厚，日月之自明，夫何脩焉！"

孔子出，以告颜回曰："丘之于道也，其犹醯鸡与④！微夫子之发吾覆也，吾不知天地之大全也。"

【注释】

①蛰（zhé）然：木然不动。形体僵直的样子。蛰：假借为"蛰"，蛰伏不动。②疾：担忧、害怕。易：改变、改换。薮（sǒu）：水草丛生之沼泽。③汋（zhuó）：水澄澈透明。④醯（xī）鸡：醋变质生出的小飞虫，为蠓之类。用以比喻极端渺小。

【译文】

孔子拜见老聃，老聃刚洗了头，正披散着头发等待吹干，那凝神寂志、一动不动的样子好像木头人一样。孔子在门下屏蔽之处等候他。不一会儿见到老聃，说："是孔丘眼花了吗，抑或真是这样的呢？刚才先生的身形体态一动不动地真像是枯槁的树桩，好像遗忘了外物、脱离于人世而独立自存一样。"

老聃说："我是处心遨游于浑沌鸿濛宇宙初始的境域。"

孔子问："这说的是什么意思呢？"

老聃说："你心中困惑而不能理解，嘴巴封闭而不能谈论，还是让我为你说个大概吧。最为阴冷的阴气是那么肃肃寒冷，最为灼热的阳气是那么赫赫炎热；肃肃的阴气出自苍天，赫赫的阳气发自大地；阴阳二气相互交通融合因而产生万物，有时候还会成为万物的纲纪却不会显现出具体的形体。消逝生长，满盈虚空了，时而晦暗时而显明，一天天地改变一月月地演化，每天都有所作为，却不能看到它造就万物、推演变化的功绩。生长有它萌发的初始阶段，死亡也有它消退败亡的归向，但是开始和终了相互循环，没有开端也没有谁能够知道它们变化的穷尽。倘若不是这样，那么谁又能是万物的本源！"

孔子说："请问游心于宇宙之初、万物之始的情况。"

老聃回答："达到这样的境界，就是'至美'、'至乐'了，体察到'至美'也就是遨游于'至乐'，这就叫做'至人'。"

孔子说:"我希望能听到达此境界的方法。"

老聃说:"食草的兽类不担忧更换生活的草泽,水生的虫豸不害怕改变生活的水域,这是因为只进行了小小的变化而没有失去惯常的生活环境。这样喜怒哀乐的各种情绪就不会进入到内心。天下的万物都有共通性。了解它们的共通性而同等看待,那么人的四肢以及众多的躯体都将视如尘垢,而死亡、生存终结、开始也将像昼夜更替一样没有什么力量能够扰乱它,更何况那些得失祸福的分际呢!舍弃得失祸福之类附属于己的东西就像丢弃泥土一样,懂得自身远比这些附属于自己的东西更为珍

孔子和老子谈论至乐之境。

贵,珍贵在于我自身而不因外在变化而丧失。况且宇宙间的千变万化从来就没有过终极,又有什么值得忧患的呢!已经通晓大道的人便能明白这个道理。"

孔子说:"先生的德行合于天地,却仍然需要借助于至理真言来修养心性,古时候的君子,又有谁能够超过呢?"

老聃说:"不是这样的。水激涌而出,不借助于人力方才自然。道德修养高尚的人对于德行,无须加以培养而万物也不会脱离他的影响,就像天自然的高,地自然的厚,太阳与月亮自然光明,又哪里用得着修饰呢!"

孔子从老聃那儿走出,把见到老聃的情况告诉给了颜回,说:"我对于大道,就好像瓮中的小飞虫对于瓮外的广阔天地一样啊!不是老聃的启迪揭开了我的蒙昧,我还真不知道天地的大全呀。"

【分节导读】

此节以庄子见鲁哀公,指出鲁国满街穿着儒服的人尽是假儒的寓言,表达了"君子有其道者,未必为其服也;为其服也,未必知其道也"的道理,即外在形貌衣着并不能够代表一个人内在的道德精神。

【原文】

庄子见鲁哀公。哀公曰:"鲁多儒士,少为先生方者。"

庄子曰:"鲁少儒。"

哀公曰:"举鲁国而儒服,何谓少乎?"

庄子曰:"周闻之,儒者冠圜冠者,知天时;履句屦者①,知地形;缓佩玦者②,事至而断。君子有其道者,未必为其服也;为其服者;未必知其道也。公固以为不然,何不号于国中曰:'无此道而为此服者,其罪死!'"

只有一个人穿儒服立在公门外。

于是哀公号之五日,而鲁国无敢儒服者,独有一丈夫儒服而立乎公门。公即召而问以国事,千转万变而不穷。

庄子曰:"以鲁国而儒者一人耳,可谓多乎?"

【注释】

①履：作动词，穿。句：音"矩"，方形。屦（jù）：葛、麻制成之单底鞋。泛指鞋子。②缓：用五彩丝编成的带子，用以系玦。佩玦（jué）：环状带有缺口的玉饰品。

【译文】

庄子拜见鲁哀公。鲁哀公说："鲁国多儒士，很少有信仰先生道学的人。"

庄子说："鲁国的儒士很少。"

鲁哀公说："全鲁国的人都穿着儒士的服装，怎么能说儒士很少呢？"

鲁哀公颁布号令：无儒道而着儒服者，死。

庄子说："我听说，儒士戴圆帽的，知晓天时；穿着方鞋的，熟悉地形；佩带用五色丝绳系着玉玦的，遇事能决断。君子身怀那种学问和本事的，不一定要穿儒士的服装；穿上儒士服装的人，不一定具有相应的学问和本事。您如果认为一定不是这样，何不在国中号令：'没有儒士的学问和本事而又穿着儒士服装的人，定处以死罪。'"

于是哀公号令五天，鲁国国中差不多没有再敢穿儒士服装站立于朝门之外。鲁哀公立即召他进来以国事征询他的意见，无论多么复杂的问题都能作出回答。

庄子说："鲁国这么大而儒者只有一人，怎么能说是很多呢？"

【分节导读】

此节提到的百里奚和有虞氏都曾身处险境，但正由于二者都做到了不计名利，将生死置之度外，所以最终摆脱了险境。

【原文】

百里奚爵禄不入于心，故饭牛而牛肥，使秦穆公忘其贱，与之政也。有虞氏死生不入于心，故足以动人。

【译文】

百里奚从不把爵位和俸禄放在心上，所以饲养牛时将牛喂得很肥，使秦穆公忘记了他地位的卑贱，而把国事交给他。有虞氏从不把死生放在心上，所以能够打动人心。

百里奚饭牛。

【分节导读】

由于将全部注意力都放在了作画上，画工对绘画之外的事并不那么关心，所以他行为闲散，举止放达。其他的画工则不然，由于存在名利之心，他们或多或少地分出精力在讨好宋元君上，势必不能全神贯注地作画。宋元君看出了这点，所以才将不拘小节的画工称为"真画者"。庄子以此说明，做事要排除杂念，忘物忘我。

【原文】

宋元君将画图，众史皆至，受揖而立；舐笔和墨，在外者半①。有一史后至者，儃儃然不趋②，受揖不立，因之舍。公使人视之，则解衣槃礴臝。君曰："可矣，是真画者也。"

【注释】

①舐（shì）笔：用唾润笔。舐，以舌舔物。在外者半：指画师甚多，屋里已满，外面还有一半。②儃（tǎn）儃：舒缓闲适的样子。趋：小步疾行。

画师解开衣襟，裸露身子。

【译文】

宋元公打算画几幅画，众多画师都赶来了，接受了旨意便在一旁恭敬地拱手站着；舐着笔，调着墨，站在门外的还有半数人。有一位画师后到，神态自然，一点也不慌急，接受了旨意也不恭候站立，随即回到馆舍。宋元公派人去看，这个画师已经解开了衣襟、裸露身子、又腿而坐。宋元公说："好呀，这才是真正的画师。"

【分节导读】

此节讲述了文王见臧丈人钓鱼，而后邀请臧丈人从政治国的故事。作者通过臧丈人钓鱼时所表现的不为钓鱼而钓鱼和从政治民的"无为"而为，强调自然无为对治国修身的作用。

【原文】

文王观于臧，见一丈人钓，而其钓莫钓；非持其钓有钓者也，常钓也。

文王欲举而授之政，而恐大臣父兄之弗安也；欲终而释之，而不忍百姓之无天也。于是旦而属之大夫曰："昔者寡人梦见良人，黑色而髯①，乘驳马而偏朱蹄②，号曰：'寓而政于臧丈人，庶几乎民有瘳乎！'"

诸大夫蹴然曰③："先君王也。"

文王观看臧丈人钓鱼。

文王曰："然则卜之。"

诸大夫曰："先君之命，王其无它，又何卜焉！"

遂迎臧丈人而授之政。典法无出，偏令无出。三年，文王观于国，则列士坏植散群，长官者不成德，𪔝斛不敢入于四竟④。列士坏植散群，则尚同也；长官者不成德，则同务也；𪔝斛不敢入于四竟，则诸侯无二心也。

文王于是焉以为大师，北面而问曰："政可以及天下乎？"臧丈人昧然而不应，泛然而辞，朝令而夜遁，终身无闻。

颜渊问于仲尼曰："文王其犹未邪？又何以梦为乎？"

仲尼曰："默，汝无言！夫文王尽之也，而又何论刺焉！彼直以循斯须也。"

不是有心钓鱼，只是钓竿常在手上罢了。

【注释】

① 颥（rán）：同"髯"，两颊上的长须。

② 驳马：杂色的马。偏朱蹄：一蹄赤色。

③ 蹴（cù）然：惊惧不安的样子。④ 臾（yú）：又作"庾"，量器单位，六斛四斗为"庾"。斛（hú）：量器单位十斗为"斛"。竟：同"境"。这句是说，各诸侯国所用量器标准不一，如果任由各国商人带不同量器入境，就会造成混乱和欺诈，故必使其不敢入境。

【译文】

文王在臧地游览，看见一位老人在水边垂钓，手里虽然握着鱼竿，心思却不在钓鱼上，不是手拿钓竿而有心钓鱼，只是钓竿常在手上而已。

文王一心要起用他并把朝政委托给他，可是又担心大臣和宗族放心不下；打算就此作罢，却又不忍心天下的百姓得不到荫庇。于是大清早便召来诸大夫嘱咐说："昨晚我梦见了一位非常贤良的人，他黑黑的面孔长长的胡须，骑着一匹杂色马，四只马蹄半侧是红的，他对我大声呼喊说：'把你的朝政托付给那位臧地的老人，这样你的百姓也就差不多解除痛苦啦！'"

诸位大夫惊恐不安地说："这个显梦的人就是君王的父亲！"

文王说："既然如此，那么我们还是占卜问这件事吧。"

诸位大夫说："这是先君的命令，君王还是不必多虑，又哪里用得着再行占卜呢！"

于是文王便迎来了这位臧地老人并且把朝政委托给他。典章法规不更改，政令一篇也未发。三年以后，文王在国内遍访考察，见到各地的地方势力集团全都纷纷离散，各级长官不再建立夸耀自己的功德，不同的度量衡不再能进入国境使用。地方势力集团全都纷纷离散，也就是政令通达上下同心；各级长官不再树立夸耀个人的功德，也就是政务相当、劳绩统一；不同的度量衡不再进入国境使用，诸侯也就不会生出异心。

文王于是把臧地老人拜为老师，以臣下的礼节恭敬地向他问道："这样的政事可以推行于天下吗？"臧地老人默默地不作回应，漫漫然不作答，早上还行使政令而夜晚他就逃跑了，从那以后就再也听不到他的消息。

颜渊向孔子问道："文王难道还未能达到圣人的境界吗？为什么还要假托于梦呢？"

孔子说："别做声，你不要再说！文王已经做得很完善了，你怎么能随意评论和指责他呢？他也只不过是短时间内顺应众情罢了。"

【分节导读】

此节中的列御寇虽然射技高超，但是临百仞之渊时，却只能"伏地，汗流至踵"，说明人心中若是有了生死之虑，即便技术再好也很难发挥出来。而真正至善至美的至人则会临渊不惧，无论身在何处都心态自然。

【原文】

列御寇为伯昏无人射，引之盈贯，措杯水其肘上，发之，适矢复沓①，方矢复寓。当是时，犹象人也。

伯昏无人曰："是射之射，非不射之射也。尝与汝登高山，履危石，临百仞之渊，若能射乎？"

于是无人遂登高山，履危石，临百仞之渊，背逡巡，足二分垂在外，揖御寇而进之。御寇伏地，汗流至踵。

列子射箭。

伯昏无人曰："夫至人者，上窥青天，下潜黄泉，挥斥八极，神气不变。今汝怵然有恂目之志，尔于中也殆矣夫！"

【注释】

① 适矢复沓（tà）：言箭射出后，又有第二支搭于弦上。适，往。沓，合。殆：无。

【译文】

列御寇为伯昏无人表演射箭的本领，他拉满弓弦，又放置一杯水在手肘上，发出第一支箭，箭还未至靶的紧接着又搭上了一支箭，刚射出第二支箭而另一支箭又搭上了弓弦。在这个时候，列御寇真像是一动也不动的木偶。

伯昏无人看后说："这只是有心射箭的射法，还不是无心射箭的射法。我想跟你登上高山，脚踏危石，面对百丈的深渊，那时你还能射箭吗？"

于是伯昏无人便登上高山，脚踏危石，身临百丈深渊，然后再背转身来慢慢往悬崖退步，直到部分脚掌悬空，这才拱手恭请列御寇跟上来射箭。列御寇伏在地上，吓得汗水直流到脚跟。

伯昏无人说："一个修养高尚的至人，上能窥测青天，下能潜入黄泉，精神自由奔放达于宇宙八方，神情始终不会改变。如今你胆战心惊，眼花恐惧，想要射中靶就不可能了！"

【分节导读】

此节讲述了孙叔敖三起三落而不喜不忧的故事，借孔子之口赞扬了孙叔敖乃是得道至人。说明了凡事应抱以"得失皆从外至，而不足以丧其真"的心态，荣辱不惊，进于庙堂不喜，出于江湖不忧。顺其自然，悠然自得，精神道德"充满天地"，才是真正大至真人。

【原文】

肩吾问于孙叔敖曰："子三为令尹而不荣华，三去之而无忧色。吾始也疑子，今视子之鼻间栩栩然①，子之用心独奈何？"

孙叔敖曰："吾何以过人哉！吾以其来不可却也，其去不可止也，吾以为得失之非我也，而无忧色而已矣。我何以过人哉！且不知其在彼乎，其在我乎？其在彼邪？亡乎我；在我邪？亡乎彼。方将踌躇，方将四顾，何暇至乎人贵人贱哉！"

仲尼闻之曰："古之真人，知者不得说，美人不得滥，盗人不得劫，伏戏黄帝不得友。死生亦大矣，而无变乎己，况爵禄乎！若然者，其神经乎大山而无介，入乎渊泉而不濡②，处卑细而不惫，充满天地，即以与人，己愈有。"

楚王与凡君坐，少焉，楚王左右曰凡亡者三。凡君曰："凡之亡也，不足以丧吾存。夫'凡之亡不足以丧吾存'，则楚之存不足以存存。由是观之，则凡未始亡而楚未始存也。"

【注释】

① 鼻间：呼吸之间。栩（xǔ）栩然：轻松的样子。
② 濡（rú）：溺，湿。

【译文】

肩吾问孙叔敖："您三次任楚令尹而不炫耀，三次去职而面无忧色。我开始听说时怀疑您怎么会这样，现在看到您呼吸轻松，表情自在，您心里到底是怎么想的呢？"

孙叔敖说："我哪里有什么过人之处呢！我认为凡事要来就无法推却，要去也无法阻止。我以为得与失都是身外之物，所以不必忧愁而已。我又哪里有什么过人之处呢！而且我也不知道这些得与失是因为令尹的职位呢，还是由于我个人的原因？如果是因为令尹的职位呢？那么与我无关；如果是因为我个人的原因呢，又与令尹的职位无关。我只顾踌躇满志，四望自得，那有工夫在乎别人以为我是尊贵还是卑贱呢！"

孔子听了说："古代的真人，智者无法说服他，美色不会使他淫乱，强盗不能使他屈服，帝王也难以使他亲服。死生也算得关系重大了，却不能使他有所改变，何况爵位利禄呢！像这样的人，他的精神穿越大山而无障碍，潜入深渊也不会沾湿衣裳，处于贫贱而安之若素，德充天地，哪怕全部给予别人，自己反而更加充实。"

楚王与凡国之君同坐，没过一会儿，楚王手下的人几次来说"凡国已经灭亡了"。凡国之君说："凡国的灭亡，不足以丧失我的存在。如果凡国灭亡不足以丧失我的存在，那么楚国的存在也不足以以存在为存。由此看来，凡国未曾灭亡而楚国也未曾存在。"

肩吾问孙叔敖为何能起落不系于心。

楚王得知凡国灭亡。

连帝王也难以让真人亲服。

处于贫贱而安之若素。

◎知北游◎

【题解】

"知北游",意为知向北方游历。知,是假托人名。本篇以论道为主。作者认为道是万物的本体,它是虚无的、无处不在的;它产生万物,又支配万物。这是一种关于宇宙本体的客观唯心主义哲学思想。

【分节导读】

此节通过虚拟人物知问道于无为谓、狂屈和黄帝的故事,引出了"知者不言,言者不知"和"通天下一气耳"的道理。所谓"知者不言言者不知",即是真正"道"应该是不闻不知不言。道本身就是虚无的,自然万物均是由气组成的,气是自然界的基本物质粒子,人的生死就是气的聚散,而美好与丑陋也是相互转化的。这体现了庄子"得意忘言"的观点,真正的大道无法用语言表达出来。

【原文】

知北游于玄水之上①,登隐弅之丘而适遭无为谓焉②。知谓无为谓曰:"予欲有问乎若:何思何虑则知道?何处何服则安道?何从何道则得道?"三问而无为谓不答也。非不答,不知答也。

知不得问,反于白水之南,登狐阕之上,而睹狂屈焉。知以之言也问乎狂屈。狂屈曰:"唉!予知之,将语若。"中欲言而忘其所欲言。

知不得问,反于帝宫,见黄帝而问

知在隐弅之丘遇到无为谓。

焉。黄帝曰:"无思无虑始知道,无处无服始安道,无从无道始得道。"

知问黄帝曰:"我与若知之,彼与彼不知也,其孰是邪?"

黄帝曰:"彼无为谓真是也,狂屈似之;我与汝终不近也。夫知者不言,言者不知,故圣人行不言之教。道不可致,德不可至。仁可为也,义可亏也,礼相伪也。故曰:'失道而后德,失德而后仁,失仁而后义,失义而后礼。礼者,道之华而乱之首也。'故曰:'为道者日损,损之又损之以至于无为,无为而无不为也。'今已为物也,欲复归根,不亦难乎!其易也,其唯大人乎!

"生也死之徒,死也生之始,孰知其纪!人之生,气之聚也;聚则为生,散则为死。若死生为徒,吾又何患!故万物一也,是其所美者为神奇,其所恶者为臭腐;臭腐复化为神奇,神奇复化为臭腐。故曰:'通天下一气耳。'圣人故贵一。"

知谓黄帝曰:"吾问无为谓,无为谓不应我,非不我应,不知应我也。吾问狂屈,狂屈中欲告

我而不我告，非不我告，中欲告而忘
之也。今予问乎若，若知之，奚故不
近？"

黄帝曰："彼其真是也，以其不知
也；此其似之也，以其忘之也；予与若
终不近也，以其知之也。"

狂屈闻之，以黄帝为知言。

黄帝告诉知：无为谓真正合于道。

【注释】

①知（zhì）：虚构的人名。玄水：虚构的河
流。②隐弅（fén）：虚构的地名。适：刚
好。遭：遇。无为谓：虚构的人名，取其无
所为、无所谓的意思。

【译文】

　　知向北游历到玄水，登上隐弅的山丘，刚好碰到无为谓。知对无为谓说："我想问问你，如何
思索、如何考虑才会懂得道？怎样居处、怎样行事才能持守道？从什么途径、用什么方法才可获得
道？"可是，一直问了三遍，无为谓也不回答。不是不回答，而是不认为需要回答。

　　知得不到回答，返回到白水的南边，登上狐阕的山丘，又看见了狂屈。知问他那三个问题，狂
屈说："唉！我知道，这就告诉你。"正想说而半途中忘了要说的话。

　　知得不到回答，返回帝宫。遇到黄帝又问那三个问题，黄帝说："不思索、不考虑才会懂得道，
无所处身无所作为才能持守道，不需任何途径和方法便可获得道。"

　　知问黄帝说："我和你知道这些，无为谓和狂屈不知道这些，那么哪个是对的呢？"

　　黄帝说："那个无为谓真合于道，狂屈近似于道，我和你始终与道相距很远。知道者不说，说
的不知道，所以圣人实行不言的教化。道不能有心地获得，德不能有心地达到。仁可以有意识地去做，
义是可以损弃的，礼是可以互相欺骗的。所以说：'失去道以后才有德，失去德以后才讲仁，失去
仁以后才行义，失去义以后才施礼。所谓礼，只不过是道的华丽外表和祸乱的开端。'所以说：'修
道的人要天天减损贪欲，损而又损，直至无为的境界，无为之后就能无所不为了。'现在只知追求
外物了，再想返朴归真，不也太难了吗！轻易做到这一点的，大概只有圣人才行了！

　　"生是死的延续，死是生的开始，谁知道其间的规律！人生的开始，是气的聚汇；气聚则生，
气散则死。如果生死互相延续，我又有什么可担忧的！所以，万物原本是一般无二的。觉得美的便
认为是神奇，觉得丑的便视为腐朽。腐朽又可以转化为神奇，神奇也可以转化为腐朽。所以说：'贯
通天下万物的只是一气而已。'所以圣人看重同一。"

　　知对黄帝说："我问无为谓，无为谓不回答我，不是不回答我，而是不认为需要回答；我问狂屈，
狂屈想告诉我半途又不告诉我了，不是不告诉我，而是想告诉半途又忘记要说什么了；现在我问你，
你知道，为什么还说与道相去甚远呢？"

　　黄帝说："无为谓是真正合于道的，因为他不认为需要回答；狂屈近似于道，因为他忘记了想
说的道；我和你终究距道甚远，因为认为知道了道。"

　　狂屈听到后，认为黄帝懂得了知者不言、言者不知的道理。

【分节导读】

此节庄子通过对天地、四季、万物的观察研究，得出"至人无为，大圣不作"的结论，认为天地万物的运行变化是"各得其序"。天地四季至善至美，然而却不能用语言来描述其中的规律，"大道无言"既是如此。人什么时候参透了万物的规律，什么时候就能领悟到"道"的内涵。

【原文】

天地有大美而不言，四时有明法而不议，万物有成理而不说。圣人者，原天地之美而达万物之理，是故至人无为，大圣不作，观于天地之谓也。

合彼神明至精，与彼百化，物已死生方圆，莫知其根也，扁然而万物自古以固存。六合为巨，未离其内；秋豪为小，待之成体。天下莫不沉浮，终身不故；阴阳四时运行，各得其序。惛然若亡而存，油然不形而神，万物畜而不知。此之谓本根，可以观于天矣。

天地有大美而不言。

【译文】

天地具有伟大的美德却不言语，四时运行具有显明的规律却不评议，万物的变化具有现成的定规却不说话。圣哲之人，探究天地伟大的美德而通晓万物生长的道理，所以至人顺应自然无所作为，大圣也不会妄加行动，这是说取法于天地的缘故。

大道神明精妙，参与宇宙万物的各种变化，万物或死、或生、或方、或圆，却没有谁知晓变化的根本，万物蓬勃生长，自古以来就自行存在。六合算是十分巨大的，却始终不能超出道的范围；秋天的毫毛算是最小的，也得仰赖于道才能成就其细小的形体。宇宙万物无时不在发生变化，始终保持着变化的新姿；阴阳与四季不停地运行，各有自身的序列。大道是那么浑沌昧暗，仿佛并不存在却又无处不在，生机盛旺、神妙莫测却又不留下具体的形象，万物被它养育却一点也未觉察。这就称做本根，可以用它来观察自然之道了。

六合也不能超出道的范围。

宇宙万物无时不在发生变化。

【分节导读】

此节通过啮缺向被衣问"道"，却在被衣讲述何为道时睡着的故事，说明悟道不仅仅要使思虑专一，精神凝聚，更要无为无心无知。庄子宣扬"道法自然"的理论，认为做到精神上的无为便能得道，那么身体和心灵则如枯槁和死灰一般也无所谓了，因为能够看透道之根本的人根本不会在意外在的形体。

【原文】

啮缺问道乎被衣，被衣曰："若正汝形，一汝视，天和将至；摄汝知，一汝度，神将来舍。德将为汝美，道将为汝居，汝瞳焉如新生之犊而无求其故！"

言未卒，啮缺睡寐。被衣大说，行歌而去之，曰："形若槁骸，心若死灰，真其实知，不以故自持，媒媒晦晦，无心而不可与谋。彼何人哉！"

话没说完，啮缺就睡着了。

【译文】

啮缺向被衣请教道，被衣说："你得端正你的形体，集中你的视线，自然的和气便会到来；收敛你的心智，集中你的思虑，精神就会来你这里停留。德将为你而显得美好，大道将居处于你的心中。你纯真无邪的样子就像初生的小牛犊而不去探求外在的事物！"

被衣话还没说完，啮缺便已睡着。被衣见了十分高兴，唱着歌儿离去，说："身形静定犹如枯骸，内心沉静犹如死灰，朴实的心思返归本真，而且并不因为这个缘故而有所矜持，蒙蒙昧昧，没有心计而不能与之共谋。他是什么样的人啊！"

【分节导读】

此节以舜向丞问"道"是否可以拥有，引出天地万物的变化都是气的聚散运动。人存乎天地之间，是天地所赋予的形体，生命也是"气"之所成，生命都不属于人所有，那么道亦不可为人所拥有。

【原文】

舜问乎丞曰："道可得而有乎？"

曰："汝身非汝有也，汝何得有夫道？"

舜曰："吾身非吾有也，孰有之哉？"

曰："是天地之委形也；生非汝有，是天地之委和也；性命非汝有，是天地之委顺也；子孙非汝有，是天地之委蜕也。故行不知所往，处不知所持，食不知所味。天地之强阳气也，又胡可得而有邪！"

舜问丞：可以将道保有吗？

【译文】

舜向丞请教说："道可以获得而保有吗？"

丞说："你的身体都不是你所据有，又怎么能获得并占有大道呢？"

舜说："我的身体不是由我所有，那谁拥有我的身体呢？"

丞说："是天地赋予了你形体；降生人世并非你所据有，这是天地给予的和顺之气凝积而成；性命也不是你所据有，这也是天地把和顺之气凝聚于你；即使是你的子孙也不是你所据有的，而是天地所给予你的蜕变之形。所以，行走不知去哪里，居处不知持守什么，饮食不知什么滋味。行走、居处和饮食都不过是天地之间气的运动而已，又怎么可以获得并保有呢！"

【分节导读】

此节由孔子问道于老子，经由老子之口说明了"道"的大略，"调而应之""偶而应之"，即调和而顺应，无心而适应，顺其自然。人以及万物的诞生都是"气"的汇聚，因此，死生贫富，博学善辩，都不是至圣之人所需要信守的东西，惟有顺应天地之变化，明白万事万物皆因道而生生不息，不计较生死，不理会得失，世间万物的变化才能坦然面对。面对生死得失，只有做到"遭之而不违，过之而不守"的境界，才是圣人所为。同时，引出了"道不可闻"，真正的道理是不能用话语来表述的，因此一味地追求道为何物，也并非得道的表现。

【原文】

孔子问于老聃曰："今日晏闲，敢问至道。"

老聃曰："汝齐戒，疏瀹而心①，澡雪而精神，掊击而知！夫道，宭然难言哉②！将为汝言其崖略。

"夫昭昭生于冥冥，有伦生于无形，精神生于道，形本生于精，而万物以形相生，故九窍者胎生，八窍者卵生。其来无迹，其往无崖，无门无房，四达之皇皇也。邀于此者，四肢强，思虑恂达③，耳目聪明，其用心不劳，其应物无方。天不得不高，地不得不广，日月不得不行，万物不得不昌，此其道与！

"且夫博之不必知，辩之不必慧，圣人以断之矣。若夫益之而不加益，损之而不加损者，圣人之所保也。渊渊乎其若海，魏魏乎其若山，终则复始也，运量万物而不匮。则君子之道，彼其外与！万物皆往资焉而不匮，此其道与！

孔子询问老聃至道。

"中国有人焉，非阴非阳，处于天地之间，直且为人，将反于宗。自本观之，生者，暗醷物也④。虽有寿夭，相去几何？须臾之说也。奚足以为尧桀之是非！果蓏有理⑤，人伦虽难，所以相齿。圣人遭之而不违，过之而不守。调而应之，德也；偶而应之，道也；帝之所兴，王之所起也。

"人生天地之间，若白驹之过郤，忽然而已。注然勃然，莫不出焉；油然漻然，莫不入焉⑥。已化而生，又化而死，生物哀之，人类悲之。解其天弢⑦，堕其天袠⑧，纷乎宛乎，魂魄将往，乃身从之，乃大归乎！不形之形，形之不形，是人之所同知也，非将至之所务也，此众人之所同论也。彼至则不论，论则不至。明见无值，辩不若默。道不可闻，闻不若塞。此之谓大得。"

【注释】

①齐：同"斋"，斋戒为古人在祭祀或其他重要典礼前进行的整洁身心的仪式。疏瀹（yuè）：疏通、疏导之意。而：同"尔"。②宭（yǎo）然：深远莫测。③恂（xún）达：通达。④暗醷（yīn yì）：气之聚集。⑤果蓏（luǒ）：瓜果之总称，分而言之则是木实曰果，草实曰蓏。有理：二者各有区分之条理。⑥油然漻（liú）然：形容变化消失之状。⑦天弢（tāo）：天然的弓袋。弢，弓袋。⑧堕：毁坏。袠（zhì）：剑袋。弢、袠都有束缚、约束之义。

【译文】

孔子对老聃说："今天安居闲暇，我冒昧地向你请教至道。"

老聃说："你先得斋戒静心，再疏通你的心灵，清洗你的精神，除去你的才智！大道，真是深奥神妙难以言表啊！不过我将为你说个大概。

"明亮的东西产生于昏暗，有形体的东西产生于无形，精神产生于道，形质产生于精微之气，万物全都凭借形体而诞生。所以，具有九窍的动物是胎生的，具有八窍的动物是卵生的。它的来临没有踪迹，它的离去没有边界，不知从哪儿进出，在哪儿停留，通向广阔无垠的四面八方。遵循天道的人，四肢强健，思虑通达，耳目灵敏，不劳思不费神，顺应外物不拘定规。天不

人生若白驹过郤般短暂。

得道便不会高远，地不得道便不会广大，太阳和月亮不得道便不会运行，万物不得道便不会昌盛，这就是道！

"再说博读经典的人不一定懂得真正的道理，善于辩论的人不一定就格外聪明，圣人因而断然割弃上述种种做法。至于增多了却不像是有所增加，减少了却不像是有所减少，那便是圣人所要持守的东西。道渊深似海，高大如山，周而复始地循环运行，运载容纳万物而没有穷尽。然而，世俗君子所谈论的大道，当然不会与它相左。万物全都从它那里获取生命的资助，而且从不匮乏，这就是道啊！

"国中有人，不偏于阴也不偏于阳，处在天地的中间，只不过姑且具备了人的形体罢了，而人终将返归他的本原。从道的观点来看，人的诞生，乃是气的聚合。虽然有长寿与短命之分，但相差又有多少呢？人的一生，说起来只不过是顷刻之间而已。又哪里用得着区分唐尧和夏桀的是非呢！果树和瓜类各不相同却有共同的生长规律，人们的次第关系即使难以划分，也还可以用年龄大小相互为序。圣人遇上这些事从不违拗，事过境迁也不会滞留。调和而顺应，这就是德；无心却适应，这就是道。而德与道便是帝业兴盛的凭借，王侯兴起的规律。

"人生于天地之间，就像白马掠过空隙，瞬间而过罢了。万物自然而然地，全都蓬勃而生；自然而然地，全都顺应变化而死。业已变化而生长于世间，又变化而死离人世。兔死狐悲，人伤其亲。可是人的死亡，也只是解脱了自然的捆束，毁坏了自然的拘束，纷纷扰扰地，魂魄必将消逝，于是身形也将随之而去，这就是最终归向宗本啊！从无形到有形，又从有形到无形，这是人们所共同了解的，却不是体察大道的人所追求的，只是人们所共同谈论的。体悟大道的人就不会去议论，议论的人就没有真正体悟大道。显明昭露地寻找不会真正有所体察，宏辞巧辩不如闭口不言。道不可能通过传言而听到，听闻不如塞耳不听，这就叫真正懂得了玄妙之道。"

道运载万物没有穷尽。

【分节导读】

此节借东郭子向庄子问道，表明了"道"是"无所不在"的。真正的道不仅仅存在于伟大的事物如天地四季之间，也存于蝼蚁稊稗这样微小的事物之中。万物皆由"气"之所成，"物物者，与物无际"，主宰万物之道与万物之间没有界限。

【原文】

东郭子问于庄子曰："所谓道，恶乎在？"

庄子曰："无所不在。"

东郭子曰："期而后可。"

庄子曰："在蝼蚁。"

曰："何其下邪？"

曰："在稊稗。"

曰："何其愈下邪？"

曰："在瓦甓①。"

曰："何其愈甚邪？"

曰："在屎溺。"

东郭子不应。庄子曰："夫子之问也，固不及质。正获之问于监市履狶也②，每下愈况。汝唯莫必，无乎逃物。

庄子说：道在蚂蚁、杂草、瓦块里。

至道若是，大言亦然。周遍咸三者，异名同实，其指一也。

"尝相与游乎无何有之宫，同合而论，无所终穷乎！尝相与无为乎！澹而静乎！漠而清乎！调而闲乎！寥已吾志，无往焉而不知其所至，去而来而不知其所止，吾已往来焉而不知其所终；彷徨乎冯闳③，大知入焉而不知其所穷。物物者与物无际，而物有际者，所谓物际者也；不际之际，际之不际者也。谓盈虚衰杀，彼为盈虚非盈虚，彼为衰杀非衰杀，彼为本末非本末，彼为积散非积散也。"

【注释】

①甓（pì）：砖头。②正、获：官名。监市：监管市场的人。履：踩。狶（xī）：大猪。买猪时要检验肥瘦，通过踩猪腿来检验的方法，叫"履狶"。③彷徨：自由放任。冯闳（píng hóng）：空虚开阔貌。

【译文】

东郭子问庄子说："所谓的道，到底在什么地方？"

庄子说："道是无所不在的。"

东郭子说："必须指出具体在什么地方才可以。"

庄子说："道在蝼蛄、蚂蚁里。"

问："怎么会在这么卑下的地方呢？"

庄子又说："道在杂草中。"

东郭子说："怎么更卑下了呢？"

庄子再说："道在砖头、瓦块上。"

东郭子说："怎么越来越卑下呢？"

庄子干脆说："道在屎尿里。"

东郭子不再说话了。庄子这才说："先生所问的，本来就没有接触道的本质。管理市场的官员问下属踩猪脚以判断肥瘦的窍门，回答是越往腿下部踩越真实。你不可将道绝对化，所有的物都不可能脱离道。大道如此，阐述道的言论也一样。'周''遍''咸'三个词，名异而意思相同，指的都是同一的概念。

道无所不在。

"试着共同遨游于虚无的境界，将你自己的言论混同于大道的言论中，就不会有穷尽之时！试着共同无所作为！恬淡而清静啊！漠然而清虚啊！调和而闲逸啊！我的心志空寂，无所往而不知要到哪里，来来去去而不知哪里是终点，我已经来来往往而不知何处是终结；自由放任，虽有大智之人进入其中，也不能得知大道的止境。主宰万物的道与万物没有分界，而物与物之间的分界，只是叫做物界而已。由无际的道转为有际的物，又从有际的物复归于无际的道。所谓的盈满、空虚、衰败、消杀，是道使万物盈满空虚而自身并不盈满空虚，是道使万物衰败消杀而自身并不衰败消杀，是道使万物有本有末而自身无本无末，是道使万物积聚消散而道本身不会积聚消散。"

尝试遨游虚无，将言论混同于大道。

【分节导读】

　　此节通过弇堈吊评论神农对老龙吉之死的反应，以及泰清向无穷、无为、无始三人问道的两个故事，表达了"道"之不可言传性：真正的"道"乃是"视之无形，听之无声"的。大道无声无形，并非具象的东西可以用语言表述得出，"大道无言"，能够谈论得出的道并非是真正的大道。"道不可闻，闻而非也；道不可见，见而非也；道不可言，言而非也。"所谓知"道"的人所理解的道也是浅薄而外在的，深谙道的至人是不会用语言来表达道的真谛的。

【原文】

　　姤荷甘与神农同学于老龙吉①。神农隐几阖户昼瞑，姤荷甘日中奓户而入曰②："老龙死矣！"神农拥杖而起，曝然放杖而笑③，曰："天知予僻陋慢訑④，故弃予而死。已矣！夫子无所发予之狂言而死矣夫！"

　　弇堈吊闻之曰⑤："夫体道者，天下之君子所系焉。今于道，秋豪之端万分未得处一焉，而犹知藏其狂言而死，又况夫体道者乎！视之无形，听之无声，于人之论者，谓之冥冥，所以论道，而非道也。"

　　于是泰清问乎无穷曰："子知道乎？"

　　无穷曰："吾不知。"

　　又问乎无为。无为曰："吾知道。"

　　曰："子之知道，亦有数乎？"

　　曰："有。"

曰："其数若何？"

无为曰："吾知道之可以贵，可以贱，可以约，可以散，此吾所以知道之数也。"

泰清以之言也问乎无始曰："若是，则无穷之弗知与无为之知，孰是而孰非乎？"

无始曰："不知深矣，知之浅矣；弗知内矣，知之外矣。"

于是泰清中而叹曰："弗知乃知乎！知乃不知乎！孰知不知之知？"

无始曰："道不可闻，闻而非也；道不可见，见而非也；道不可言，言而非也。知形形之不形乎！道不当名。"

无始曰："有问道而应之者，不知道也。虽问道者，亦未闻道。道无问，问无应。无问问之，是问穷也；无应应之，是无内也。以无内待问穷，若是者，外不观乎宇宙，内不知乎大初，是以不过乎昆仑，不游乎太虚"。

婀荷甘推门而入说：老龙吉死了！

泰清向无始问道。

【注释】

①婀（ē）荷甘、神农、老龙吉：都是虚拟之人名。②夋（zhù）：推开。③嚗（bó）然：手杖掉地发出之声。笑：不哭而笑，言其已悟生死齐一之道。④天：指老龙吉，言其有自然之德。僻陋：孤陋寡闻。慢池（dàn）：怠慢荒唐。⑤弇堈（yǎn gāng）吊：虚拟人名。

【译文】

婀荷甘和神农一同在老龙吉处学习。神农大白天靠着几案、关着门睡觉，中午时分，婀荷甘推门而入说："老龙吉死了！"神农抱着拐杖站起身来，"啪"地一声丢下拐杖而笑起来，说："老龙吉知道我见识短浅心志不专，所以丢下了我而死去。完了，先生没有用至道的言论来启发教导我就死去了啊！"

弇堈吊知道了这件事，说："体悟大道的人，天下一切有道德修养的人都将归附于他。如今老龙吉对于道，连秋毫之末的万分之一也未能得到，尚且懂得深藏至言而死去，又何况真正体悟大道的人呢！大道看上去没有形体，听起来没有声音，人们对于所谈论的道，称它是昏昧而又晦暗的，所以用来加以谈论的道，实际上并不是真正的道。"

这时泰清向无穷请教："你知晓道吗？"

无穷回答："我不知晓。"

又问无为。无为回答说："我知晓道。"

泰清又问："你知晓道，道也有名数吗？"

无为说："有。"

泰清说："道的名数怎么样呢？"

无为说："我知道道可以处于尊贵，也可以处于卑贱；可以聚合，也可以离散，这就是我所了解的道的名数。"

泰清用上述谈话去请教无始，说："像这样，那么无穷的不知晓和无为的知晓，谁对谁错呢？"

无始说："不知晓是深奥玄妙，知晓是浮泛浅薄；不知晓处于深奥玄妙之道的范围内，知晓却刚好与道相背。"

无始说：道不可听，不可看，不可言传。

于是泰清仰起头来有所醒悟而叹息，说："不知晓就是真正的知晓啊！知晓就是真正的不知晓啊！有谁懂得不知晓就是知晓呢？"

无始说："道不可能听到，听到的就不是道；道不可能看见，看见了就不是道；道不可以言传，言传的就不是道。要懂得有形之物之所以具有形体正是因为产生于无形的道啊！因此大道不可以称述。"

无始又说："有人询问大道便随口回答的，乃是不知晓道。就是询问大道的人，也不曾了解过道。道无可询问，问了也无从回答。无可询问却一定要问，这是在询问空洞无形的东西；无从回答却勉强回答，这是没有内容的。内心无所得却回答空洞无形的提问，像这样，对外不能观察广阔的宇宙，对内不能了解自身的本原，所以不能越过那有形的昆仑，也不能遨游于清虚宁寂的太虚之境。"

【分节导读】

此节以光曜向无有问道之有无，表达出至人的最高境界应当是"无无"。老子认为"无"乃是万物的本源，即"天下万物生于有，有生于无"。而庄子在无的基础之上提出了"无无"，万物生灭乃是气的聚散，说得清道得明的，皆非真正的道，能够参透的无，也并非真正的无。无无的境界是具有无穷性和开放性的，无法用语言来描述。

【原文】

光曜问乎无有曰："夫子有乎？其无有乎？"

无有弗应也。光曜不得问，而孰视其状貌，窅然空然[①]，终日视之而不见，听之而不闻，搏之而不得也。"

光曜曰："至矣！其孰能至此乎！予能有无矣，而未能无无也；及为无有矣，何从至此哉！"

【注释】

① 窅（yǎo）然：隐晦不明之状，亦为空寂之意。

【译文】

光曜问无有："先生您是存在呢？还是不存在呢？"

无有不吭声。光曜得不到回答，便仔细地观察

光曜问无有：您存在吗？不存在吗？

它的形状和容貌，它是那么深远那么空虚，整天看它看不见，整天听它听不到，整天捕捉它却摸不着。

光曜说："这是最高的境界啊，谁能够达到这种境界呢！我能够做到'无'，却未能达到'无无'，等到做到了'无'却仍然是基于'有'，从哪儿能够达到这种境界啊！"

【分节导读】

此节借大司马家捶制带钩的老人来讲修道的方法。制带钩的老人因为做到"于物无视，非钩无察"，才制出了锋利有光又结实耐用的带钩。修道也是一样，需要人精神高度集中，不为外物所动，心神如一。

【原文】

大马之捶钩者，年八十矣，而不失豪芒。大马曰："子巧与，有道与？"

曰："臣有守也。臣之年二十而好捶钩，于物无视也，非钩无察也。是用之者，假不用者也以长得其用，而况乎无不用者乎！物孰不资焉！"

大司马家锻制钩带的老人。

【译文】

大司马家有个锻制钩带的老人，年纪虽然已经八十，却一点也不会出现差误。大司马说："您是技艺高超呢，还是有道呀？"

锻制钩带的老人说："我遵循着道。我二十岁时就喜好锻制钩带，其他外在的事物都看不见，不是钩带就不会引起我的关注。锻制钩带这是得用心专一的事，借助这一工作便不再分散自己的用心，而锻制出的钩带就会得以长期使用，更何况对于那些无可用心之事啊！能够这样，外物有什么能不为所用呢？"

【分节导读】

此节通过冉求与孔子的对话，讨论天地之始的问题。"物物者非物"，衍生万物的不是某个具体的东西，而是道。道生生不息，没有止境，作为万物的本源，它一直存在于万物之中，古今未变。如同生不是为了死而生，死也不是为了生而死，大道无己，它博大包容，没有任何偏私。遵循大道的圣人也是如此，他们对世人的爱和大道一样，无私无求，永不衰败，永不停止。而世人若想悟道，则首先要将心神从具体形物中解放出来。

【原文】

冉求问于仲尼曰："未有天地可知邪？"

仲尼曰："可。古犹今也。"

冉求失问而退，明日复见，曰："昔者吾问：'未有天地可知乎？'夫子曰：'可。古犹今也。'昔日吾昭然，今日吾昧然，敢问何谓也？"

仲尼曰："昔之昭然也，神者先受之；今之昧然也，且又为不神者求邪！无古无今，无始无终。

未有子孙而有子孙，可乎？"

冉求未对。仲尼曰："已矣，未应矣！不以生生死，不以死死生。死生有待邪？皆有所一体。有先天地生者物邪？物物者非物。物出不得先物也，犹其有物也。无已。圣人之爱人也，终无已者，亦乃取于是者也"

孔子对冉求说：你糊涂是因为拘滞于形象。

【译文】

冉求向孔子请教："天地产生以前的情况可以知道吗？"

孔子说："可以，古时候就像今天一样。"

冉求心有所悟，不想再问，便退出屋来，第二天再次见到孔子，说："昨天我问：'天地产生以前的情况可以知道吗？'先生回答说：'可以，古时候就像今天一样。'昨天我心里还很明白，今天就糊涂了，请问先生说的是什么意思呢？"

孔子说："昨天你心里明白，是因为心神先有所领悟；今天你糊涂了，是因为又拘滞于具体形象而有所疑问啦！没有古就没有今，没有开始就没有终结。不曾有子孙而存在子孙，可以吗？"

冉求不能回答。孔子说："算了，不必再回答了！不会为了生而使死者复生，不会为了死而使生者死去。人的死和生相互有所依赖吗？其实全存在于一个整体。有先于天地而产生的东西吗？化生万物的道不是物象。万物的产生不可能先于道，由道而有了天地万物。有了天地万物之后，这才连续不断繁衍生息。圣人对于人的怜爱始终没有终结，也就是取法于万物的生生相续。"

【分节导读】

此节由颜渊和孔子的对话，谈"化"与"安化"，总结出"至言去言，至为去为"的结论。庄子认为，人活于世，应当顺应外物变化而内心却宁静不变。无论变化或者不变化，都安然顺任，参与变化而不妄自增益。世间万物的变化是遵循着道的规律运行，并不以人类的意志为转移，因此秉承无为之道，不抗拒哀痛的来临，不挽留喜悦的消逝，"无有所将，无有所迎"，顺其自然，虚怀若谷，才是至人所为。

【原文】

颜渊问乎仲尼曰："回尝闻诸夫子曰：'无有所将，无有所迎。'回敢问其游。"

仲尼曰："古之人，外化而内不化；今之人，内化而外不化。与物化者，一不化者也。安化安不化，安与之相靡，必与之莫多。狶韦氏之囿，黄帝之圃，有虞氏之宫，汤武之室。君子之人，若儒墨者师，故以是非相䩅也，而况今之人乎！圣人处物不伤物。不伤物者，物亦不能伤也。唯无所伤者，为能与人相将迎。山林与！皋壤与！使我欣欣然而乐与！乐未毕也，哀又继之。哀乐之来，吾不能御，其去弗能止。悲夫，世人直为物逆旅耳！夫知遇而不知所不遇，能能而不能所不能。无知无能者，固人之所不免也。夫务免乎人之所不免者，岂不亦悲哉！至言去言，至为去为。齐知之所知，则浅矣。"

【译文】

颜渊问孔子说："我曾听先生说过：'不要有所送，也不要有所迎。'请问它的道理。"

孔子说："古时候的人，外表适应环境变化但内心世界却持守凝寂，现在的人，内心游移而外表不变。随应外物变化的人，必定内心纯一凝寂而不离散游移。对变化与不变化都能安然听任，安闲自得地跟外在环境相顺应，必定会与外物一道变化而不会有所偏移。狶韦氏的苑囿，黄帝的果林，虞舜的宫室，商汤、周武王的房舍，都是他们养心任物的好处所。那些称君子的人，如儒家、墨家之流，以是非好坏来相互诋毁，何况现时的人呢！圣人与外物相处却不损伤外物。不伤害外物的人，外物也不会伤害他。正因为无所伤害，因而能够与他人自然相送或相迎。山林啊！旷野啊！这都使我感到无限欢乐啊！可是欢乐还未消逝，悲哀又接着到来。悲哀与欢乐的到来，我无法阻挡，悲哀与欢乐的离去，我也不可能制止。可悲啊！世上的人们只不过是外物临时栖息的旅舍罢了！人们知道遇上了什么却不知道遇不上什么，能够做自身能力所及的事却不能做自身能力所不及的事。不知道与不能够，本来就是人们所不可回避的。一定要避开自己所不能避开的事，难道不可悲吗！最好的言论是什么也没说，最好的行动是什么也没做，要想把每个人所知道的各种认识全都等同起来，那就实在是浅陋了。"

古人外表适应环境变化，内心却持守凝寂。

颜渊问孔子"无有所将，无有所迎"的道理。

安闲自得地顺应外在环境。

卷三　杂篇

◎庚桑楚◎

【题解】

　　本篇的主旨是谈"道"。作者通过庚桑楚行道、南荣趎求道和老子讲道，阐述了"无有""无为"的观点。作者认为：功名是有害之物，举贤任知就会导致人与人相食，所以尧舜的有为政治是万恶之源。他提出"至人之道"是要清静、弃智、诚己、无名、虚心，一切以"无有"为出发点和最终归宿，达到天地万物的通而为一。因此，学道首先就要返归天性，像婴儿一样无知无虑、无得无失。一切顺随自然而不由自主，直至达到一种无我的境界，这样就可无所为而无所不为了。

【分节导读】

　　此节通过庚桑楚与弟子讲自己被百姓推崇而不痛快的原因，阐述了"无为而为"的思想。庚桑楚秉持顺其自然的理念，认为"春其发而百草生，正得秋而万宝成"，万物变化皆是自然规律运行的结果。还以野兽和大鱼喻人，指出不懂得敛藏自己的人和不能够顺应自然规律变化的人，势必会受到伤害。既表明了庄子学说中"出世""无为"的思想，又抨击了自尧舜以来，标举贤名使人民互相倾轧，任用心智使人民互相争盗的混乱政情。

【原文】

　　老聃之役，有庚桑楚者，偏得老聃之道，以北居畏垒之山，其臣之画然知者去之，其妾之挈然仁者远之；拥肿之与居，鞅掌之为使。居三年，畏垒大壤。畏垒之民相与言曰："庚桑子之始来，吾洒然异之①。今吾日计之而不足，岁计之而有余。庶几其圣人乎！子胡不相与尸而祝之，社而稷之乎？"

　　庚桑子闻之，南面而不释然。弟子异之。庚桑子曰："弟子何异于

畏垒山获得大丰收。

予？夫春气发而百草生，正得秋而万宝成。夫春与秋，岂无得而然哉？天道已行矣。吾闻至人，尸居环堵之室，而百姓猖狂不知所如往。今以畏垒之细民，而窃窃焉欲俎豆予于贤人之间，我其杓之人邪②！吾是以不释于老聃之言。"

　　弟子曰："不然。夫寻常之沟，巨鱼无所还其体，而鲵鳅为之制；步仞之丘陵，巨兽无所隐其躯，而蘖狐为之祥。且夫尊贤授能，先善与利，自古尧舜以然，而况畏垒之民乎！夫子亦听矣！"

　　庚桑子曰："小子来！夫函车之兽，介而离山，则不免于网罟之患③；吞舟之鱼，砀而失水④，

则蚁能苦之。故鸟兽不厌高，<u>鱼鳖</u>不厌深。夫全其形生之人，藏其身也，不厌深眇而已矣⑤。且夫二子者，又何足以称扬哉！是其于辩也，将妄凿垣墙而殖蓬蒿也。简发而栉⑥，数米而炊，窃窃乎又何足以济世哉！举贤则民相轧，任知则民相盗。之数物者，不足以厚民。民之于利甚勤，子有杀父，臣有杀君，正昼为盗，日中穴阫⑦。吾语女，大乱之本，必生于尧舜之间，其末存乎千世之后。千世之后，其必有人与人相食者也！"

庚桑子说：尧舜有什么值得称赞的？

【注释】

①洒（xiǎn）然：见所未见，耳目一新的样子。异之：认为他奇异。②其：岂，难道。杓（dú）：众人注目的对象。③罟（gǔ）：网的总名。④砀（dàng）而失水：因动荡而离水。砀，同"荡"。⑤眇（miǎo）：通"渺"，高远。⑥简：通"柬"，选择。栉（zhì）：梳篦的总称，此处指梳头发。⑦日中：中午。穴阫（péi）：在墙上打洞。阫，墙。

【译文】

老聃的弟子，有个名叫庚桑楚的，独得老聃之道，去北方居住在畏垒山上，他的仆人中有炫耀聪明的被他辞去，他的侍女中有标榜仁义的也被他疏远；糊涂无知的人和他住在一起，随便无礼的人被他使唤。住了三年，畏垒山区获得大丰收。畏垒山区的百姓互相议论说："庚桑子刚来时，我们感到很惊奇。现在，我们以每日来看他的功绩感到不足，而以三年的岁月来看他的功绩便感到有余。他差不多是圣人吧！你们为什么不一齐尊奉他为神，为他建立祠庙祭拜他呢？"

庚桑子听到这种议论，面朝南方而心中感到十分不快。弟子们觉得很奇怪。庚桑子说："你们对我有什么可奇怪的呢？春天阳气勃发而百草生长，时至秋日而果实成熟。春季与秋季，难道无故就能这样吗？这是自然之道在运行呢。我听说，至德之人，寂静地居住在一丈见方的小屋之中，而百姓肆意迷妄地不知要到哪里去。现在畏垒的这些小民们，私下里想把我敬奉于贤人之间，我难道是那种众人注目的人吗！因此，我面对老聃的教诲而感到不安。"

弟子说："不是这样，深八尺、长一丈六尺的小水沟，大鱼无法转身，而小鱼却回旋自如；六尺、八尺高的小土丘，巨兽无法藏身，而妖狐却很如意。况且尊重贤人，授权能人，推举善行，施予利益，自古尧、舜就是这样，何况畏垒的百姓呢？先生就听他们的吧！"

庚桑子说："小子们，过来。可以吞车的巨兽，单独离开山林，就不免受到罗网的祸患；可以吞船的大鱼，因潮汐动荡而离水，就会受蝼蚁的伤害。所以鸟兽不厌山高，鱼鳖不厌水

春天百草生长，秋天果实成熟。

深。要全形养性的人，隐身之所，也应是不厌深远的。况且，尧舜这两个人，又有什么值得称赞的呢？像他们那样分辨贤能善利，如同妄自凿毁垣墙而种植蒿蒿一样。选择头发来梳理，数着米粒来煮饭，这样斤斤计较又怎能济世呢？荐举贤能则使人民互相倾轧，任用智者则使人民互相欺诈。这些所为不足以使人民淳厚。人民贪利之心切，于是有子杀父，臣杀君，白日偷盗，正午挖墙之事出现。我告诉你们，大乱的根源，必定起自尧舜，而其流弊将存于千年之后。千年之后，必定有人吃人的事情了！"

【分节导读】

此节以南荣趎请教与老子的故事，经由老子之口谈论养护生命的道理。庄子认为，养护生命就应当同孩童一般，内心世界不滞留于外界事物，随物变化，"行不知所之，居不知所为"。一个人能够不被外物所牵累，不被心事所束缚，拥有婴儿般的纯真与质朴，做到身若槁木心如死灰，那么福祸对他来说都是不存在的，又何谈伤害身形。

【原文】

南荣趎蹴然正坐曰[①]："若趎之年者已长矣，将恶乎托业以及此言邪？"

庚桑子曰："全汝形，抱汝生，无使汝思虑营营。若此三年，则可以及此言矣。"

庚桑子说：保全你的身体，护养你的天性。

南荣趎曰："目之与形，吾不知其异也，而盲者不能自见；耳之与形，吾不知其异也，而聋者不能自闻；心之与形，吾不知其异也，而狂者不能自得。形之与形亦辟矣，而物或间之邪，欲相求而不能相得？今谓趎曰：'全汝形，抱汝生，勿使汝思虑营营。'趎勉闻道达耳矣！"

庚桑子曰："辞尽矣。曰奔蜂不能化藿蠋[②]，越鸡不能伏鹄卵，鲁鸡固能矣。鸡之与鸡，其德非不同也，有能与不能者，其才固有巨小也。今吾才小，不足以化子。子胡不南见老子！"

南荣趎赢粮，七日七夜至老子之所。

越鸡不能孵天鹅蛋。

老子曰："子自楚之所来乎？"

南荣趎曰："唯。"

老子曰："子何与人偕来之众也？"

南荣趎惧然顾其后。老子曰："子不知吾所谓乎？"

南荣趎俯而惭，仰而叹曰："今者吾忘吾答，因失吾问。"

老子曰："何谓也？"

南荣趎忘记了要问的问题。

南荣趎曰："不知乎？人谓我朱愚。知乎？反愁我躯。不仁，则害人；仁，则反愁我身。不义，则伤彼；义，则反愁我己。我安逃此而可？此三言者，趎之所患也。愿因楚而问之。"

老子曰："向吾见若眉睫之间，吾因以得汝矣。今汝又言而信之。若规规然若丧父母，揭竿而求诸海也。女亡人哉！惘惘乎！汝欲反汝情性而无由入，可怜哉！"

南荣趎请入就舍，召其所好，去其所恶。十日自愁，复见老子。

老子曰："汝自洒濯③，熟哉郁郁乎！然而其中津津乎犹有恶也。夫外韄者不可繁而捉④，将内揵⑤；内韄者不可缪而捉，将外揵；外内韄者，道德不能持，而况放道而行者乎！"

南荣趎曰："里人有病，里人问之，病者能言其病，然其病，病者犹未病也。若趎之闻大道，譬犹饮药以加病也，趎愿闻卫生之经而已矣。"

老子曰："卫生之经，能抱一乎？能勿失乎？能无卜筮而知吉凶乎？能止乎？能已乎？能舍诸人而求诸己乎？能翛然乎⑥？能侗然乎⑦？能儿子乎？儿子终日嗥而嗌不嗄⑧，和之至也；终日握而手不掜⑨，共其德也；终日视而目不瞬⑩，偏不在外也。行不知所之，居不知所为，与物委蛇，而同其波。是卫生之经已。"

南荣趎曰："然则是至人之德已乎？"

曰："非也。是乃所谓冰解冻释者，能乎？夫至人者，相与交食乎地，而交乐乎天，不以人物利害相撄⑪，不相与为怪，不相与为谋，不相与为事，翛然而往，侗然而来。是谓卫生之经已。"

曰："然则是至乎？"

曰："未也。吾固告汝曰：'能儿子乎！'儿子动不知所为，行不知所之，身若槁木之枝，而心若死灰。若是者，祸亦不至，福亦不来。祸福无有，恶有人灾也！"

像初生的婴儿一样纯真质朴。

【注释】

①南荣趎（chú）：庚桑楚的弟子，姓南荣名趎。蹴（cù）然：恭敬不安的样子。正坐：正容端坐，以示敬畏。②奔蜂：细腰土蜂，小蜂。藿（huò）：豆叶。蠋（zhú）：豆虫。③洒濯（zhuó）：洗涤。④韄（hù，又读huò）：通"护"。⑤揵（jiàn）：同"闭"，堵塞，闭塞。⑥翛（xiāo）然：自由自在、

无拘无束的样子。⑦侗（dòng）然：无牵无挂的样子。⑧嗥（háo）：嗥哭。嗌（ài）：咽喉哽塞。嗄（shà）：嘶哑。⑨捥（yì）：拳曲，攓。⑩瞚（shùn）：眨眼。⑪撄（yīng）：纠缠，扰乱。

如婴儿一般则灾祸不降临，幸福不到来。

南荣趎局促不安，正容端坐说："像我的年龄已经这样大了，要怎样学习才能达到您所说的那种境界呢？"

庚桑子说："保全你的身体，护养你的天性，不要让你的思虑为求取私利而奔波劳苦。像这样三年时间，就可以达到我所说的那种境界了。"

南荣趎说："盲人和普通人的眼睛，从外形上我看不出有什么差异，而盲人的眼睛却看不见东西；聋子和普通人的耳朵，从外形上我看不出有什么区别，而聋子的耳朵却听不见声音；疯狂的人与普通人的样子，我看不出有什么不同，而疯狂人却不能把持自己。形体与形体之间原本是相通的，但对外物的感受却不相同，想相互求得心灵相通却不可得。如今您对我说：'保全你的身体，护养你的天性，不要使你的思虑为求取私利而奔波劳苦。'我只能勉强听到耳朵里罢了！"

庚桑子说："我的话已说尽了。土蜂不能孵化出豆叶虫，越鸡不能孵化天鹅蛋，而鲁鸡却能够做到。鸡与鸡，它们的禀赋并没有什么不同，有的能做到，有的不能做到，是因为它们的才能原本就有大有小。现在我的才能就很小，不足以使你受到教化，你为何不到南方去拜见老子呢？"

南荣趎带足干粮，走了七天七夜来到老子的住处。

老子说："你是从庚桑楚那儿来的吧？"

南荣趎说："是的。"

老子说："跟你一块儿来的人为何如此多呢？"

南荣趎惊恐地回过头来看自己的身后。

老子说："你不懂我所说的意思吗？"

南荣趎低下头，满脸羞愧之色，仰天叹息："现在我已忘了应该怎样回答，因而也忘掉了我的提问。"

老子说："什么意思呢？"

南荣趎说："不明白道理吧？人们说我愚昧迟钝。明白道理吧？反而给身体带来愁苦。不仁德，就会伤害他人；实行仁德，反而给自己带来愁苦。不讲信义，便会伤害他人；推广信义，又会给自己带来愁苦。这三句话所说的情况，正是我所担忧的事，希望借助庚桑楚的引介而向您请教。"

老子说："刚才我观察你眉宇之间的神色，借此了解了你的心思。如今你的谈话更证明了我的观察。你失神的样子像是失去了父母，又像是举着竹竿探测深不可测的大海。你确实是一个丧失了真性的人啊，是那么迷惘而又昏昧！你想要返归你的真情与本性却不知道从哪里做起，实在是可怜啊！"

南荣趎请求到弟子的馆舍住下，求取自己所喜好的东西，舍弃自己所厌恶的东西，整整十天愁思苦想后，又去拜见老子。

老子说："你作了自我反思，为什么还如此郁郁不乐！可见你心中的恶念仍然在不断地流露出来。受到外物的束缚便难免繁杂急促，于是内心必将堵塞不通；内心受到束缚便难免杂乱急促，于是外部感知必定会闭塞不通；外部感知和内心世界都被束缚，即使是道德高尚的人也不能持守，何况是不依于道而放任行事的人呢！"

南荣趎说："村里的人生了病，村民问候他，生病的人能够说明自己的病情，而能够把自己的病情说清楚的人，就算不上是生了重病。像我这样听闻大道，就好比饮用药物却加重了病情，我只希望能听到养护生命的道理罢了。"

老子说："养护生命的道理，能够使身体与精神浑然合一吗？能够不丧失真性吗？能够不占卜而知晓吉凶吗？能够安守自己的本分吗？能够不追求已经失去的东西吗？能够舍弃仿效他人而追求自我的完

让身体和精神浑然合一。

善吗？能够无拘无束、自由自在吗？能够心神安宁、无所执着吗？能够像初生的婴儿那样纯真质朴吗？婴儿整天啼哭咽喉却不会哽塞嘶哑，这是因为达到了谐和自然的境界；婴儿整天握着小手而手不卷曲，这是因为符合了婴儿的天性与常态；婴儿整天瞪着小眼睛而不眨眼睛，这是因为婴儿的内心不滞留于外物。出行时不知道去哪里，平日居处不知道做什么，接触外物如同随波逐流，听其自然。这就是养护生命的道理。"

南荣趎："那么这就是至人的最高境界吗？"

老子回答："不是的。这只是所谓像冰冻消解那样消除心中症结的本能吧！所谓至德之人，顺从自然之道而求食于地，与天同乐，不因外在的人物利害而扰乱自己，不相互嗔怪，不相互图谋，不参与尘俗的事务，无拘无束、自由自在地走了，又心神安宁、无所执着地到来。这就是所说的养护生命的道理。"

南荣趎说："那么这就达到了最高的境界吗？"

老子说："还没有。我开始就告诉过你：'能够像初生的婴儿那样纯真质朴吗？'婴儿活动却不知道干什么，行走却不知道去哪里，身形像枯槁的树枝而心境像完全熄灭了的死灰。像这样的人，灾祸不会降临，幸福也不会到来。祸福都不存在，哪里还会有人间的灾祸呢！"

【分节导读】

此节着重写心境。"宇泰定者，发乎天光"，即是说心境安泰静定之人，散发出自然之光，才能显现出他的本性。而显露本性并且遵照自然规律变化，才能够"人舍之，天助之"。因此，想要进入道的境界必须要先心境安泰，按照常规做事才行。

【原文】

宇泰定者，发乎天光。发乎天光者，人见其人，物见其物。人有修者，乃今有恒；有恒者，人舍之，天助之。人之所舍，谓之天民；天之所助，谓之天子。

学者，学其所不能学也；行者，行其所不能行也；辩者，辩其所不能辩也。知止乎其所不能知，至矣；若有不即是者，天钧败之。

安泰镇定的人会发出天然的光芒。

【译文】

眉宇间安泰镇定的人，就会发出天然的光芒。发出天然光芒的，人各自显其为人，物各自显其为物。注重修养的人，才能恒久保持天性；恒久保持天性，人们就会归附他，上天也会帮助他。人们所归附的，被称为天民；上天辅助的，称之为天子。

学习，要学习那些不能学的东西；实行，要实行那些不能做到的事情；分辨，要分辨那些不能辨别的事物。知道停留于所不知道的境域，便达到了认知的极点。假如有人不是这样，自然的本性就要受到亏损。

【分节导读】

此节着重讲保养心灵。"备物以将形，藏不虞以生心"，借物以修身，深藏无虑来培养心神。保养心灵也当顺应自然，不自居不刻意操持心灵，这样各种灾祸降临也不扰乱自身，不侵入内心世界。对于人类来说，最大的诱惑在于内心的驱使，因此，注重内修德行，而不注重外修功业，无知无为无我才能保全心灵，方能对"道"有所领悟。

【原文】

备物以将形，藏不虞以生心，敬中以达彼，若是而万恶至者，皆天也，而非人也，不足以滑成，不可内于灵台[①]。灵台者，有持而不知其所持，而不可持者也。

不见其诚己而发，每发而不当；业入而不舍，每更为失。为不善乎显明之中者，人得而诛之；为不善乎幽闲之中者，鬼得而诛之。明乎人，明乎鬼者，然后能独行。

券内者，行乎无名；券外者，志乎期费。行乎无名者，唯庸有光；志乎期费者，唯贾人也[②]，人见其跂，犹之魁然。与物穷者，物入焉；与物且者，其身之不能容，焉能容人！不能容人者无亲，无亲者尽人。兵莫憯于志[③]，莫邪为下；寇莫大于阴阳，无所逃于天地之间。非阴阳贼之，心则使之也。

【注释】

①内（nà）：通"纳"，纳入。灵台：指心，与《德充符》中说的"灵府"意相同，而角度不同，灵府指聚理之心，灵台指高临万物之上的心。②贾（gǔ）人：商人。③憯（cǎn）：同"惨"，毒。

【译文】

具备造化的事物而顺应成形，深敛外在情感而修养心神，谨慎地持守内心以通达外在事物，像这样做而各种灾祸仍然纷至沓来，那就是上天安排的结果，而不是人为所造成，因而不足以扰乱成性，也不可以纳入灵台。灵台，就是有所持守却不知道持守什么，并且无法刻意持守的地方。

不能表现真诚的自我而任情感外发，每次外发却总是不合适宜；习以成性之后而不舍弃，就每每错上加错。在光天化日下做了坏事，人人都会谴责和惩罚他；在昏暗处暗地里做下坏事，鬼神也会谴责和惩罚他。对人能光明清白，对鬼神也能光明清白，这样就能独行于世。

契合内心，行事就不显于名声；契合外物，心思则会求取显用。行事不显名声

与外物相阻隔的人及与外面相通的人。

的人，即使平庸也有光辉；心思在于求取显用的人，只不过是商人而已，人人都能看清他们在踮脚追求外在的东西，还自以为很高大。与外物顺应相通的人，外物必将归附于他；跟外物相互阻隔的人，他们连自身都不能相容，又怎么能容纳他人！不能容人的人无法与人亲近，无法与人亲近的人也就为人们所弃。没有比人心更厉害的武器了，即使是名剑莫邪也只能算是下等兵器；没有敌寇比阴阳造化更为巨大，所以任何人都无法逃出天地之间。其实并非阴阳造化伤害人们，而是人们心神自扰不能顺应阴阳造化而使自身受到伤害。

【分节导读】

此节主要阐述了宇宙自然的"天门"。"天门"即是自然之门，"有"与"无"皆由天门所衍生，"天门"是万物生灭变化的根源。"出无本，入无窍"，生而无根底，灭而无所藏，宇宙自然间的万物都是循环不息，相互转换的。有形无形都是相对的，因此能用有形的身体参透无形的大道，不拘泥于生死有无，就达到了圣人的境界。

【原文】

道通，其分也成也，其成也毁也。所恶乎分者，其分也以备；所以恶乎备者，其有以备。故出而不反，见其鬼；出而得，是谓得死。灭而有实，鬼之一也。以有形者象无形者而定矣。

出无本，入无窍。有实而无乎处，有长而无乎本剽，有所出而无窍者有实。有实而无乎处者，宇也。有长而无本剽者，宙也。有乎生，有乎死，有乎出，有乎入。入出而无见其形，是谓天门。天门者，无有也，万物出乎无有，有不能以有为有，必出乎无有，而无有一无有。圣人藏乎是。

把有形的东西看作无形内心就会安宁。

【译文】

大道通达于万物。万物有分才有成，有成才有毁。厌恶分离的原因，就在于对分离求取完备；厌恶完备的原因，又在于对完备进一步求取完备。所以心神离散外逐欲情而不能返归，就会徒具形骸而显于鬼形；心神离散外逐欲情而能有所得，这就叫做接近死亡。迷灭本性而徒有外形，也就跟鬼一样。把有形的东西看做是无形，那么内心就会得到安宁。

圣人藏在"无有"的境界中。

道的产生没有开始，消失没有踪迹。具有实在的形体却看不见确切的处所，有成长却见不到成长的始末，有所产生却没有孔隙却又实际存在着。具有实在的形体而看不见确切的处所，是因为处在上下四方没有边际的空间中。有成长却见不到成长的始末，是因为处在古往今来没有极限的时间里。存在着生，存在着死，存在着出，存在着入，入与出都没有具体的形迹，这就叫做自然之门。所谓自然之门，就是不存在一个确切的门，万事万物都出自这一自然之门。"有"不可能用"有"来产生"有"，必定要出自"无有"，而"无有"就是一切都没有。圣人就藏身于这样的境界中。

【分节导读】

　　此节着重写古人与现代人对"至"所认知的界限。由古之人的智识有限，说到现代人的是非不定。庄子认为无论是古之人还是今之人，都不能深刻的领悟何为"至"。古之人认为万物未形成之时便是极限，而今之人则是将生看做根本，将才智当做标准，以这样的观点驾驭是非，与虫鸟的见识无异。

【原文】

　　古之人，其知有所至矣。恶乎至？有以为未始有物者，至矣，尽矣，弗可以加矣。其次以为有物矣，将以生为丧也，以死为反也，是以分已。其次曰始无有，既而有生，生俄而死；以无有为首，以生为体，以死为尻；孰知有无死生之一守者，吾与之为友。是三者虽异，公族也；昭景也，著戴也，甲氏也，著封也，非一也。

古时的人知道宇宙初始没有物。

　　有生，黬也[1]，披然，曰移是。尝言移是，非所言也。虽然，不可知者也。腊者之有膍胲[2]，可散而不可散也。观室者周于寝庙，又适其偃焉，为是举移是。

　　请尝言移是。是以生为本，以知为师。因以乘是非，果有名实；因以己为质，使人以为己节，因以死偿节。若然者，以用为知，以不用为愚，以彻为名，以穷为辱，移是，今之人也，是蜩与学鸠同于同也。

【注释】

①黬（àn）：黑疵。②腊：腊祭。膍（pí）：牛肚。胲（gāi）：牛蹄　一说牛颊肉。

【译文】

　　古时候的人，他们的才智达到很高的境界。什么样的境界呢？有认为宇宙初始是不曾有物的，这种观点是最高明的，最完美的了，不可以再添加什么了。低一等的认为宇宙初始已经存在事物，他们把产生看做是另一种事物的丧失，他们把消失看做是返归自然，而这样的观点已经对事物有了区分。再次一等认为宇宙初始确实不曾有过什么，不久就产出了生物，有生命的东西又很快地死去；他们把虚空看做是头，把生命看做是躯体，把死亡看做是尾脊。谁能明白有、无、死、生原本就是一体，我就与他交结为朋友。以上三种认识虽然各有不同，但却属于一个类别，犹如楚国王族中昭、景二姓以世代为官而著显，甲姓以世代封赏而著显，只不过是姓氏不同罢了。

　　世上存在的生命，乃是从昏暗中产生出来，生命一旦产生彼与此、是与非就在不停地转移而不易分辨。让我来谈谈转移和分辨，其实这本不足以谈论。即便如此，谈论了也是不可以明了的。譬如说，年终时大祭备有牛牲的内脏和四肢，可以分别陈列却又不可以离散整体牛牲。又譬如说，游观王室的人看了住人的寝室，还要去厕所看一看。像这些例子全都可以说明彼与此、是与非在不停地转移。

请让我再谈谈是非的转移和不定。这全是因为把生存看做根本，把才智看做老师。于是以这样的观点来驾驭是与非，便果真分辨出次要、主要的区别；于是把自我看做是主体，并且让人把这一点当做神圣的节操，于是又用死来殉偿这一节操。像这样的人，以举用为才智，以晦迹为愚昧，以通达为荣耀，以困厄为羞耻。是非、彼此的不定，是现今人们的认识，这就跟蜩与学鸠共同讥笑大鹏那样，其实是同样的无知。

【分节导读】

此节以踶人之足为例，阐述了道家学说中的"至礼无礼"，即最好的礼仪是不分彼此、视人如己。

【原文】

踶市人之足①，则辞以放骜，兄则以妪②，大亲则已矣。故曰，至礼有不人，至义不物，至知不谋，至仁无亲，至信辟金。

【注释】

①踶（zhǎn）：踩，踹，踏。市人：集市上不相识的人。②妪（yù）：出声的问慰。

【译文】

踩了集市上行人的脚，就要道歉说对不起，兄长踩了弟弟的脚就要怜惜安慰，父母踩了子女的脚就算了。因此说，最好的礼仪就是不分彼此视人如己，最好

踩了集市上人的脚要道歉。

的道义就是不分物我各得其宜，最高的智慧就是无须谋虑顺其自然，最大的仁爱就是对任何人也不表示亲近，最大的诚信就是无须用贵重的东西作为凭证。

【分节导读】

此节列举了扰乱意志、束缚心灵、负累德行、阻碍大道的二十四种因素。庄子认为只有这些因素都不震荡于胸中，才能做到恬适顺应无所作为而又无所不为。修道即是一种摒除这些因素的过程，庄子全面而细致地总结出这些因素，也预示着修道之人难免会遇到这些阻碍，而克服了这些阻碍才能成为得道至人。

【原文】

彻志之勃，解心之谬，去德之累，达道之塞。贵富显严名利六者，勃志也。容动色理气意六者，谬心也。恶欲喜怒哀乐六者，累德也。去就取与知能六者，塞道也。此四六者，不荡胸中则正，正

则静，静则明，明则虚，虚则无为而无不为也。道者，德之钦也；生者，德之光也；性者，生之质也。性之动，谓之为；为之伪，谓之失。知者，接也；知者，谟也；知者之所不知，犹睨也。动以不得已之谓德，动无非我之谓治，名相反而实相顺也。

打通阻碍大道的事物。

【译文】

　　排除意志的干扰，解脱心灵的束缚，遗弃道德的牵累，打通大道的阻碍。高贵、富有、尊显、威严、声名、利禄六种情况，全是扰乱意志的因素。容貌、举止、美色、辞理、气调、情意六种情况，全是束缚心灵的因素。憎恶、欲念、欣喜、愤怒、悲哀、欢乐六种情况，全是牵累道德的因素。离去、靠拢、贪取、施与、智虑、技能六种情况，全是堵塞大道的因素。这四个方面各六种情况不在胸中震荡，内心就会平正，内心平正就会宁静，宁静就会明澈，明澈就会虚空，虚空就能顺其自然，无所作为而又无所不为。大道，是自然之主；生命，是盛德的光华；禀性，是生命的根本。合乎本性的行动，称之为率真的作为；受伪情驱使而行动，称之为失却本性。知识，出自与外物的应接；智慧，出自内心的谋划；具有智慧的人也会有不了解的知识，就像斜着眼睛看，所见必定有限。有所举动却出于不得已叫做德，有所举动却不是为了自我叫做治，追求名声必定适得其反，而讲求实际就会事事顺应。

【分节导读】

　　此节以后羿技艺精湛却不善于应对别人的称赞为例，说明处理人世比顺应自然更为困难，从而提出另一个"全人"的概念，全人是既善于契合自然又能应和人为的完美之人。

【原文】

　　羿工乎中微而拙乎使人无己誉。圣人工乎天而拙乎人。夫工乎天而俍乎人者[①]，唯全人能之。唯虫能虫，唯虫能天。全人恶天，恶人之天，而况吾天乎人乎！

　　一雀适羿，羿必得之，威也；以天下为之笼，则雀无所逃。是故汤以胞人笼伊尹，秦穆公以五羊之皮笼百里奚。是故非以其所好笼之而可得者，无有也。

　　介者拸画[②]，外非誉也；胥靡登高而不惧，遗死生也。夫复谇不馈而忘人[③]；忘人，因以为天人矣。故敬之而不喜，侮之而不怒者，唯同乎天和者为然。出怒不怒，则怒出于不怒矣；出为无为，则为出于无为矣。欲静者平气，欲神则顺心。有为也欲当，则缘于不得已。不得已之类，圣人之道。

【注释】

　　①俍（liáng）：同"良"，善。②介者：断脚的人。拸（chǐ）：离弃。画：规则，规矩礼法。拸画，不拘法度。③复谇：熟习。谇（xí），同"习"。馈：同"愧"。

【译文】

　　羿精于射中微细之物而拙于不让人们赞誉自己。圣人精于顺应自然而拙于人事。精于顺应自然而又善于周旋人事，只有"全人"能够这样。只有虫豸能够像虫豸一样地生活，只有虫豸能够秉承于自然。"全人"厌恶自然，是厌恶人为的自然，更何况用自我的尺度将自然与人事对立起来呢！

一只小雀迎着羿飞来，羿一定会射中它，这是羿的威力；把整个天下当做雀笼，那么鸟雀没有一只能够逃脱。因此商汤用庖厨来笼络伊尹，秦穆公用五张羊皮来笼络百里奚。所以说，不用其所好来笼络人心而可以成功的，从不曾有过。

后羿善射，却不善应对赞誉。

砍断了脚的人不图修饰，因为已把毁誉置之度外；服役的囚徒登上高处不存恐惧，因为已经忘掉了生死。对于谦卑的言语不愿作出回报而忘掉了他人，能够忘掉他人的人，就可称做合于自然之理又忘却人道之情的"天人"。所以，敬重他却不感到欣喜，侮辱他却不会愤怒的人，只有混同于自然顺和之气的人才能够这样。发出了怒气但不是有心发怒，那么怒气也就出于不怒；有所作为但不是有心作为，那么作为也就出于无心作为。想要宁静就得平和气息，想要振奋精神就要顺应心志，即使有所作为也须处置适宜，事事顺应不由自主。事事不由自主的做法，就是圣人之道。

后羿射中小雀，名誉之箭也射中他。

◎徐无鬼◎

【题解】

　　本篇由十余个各不相关的故事组成，并夹带少量的议论。全篇内容很杂，中心不明朗，故事之间也缺乏关联，但多数是倡导无为思想的，语言上保持了一贯的犀利潇洒。

　　作者通过各个故事，讥讽诗、书、礼、乐的无用，指出当世国君的作法实质上是在害民，只有"应天地之情"，才真正是"社稷之福"；指摘为政者的迷乱，批评了事事"皆困于物"的人；认为天下并没有共同认可的是非标准；阐述无为而治的主张；告诫人们不应有所自恃，哀叹世人的迷误；强调不用言语、返归无为的功效，指斥仁义是贪婪者的工具；批判了三种不同的错误心态，并最终阐明了顺任自适的思想。

【分节导读】

　　此节借徐无鬼之口批评了为满足个人私欲而苦一国之民的统治者。"君虽为仁义，几且伪哉"，道家之所以反对仁义治国，很大程度是因为不少君主借仁义之名发动战争，大兴杀伐，做尽伤民害民之事。在庄子看来，为满足私欲搅扰自然人世是一种病，人君应修养自身心神，以应天地之情，如大道养化万物一般，施行无为之治。

【原文】

　　徐无鬼因女商见魏武侯，武侯劳之曰："先生病矣！苦于山林之劳，故乃肯见于寡人。"

　　徐无鬼曰："我则劳于君，君有何劳于我！君将盈耆欲，长好恶，则性命之情病矣；君将黜耆欲，掔好恶①，则耳目病矣。我将劳君，君有何劳于我！"武侯超然不对。

　　少焉，徐无鬼曰："尝语君，吾相狗也。下之质，执饱而止，是狸德也；中之质，若视日；上之质，若亡其一。吾相狗，又不若吾相马也。吾相马，直者中绳，曲者中钩，方者中矩，圆者中规，是国马也，而未若天下马也。天下马有成材，若恤若失，若丧其一。若是者，超轶绝尘②，不知其所。"武侯大说而笑。

徐无鬼对魏武侯说：最好的马有天生的材质。

　　徐无鬼出，女商曰："先生独何以说吾君乎？吾所以说吾君者，横说之则以《诗》《书》《礼》《乐》，从说之则以《金板》《六韬》。奉事而大有功者不可为数，而吾君未尝启齿。今先生何以说吾君，使吾君说若此乎？"

徐无鬼曰："吾直告之吾相狗马耳。"

女商曰："若是乎？"

曰："子不闻夫越之流人乎？去国数日，见其所知而喜；去国旬月，见所尝见于国中者喜；及期年也，见似人者而喜矣；不亦去人滋久，思人滋深乎？夫逃虚空者，藜藋柱乎鼪鼬之径③，踉位其空，闻人足音跫然而喜矣④，又况乎昆弟亲戚之謦欬其侧者乎⑤！久矣夫，莫以真人之言謦欬吾君之侧乎！"

离乡一年，见到同乡欣喜若狂。

【注释】

①擎（qiān）：通"牵"，引申为除去。②超轶（yì）：超越。绝尘：不知其所止。③藜藋（lí diào）：杂草。柱：塞。鼪鼬（shēng yòu）：黄鼠狼。径：往来。④足音：走路的声音。跫（qióng）然：脚步声。⑤謦欬（qǐng kài）：指音容笑貌。

徐无鬼用相马、相狗之术取悦魏武侯。

【译文】

徐无鬼由女商引荐去见魏武侯，武侯慰问他说："先生一定是疲惫了！隐居山林劳累困苦，所以才肯前来见我。"

徐无鬼说："我是来慰问你的，你有什么可慰问我的呢！你要是满足嗜好和欲望，增加喜好和憎恶，那么性命的实质就会受到损害；你要是废弃嗜好和欲望，去除喜好和憎恶，那么耳目的享受就会遭受困厄。我正打算来慰问你，你有什么可慰问我的呢！"武侯听了怅然若失，不能应答。

过了一会儿，徐无鬼说："我来告诉你我的相狗之术。下等品类的狗只求填饱肚子，这是跟野猫一样的德性；中等品类的狗总是凝视上方，意气高远；上等品类的狗总是像忘掉了自身的存在。我的相狗之术，又不如我的相马之术。我观察马的体态，直的部分要合于墨线，弯的部分要合于钩弧，方的部分要合于角尺，圆的部分要合于圆规。这样的马就是国马，不过还比不上天下最好的马。天下最好的马具有天生的材质，或缓步似有忧虑，或奔逸神采奕奕，总是像忘记了自身的存在，这样的马能够超越马群，疾如狂风，奔逸绝尘，不知所终。"魏武侯听了高兴地笑了。

徐无鬼走出宫廷，女商说："先生究竟是用什么办法使国君这样高兴呢？我用来使国君高兴的办法是，横说用《诗》《书》《礼》《乐》，纵说用《金板》《六韬》等兵书兵法。侍奉国君而大有功绩的不可计数，而国君从不曾开口笑过。现在先生究竟用什么办法来取悦国君，使国君如此高兴呢？"

徐无鬼说："我只是告诉他我的相狗、相马之术罢了。"

女商说："就是这样吗？"

徐无鬼说："你没有听说过越地流亡之人的故事吗？离开都城几天，见到故交旧友便十分高兴；离开都城十天整月，见到在国都中曾经见过的人便大喜过望；等到过了一年，见到好像是同乡的人便欣喜若狂；不就是离开故人越久，思念故人的感情越深吗？流落空旷原野的人，在野草丛生、黄鼠狼出没的小路上，踉踉跄跄停处于空野，听到人的脚步声就高兴起来，更何况是兄弟亲戚在身边说笑呢？很久了，没有人用真诚纯朴的话语在国君身旁谈笑了啊！”

【分节导读】

　　此节以徐无鬼与魏武侯对话，批评武侯为满足个人私欲而苦一国之民，强调了生命应以心神为中心。心神是好平和而恶自私的，凡事都不应以私人利益为出发点，强调无为而为，无为治国。同时批判了当时君主以仁义为名，发动战争，杀他国之士民，兼他国之土地，行名为爱民实为害民之事，并非真仁义的表现。只有修养好自己的心神，万事顺其自然，才是爱民惠民的好君主。

【原文】

　　徐无鬼见武侯，武侯曰：“先生居山林，食芧栗[①]，厌葱韭，以宾寡人，久矣。夫今老邪？其欲干酒肉之味邪？其寡人亦有社稷之福邪？”

　　徐无鬼曰：“无鬼生于贫贱，未尝敢饮食君之酒肉，将来劳君也。”

　　君曰：“何哉，奚劳寡人？”

　　曰：“劳君之神与形。”

　　武侯曰：“何谓邪？”

　　徐无鬼曰：“天地之养也一，登高不可以为长，居下不可以为短。君独为万乘之主，以苦一国之民，以养耳目鼻口，夫神者不自许也。夫神者，好和而恶奸。夫奸，病也，故劳之。唯君所病之，何也？”

徐无鬼说：您用人民劳苦满足眼耳口鼻的私欲。

　　武侯曰：“欲见先生久矣。吾欲爱民而为义偃兵，其可乎？”

　　徐无鬼曰：“不可。爱民，害民之始也；为义偃兵，造兵之本也。君自此为之，则殆不成。凡成美，恶器也；君虽为仁义，几且伪哉！形固造形，成固有伐，变固外战。

屠杀士卒百姓满足私欲，无胜利可言。

君亦必无盛鹤列于丽谯之间，无徒骥于锱坛之宫，无藏逆于得，无以巧胜人，无以谋胜人，无以战胜人。夫杀人之士民，兼人之土地，以养吾私与吾神者，其战不知孰善？胜之恶乎在？君若勿已矣，修胸中之诚，以应天地之情而勿撄。夫民死已脱矣，君将恶用夫偃兵哉！”

【注释】

①芧（xù）栗：小栗。《齐物论》有“狙公赋芧”。《山木》芧作“杼”。

【译文】

　　徐无鬼拜见魏武侯，武侯说：“先生居住在山林里，吃的是橡栗，食用的是葱韭之类的菜蔬，以此摒弃于我，已经很久了！现在是年老了吗？是为了寻求酒肉之类的美味呢？还是有什么治国的良策要造福于国家吗？"

徐无鬼说："我出身贫贱，不敢奢望能够获得国君的高官厚禄，只是打算来慰问您。"

武侯说："为什么呢？怎样来慰问我呢？"

徐无鬼说："慰问您的精神和形体。"

武侯说："你说的是什么意思？"

徐无鬼："天地对于人们的养育之功是同样的，身居高位不可以自认为高人一等，身处低下的地位不可

徐无鬼向魏武侯说治国之道。

以自认为矮人三分。您作为大国的国君，使全国的百姓劳累困苦，以人民的劳苦来满足眼耳口鼻的私欲，弄得自己的心神不得安宁。人的心神喜欢与外物和顺而厌恶为自己求取私利。为个人求取私利，这是一种严重的病，所以我特地前来慰问。只有国君您患有这种病症，为什么呢？"

武侯说："我希望见到先生已经很久了。我想爱护人民并为了道义而停止战争，这样就可以了吧？"

徐无鬼说："不可以。所谓爱护人民，正是残害人民的开始；为了道义而停止战争，正是制造战争的祸根；您如果从这些方面来着手治理，恐怕不会取得任何成效。大凡成就了美好的名声，也就有了作恶的工具；您虽然是在推行仁义，却更接近于虚伪和作假啊！有了仁义和形迹必定会出现作伪的形态，有了成功必定会自我夸耀，有了变故也必定会再次挑起战争。您千万不要将庞大的军队像鹤群一样排列在高楼之前，不要陈列步卒骑士于锱坛的宫殿之内，不要包藏贪求之心，不要用智巧去战胜别人，不要用阴谋去打败别人，不要用战争去征服别人。屠杀他人的士卒和百姓，兼并他人的土地，用来满足自己的私欲，这样的战争有什么好处？胜利又存在哪里？您不如停止争战，修养心中的诚意，顺应自然的真性而不去搅扰其规律。这样百姓就得以摆脱死亡的威胁，您哪里还用得着什么平息战争呢！"

【分节导读】

　　此节讲黄帝去具茨山见大隗的路上迷路，遇一牧童向其问道治天下的故事。作者以牧童自比，向黄帝讲述治天下的道理：无为而治。庄子认为牧人与牧马无异，放任其自由发展，不束缚不限定，尊重其本性，那么无需治国国自然长治久安。以黄帝与七贤途中迷路，暗喻了黄帝在治国之术上已经处于束手无策的地步，突出老子"无事""无为"的思想，"无事"即不生事，无扰民。

【原文】

　　黄帝将见大隗乎具茨之山①，方明为御，昌寓骖乘，张若、讪朋前马，昆阍、滑稽后车；至于襄城之野，七圣皆迷，无所问涂。

　　适遇牧马童子，问涂焉，曰："若知具茨之山乎？"曰："然。"

　　"若知大隗之所存乎？"曰："然。"

　　黄帝曰："异哉小童！非徒知具茨之山，又知大隗之所存。请问为天下。"

小童曰："夫为天下者，亦若此而已矣，又奚事焉！予少而自游于六合之内，予适有瞀病②，有长者教予曰：'若乘日之车而游于襄城之野。'今予病少痊，予又且复游于六合之外。夫为天下亦若此而已。予又奚事焉！"

黄帝曰："夫为天下者，则诚非吾子之事。虽然，请问为天下。"小童辞。

黄帝又问。小童曰："夫为天下者，亦奚以异乎牧马者哉！亦去其害马者而已矣！"黄帝再拜稽首，称天师而退。

黄帝迷路，遇到一个牧马童子。

【注释】

①大隗（dà wěi）：指喻大道，一说神名或人名。具茨：山名。又名大隗山，在今河南密县东。②瞀（mào）：眼花，目眩。

【译文】

黄帝到具茨山去拜见大隗，方明赶车，昌寓陪乘，张若、诩朋在马前导引，昆阍、滑稽在车后跟随。来到襄城的原野，七位圣人都迷失了方向，而且没有地方可以问路。

正巧遇上一位牧马的少年，便向牧马少年问路，说："你知道具茨山吗？"少年回答："知道。"又问："你知道大隗居住在什么地方吗？"少年回答："知道。"

黄帝说："真是奇怪啊，这位少年！不只是知道具茨山，而且知道大隗居住的地方。请问怎样治理天下。"

黄帝听完童子的话就回去了。

少年说："治理天下，也就像牧马一样罢了，又何必多事呢！我小的时候独自在天地之间游玩，碰巧生了头眼眩晕的病，有位长者教导我说：'你还是乘坐太阳车去襄城的旷野里游玩。'如今我的病有了一些好转，我又将到天地之外去游玩。至于治理天下，恐怕也就像牧马一样罢了，我又何必去多事啊！"

黄帝说："治理天下，固然不是你操心的事。即便如此，我还是要向你请教怎样治理天下。"少年听了不予回答。

黄帝又问。少年说："治理天下，跟牧马有什么不同呢！也就是去除害马罢了！"黄帝听了再三叩头拜谢，口称"天师"而返回。

【分节导读】

此节列举了知士、辩士、察士等近二十类士人，批评了身心驰骛，沉溺外物，执着于权势和财物的势物之徒。说明他们执着于外物终会被外物所束缚，在物欲横流中丧失了自己的天然心性，糟蹋了自己也终究为害他人。

【原文】

知士无思虑之变则不乐，辩士无谈说之序则不乐，察士无凌谇之事则不乐①，皆囿于物者也②。

招世之士兴朝，中民之士荣官，筋力之士矜难，勇敢之士奋患，兵革之士乐战，枯槁之士宿名，法律之士广治，礼教之士敬容，仁义之士贵际。

农夫无草莱之事则不比，商贾无市井之事则不比。庶人有旦暮之业则劝，百工有器械之巧则壮。

钱财不积则贪者忧，权势不尤则夸者悲。势物之徒乐变，遭时有所用，不能无为也。此皆顺比于岁，不易于物者也。驰其形性，潜之万物，终身不反，悲夫！

【注释】

①察士：善于观察的人。凌谇（suì）：通"零碎"，指斤斤分辨。②囿（yòu）：局限，束缚。

【译文】

善用智谋的人没有思虑的变换就不快乐，善于言谈的人没有论说的条理就不高兴，善于观察的人没有零碎细小的事物就不高兴，这都是局限于外物的人。

要在世上留名的人立志于朝政，善于治民的人以官职为荣耀，身强有力的人以克服阻难而自豪，勇敢的人奋起除患，拿兵器穿战袍的人乐于作战，隐居的人在意名声，讲求法律的人推广法治，讲究礼教的人注重仪表，崇尚仁义的人注重交际。

兵士、商人、农民和仁义之士。

农民没有除草耕田等农事就不能安乐，商人没有买卖之事就不能安乐。老百姓有一日要干的事就努力去做，手艺人有器械的技能就声高气壮。

钱财不能积聚，贪心的人就很忧愁；权势不能显赫，自以为是的人就很悲哀。势利之人善变，遇到时机就有所用，不能无所作为。这些都是顺附于时机，不能在变化中主宰外物的人。放纵他们的身心，沉溺于各种外物，终身不能恢复本性，可悲啊！

【分节导读】

此节写庄子与惠子对话，问天下可有公认的是非标准。批评了当时各家的坚持己见，并认为正是各家的自以为是致使天下扰扰攘攘，混乱不堪。作者用齐人求钟和楚人造怨的故事讽喻各家学派遗弃珍贵的事理而执持贱陋的见解，批评他们未求得真理却结下了怨仇。可以看出，庄子于百家争鸣的状况持否定态度。

【原文】

庄子曰："射者非前期而中，谓之善射，天下皆羿也，可乎？"

惠子曰："可。"

庄子曰："天下非有公是也，而各是其所是，天下皆尧也，可乎？"

惠子曰："可。"

庄子曰："然则儒、墨、杨、秉四，与夫子为五，果孰是邪？或者若鲁遽者邪？其弟子曰：'我得夫子之道矣，吾能冬爨鼎而夏造冰矣①。'鲁

惠子擅长与人辩论。

遽曰：'是直以阳召阳，以阴召阴，非吾所谓道也。吾示子乎吾道。'于是为之调瑟，废一于堂，废一于室，鼓宫宫动，鼓角角动，音律同矣。夫或改调一弦，于五音无当也，鼓之，二十五弦皆动，未始异于声，而音之君已。且若是者邪？"

惠子曰："今夫儒、墨、杨、秉，且方与我以辩，相拂以辞，相镇以声，而未始吾非也，则奚若矣？"

庄子曰："齐人蹢子于宋者②，其命阍也不以完，其求钘钟也以束缚，其求唐子也而未始出域，有遗类矣！夫楚人寄而蹢阍者，夜半于无人之时而与舟人斗，未始离于岑而足以造于怨也③。"

【注释】

①爨（cuàn）：烧。②蹢（zhí）：通"掷"，投，放。一说通"谪"，责。子：儿子。宋：宋国。③岑（cén）：岸。

【译文】

庄子说："射箭的人不是预先瞄准而误中靶，这样就称他善于射箭，那么全天下都是羿那样善射的人，可以这样说吗？"

惠子说："可以。"

庄子说："天下本没有共同认可的正确标准，却各以自己认定的标准为正确，那么全天下都是唐尧那样圣明的人，可以这样说吗？"

惠子说："可以。"

庄子说："那么儒、墨、杨朱、公孙龙四家，跟先生你一道便是五家，到底谁是正确的呢？或者都像是鲁遽那样吗？鲁遽的弟子说：'我学得了先生的学问，我能够在冬天生火烧饭，在夏天制出冰块。'鲁遽说：'这只不过是用阳气来招引出具有阳气的东西，用阴气来招引出具有阴气的东西，不是我所倡导的学问。我把我所主张的道理告诉给你。'于是当众调整好瑟弦，放一张瑟在堂上，放一张瑟在内室，弹奏起这张瑟的宫音而那张瑟的宫音也随之应合，弹奏那张瑟的角音而这张瑟的角音也随之应合，音律相同。如果其中任何

各家各抒己见，谁正确呢？

一根弦改了调，五个音不能合谐，弹奏起来，二十五根弦都发出震动，在声调上没有差别，只是以音为主而已。你们恐怕就是像鲁遽那样的人吧？"

惠子说："如今儒、墨、杨朱、公孙龙，他们正跟我一同辩论，用言辞相互进行指责，用声望相互压制对方，而这未必是我的错误，那么怎会与他们相似呢？"

庄子说："齐国有个人把自己的儿子放在宋国，让他像残疾人一样守大门，他获得一只小钟唯恐破损而包了又包，捆了又捆，他寻找遗失的儿子却不曾走出村子去寻找，这就像相互辩论的各家！楚国有个人寄居别人家而怒责守门人，半夜无人时走出门来又跟船家打了起来，船还没有靠岸却已经结下了仇怨。"

【原文】

庄子送葬，过惠子之墓，顾谓从者曰："郢人垩漫其鼻端①，若蝇翼，使匠石斫之②。匠石运斤成风，听而斫之，尽垩而鼻不伤，郢人立不失容。宋元君闻之，召匠石曰：'尝试为寡人为之。'匠石曰：'臣则尝能斫之。虽然，臣之质死久矣。'自夫子之死也，吾无以为质矣！吾无与言之矣！"

庄子在惠子墓前讲述郢人斫白灰的故事。

【注释】

① 郢（yǐng）：楚国的国都。垩（è）：白灰。漫：涂。② 匠石：匠人名石。斫（zhuó）：砍。

【译文】

庄子送葬，经过惠子的坟墓，回头对跟随他的人说："有位郢人用白灰涂一点儿在他的鼻尖上，像苍蝇的翅膀那样薄，让一位名叫石的工匠把它砍掉。匠石挥动斧头成风，很随意地就砍下来了，白灰没有了而鼻子没受一点伤，郢人站着面不改色。宋元君听说此事，召来匠石说：'试试为我砍一次看看。'匠石说：'我曾经能够砍，但是，我的对手死了很久了。'自从先生死后，我没有对手了，我没有辩论的对象了！"

【原文】

　　管仲有病，桓公问之，曰："仲父之病病矣，可不讳云！至于大病，则寡人恶乎属国而可[①]？"

　　管仲曰："公谁欲与？"

　　公曰："鲍叔牙。"

　　曰："不可。其为人，洁廉善士也，其于不己若者不比之，又一闻人之过，终身不忘。使之治国，上且钩乎君，下且逆乎民。其得罪于君也，将弗久矣！"

　　公曰："然则孰可？"

　　对曰："勿已，则隰朋可[②]。其为人也，上忘而下不畔，愧不若黄帝而哀不己若者。以德分人谓之圣，以财分人谓之贤。以贤临人，未有得人者也；以贤下人，未有不得人者也。其于国有不闻也，其于家有不见也。勿已，则隰朋可。"

【注释】

①恶（wū）：怎么，何。属国：委任国政。②隰（xī）朋：人名，齐国贤臣。

【译文】

　　管仲有病时，桓公向他说："仲父的病很重了，可以不忌讳地说，如到了病危时，我把国政委任给谁才行呢？"

　　管仲说："您要给谁呢？"

　　桓公说："鲍叔牙。"

　　管仲说："不可以。他是为人清廉的善良之士，他不亲近不如自己的人，并且一听到别人的过错，就终身不忘。让他治理国政，对上要违背君主，对下要违逆百姓。他得罪国君，将不会有很长时间了！"

管仲病中举荐隰朋。

　　桓公说："那么谁可以呢？"

　　回答说："要不然，就是隰朋可以。他的为人是对上不计较，对下友善，自愧不如黄帝而怜爱不如自己的人。把德施于人就叫做圣，把财施于人就叫做贤。以贤自居而傲视别人，没有能得人心的；以贤而甘居人下，没有不得人心的。他对国政有不过问之处，对家事有不察看之处。要不然，就是隰朋可以。"

【分节导读】

　　此节通过吴王射猕猴的故事，告诫人不可自恃巧捷以骄横态度待人，不然就会像人前显弄自己的猕猴一般，招致祸患。

【原文】

　　吴王浮于江，登乎狙之山[①]。众狙见之，恂然弃而走，逃于深蓁。有一狙焉，委蛇攫搔[②]，见巧乎王。王射之，敏给搏捷矢。王命相者趋射之，狙执死。

　　王顾谓其友颜不疑曰："之狙也，伐其巧，恃其便以敖予，以至此殛也[③]！戒之哉！嗟乎，无以汝色骄人哉！"颜不疑归而师董梧，以锄其色，去乐辞显，三年而国人称之。

【注释】

①狙（jū）：猕猴。《齐物论》有狙公赋茅的故事。②委蛇（yí）：同"委佗"，庄重而又从容自得的样子。一说作曲行解，亦通。攫搔（jué sào）：攀搏抓取。③殪（jǐ）：死。

【译文】

一只猴子在吴王面前展示灵巧。

吴王泛舟于长江。登上猕猴聚居的山岭。猴群看见吴王打猎的队伍，惊惶地四散奔逃，躲进了荆棘丛林的深处。有一只猴子，它从容自得地腾身而起抓住树枝跳来跳去，在吴王面前显示它的灵巧。吴王用箭射它，它敏捷地接过飞速射来的利箭。吴王下令叫来随从打猎的人一起上前射箭，猴子躲避不及抱树而死。

吴王告诫朋友，不要傲气待人。

吴王回头对他的朋友颜不疑说："这只猴子夸耀它的灵巧，自恃它的敏捷而蔑视于我，以致受到这样的惩罚而丧命！要引以为戒啊！唉，不要用傲气对待他人啊！"颜不疑回来后便拜贤士董梧为师，用以去除自己的傲气，弃绝淫乐，辞别显荣，三年之后国人都称赞他。

【分节导读】

此节，作者借南伯子綦与颜成子的对话，表达了对世人追名逐利、迷失本我的不满。南伯子綦认为隐居山中却名声在外，为世人知晓利用，并非得道的表现，完全摒弃世事忘怀得失，形如枯槁、心若死灰，才算达到道的境界。

【原文】

南伯子綦隐几而坐，仰天而嘘。颜成子入见曰："夫子，物之尤也。形固可使若槁骸，心固可使若死灰乎？"

曰："吾尝居山穴之中矣，当是时也，田禾一睹我，而齐国之众三贺之①。我必先之②，彼故知之；我必卖之，彼故鬻之③。若我而不有之，彼恶得而知之？若我而不卖之，彼恶得而鬻之？嗟乎！我悲人之自丧者，吾又悲夫悲人者，吾又悲夫悲人之悲者，其后而日远矣。"

颜成子问：人可以心如死灰吗？

【注释】

①贺之：祝贺他。②我必先之：我的名声必先于他。③鬻（yù）：卖。

【译文】

南伯子綦靠着几案静静地坐着，然后又仰起头缓缓地吐气。颜成子进屋来看见后说："先生，您真是出类拔萃的人物！人的形体固然可以变成枯槁的骸骨一样，心灵难道也可以像死灰一样吗？"

南伯子綦说："我曾在山林洞穴里居住。正在这个时候，齐太公田禾曾来看望我，因而齐国的民众再三向他表示祝贺。我必

南伯子綦曾到山林洞穴中隐居。

定是名声在先，他才能够知道我；我必定是声名显扬，所以他才能找到我。假如我没有名声，他怎么能够知道我呢？假如我不是声名显扬于外，他又怎么能够找到我呢？唉！我悲悯迷乱自我真性的人，又悲悯那些悲悯别人的人，我还悲悯那些悲悯人们的悲悯者，从那以后我便一天天远离人世沉浮而达到心如死灰的境界"。

【分节导读】

此节讲楚王宴请孔子，孔子在宴会之上与孙叔敖和市南宜僚讨论大言不言的道理。庄子借孔子之口表达了真正的道是不能为言语讲述清楚的，所谓只可意会不可言传，明道之人无求无失无弃，万事顺其自然，持守本性，不因外物改变自己。

【原文】

仲尼之楚，楚王觞之，孙叔敖执爵而立，市南宜僚受酒而祭曰："古之人乎！于此言已。"

曰："丘也闻不言之言矣，未之尝言，于此乎言之。市南宜僚弄丸而两家之难解，孙叔敖甘寝秉羽而郢人投兵，丘愿有喙三尺！"

彼之谓不道之道，此之谓不言之辩，故德总乎道之所一。而言休乎知之所不知，至矣。道之所一者，德不能同也；知之所不能知者，辩不能举也；名若儒墨而凶矣。故海不辞东流，大之至也；圣人并包天地，泽及天下，而不知其谁氏。是故生无爵，死无谥，实不聚，名不立，此之谓大人。狗不以善吠为良，人不以善言为贤，而况为大乎！夫为大不足以为大，而况为德乎！夫大莫若天地，然奚求焉而大备矣。知大备者，无求，无失，无弃，不以物易己也。反己而不穷，循古而不摩，大人之诚。

【译文】

孔子到楚国去，楚王宴请他，孙叔敖拿着酒器站立一旁，市南宜僚把酒洒在地上祝祭，说："古时候的人啊！在这种情境下一定要讲话。"

孔子说："我听说有不用言谈的言论，但从不曾说过，在这里说一说。市南宜僚从容不迫地玩弄弹丸，而使两家的危难得以解除，孙叔敖安寝摇扇而卧，使楚国得以免除征战。我孔丘希望有三尺长

楚王设宴款待孔子。

的嘴而不说话！"

市南宜僚和孙叔敖可以称为不言之道，孔子可以称为不言之辩，所以循道所得归结到一点就是道的原始浑一的状态。言语停留在才智所不知晓的境域，这就是顶点了。大道是混沌同一的，而体悟大道却各不相同；才智所不能通晓的知识，辩言也不能一一列举；名声像儒家、墨家那样，就会招致灾祸。所以，大海不拒绝向东的流水，这是因为大到了极点；圣人包容天地，恩泽施及天

楚人迎接孔子。

下百姓，而百姓却不知道他们的姓名。因此生前没有爵禄，死后没有谥号，财物不曾汇聚，名声不曾树立，这才可以称做是伟大的人。狗不因为善于狂吠便是好狗，人不因为善于说话便是贤能，何况是修养道德的人呢？有心求取伟大不足以算是伟大，又何况是修养道德啊！伟大莫过于天地。天地无所求，却是最完备的。伟大而又完备的人，没有追求，没有丧失，没有舍弃，不因外物而改变自己的本性。返归自己的本性就不会有穷尽，遵循亘古不变的规律而不矫饰，这就是伟大的人的真性。

【分节导读】

此节中，九方歅替子綦的儿子梱看相算命，称梱能与君王同食，有福气。子綦闻说而泣，认为食君之禄不过就是"尽于酒肉入于鼻口"而已，并非福气。子綦向往的是遨游于天地之间，自然质朴的生活，认为侍奉君王，与君同食未必好过遨乐于天，遨食于地，这反映了庄子的出世思想。

【原文】

子綦有八子，陈诸前，召九方歅曰①："为我相吾子，孰为祥？"

九方歅曰："梱也为祥②。"

子綦瞿然喜曰："奚若？"

曰："梱也将与国君同食以终其身。"

子綦索然出涕曰："吾子何为以至于是极也！"

九方歅曰："夫与国君同食，泽及三族，而况父母乎！今夫子闻之而泣，是御福也。子则祥矣，父则不祥。"

子綦有八个孩子。

子綦曰："歅，汝何足以识之，而梱祥邪？尽于酒肉入于鼻口矣，而何足以知其所自来？吾未尝为牧，而牂生于奥③；未尝好田④，而鹑生于宎，若勿怪，何邪？吾所与吾子游者，游于天地。吾

与之邀乐于天，吾与之邀食于地；吾不
与之为事，不与之为谋，不与之为怪；
吾与之乘天地之诚而不以物与之相撄，
吾与之一委蛇而不与之为事所宜。今也，
然有世俗之偿焉！凡有怪征者，必有怪
行，殆乎，非我与吾子之罪，几天与之
也！吾是以泣也。"

　　无几何而使捆之于燕，盗得之于道，
全而鬻之则难，不若刖之则易，于是乎
刖而鬻之于齐，适当渠公之街，然身食
肉而终。

子綦告诉九方歅自己和孩子过着顺任自然的生活。

【注释】

①九方歅（yīn）：人名，伯乐的弟子，善于相面。《淮南子》作"九方皋"。②捆（kǔn）：人名，子綦的儿子名捆。
③牂（zāng）：母羊。奥：屋的西南角。④田：狩猎。

【译文】

　　子綦有八个儿子，排列在子綦身前，叫来九方歅说："给我八个儿子看看相，谁最有福气。"

　　九方歅说："捆最有福气。"

　　子綦惊喜地说："何以如此呢？"

　　九方歅回答："捆将会跟国君一同饮食而终了一生。"

　　子綦黯然流泪说："我的儿子为什么会到这种绝境呢！"

　　九方歅说："跟国君一同饮食，恩泽将普及三族，何况是父母啊！如今先生听了却泣不成声，这是拒绝要降临的福禄。你的儿子倒是有福气，你做父亲的却没有福分了。"

　　子綦说："歅，你怎么会知道，捆真的是有福吗？享尽酒肉，只不过从口鼻进到肚腹里，又哪里知道这些东西从什么地方来？我不曾牧养而羊却出现在我屋子的西南角，不曾打猎而鹌鹑却出现在我屋子的东南角，你对此不觉得奇怪，为什么呢？我和我的儿子所游乐的地方，乃是天地之间。我跟他一道与天同乐，我跟他一道在大地上求食；我不跟他求取建功立业，不跟他思虑图谋，不跟他标新立异；我只和他一道随顺天地的实情而不与外物相互搅扰，我只和他一道顺任自然而不是认为事情适宜才去做。如今我却得到了世俗的回报啊！大凡有了怪异的征兆，必定会有怪异的行为，实在是危险啊，并不是我和我儿子的罪过，大概是上天降下的罪过！我因此才泣不成声。"

　　没过多久捆被派遣到燕国去，强盗在半道上劫持了他，想要保全其身形卖掉又担心他跑掉，不如砍断他的脚容易卖些，于是砍断他的脚卖到齐国，正好齐国的富人渠公买了去给自己看守街门，这样一辈子吃肉而终了一生。

【分节导读】

　　此节写许由论仁义。许由认为，仁义本来是一种美好的品德，但是却被当做工具利用当世之人多假仁义以取利。庄子认为仁义可以治国也可以误国，无论多美好的品德，一旦被利益熏心所利用，有意为之，都会变得面目全非。因此，最好的治国之道乃是不治而治，无为而为，顺应自然。

【原文】

啮缺遇许由，曰："子将奚之？"

曰："将逃尧。"

曰："奚谓邪？"

曰："夫尧畜畜然仁，吾恐其为天下笑。后世其人与人相食与！夫民，不难聚也；爱之则亲，利之则至，誉之则劝，致其所恶则散。爱利出乎仁义，捐仁义者寡，利仁义者众。夫仁义之行，唯且无诚，且假夫禽贪者器。是以一人之断制利天下，譬之犹一觏也①。夫尧知贤人之利天下也，而不知其贼天下也，夫唯外乎贤者知之矣！"

【注释】

①觏（piē）：借为"鄨"，宰割。一说借为"瞥"，作暂见解。

【译文】

啮缺遇见许由，问道："你准备去哪里呢？"

许由回答："打算逃避尧。"

啮缺说："这话怎么说呢？"

许由说："尧，孜孜不倦地推行仁的主张，我担心他要被天下人耻笑。后世人与人一定会相互残食啊！百姓，并不难以聚集，给他们爱护就会亲近，给他们好处就会来到，给他们奖励就会勤勉，给他们所厌恶的东西就会离散。爱护和利益出自仁义，无视仁义的少，利用仁义的多。仁义的推行，只会导致没有诚信，而且还会被禽兽一般贪婪的人借用为工具。所以，一个人的裁断与决定给天下人带来好处，就好像是短暂的一瞥。唐尧知道贤人能给天下带来好处，却不知道他们对天下人的残害，而只有身处贤者之外的人才能明白这个道理。"

尧推崇仁，恤爱勤劳。

一个人的裁断给天下带来的好处，如短短一瞥。

尧重用贤人。

【分节导读】

此节写三种世俗人物形态：沾沾自喜的人，苟安自得的人，形劳自苦的人。作者用这三种人来衬托"神人"的形象。神人与人的关系不亲密不疏远不跟随，他们持守德行，温暖和气，顺应天下，不用人事干扰自然，忘怀生死。作者认为世人应该向神人看齐，无欲无求，抛却杂念，最终获得真正的自由。

【原文】

有暖姝者^①，有濡需者，有卷娄者。

所谓暖姝者，学一先生之言，则暖暖姝姝而私自说也，自以为足矣，而未知未始有物也，是以谓暖姝者也。

濡需者，豕虱是也，择疏鬣自以为广宫大囿^②，奎蹄曲隈^③，乳间股脚，自以为安室利处，不知屠者之一旦鼓臂布草操烟火，而已与豕俱焦也。此以域进，此以域退，此其所谓濡需者也。

卷娄者，舜也。羊肉不慕蚁，蚁慕羊肉，羊肉膻也^④。舜有膻行，百姓悦之，故三徙成都，至邓之虚而十有万家。尧闻舜之贤，举之童土之地，曰冀得其来之泽。舜举乎童土之地，年齿长矣，聪明衰矣，而不得休归，所谓卷娄者也。

是以神人恶众至，众至则不比，不比则不利也。故无所甚亲，无所甚疏，抱德炀和以顺天下，此谓真人。于蚁弃知，于鱼得计，于羊弃意。

以目视目，以耳听耳，以心复心。若然者，其平也绳，其变也循。古之真人，以天待人，不以人入天。古之真人，得之也生，失之也死；得之也死，失之也生。

【注释】

①暖姝（shū）：自美自得的样子。②择：选择。鬣：（liè）：猪颈上的长毛。广宫：大宫殿。大囿：大园子。③奎：两腿之间。蹄（tí）：同"蹄"。曲隈（wēi）：猪身上皱褶的深曲处。④膻（shān）：羊肉气味。

【译文】

有沾沾自喜的人，有偷安自得的人，有劳苦不堪的人。

所谓沾沾自喜的人，只懂得了一家之言，就沾沾自喜地私下里暗自得意，自诩为饱学之士，却不知道从未曾有过丝毫所得，所以称他为沾沾自喜的人。

所谓偷安自得的人，就像猪身上的虱子一样，选择居处稀疏的鬣毛当中，自以为就是广阔的宫殿与园林；居处在后腿和蹄子间弯曲的地方、乳房和腿脚间的夹缝，就认为是安宁的居室和美好的处所，殊不知屠夫一旦挥动双臂布下柴草生起烟火，便跟随猪身一块儿烧焦。这就是依靠环境而安身，又因为环境而毁灭，这就是所说的偷安自得的人。

有人劳苦不堪。

所谓劳苦不堪的人，就是舜那样的人。羊肉不会爱慕蚂蚁，蚂蚁则喜爱羊肉，因为羊肉有膻腥味。舜有膻腥的行为，百姓都十分喜欢他，所以

劳苦者开垦荒芜之地。

他多次搬迁居处都聚成都邑，到邓的废址就聚合了十万人家。尧听说了舜的贤能，从荒芜的土地上举荐了他，说是希望他能把恩泽布施百姓。舜从荒芜的土地上被举荐出来，年岁逐渐老了，敏捷的听力和视力衰退了，还不能回家休息，这就是所说的弯腰驼背、勤苦不堪的人。

所以超凡脱俗的神人讨厌众人跟随，众人跟随就不会亲密和睦，不亲密和睦也就不会带来好处。因此没有什么特别的亲密，没有什么格外的疏远，持守德行、温暖和气以顺应天下，这就叫做真人。这就好比蚂蚁不再追慕膻腥，如鱼得水般地悠闲自在，去掉像羊一样的腥膻气味。

用眼睛来看眼睛所应看的东西，用耳朵来听耳朵所应听的声音，用心灵领悟心灵所能领悟的事物。像这样的人，他们内心的平静就像墨线一样正直，他们的行为变化总是处处顺应。古时候的真人，用顺任自然的态度来对待人事，不会用人事来干扰自然。古时候的真人，获得生存就听任生存，失掉生存就听任死亡；获得死亡就听任死亡，失掉死亡就听任生存。

【分节导读】

此节着重阐述了世间万物各有所适，相互依持的道理。正如相同的药材在不同的药方中起着不同的作用，文种在不同的时期对勾践来说有着不同的意义，万事万物各有所适。第一小段写人、物各有所适。第二小段写物类的相互依持。第三小段写官能过度放纵的危害。都说明了凡事应当顺应自然的发展规律，明白自然万物之间都是相生相依的道理，懂得"大巧若拙"的境界，才能不为外物自然伤害到外形和心灵。

【原文】

药也，其实堇也，桔梗也，鸡癕也，豕零也，是时为帝者也，何可胜言！

句践也以甲楯三千栖于会稽①，唯种也能知亡之所以存，唯种也不知其身之所以愁。

故曰：鸱目有所适②，鹤胫有所节，解之也悲。

故曰：风之过，河也有损焉；日之过，河也有损焉；请只风与日相与守河，而河以为未始其撄也，恃源而往者也。故水之守土也审，影之守人也审，物之守物也审。

故目之于明也殆，耳之于聪也殆，心之于殉也殆。凡能其于府也殆，殆之成也不给改。祸之长也兹萃，其反也缘功，其果也待久。而人以为己宝，不亦悲乎！故有亡国戮民无已，不知问是也。

【注释】

①句（gōu）践：越国的国君。甲楯：披甲执盾，这里指士兵。会稽：山名，在今浙江省境内。②鸱（chī）：猫头鹰。

【译文】

药物，乌头也好，桔梗也好，鸡头草也好，猪苓根也好，这几种药在用到时，都可以作为贵重的主药，怎么可以说得完呢！

勾践率领三千士兵困守于会稽，只有文种能够知道越国复国的办法，也只有文种不知道复国后将要遭受杀戮的祸害。

所以说，猫头鹰的眼睛只有在夜晚才适宜看视，仙鹤具有修长的双腿，截断就会感到悲哀。

所以说，风儿吹过了河面河水就会有所减损，太阳照射河面河水也会有所减损。假如风与太阳总是盘桓在河的上空，而河水却不曾为之减损，就要靠河水源头不断地流水。所以，水保持住了泥土也就安定下来，影子留住了是因为人体安定

乌头、猫头鹰的眼睛、鹤的脚，都有其适用的地方。

下来，事物固守着事物因而相互安定下来。

所以，眼睛一味地追求超人的视力就危险了，耳朵一味地追求超人的听力就危险了，心思一味地追求外物就危险了。才能从内心深处显露出来就会危险，危险一旦形成就来不及悔改。灾祸滋生并逐渐地增多与聚集，返归本性就需要修养的功夫，要想获得成功便须持续很久。可是人们却不觉得这些很可贵，不是很可悲吗！因此国家败亡、人民受戮从没有中断，这是不知道探讨事情根由的原因。

一味追求超人的视力、听力。

【分节导读】

此节写"不知"的境域，庄子以脚踩不到的地方形容"不知"，就像人要靠未曾踩到的土地走到更远的地方，人也要凭借着不知才能领悟更加贴近自然的真谛的"道"。庄子认为，天下事纷杂而有序，应顺自然，自然便会逐渐清晰明朗。以无知求真知则得真知，以不惑解惑则复回疑惑。

【原文】

故足之于地也践，虽践，恃其所不蹍而后善博也；人之于知也少，虽少，恃其所不知而后知天之所谓也。知大一，知大阴，知大目，知大均，知大方，知大信，知大定，至矣！大一通之，大阴解之，大目视之，大均缘之，大方体之，大信稽之，大定持之。

尽有天，循有照，冥有枢，始有彼。则其解之也似不解之者，其知之也似不知之也，不知而后知之。其问之也，不可以有崖，而不可以无崖。颉滑有实，古今不代，而不可以亏，则可不谓有大扬摧乎！阖不亦问是已，奚惑然为！以不惑解惑，复于不惑，是尚大不惑。

【译文】

所以，脚走在地上是很浅的，虽然很浅，却仰赖所不曾践踏的地方而后才可以去到更为博大旷远的地方；人对于各种事物的了解也很少很少，虽然很少，却仰赖所不知道的知识而后才能够知道自然的道理。知道绝对的同一，知道绝对的静止，知道绝对的广博，知道大道的均衡，知道大道的包容，知道大道的取信不妄，知道大道的安定，这就达到了认识的极限。以绝对

人立足于地离不开不曾踩踏的地方。

的同一加以贯通，以绝对的静止加以化解，以大道的观点加以观察，以天道的均衡加以随顺，以大道的包容加以体现，以大道的诚信加以契合，以大道的安宁加以持守。

极尽中有自然，遵循中有明晓，混沌中有枢要，初始中有彼端。那么，自然的理解好像是没有理解，自然的知晓好像是没有知晓，但这不知之后方才会有真知。深入地追问，不可以有界限，然而又不可以没有界限。万物虽然纷扰杂乱却有它的根本，古今不能相互替换，但是无古无今、无今无古，谁也不能缺少，这能不说是仅只显露其概略吗！何不再深入一步探问这博大玄妙的道理，为什么会迷惑呢？用不迷惑去解除迷惑，再回到不迷惑的境界，这恐怕还是当初的不迷惑。

◎则阳◎

【题解】

　　本篇的主旨是谈"道"，反映了庄子以道为核心的世界观。庄子认为天地万物变化万千，然而都是遵循着一定的自然规律运行的，这就是道。因此，道德纯正的圣人可以无心、无言、无为，只要返归本性，顺应自然，就可"得其环中以随成"。而当今的君主们，却往往丧失本性，追逐俗事，使作伪之风盛行于世，成为百姓犯罪的根源，为人所不耻。那么究竟如何理解和阐述道呢？作者认为世上万物"合异以为同，散同以为异"。道则包容了同与异。因此它反映在事物上是多样的，具体的，实的，可为也可说的，而它在本质上则是同一的，抽象的，虚的，不可为也不可说的。可见，道无处不在，却无法言明，真可谓"玄学"。

【分节导读】

　　此节通过则阳求王果为其引见楚王的故事引出圣人公阅休。用公阅休的清廉恬适和则阳、夷节的热衷名利作对比，对追逐富贵的人进行了讽刺。而如果说公阅休代表了圣人，则阳和夷节则代表了汲汲功利的世俗之人，后者的心灵被外物蒙蔽，本性迷失，不能体察自然大道，他们自己都无法摆脱焦虑迷惘，更不要说予他人宁静安和了。

【原文】

　　则阳游于楚，夷节言之于王，王未之见，夷节归。

　　彭阳见王果曰："夫子何不谭我于王？"

彭阳问王果为什么不向楚王推荐他。

233

王果曰："我不若公阅休。"

彭阳曰："公阅休奚为者邪？"

曰："冬则擉鳖于江①，夏则休乎山樊。有过而问者，曰：'此予宅也。'夫夷节已不能，而况我乎！吾又不若夷节。夫夷节之为人也，无德而有知，不自许，以之神其交，固颠冥乎富贵之地，非相助以德，相助消也。夫冻者假衣于春，暍者反冬乎冷风②。夫楚王之为人也，形尊而严；其于罪也，无赦如虎；非夫佞人正德，其孰能桡焉③！

"故圣人，其穷也使家人忘其贫；其达也使王公忘爵禄而化卑。其于物也，与之为娱矣；其于人也，乐物之通而保己焉。故或不言而饮人以和，与人并立而使人化。父子之宜，彼其乎归居，而一闲其所施。其于人心者，若是其远也。故曰：待公阅休。"

【注释】

① 擉（chuò）：通"戳"，刺。② 暍（yē）：中暑，伤暑。③ 桡（náo）：通"挠"，屈，屈服，矫正。

【译文】

则阳到楚国游历，夷节向楚王推荐他，楚王没有接见则阳，夷节只得回家作罢。

则阳见到王果，说："先生怎么不在楚王面前谈谈我呢？"

王果说："我不如公阅休。"

则阳问："公阅休是做什么的呢？"

王果说："他冬天到江河里刺鳖，夏天到山脚下休息。有人经过而问他，他就说：'这就是我的住宅。'夷节尚且不能做到，何况是我呢？我又比不上夷节。夷节的为人，缺少德行却有世俗人的智巧，不能约束自己做到清虚恬淡，用他特有的巧妙办法跟人交往与结识，在富贵的圈子里神魂颠倒、内心迷乱，无助于德行的修养，反而有损于德行。受冻的人盼着温暖的春天，中暑的人求助冬天的冷风。楚王的为人，外表高贵而又威严。他对有过错的人，像老虎一样毫不宽恕。不是极有才辩的小人或者德行端正的人，谁能够说服他！

"所以圣人，当他隐居世外时能使家人忘却生活的清苦，他们身世显赫能使王公贵族忘却爵禄而变得谦卑。他们对外物，与之和谐欢娱；他们对别人，乐于沟通而又能保持自己的真性。有

冬天，公阅休到江河去刺鳖。

时候一句话不说也能用中和之道给人以满足，跟人在一起就能使人受到感化。父亲和儿子都各得其宜，各自安于自己的位置，能以清虚无为的态度对待周围的人。圣人的恬淡想法跟一般人的竞逐心思，相比起来差距是那么远。所以说，要使楚王信服还得等待公阅休啊。"

【分节导读】

此节以美人不照镜子不知自己美来说明圣人有圣德,论述了圣人有圣德,是他的自然天性,不因外物而改变,也不借助别人的丑陋粗鄙来衬托自己的美丽高尚。圣人的心态自然恬适,而真正的美则发于自然,真正的德也出于自然本性。人进入社会,追逐利益的时间已久,一旦返回故乡就会觉得内心豁达畅然,就如同心灵抛弃了外物拖累终于反复真性的舒畅一样。

【原文】

圣人达绸缪①,周尽一体矣,而不知其然,性也。复命摇作,而以天为师,人则从而命之也。忧乎知,而所行恒无几时,其有止也,若之何!

生而美者,人与之鉴,不告则不知其美于人也。若知之,若不知之,若闻之,若不闻之,其可喜也终无已,人之好之亦无已,性也。圣人之爱人也,人与之名,不告则不知其爱人也。若知之,若不知之,若闻之,若不闻之,其爱人也终无已,人之安之亦无已,性也。

生来就美的人照了镜子才知道自己美。

旧国旧都,望之畅然,虽使丘陵草木之缗②,入之者十九,犹之畅然,况见见闻闻者也,以十仞之台县众间者也。

【注释】

①达:通达。绸缪(móu):纠葛、缠绵。
②缗(mín):茫昧不清。

【译文】

圣人通达于人世间的各种纷扰和纠葛,了解调和万物混同一体的状态,却并不知道为什么会这样,这是出于自然的本性。为回返真性而有所动作也总是把师法自然作为榜样,人们称呼他为圣人。为智巧和谋略忧虑,所行常不持久,没有间歇,时或中止不能行,将奈它何!

生来就漂亮的人,别人给了他

知道自己美,好像又不知道。

一面镜子,如果不告诉他就不知道自己比别人漂亮。好像知道,又好像不知道,好像听见了,又好像没有听见,他内心的喜悦不会有所终止,人们对他的好感也不会有所终止,这就是出于自然的本性。

圣人爱护众人，是因为人们给予了他相应的称号，如果人们不这样称誉他，圣人也不知道自己怜爱他人。好像知道，又好像不知道，好像听见了，又好像没有听见，他给予人们的爱就不会有所终止，人们安于这样的爱护也不会有所终止，这就是出于自然的本性。

祖国与家乡，一看到她就分外喜悦；即使是丘陵草木使她显得面目不清，甚至掩没了十之八九，心里还是十分欣喜。更何况亲身见闻到她的真面目，就像是数丈高台高悬于众人之间让人崇敬仰慕啊！

【分节导读】

此节通过冉相氏得道说明与物融合的心境。圣人不为求道而求道，忘物忘我，随自然和时间而变化，内心却仍然宁静不变。

【原文】

冉相氏得其环中以随成，与物无终无始，无几无时。日与物化者，一不化者也，阖尝舍之！夫师天而不得师天，与物皆殉，其以为事也若之何？夫圣人未始有天，未始有人，未始有始，未始有物，与世偕行而不替，所行之备而不洫，其合之也若之何？汤得其司御门尹登恒，为之傅之，从师而不囿，得其随成。为之司其名；之名嬴法，得其两见，仲尼之尽虑，为之傅之。容成氏曰："除日无岁，无内无外。"

【译文】

冉相氏体察了道的精髓因而能听任外物自然发展，跟外物契合相处没有终始，也显不出时日。时时随外物而变化，而其虚空的心境却丝毫不会改变。何尝舍弃过大道的精髓？有心去效法自然却得不到效法自然的结果，跟外物一道相追逐，对所修的事业又能够怎样呢？圣人心目中从不曾有过天，从不曾有过人，从不曾有过开始，从不曾有过外物，跟随世道一块儿发展变化而没有废止，有所行动也是那么完备因而不会受到败坏。他与外物的契合与融洽又将是怎样的呢？商汤得到他的司御门尹登恒做他的师傅，而他随从师傅学习却从不拘泥于所学；能够随顺而成，为此而察其名迹；对待这样的名迹又无心寻其常法，因而君臣、师徒能各得其所、各安其分。仲尼最后弃绝了谋虑，因此对自然才有所辅助。容成氏说："摒弃了每一天就不会累积成年，这就像离开内就没有外一样。"

【分节导读】

此节通过戴晋人与魏惠王的对话，讽刺了不顾民生，为发泄一己私愤发动战争的君主。庄子用蜗角之国的故事说明战争的荒谬。事实上，在道的面前，任何战争都毫无意义可言，既渺小又愚蠢。此节反映了庄子对战争的厌恶。

【原文】

魏莹与田侯牟约，田侯牟背之。魏莹怒，将使人刺之。

犀首公孙衍闻而耻之，曰："君为万乘之君也，而以匹夫从仇。衍请受甲二十万，为君攻之，虏其人民，系其牛马，使其君内热发于背，然后拔其国。忌也出走，然后抶其背^①，折其脊。"

季子闻而耻之，曰："筑十仞之城，城者既十仞矣，则又坏之，此胥靡之所苦也。今兵不起七年矣，此王之基也。衍，乱人也，不可听也。"

华子闻而丑之，曰："善言伐齐者，乱人也；善言勿伐者，亦乱人也；谓'伐之与不伐乱人也'者，又乱人也。"

君曰："然则若何？"

曰："君求其道而已矣。"

惠子闻之，而见戴晋人。戴晋人曰："有所谓蜗者，君知之乎？"

曰："然。"

"有国于蜗之左角者，曰触氏；有国于蜗之右角者，曰蛮氏。时相与争地而战，伏尸数万，逐北旬有五日而后反。"

君曰："噫！其虚言与？"

曰："臣请为君实之。君以意在四方上下有穷乎？"

君曰："无穷。"

曰："知游心于无穷，而反在通达之国，若存若亡乎？"

君曰："然。"

曰："通达之中有魏，于魏中有梁，于梁中有王，王与蛮氏有辩乎②？"

君曰："无辩。"

客出而君惝然若有亡也③。

客出，惠子见。君曰："客，大人也，圣人不足以当之。"

惠子曰："夫吹管也，犹有嗃也④；吹剑首者，映而已矣⑤。尧、舜，人之所誉也。道尧、舜于戴晋人之前，譬犹一映也。"

魏莹打算派人行刺。

公孙衍认为应出兵攻打田侯。

【注释】

①抶（chì）：鞭打。②辩：通"辨"，区别。③惝（chǎng）然：怅然，恍忽不定。亡：亡失。④嗃（xiāo）：吹管的声音，声音大而长。⑤映（xuè）：吹气声，声音小而短。

【译文】

魏莹与田侯牟盟约，田侯牟背弃盟约。魏莹大怒，要派人去刺杀他。

公孙衍将军听了感到这种做法很可耻，说："君主是万乘大国的国君，而用匹夫的手段去报仇。我请求领兵二十万，为君主攻打他，俘虏他的人民，掠夺他的牛马，使他的国君内心起火而直发于背，然后夺取他的国土。让田忌也逃走，然后鞭打他的后背，折断他的脊骨。"

季子听了公孙衍的说法而感到可耻，说："建筑十仞高的城墙，城墙已建了十仞高了，然后又破坏它，这是徒役者所苦的事。现在不打仗已经七年了，这是统治的基础。公孙衍是好乱的人，不可听从。"

华子听了而讥笑他们两人，说："巧言伐齐的人是好乱的人，巧言不伐齐的人也是好乱的人，说'伐齐与不伐齐是好乱的人'的人，又是好乱的人。"

国君说："那怎么办呢？"

华子说："您求大道就行了。"

惠子听说了，引见戴晋人。戴晋人说："有所谓蜗牛，您知道吗？"

回答说："知道。"

"有个国家在蜗牛的左角，叫触氏；有个国家在蜗牛的右角，叫蛮氏。时常互相争夺地盘而战，横尸数万，追逐败兵十五日而后返回。"

国君说："噫！这是虚假的话吗？"

答道："我请为君主证实它。君主认为四方上下有穷尽吗？"

君主说："无穷。"

说："知道游心于无穷，而返于通达的国土，好像存在又好像不存在吗？"

君主说："是的。"

说："通达的国土中有魏国，魏国中有梁都，梁都中有君王，君王与蛮氏有区别吗？"

君主说："没有区别。"

客人辞出，君主怅然，若有所失。

客人走了，惠子进见。君主说："这位客人是伟大人物，圣人也不足以与他相提并论。"

惠子说："吹管乐，还有大而长的声音；吹剑环，只有小而短的声音。尧、舜是人所称誉的。在戴晋人面前称道尧、舜，就好比一点小声了。"

【分节导读】

在此节中，被孔子称为"圣人仆"的市南宜僚，正是庄子眼中真正的隐士。他声名沉寂却志向无穷，虽有所言论，内心却凝寂淡漠，在自藏于民的同时固守真性，专注于自我心性的保养，不被世俗的变化侵扰。

【原文】

孔子之楚，舍于蚁丘之浆。其邻有夫妻臣妾登极者，子路曰："是稷稷何为者邪[1]？"

仲尼曰："是圣人仆也。是自埋于民，自藏于畔。其声销，其志无穷，其口虽言，其心未尝言，方且与世违而心不屑与之俱。是陆沉者也，是其市南宜僚邪？"

子路请往召之。

孔子曰："已矣！彼知丘之著于己也，知丘之适楚也，以丘为必使楚王之召己也，彼且以丘为佞人也。夫若然者，其于佞人也羞闻其言，而况亲见其身乎！而何以为存？"

子路往视之，其室虚矣。

卖浆人家的邻居全家都登上屋顶观望。

【注释】

①是：这。稷稷（zōng）：一作"总总"。群众有秩序地聚集在一起。

【译文】

孔子到楚国去，寄宿在蚁丘的卖浆人家。卖浆人家的邻居夫妻奴仆全都登上了屋顶观看孔子的车骑，子路说："这么多人聚集在一起是干什么呢？"

孔子说："这些人都是圣人的仆从。这个圣人把自己隐藏在百姓之中，藏身于田园生活。他的声音从世上消失了，他的志向却是伟大的，他嘴里虽然在说着话，心里却好像不曾说过什么，处处与世俗相违背而且内心不屑与世俗为伍。这是隐遁于世俗中的隐士，这个人恐怕就是楚国的市南宜僚吧？"

子路请求前去召他前来。

孔子说："算了吧！他知道我对他十分了解，又知道我到了楚国，认为我必定会让楚王来召见他，他将把我看成是巧言献媚的人。如果真是这样，他一定会羞于听巧言献媚的人言谈，更何况是亲自见到其人呢！你凭什么认为他还会留在那里呢？"

子路前往察看，市南宜僚的居室已经空无一人了。

【分节导读】

此节长梧封人以耕作治国来强调为政鲁莽、治民轻薄的危害，庄子则从中看到了修身之道。认为修身也如耕作一般，需效法自然，排除有损心田的杂蘖。田不修则荒，心田不修则乱，混乱的心田必定会危害人的生活。

【原文】

长梧封人问子牢曰："君为政焉勿卤莽，治民焉勿灭裂。昔予为禾，耕而卤莽之，则其实亦卤莽而报予；芸而灭裂之，其实亦灭裂而报予。予来年变齐①，深其耕而熟耰之②，其禾蘩以滋，予终年厌飧③。"

庄子闻之曰："今人之治其形，理其心，多有似封人之所谓，遁其天，离其性，灭其情，亡其神，以众为。故卤莽其性者，欲恶之孽为性，萑苇兼葭④，始萌以扶吾形，寻擢吾性⑤；并溃漏发，不择所出，漂疽疥痈，内热溲膏是也⑥。"

治国也好，修身也好，都像耕田一样。

【注释】

①变齐（jì）：改变耕作方法。齐，通"剂"，制作，耕作方法。②熟耰（yōu）：细致地反复除草。③厌飧（sūn）：吃得饱。厌，通"餍"，吃饱。飧，晚饭。④萑（huán）：荻草，似苇。苇：芦苇。兼（jiān）：没有出穗的荻草。葭（jiā）：没有出穗的芦苇。⑤擢（zhuó）：拔，助长。⑥溲（sōu）膏：排泄带有肥白泡沫的尿。

【译文】

长梧地方守护封疆的人对子牢说："你处理政事不要太鲁莽，治理百姓不要太草率。从前我种庄稼，耕地时粗率马虎，而庄稼就用粗疏马虎的态度来回报我；锄草时轻率马虎，而庄稼也用轻率马虎的态度来回报我。我来年改变了耕作的方式，深耕细种，禾苗繁茂，果实累累，我一整年都有足够的粮食吃。"

庄子听到后说："如今人们治理自己的形体，修养自己的心神，很多人都像这守护封疆的人所说的情况，逃避自然，背离天性，泯灭真情，丧失精神，以此从众而追逐俗事。所以对待本性真情粗疏鲁莽的人，欲念与邪恶的祸根，就像萑苇蒹葭遮蔽禾黍那样危害人的本性，开始时似乎还可以用来扶养人的形体，逐渐地就拔除了自己的本性；身体上溃下漏，遍布全身，毒疮流脓，内热便浊就是这样。"

深耕细作才能有好的收获。

【分节导读】

此节写柏矩游齐时，见死刑示众发出的感慨。庄子借此表达了"彼窃钩者诛，窃国者为诸侯"的观点，指责了当世君主率先作伪却还要惩罚他人的行为。与从前的人君一旦有误便退而自责作比较，批判了现在君主的昏庸无道，同时也指出统治阶层确立法律惩奖百姓，是百姓作乱的始源。

【原文】

柏矩学于老聃，曰："请之天下游。"

老聃曰："已矣！天下犹是也。"

又请之，老聃曰："汝将何始？"

曰："始于齐。"

至齐，见辜人焉，推而强之，解朝服而幕之，号天而哭之曰："子乎子乎！天下有大灾，子独先离之，曰莫为盗！莫为杀人！荣辱立，然后睹所病；货财聚，然后睹所争。今立人之所病，聚人之所争，穷困人之身使无休时，欲无至此，得乎！

增加路途长度，诛杀走不到的人。

"古之君人者，以得为在民，以失为在己；以正为在民，以枉为在己；故一形有失其形者，退而自责。今则不然。匿为物而愚不识，大为难而罪不敢，重为任而罚不胜，远其途而诛不至。民知力竭，则以伪继之。日出多伪，士民安取不伪！夫力不足则伪，知不足则欺，财不足则盗。盗窃之行，于谁责而可乎？"

【译文】

柏矩求学于老聃，说："请求去天下游历。"

老聃说："算了吧，天下像这里一样。"

柏矩再一次请求，老聃说："你将要从什么地方开始呢？"

回答说："从齐国开始。"

到了齐国，看到一个死刑后示众的尸体，便把尸体摆正，解下朝服盖上他，仰天号哭说："你呀！你呀！天下有大灾，唯独你先遭受了，说什么不要做强盗！不要杀人！荣辱确立，然后可看到忧患之处；财货积聚，然后可看到争夺之处。现在积聚人诟病的，积聚人所争攘的，人的身体穷困而无休止的时候，想不走到这种地步，做得到吗？

"古时为人君主的人，把成功归于人民，把失败归于自己；把正确归于人民，把错误归于自己。所以有一个人损害了他的形体，就退而责备自己。现在就不是这样了。隐藏事物的真相愚弄不懂的人，加大困难归罪不敢做的人，加重任务惩罚不胜任的人，加远路途诛杀走不到的人。人民的智力竭尽了，就用虚伪来对付。每天表现出很多虚伪，士民怎么能不虚伪呢？力不足就行伪，智不足就欺骗，财不足就偷盗。盗窃的行为，应该责备谁呢？"

【分节导读】

此节通过蘧伯玉随着时间的流逝不断重新认识自我的故事，表明事物的变化没有止境，人们的评判也就没有永恒标准。人对世界的认知是有限的，而万物的范围又是广大无限，因而庄子认为，人们的思想要与时俱进，不可滞执固有的认识，才能完成一次次对自然、对自我、对道的认识飞跃。

【原文】

蘧伯玉行年六十而六十化，未尝不始于是之，而卒诎之以非也，未知今之所谓是之非五十九非也。万物有乎生而莫见其根，有乎出而莫见其门。人皆尊其知之所知，而莫知恃其知之所不知而后知，可不谓大疑乎！已乎！已乎！且无所逃。此所谓然与然乎？

蘧伯玉六十岁了，六十年来每年都有所变化。

【译文】

蘧伯玉活了六十岁而六十年来每年都有所变化，与日俱新，何尝不是开始时认为是对的而后来又转过来认为是错的，不知道现今所认为是对的又不是五十九岁时所认为是错的。万物有其产生却看不见它产生的本根，有其出现却寻不见它出现的门径。人人都尊崇自己才智所了解的知识，却不懂得凭借自己才智所不知道的而后知道的道理，这难道不是最大的疑惑吗？罢了！罢了！没有什么办法可以避免这样的错误。这就是所谓你说这样他说那样吗？

【分节导读】

此节中，孔子向三个史官问灵公谥号的来历，三人回答各不相同，说明是非无准则的道理。不同立场的人会有不同的是非观念，正如百家争鸣的现象出现一样，执著于是非无益于修养身性，不如遵从自然心性，让内心安定释然，无物无我，无伤身心，领悟大道。

【原文】

仲尼问于大史大弢、伯常骞、狶韦曰："夫卫灵公饮酒湛乐^①，不听国家之政；田猎毕弋，不应诸侯之际，其所以为灵公者，何也？"

大弢曰："是因是也。"

伯常骞曰："夫灵公有妻三人，同滥而浴。史鳅奉御而进所，搏币而扶翼。其慢若彼之甚也，见贤人若此其肃也，是其所以为灵公也。"

狶韦曰："夫灵公也死，卜葬于故墓不吉，卜葬于沙丘而吉。掘之数仞，得石椁焉^②，洗而视之，有铭焉，曰：'不冯其子，灵公夺而里之。'夫灵公之为灵也久矣！之二人何足以识之！"

【注释】

①湛乐：过分地享乐。湛（dān），通"耽"。②石椁（guǒ）：石造的棺椁。

【译文】

孔子向太史大弢、伯常骞、狶韦请教："卫灵公饮酒作乐，不处理国家政务；打猎捕兽，不参与诸侯间的盟会；他死之后为什么还追谥为"灵公"呢？"

大弢说："这样的谥号就是因为他具有这样的德行。"

伯常骞说："那时候卫灵公有三个妻子，他们在一个澡盆里洗澡。卫国的贤臣史鳅奉召来到卫灵公的寓所，灵公让人接过他手上的东西，并使人扶着他。他在生活中是多么散漫，而他对贤人又是如此的尊敬，这就是他死后追谥为灵公的原因。"

狶韦则说："当年卫灵公死了，占卜问葬说是葬在原墓地不吉利，而葬在沙丘上就能吉利。于是挖掘沙丘数丈，发现有一个石制外棺，洗去泥土一看，上面还刻有一段文字，说：'不靠子孙，灵公将得此为冢。'灵公被叫做'灵'看来已经很久了，大弢和伯常骞怎么能够知道呢！"

卫灵公饮酒作乐，不理国政。

【分节导读】

　　此节写少知问大公调何为丘里之言，探论"同"与"异"的问题。"合异以为同，散同以为异。"万物的整体即是道，道散而为多样式的万物。道即是万物，万物即是道，因此，对待任何事物都不应该有偏差，不固执己见，不偏袒。大公调由"丘里之言"说到浑同之道，天下万物虽然有各自的千变万化，然而是都遵照着自己的自然规律发展着，世界发展的这种自然规律就是道。

【原文】

　　少知问于大公调曰："何谓丘里之言？"

　　大公调曰："丘里者，合十姓百名而以为风俗也，合异以为同，散同以为异。今指马之百体而不得马，而马系于前者，立其百体而谓之马也。是故丘山积卑而为高，江河合小而为大，大人合并而为公。是以自外入者，有主而不执；由中出者，有正而不距。四时殊气，天不赐，故岁成；五官殊职，君不私，故国治；文武殊能，大人不赐，故德备；万物殊理，道不私，

丘山积卑而为高，江河合小而为大。

故无名。无名故无为，无为而无不为。时有终始，世有变化。祸福淳淳，至有所拂者而有所宜；自殉殊面，有所正者有所差。比于大泽，百材皆度；观于大山，木石同坛，此之谓丘里之言。"

【译文】

　　少知向大公调求教："什么叫做'丘里'之言？"

　　大公调说："所谓'丘里'，就是聚合群众而形成共同的风气习俗，组合不同的个体就形成混同的整体，离散混同的整体又成为不同的个体。如今指称马的上百个部位却不能指称马的整体，而马是根据前者合并而成，只有集合了马的各个部位并组合成整体才能称之为马。所以说山丘积聚卑小的土石才成就其高，江河汇聚细小的流水才成就其大，伟大的人物并合了众多的意见才成就其公。所以，从外界反映到内心里的东西，自己虽有定见却并不执着己见；由内心里向外表达的东西，即使是正确的也不愿跟他人相违逆。四季具有不同的气候，大自然并没有对某一节令给予特别的恩赐，因此年岁的序列得以形成；各种官吏具有不同的职

大自然并不会给某一季节特别恩赐。

能，国君没有偏私，因此国家得以治理；文臣武将具有各不相同的才能，国君没有偏爱，因此各自德性完备；万物具有各自的规律，大道对它们也都没有偏爱，因此不去授予名称以示区别。没有称谓因而也就没有作为，没有作为因而也就无所不为。时序有终始，世代有变化。祸福在不停地流转，出现违逆的一面同时也就存在相宜的一面；各自追逐其不同的侧面，有所端正的同时也就有所差误。就拿山泽来比方，生长的各种材质全都有自己的用处；再看看大山，树木与石块盘结在一起。这就叫做'丘里'的言论。"

【分节导读】

　　此节通过少知与大公调对话，谈论万物的起源问题。庄子认为世界的本源就是"道"，正如老子"道生一，一生二，二生三，三生万物"的理论一样，道是无所不在，无所不包的宇宙本体。人类的言语和认识所达到的程度是"物"的范围，大道无言，追求道的本身、道的起源的行为，也是不能领悟真道的。

【原文】

　　少知曰："然则谓之道，足乎？"

　　大公调曰："不然。今计物之数，不止于万，而期曰万物者，以数之多者号而读之也。是故天地者，形之大者也；阴阳者，气之大者也；道者为之公。因其大而号以读之，则可也，已有之矣，乃将得比哉？则若以斯辩，譬犹狗马，其不及远矣。"

　　少知曰："四方之内，六合之里，万物之所生恶起？"

大道无言，贯通天地、阴阳。

　　大公调曰："阴阳相照，相盖相治；四时相代，相生相杀。欲恶去就，于是桥起；雌雄片合，于是庸有①。安危相易，祸福相生，缓急相摩，聚散以成。此名实之可纪，精微之可志也。随序之相理，桥运之相使，穷则反，终则始。此物之所有。言之所尽，知之所至，极物而已。睹道之人，不随其所废，不原其所起，此议之所止。"

　　少知曰："季真之莫为，接子之或使，二家之议，孰正于其情，孰偏于其理？"

　　大公调曰："鸡鸣狗吠，是人之所知；

物极则反，终而复始。

虽有大知，不能以言读其所自化，又不能以意测其所将为。斯而析之，精至于无伦，大至于不可围，或之使，莫之为，未免于物，而终以为过。或使则实，莫为则虚。有名有实，是物之居；无名无实，在物之虚。可言可意，言而愈疏。未生不可忌，已死不可徂。死生非远也，理不可睹。或之使，莫之为，疑之所假。吾观之本，其往无穷；吾求之末，其来无止。无穷无止，言之无也，与物同理；或使莫

为，言之本也，与物终始。道不可
有，有不可无。道之为名，所假而行。
或使莫为，在物一曲，夫胡为于大
方？言而足，则终日言而尽道；言
而不足，则终日言而尽物。道物之
极，言默不足以载；非言非默，议
有所极。"

言语、沉默都不足以阐释道。

【注释】

①片合：异性交配。片，通"胖"
（pàn）。庸：常。

【译文】

少知问："既然如此，那么称之为道，可以吗？"

大公调说："不可以。现在计算一下物的种数，不止于万，而只限于称做万物，是用数目最多的来称述它。所以，天地是形体中最大的；阴阳是元气中最大的；而大道却把天地、阴阳贯通。因为它大就用'道'来称述它是可以的，已经有了'道'的名称，还能够用什么来与它相提并论呢？假如用这样的观点来寻求区别，就好像狗与马相比，其间的差别也就太大了！"

少知问："四方之内，六合之中，万物从哪里产生？"

大公调说："阴阳互相辉映、互相伤害又互相调治，四季互相更替、互相产生又互相衰减。欲念、憎恶、离弃、靠拢，于是像桥梁一样相互连接兴起，雌性、雄性的分开交合，于是相互为常具有。安全与危难相互变易，灾祸与幸福相互产生，疏缓与急骤相互摩擦，聚集离散是以形成。随时序相治理，起落运动相作用。物极则返，终而复始，这都是万物所共有的规律。言语所能致意的，智巧所能达到的，只限于人们所熟悉的少数事物罢了。体察大道的人，不追逐事物的消亡，不探究事物的源起，这就是言语评说所限止的境界。"

少知又问："季真的'莫为'观点，接子的'或使'主张，两家的议论，谁最合乎事物的真情，谁又偏离了客观的规律？"

大公调说："鸡鸣狗叫，这是人人都能了解的现象，可是，即使是具有超人的才智，也不能用言语来说明它们能名叫的原因，同样也不能臆断它们将会怎么样。用这样的道理来加以推论和分析，精妙达到了无以伦比，浩大达到了不可限量，事物的产生有所支持，还是事物的产生全出于虚无，两种看法各持一端均不能免于为物所拘滞，因而最终只能是过而不当。'或使'的主张过于拘泥，'莫为'的观点过于虚空。有名有实，这就构成物的存在范围。无名无实，事物的存在也就没有界限。可以言谈也可以意会，可是越是言谈距离事物的真性也就越疏远。没有产生的不能禁止其产生，已经死亡的不能阻挡其死亡。死与生并不相距很远，其中的规律却是不易察见。事物的产生有所支使，还是事物的产生全都出于虚无，两者都是因为疑惑而借此生出的偏执之见。我观察事物的原本，事物的过去没有穷尽；我寻找事物的末绪，事物的将来不可限止。没有穷尽又没有限止，是言语无法表达的，这就跟事物具有同一的规律；而'或使''莫为'的主张，用言谈各持一端，又跟事物一样有了外在的终始。道不可以执着于有形，也不可以执着于无象。大道之所以称为'道'，只不过是借用了'道'的名称。'或使'和'莫为'的主张，各自偏执于事物的一隅，怎么能称述于大道呢？言语圆满周全，那么整天说话也能符合于道；言语不能圆满周全，那么整天说话也都局限于物。道是阐释万物的最高原理，言语和沉默都不足以称述；既不说话也不沉默，评议有极限而大道却是没有极限的。"

◎外物◎

【题解】

本篇以"外物"为名，其主旨在于表达一切顺应自然之道而抛弃外物之累的主张。作者首先以"忠未必信""孝未必爱"的事例，说明外物无一定标准，因此不可强求，强求则有害。接着在"庄周家贫""任公子为大钩巨缁""儒以诗礼发冢""老莱子之弟子出薪"等段落中，又说明外物往往是虚伪的，不可企求于它，得道者无心于外物反而成功，因此"与其誉尧而非桀，不如两忘而闭其所誉"。最后庄子阐述了"知有所困，神有所不及""无用之为用"的道理，告诉人们顺应自然，"心有天游"，无心于天下，无心于名利，以达到"得鱼忘荃""得兔忘蹄""得意忘言"的境界。

【分节导读】

此节中，作者通过例举史实来说明忠未必能取信，孝未必能被爱的道理，借此表明不执著外物，遵循自然规律和持守纯真心性的重要性。世俗之人沉溺于利害得失之间，只会伤害到自己，甚至招致杀身之祸。

【原文】

外物不可必，故龙逢诛，比干戮，箕子狂，恶来死，桀纣亡。人主莫不欲其臣之忠，而忠未必信，故伍员流于江，苌弘死于蜀，藏其血三年而化为碧。人亲莫不欲其子之孝；而孝未必爱，故孝

忠臣惨死，奸臣被杀，暴君身毁国亡。

己忧而曾参悲。木与木相摩则
然，金与火相守则流。阴阳错
行，则天地大绞①，于是乎有
雷有霆，水中有火，乃焚大槐。
有甚忧两陷而无所逃，蹢蟮不
得成②，心若悬于天地之间，
慰暋沈屯③，利害相摩，生火
甚多，众人焚和，月固不胜火，
于是乎有赜然而道尽④。

苌弘的血经过三年化成玉石。

【注释】

①绞（hài）：通"骇"，惊动。
②蹢（chén）：不安。蟮（chún）：
忧虑。蹢蟮，不安宁。③慰（yù）：
通"郁"。暋（mǐn）：闷。沈：沉。
屯：难。④赜（tuí）：通"隤"，败
坏。道尽：天性丧失，中途夭折，
不能尽天年。

木头和木头摩擦生火。

【译文】

　　外在事物不可能有个定
准，所以忠良之士关龙逢被斩
杀，比干遭杀害，箕子被迫装
疯，而谀臣恶来同样不能免于
一死，暴君夏桀和殷纣也同样
身毁国亡。国君无不希望他的
臣子效忠于己，可是竭尽忠心
未必能够取得信任。所以伍子
胥被赐死而浮尸江上，苌弘被
流放西蜀而见杀，西蜀人珍藏
他的血液三年后竟化作碧玉。
做父母的无不希望子女孝顺，
可是竭尽孝心未必能够得到怜
爱，所以孝己愁苦而死，曾参
悲切一生。木与木相互摩擦就
会燃烧，金属跟火相互厮守就
会熔化。阴与阳错乱不顺，天
与地都会大受惊骇，于是雷声
隆隆，雷雨中夹着闪电，甚至

心若悬于天地之间，忧愁沉闷。

烧毁高大的树木。有人忧虑过度陷入利害两端而没有办法逃避，小心翼翼、恐惧不安而又一无所成，
心像高悬在天地之间，忧郁沉闷，利害得失在心中碰撞，于是内心烦乱焦躁万分；世俗之人内热如
火烧毁了中和之气，清虚淡泊的心境抑制不住内心如火的焦虑，于是便精神颓然而玄理丧失。

【分节导读】

此节写庄子向监河侯借粮的故事。庄子用"涸辙之鱼"的寓言讽刺了监河侯所代表的统治阶层权贵，后者企图用虚伪的大方掩盖真实的吝啬。同时，庄子还暗示了人要简单地生活，就像涸辙之鱼一样，只需一斗一升的水便足够了，所需并不很多。

【原文】

庄周家贫，故往贷粟于监河侯。监河侯曰："诺。我将得邑金，将贷子三百金，可乎？"

庄周忿然作色曰："周昨来，有中道而呼者。周顾视车辙中，有鲋鱼焉。周问之曰：'鲋鱼来！子何为者邪？'对曰：'我，东海之波臣也。君岂有斗升之水而活我哉？'周曰：'诺。我且南游吴越之王，激西江之水而迎子，可乎？'鲋鱼忿然作色曰：'吾失我常与，我无所处。吾得斗升之水然活耳，君乃言此，曾不如早索我于枯鱼之肆！'"

庄子向监河侯借谷子。

【译文】

庄周家贫困，所以去向监河侯借粮食。监河侯说："可以，等我得到封地内的税赋，到时借你三百金.可以吗？"

庄子不高兴了，脸色一变说："我昨天来时，途中有叫我的声音，我回头看车辙，里面有条鲫鱼。我问它说：'鲫鱼，你为什么在这里呢？'回答说：'我是东海的水中之臣。你有斗升的水而救活我吗？'我说：'可以，我将到南边去游说吴国、越国的国君，引西江之水来迎救你，可以吗？'鲫鱼生气变色说：'我失去了与我常在一起的水，没有容身的地方，得到斗升的水就可以活。你说这样的话，还不如早点到干鱼市场去找我呢！'"

一条小鱼向庄子求救，求斗升之水。

庄子欲引西江之水救鱼，鱼怒。

【分节导读】

此节通过任公子坐于会稽山上，以五十头阉牛做诱饵，用大鱼钩和粗大的黑绳钓东海的大鱼的寓言，说明了经理世事的人应当怀有大志，志于大成的道理。以坐在小河沟守候小鱼的浅薄之人做对比，强调若是想领悟大道，也当如任公子一般，有远见、有大志、有气魄。

【原文】

任公子为大钩巨缁①，五十犗以为饵②，蹲乎会稽，投竿东海，旦旦而钓，期年不得鱼③。已而大鱼食之，牵巨钩䌱没而下，骛扬而奋鬐④，白波若山，海水震荡，声侔鬼神⑤，惮赫千里。任公子得若鱼，离而腊之，自制河以东，苍梧已北，莫不厌若鱼者。已而后世辁才讽说之徒，皆惊而相告也。夫揭竿累，趣灌渎⑥，守鲵鲋，其于得大鱼难矣。饰小说以干悬令，其于大达亦远矣。是以未尝闻任氏之风俗，其不可与经于世亦远矣。

任公子用大鱼钩钓大鱼。

【注释】

①任公子：任国的公子。缁（zī）：黑绳。②犗（xià）：阉牛。③期（jī）年：一周年。④骛（wù）：奔驰，乱驰，一本作"惊"。鬐（qí）：鱼脊、腹之鱼鳍。⑤侔（móu）：齐，同。⑥趣（qū）：通"趋"。灌渎：灌溉的小沟渠。

【译文】

任国公子做了个大鱼钩，系上粗大的黑绳，用五十头牛做钓饵，蹲在会稽山上，把钓竿投向东海，每天都这样钓鱼，整整一年，一条鱼也没钓到。不久大鱼食吞鱼饵，牵着巨大的钓钩，急速沉没海底，又迅急地扬起脊背腾身而起，掀起如山的白浪，海水剧烈震荡，吼声犹如鬼神，震惊千里之外。任公子钓得这样一条大鱼，将它剖开制成鱼干，从浙江以东，到苍梧以北，没有谁不饱食这条鱼的。后世那些浅薄之人和喜好品评议论之士，都大为吃惊而奔走相告。他们举着钓竿细绳，来到山沟小溪旁，守候小鱼上钩，至于想得到大鱼那就很难很难了。修饰浅薄的言辞以求得高显的美名，那就与通晓大道的境界相距太远了，因此说不曾了解过任公子有所大成的志趣，恐怕就不会善于治理天下，其间的差距也很远了。

鱼掀起如山般的白浪。

从浙江以东到苍梧以北所有人都饱食大鱼。

钓小鱼易，钓大鱼难；求美名易，通大道难。

【分节导读】

此节中的儒者一面盗墓，一面引经据典，其行为可鄙可笑。庄子借此说明仁义以及推行仁义的人的虚伪，用盗墓的儒者讽刺那些假仁义之道、求一己私利、伤害民生的强权者。寓言中含在死者口中的宝珠即是功名利禄的象征。

【原文】

儒以诗礼发冢①。大儒胪传曰②："东方作矣，事之何若？"

小儒曰："未解裙襦③，口中有珠。《诗》固有之曰：'青青之麦，生于陵陂④。生不布施，死何含珠为！'"

"接其鬓，压其顪⑤，儒以金椎控其颐，徐别其颊，无伤口中珠！"

儒士用诗礼盗墓。

【注释】

①儒：儒生。发：发掘。冢（zhǒng）：坟墓。②胪（lú）传：从上向下传话。③襦（rú）：短上衣。④陵陂（bēi）：山坡。⑤顪（huì）：下巴的胡须，这里指下巴。

【译文】

儒士用诗礼盗墓。大儒士从上向下传话说："东方亮了，事情办得怎么样了？"

小儒士说："还没解下衣裙，口中有珍珠。《诗》中有一首说：'青青的麦苗，生在山坡上，生时不施舍人，死后何必含珠。'"

"抓着他的鬓发，按着他的下巴，你用铁锤敲他的面颊，慢慢地撬开他的两颊，不要损伤了口中的珍珠。"

儒士一面盗墓一面念诗：青青麦苗，生在山坡上。

【分节导读】

此节中，老莱子告诫孔子去骄除傲才能成为真正的君子。借老莱子之言提醒世人，行事不能违反自然的规律和人的本性，只有小心谨慎地做事，忘却行为的矜持和容貌的机智，思考事物才能更全面，看事情才能更清明。

【原文】

老莱子之弟子出取薪，遇仲尼，反以告，曰："有人于彼，修上而趋下，末偻而后耳，视若营四海，不知其谁氏之子。"

老莱子曰："是丘也。召而来。"

仲尼至。曰："丘！去汝躬矜与汝容知，斯为君子矣。"

仲尼揖而退，蹙然改容而问曰："业可得进乎？"

老莱子曰："夫不忍一世之伤而骜万世之患，抑固窭邪，亡其略弗及邪？惠以欢为骜，终身之丑，中民之行进焉耳，相引以名，相结以隐。与其誉尧而非桀，不如两忘而闭其所非誉。反无非伤也，动无非邪也。圣人踌躇以兴事，以每成功。奈何哉其载焉终矜尔！"

【译文】

老莱子的弟子外出打柴，遇上了孔丘，打柴归来告诉老莱子，说："那里有个人，上身长下身短，脊背微曲而两耳后贴，目光四射，不知道他是什么人。"

老莱子说："这个人是孔丘。快去叫他来见我。"

孔丘来了。老莱子说："孔丘，去掉你仪态上的矜持和容颜上的机智之态，那就可以成为君子了。"

孔丘听后谦恭地作揖而退，面容顿改

老莱子的弟子外出砍柴遇见孔子。

而心悸不安地问道："我所追求的仁义之学可以修进并为世人所用吗？"

老莱子说："不能忍受一世的伤害而轻视了后世的祸患，你是本来就孤陋蔽塞，还是才智不及呢？布施恩惠以博取欢心并因此自命不凡，这是终身的耻辱，是庸人的行为罢了，这样的人总是用名声来相互招引，用私利来相互勾结。与其称赞唐尧非议夏桀，不如把两种情况都遗忘而且放弃一切称誉。背逆事理与物性定会受到损伤，心性被搅乱就会邪念顿起。圣人顺应事理稳妥行事，因而总是事成功就。你为什么执意推行仁义而且以此自矜呢？"

与其誉尧非桀，不如把二者都忘记。

【原文】

　　宋元君夜半而梦人被发窥阿门，曰："予自宰路之渊，予为清江使河伯之所，渔者余且得予。"

　　元君觉，使人占之，曰："此神龟也。"

　　君曰："渔者有余且乎？"

　　左右曰："有。"

　　君曰："令余且会朝。"

　　明日，余且朝，君曰："渔何得？"

　　对曰："且之网得白龟焉，其圆五尺。"

　　君曰："献若之龟。"

　　龟至，君再欲杀之，再欲活之，

宋元君梦见有人披散着头发在侧门窥视。

心疑，卜之，曰："杀龟以卜吉。"乃刳龟^①，七十二钻而无遗筴。

仲尼曰："神龟能见梦于元君，而不能避余且之网；知能七十二钻而无遗筴，不能避刳肠之患。如是，则知有所困，神有所不及也。虽有至知，万人谋之。鱼不畏网而畏鹈鹕。去小知而大知明，去善而自善矣。婴儿生无石师而能言，与能言者处也。"

【注释】

①刳（kū）：剖开而挖空。

【译文】

宋元君半夜梦见一个人披头散发地在侧门窥视，说："我来自宰路之渊，我为清江出使到河伯那里去，打鱼人余且捉到了我。"

元君醒来，让人占卜这个梦，说："这是神龟。"

元君说："打鱼人有叫余且的吗？"

左右说："有。"

元君说："令余且来朝见。"

第二天，余且来朝，元君说："你捕鱼得到了什么？"

回答说："我的网得到了一个白龟，它圆五尺。"

元君说："献上你的龟。"

龟献来，元君想杀它，又想养活它，心里犹豫，占卜它，说："杀龟的卜卦吉。"于是剖开挖空龟，钻了七十二个孔而没有不应验的。

仲尼说："神龟能托梦于元君，而不能逃避余且的网；其智慧能钻七十二孔而无不准确，却不能逃避剖肠的祸患。像这样，就是智慧有所困，神有所不能。即便有很高的智慧，也有上万人谋算他。鱼不怕网而怕鹈鹕。去除小智而大智明，去除善而自有善。婴儿生下来没有大师教导也能说话，因为他和会说话的人在一起。"

宋元君醒后招人来占卜。

宋元君看到神龟，打算杀掉它。

神龟能托梦给宋元君，却不能保住自己性命。

鱼不怕网怕鹈鹕，去除小智，大智才能明。

【分节导读】

此节庄子运用一个精妙的比喻，说明了"无用就是大用"的道理。庄子以脚所踩到的土地喻"有用"，以没有踩到的土地喻"无用"。没有踩到的土地如果消失了，那么踩到的土地也就没有用处了，庄子以此表明无用才是真正的大用。

【原文】

惠子谓庄子曰："子言无用。"

庄子曰："知无用而始可与言用矣。天地非不广且大也，人之所用容足耳。然则厕足而垫之，致黄泉，人尚有用乎？"

惠子曰："无用。"

庄子曰："然则无用之为用也亦明矣。"

惠子与庄子讨论有用无用。

【译文】

惠子对庄子说："你的言论没有用处。"

庄子说："懂得没有用处方才能够跟他谈论有用。天地不能不说是既广且大了，人所用的只是脚能踩踏的一小块罢了。既然如此，那么只留下脚踩踏的一小块地方而把其余的全都挖掉，一直挖到黄泉，这块立足之地对人来说还有用吗？"

惠子说："当然没有用处。"

庄子说："如此说来，没有用处的用处也就很明白了。"

【分节导读】

此节分为三小节，分别从三个方面阐述了庄子顺应自然本性的理论，第一小节着重说宇宙流转社会变易，看待事物当与时俱进，不偏颇固执己见；第二小节以人五官七窍比心灵，说明了心胸宽阔通达，心灵才能不受阻碍；第三小节论述了谋虑智巧伤害自然之德的道理，告诫人们不可依仗聪明才智就去做钻于虚名、逐于功利的事情。

【原文】

庄子曰："人有能游，且得不游乎？人而不能游，且得游乎？夫流遁之志，决绝之行，噫，其非至知厚德之任与！覆坠而不反，火驰而不顾，虽相与为君臣，时也，易世而无以相贱。故曰至人不留行焉。

"夫尊古而卑今，学者之流也。且以狶韦氏之流观今之世，夫孰能不波？唯至人乃能游于世而不僻，顺人而不失己。彼教不学，承意不彼。

"目彻为明，耳彻为聪，鼻彻为颤，口彻为甘，心彻为知，知彻为德。凡道不欲壅，壅则哽，哽而不止则跈[1]，跈则众害生。物之有知者恃息，其不殷，非天之罪。天之穿之，日夜无降，人则顾塞其窦。胞有重阆[2]，心有天游。室无空虚，则妇姑勃谿；心无天游，则六凿相攘。大林丘山之善于人也，亦神者不胜。

"德溢乎名，名溢乎暴，谋稽乎谂[3]，知出乎争，柴生乎守[4]，官事果乎众宜。春雨日时，草木怒生，铫鎒于是乎始修[5]，草木之到植者过半，而不知其然。"

【注释】

①跈（zhěn）：通"抮"，违背。②胞：胎胞。重：多。阆（làng）：空旷，空隙的地方。③谂（xián）：急。④柴（zhài）：通"寨"，防守的篱障。⑤铫（yáo）鎒：除草的农具。

【译文】

庄子说："人若能随心而游，难道不会悠然自得吗？人假如不能随心而游，难道还能悠然自得吗？流荡忘返于外物的心思，顽固不化弃世孤高的行为，唉，恐怕不是真知厚德之人的行为吧！沉溺于世事而不知悔悟，心急如焚地逐外物而不愿反顾，即使相互间有的为君有的为臣，也只是一时的事情，时世变化后就没有谁会认为自己地位低下了。所以说道德修养极高的人不会有偏执的行为。

目光敏锐叫做明，耳朵灵敏叫做聪。

"崇尚古代鄙薄当今，这是未能通达事理之人的观点。用儒墨之流的角度来观察当今的世事，谁能不产生偏颇之见呢？只有道德修养极高的人才能够混迹于世而不出现邪偏，顺随于众人之中却不会失却自己的真性。那些学者们的教条不值得学习，要承受真意而不认同他们的观点。

"眼光敏锐叫做明，耳朵灵

屋子空间小，婆媳就会发生争吵。

敏叫做聪，鼻子灵敏叫做膻，口感灵敏叫做甘，心灵透彻叫做智，智慧通透叫做德。大凡道德总不希望有所壅塞，壅塞就会出现梗阻，梗阻而不能排除就会相互践踏，相互残踏各种祸害就会随之而起。物类有知觉靠的是气息，假如气息不盛，那么绝不是自然禀赋的过失。自然的真性贯穿万物，日夜不停，可是人们却反而堵塞自身的孔窍。腹腔有许多空旷之处，内心虚空便能顺应自然而自在游乐。屋里没有空间，婆媳之间就会争吵不休；内心不能游心于自然，那么各种官能就会相互搅扰。森林与山丘之所以适宜人，也是因为人们在这些地方心神舒畅。

"德行的外溢是由于名声，名声的外溢是由于张扬，谋略的产生是由于危急，才智的运用是由于争斗，闭塞的出现是由于执滞，官府事务处理果决是由于顺应了民众。春雨应时而降，草木勃然而生，于是开始整修锄地的农具，而过后草木倒生的仍有过半，但人们并不知道为什么会这样。"

【分节导读】

此节强调了"静"的功效。内心宁静不仅可以补病，还可以平息急躁。庄子认为拥有宁静的心灵，不问世事，不为外物的繁杂诱惑所扰，遵从自然本性，那么心灵就不会受到损伤，也就能达到神人的境界了。

【原文】

静然可以补病，眦妖可以休老^①，宁可以止遽。虽然，若是，劳者之务也，佚者之所未尝过而问焉。圣人之所以骇天下^②，神人未尝过而问焉；贤人所以骇世，圣人未尝过而问焉；君子所以骇国，贤人未尝过而问焉；小人所以合时，君子未尝过而问焉。

演门有亲死者，以善毁爵为官师，其党人毁而死者半。尧与许由天下，许由逃之；汤与务光，务光怒之，纪他闻之，帅弟子而踆于窾水^③，诸侯吊之，三年，申徒狄因以踣河^④。

荃者所以在鱼，得鱼而忘荃；蹄者所以在兔，得兔而忘蹄；言者所以在意，得意而忘言。吾安得夫忘言之人而与之言哉！

【注释】

①眦（zì）：眼角。妖（miè）：通"抹"，按摩，作"闭目养神"解实误。休老：养老。②骇（xiè）：通"骇"，惊骇，震动。③帅：带领。踆（cún）：通"遁"，隐。窾水：地名。④申徒狄：夏朝贤人，他听说务光、纪他的事，也投河而死。踣（jiū）：仆倒。

【译文】

心静可以调养病体，按摩可以延缓衰老，宁定可以平息急躁。虽然如此，乃是劳神劳形的人所要做的，闲逸的人却从不予以过问。圣人用来惊动天下的办法，神人不曾过问；贤人用来惊动时世的办法，圣人不曾过问；君子用来惊动国人的办法，贤人不曾过问；小人用来苟合于一时的办法，君子也不曾过问。

演门有个死了亲人的人，由于善于哀伤毁容而封为官师，他的同乡仿效他也消瘦毁容却死了过半。尧要禅让天下给许由，许由因而逃到山中；商汤想把天下禅让给务光，务光大发脾气；纪他知道这件事，率领弟子隐居在窾水一带，诸侯纷纷前往慰问，过了三年，申徒狄仰慕其名而投河自溺。

竹笼是用来捕鱼的，捕到鱼后就忘掉了竹笼；兔网是用来捕兔的，捕到兔子后就忘掉了兔网；言语是用来表达思想的，领会了意思就忘掉了言语。我到哪里能找到忘掉言语的人而跟他交谈呢！

用兔网捕兔，抓到兔子就忘记了兔网。

安宁静寂的内心对身体有益。

用竹笼捕鱼，捕到鱼就忘记竹笼。

◎寓言◎

【题解】

　　本篇阐述了寓言、重言、卮言的作用、特点及其运用的原因，这都是庄子论述自己观点的重要手法。在寓言、重言、卮言三者之中，作者认为只有无言之言的卮言是最符合自然的，因为世上的一切"然于然""可于可""无物不然""无物不可"，所以只有忘言，才有自然之理。而要达到这种境界，就要潜心修道。作者例举了五个寓言故事，说明修道要抛弃"勤志服知"之心，要"心无所悬"，要看破生死，要一切任之自然而不问其所以然，要态度谦虚，不可傲慢。这样就能达到与万物齐一，无所为，无所谓的至善境地。

【分节导读】

　　此节说明了《庄子》一书所使用的文体，阐述了"寓言""重言""卮言"的特点作用以及运用的原因。庄子认为"大道不称，大辩不言"，语言是无法说明至真至美的自然之道的，寓言和重言都是有意而为之的语言，不属于自然之道。惟有卮言，即无心之言，随灵感而发，是自然流露，合于自然之道。

【原文】

　　寓言十九，重言十七，卮言日出①，和以天倪。

　　寓言十九，藉外论之。亲父不为其子媒。亲父誉之，不若非其父者也；非吾罪也，人之罪也。与己同则应，不与己同则反；同于己为是之，异于己为非之。

　　重言十七，所以已言也，是为耆艾②。年先矣，而无经纬本末以期年耆者，是非先也。人而无以先人，无人道也；人而无人道，是之谓陈人。

　　卮言日出，和以天倪，因以曼衍，所以穷年。不言则齐，齐与言不齐，言与齐不齐也，故曰言无言。言无言，终身言，未尝言；终身不言，未尝不言。有自也而可，有自也而不可；有自也而然，有自也而不然。恶乎然？然于然。恶乎不然，不然于不然。恶乎可？可于可。恶乎不可？不可于不可。物固有所然，物固有

庄子的文章中寓言占了十分之九。

所可，无物不然，无物不可。非卮言日出，和以天倪，孰得其久！万物皆种也，以不同形相禅，始卒若环，莫得其伦，是谓天均。天均者，天倪也。

【注释】

①卮（zhī）言：随意的零星言论，无心的言论。卮，古代盛酒的器皿，酒满则自然向外流溢。日出：天天出现。 ②耆（qí）艾：老年人。

【译文】

有寓意的言论占十分之九，借重先贤的言论占十分之七，无心的言论天天讲，合乎自然的边际。

寓言十分之九，借别人来论说。亲生父亲不为自己的儿子做媒。亲生父亲称赞儿子，不如不是他父亲的人的赞美；不是自己的过错，而是别人的过错。和自己意

年纪大了知识见解就要符合年长者的身份。

见相同就应和，不和自己相同就反对；同于自己的意见就肯定它，不同于自己的意见就否定它。

重言十分之七，所用的自己的言论，是年长者的言论。年长了，而没有知识见解符合年长者的身份，这不算是年长。做人不能为人之长，就没有做人的道理。做人没有做人的道理，就叫做陈腐的人。

卮言天天讲，合乎自然的边际，因此发挥，因而终年。不说话就齐一，这种齐一与说话不相同，说话与齐一无言也不相同，所以说：要发没有主观成见的言论。发出没有主观成见的言论，即使终身在说，也不一定是说；即使终身不说话，也不一定没有说。可有可的原因，不可有不可的原因，对有对的原因，不对有不对的原因。怎么是对呢？对就在于它对。怎么是不对呢？不对就在于它不对。怎么可以呢？可以就在于它可以。怎么不可以呢？不可以就在于它不可以。事物本来就有对的地方，事物本来就有可以之处；没有事物不对的，没有事物不可以的。不是卮言天天讲，合乎自然，谁能得到这种恒久呢？万物都是种子，以不同的形态相传接，由始自终像一个圆环，没有端倪，这就叫自然的均衡。自然的均衡就是自然的边际。

【分节导读】

此节中，庄子虚构了孔子年六十而翻然悔过过去言论的故事。通过与惠子对话，阐释了与自然规律相对立的言语，纵使能使人口服，也不能令人心服的道理。最后一句"吾且不得及彼乎！"运用了反讽的手法，明里称赞孔子，暗里讽刺了孔子虽然道理说得合于法度，条条是道，但却不符合自然的规则，因此也是不能为人所心服的。

【原文】

庄子谓惠子曰："孔子行年六十而六十化，始时所是，卒而非之，未知今之所谓是之非五十九年非也。"

惠子曰："孔子勤志服知也。"

庄子曰："孔子谢之矣，而其未之尝言。孔子云：'夫受才乎大本，复灵以生。鸣而当律①，言而当法。利义陈乎前，而好恶是非直服人之口而已矣。使人乃以心服，而不敢蘁立②，定天下之定。'已乎已乎！吾且不得及彼乎！"

【注释】

① 鸣：声。而：通"则"。当（dàng）：符合。律：乐律。②蘁（wù）：违逆。

【译文】

庄子对惠子说："孔子活

孔子活了六十岁，六十年来天天在变化。

了六十岁而六十年来与时俱化，当初所肯定的，最终又作了否定，不知道现今所认为是对的，不就是五十九岁时所认为是不对的。"

惠子说："孔子勤于励志用智学习。"

庄子说："孔子励志用智的精神已经大为减退，不再妄自多言了。孔子说过：'禀受才智于自然，回复灵性以全生。发出的声音合于音律，说出的话语合于法度。利与义同时陈列于人们的面前，进而分辨好恶与是非，仅仅只能使人口服罢了。要使人们能够内心诚服，而且不敢违逆，还得确立天下的定规。'算了算了，我还比不上他呢！"

【分节导读】

此节通过孔子与弟子关于曾参前后两次做官时心态的不同的对话，说明虽然曾参在父母双亡后做官时看淡了俸禄金钱，心中仍有所系，所以仍旧没有得道。庄子认为真正得道之人，淡泊生死，忘怀得失，即便是父母去世，心中也不会有悲喜之情。如同庄子在其妻子死后"鼓盆而歌"的行为一般，将生死看做一种自然现象，死生于得道之人来说，是再平常不过的事情。

【原文】

曾子再仕而心再化，曰："吾及亲仕，三釜而心乐①；后仕，三千钟而不洎亲②，吾心悲。"

弟子问于仲尼曰："若参者，可谓无所县其罪乎？"

曰：“既已县矣。夫无所县者，可以有哀乎？彼视三釜三千钟，如观鸟雀蚊虻相过乎前也。”

【注释】

①釜（fǔ）：古代量器，六斗四升为一釜。三釜，属当时较低的俸禄。②钟：古代量器，六斛四斗为一钟。三千钟，说明官位很高。洎（jì）：及。

【译文】

曾子再做官时心境又有变化，说：“我在父母双亲在世时做官，三釜的俸禄而心里很高兴。后来做官，有三千钟的俸禄但不能奉养双亲，我心里很悲伤。”

曾子在双亲健在时做官，俸禄少，心里却高兴。

弟子问孔子说：“像曾参那样，可以说是没有内心受到利禄牵制的过错了吧？”

孔子说：“还是已经悬系了。如果没有悬系，还会有悲伤吗？那些无心利禄的人看三釜、三千钟，就像看鸟雀蚊虻飞过面前一样。”

【分节导读】

此节写颜成子游向东郭子綦讲述自己九年悟道的过程，说明了，人对道的领悟，是一个一步一步、循序渐进的过程。同时也说明了若想领悟大道，需要抛却身外之物，忘却生死得失，达到与自然合一的境界。

【原文】

颜成子游谓东郭子綦曰：“自吾闻子之言，一年而野，二年而从，三年而通，四年而物，五年而来，六年而鬼入，七年而天成，八年而不知死，不知生，九年而大妙。”

生有为，死也。劝公，以其死也，有自也；而生阳也，无自也。而果然乎？恶乎其所适？恶乎其所不适？天有历数，地有人据，吾恶乎求之？莫知其所终，若之何其无命也？莫知其所始，若之何其有命也？有以相应也，若之何其无鬼邪？无以相应也，若之何其有鬼邪？

【译文】

颜成子游对东郭子綦说：“自从我听了你的话，一年之后就返归质朴，两年之后就顺从世俗，三年豁然贯通，四年与物混同，五年神情自得，六年灵会神悟，七年融于自然，八年就忘却生死，九年之后便达到了玄妙的境界。”

生前驰逐外物恣意妄为，必然要走向死亡，劝诫人们生命的终结，一定有它的原因；而生命的产生却是感于阳气，并没有什

颜成子游悟道，五年而神情自由。

么显明的迹象。果真能够这样认识吗？那么生与死何处算是适宜？何处又算是不适宜呢？天有四季节气的变化，地有人们居住区域的划分，我又去哪里追求什么呢？没有人能够真正懂得生命的终归，怎么能说没有命运安排？没有人能够真正懂得生命的起始，又怎么能说存在命运的安排？有时候可以跟外物形成相应的感召，怎么能说没有鬼神主使呢？有时候又不能跟外物形成相应的感召，又怎么能说存在鬼神的驱遣呢？

颜成子游向东郭子綦讲述自己悟道的过程。

【分节导读】

　　此节运用了拟人的手法，描写了影外微影与影子的一段对话。强调了人应当像影子一样：形状随着身型的变化而变化，因光亮而产生，因黑暗而消散。顺应自然变化，放弃自己的主观偏见，不穷究原因，这反映了庄子顺应自然变化的学道法则。

【原文】

　　众罔两问于景曰："若向也俯，而今也仰；向也括，而今也被发；向也坐，而今也起；向也行，而今也止。何也？"

　　景曰："搜搜也，奚稍问也！予有而不知其所以。予，蜩甲也①？蛇蜕也？似之而非也。火与日，吾屯也；阴与夜，吾代也。彼②，吾所以有待邪？而况乎以无有待者乎！彼来则我与之来，彼往则我与之往，彼强阳则我与之强阳③。强阳者，又何以有问乎！"

日光出来，影子聚现。

【注释】

①蜩（tiáo）甲：蝉蜕。蜩，蝉。②彼：指火与日，阴与夜。③强阳：运动的样子。

【译文】

　　众多影子的暗影向影子说："你以前是低头，现在是仰头；以前是束发，现在是披发；以前是坐着，现在是站起；以前是行走，现在是停止。为什么呢？"

　　影子说："区区小事，何屑于问呢！我有变化而不知为什么这样。我是蝉蜕吗？是蛇皮吗？好像是而又不是。有火光和日光时，我就

人坐着，影子也坐着。

聚现；阴暗和夜晚时，我就消失了。它们是我所依赖的吗？何况哪有依赖的东西呢！它们来我就随之来，它们去我就随之去，它们运动我就随之运动。运动，又有什么可问的呢！"

【分节导读】

此节写阳子居见老子，在被老子说傲慢骄横不可教后，其一改往日骄横作风，在旅店受到与之前截然不同的待遇。说明了只有去掉目中无人的骄横态度，才能为众人所容，受到他人的尊敬，从而真正做到修身养心，达到至人境界。

【原文】

阳子居南之沛，老聃西游于秦，邀于郊，至于梁，而遇老子。老子中道仰天而叹曰："始以汝为可教，今不可也。"

阳子居不答。至舍，进盥漱巾栉①，脱屦户外②，膝行而前，曰："向者弟子欲请夫子，夫子行不闲，是以不敢。今闲矣，请问其过。"

老子曰："而睢睢盱盱③，而谁与居？大白若辱，盛德若不足。"

阳子居蹴然变容曰："敬闻命矣！"其往也，舍者迎将其家，公执席，妻执巾栉，舍者避席，炀者避灶④。其反也，舍者与之争席矣。

【注释】

①盥（guàn）：洗脸，洗手。漱：漱口。巾：毛巾。栉（zhì）：梳子。②屦（jù）：葛麻做的鞋子。③睢睢（suī）：仰目而视，骄傲。一本作"睢睢"。盱盱（xū）：张目而视，亦指傲慢。④炀（yáng）：烘，炙，烤火。

【译文】

阳子居往南到沛地去，正巧老聃到西边的秦地闲游，约好在郊外见面，可是到了梁城方才见到老子。老子在半路上仰天长叹说："当初我把你看做是可以教诲的人，如今看来你是不可受教的。"

阳子居一句话也没说。到了旅店，阳子居奉上各种盥洗用具，把鞋子脱在门外，跪着上前说道："刚才弟子正想请教先生，正赶上先生旅途中没有空闲，所以不敢冒然。如今先生闲暇下来，恳请先生指出我的过错。"

老聃说："你仰头张目傲慢跋扈，你还能够跟谁相处？最洁白的好像总觉得有什么污垢，德行最为高尚的好像总觉得有什么不足之处。"

阳子居听了脸色大变，羞惭不安地说："弟子由衷地接受先生的教导。"阳子居刚来旅店的时候，店里的客人都得迎来送往，那个旅舍的男主人亲自为他安排坐席，女主人亲手拿着毛巾梳子侍候他盥洗，旅客们见了他都得让出座位，烤火的人见了也就远离炉灶。等到他再次回到旅店的时候，旅店的客人已经无拘无束地跟他争席而坐了。

阳子居为老子奉上盥洗用具。

◎让王◎

【题解】

　　"让王"，是辞让王位的意思。在本篇中，作者讲述了一系列辞让的故事，用以阐明其轻物养生、安贫乐道、洁身自好的思想。在"尧以天下让许由""大王亶父居邠""越人三世弑其君""韩魏相与争侵地"等段落中，作者提出"道之真以治身，其绪余为国家，其土苴以治天下"的观点，说明为权和利而危害身心，是一种不明轻重、本末倒置的表现。通过颜阖、列子、屠羊说、颜回等人不受接济、辞谢奖赏、拒绝为官的事例，作者宣扬了得道者的安贫乐道，又通过原宪、曾子、孔子等人在穷困境地中不同凡俗的表现，表明"养志者忘形，养形者忘利，致道者忘心"。最后以北人无择、卞随、瞀光、伯夷、叔齐等宁死不参与政事的故事，说明对无道的社会、不义的君主，应洁身自好，不能同流合污，表现出作者对当时政治的强烈不满。

【分节导读】

　　此节以尧几次让帝位而不得来表达"心性重于天下"的观点。帝位乃天下最重的权位，作者用子州支父、子州支伯、善卷不为帝位所动来说明得道之人的超凡脱俗。帝位尚且不能动摇他们的心性，就更不要提其他的世俗利益了。道家将功名利禄等世人汲汲以求之物当做累赘，并认为追求这些会损害人的心性。

【原文】

　　尧以天下让许由，许由不受。又让于子州支父，子州支父曰："以我为天子，犹之可也。虽然，我适有幽忧之病，方且治之，未暇治天下也。"夫天下至重也，而不以害其生，又况他物乎！唯无以天下为者，可以托天下也。

　　舜让天下于子州支伯。子州支伯曰："予适有幽忧之病，方且治之，未暇治天下也。"故天下大器也，而不以易生，此有道者之所以异乎俗者也。

尧想把天下让给许由，许由拒绝接受。

　　舜以天下让善卷，善卷曰："余立于宇宙之中，冬日衣皮毛，夏日衣葛絺①；春耕种，形足以劳动；秋收敛，身足以休食；日出而作，日入而息，逍遥于天地之间而心意自得。吾何以天下为哉！悲夫，子之不知余也！"遂不受。于是去而入深山，莫知其处。

　　舜以天下让其友石户之农，石户之农曰："捲捲乎后之为人②，葆力之士也！"以舜之德为未至也，于是夫负妻戴，携子以入于海，终身不反也。

善卷拒绝了舜让天下给自己的美意。

【注释】

①葛绪（chī）：细葛布。②捲捲（quán）：同"卷卷"，用力的样子。

【译文】

　　尧把天下让给许由，许由不接受。又让给子州支父，子州支父说："让我来做天子，也是可以的。不过，我正患有隐忧的病症，正打算认真治疗，没有空闲时间来治理天下。"统治天下是地位最高、权力最重的了，却不能因此而妨碍自己的生命，更何况是其他的事物呢？只有忘却天下而无所作为的人，才可以把统治天下的重任托付给他。

　　舜让天下给子州支伯，子州支伯说："我正患有隐忧的病症，正打算认真治疗，没有空闲时间来治理天下。"因此，天下应当是最为贵重的大器物了，可是却不能用它来替代生命，这就是有道之人对待天下跟世俗中人不一样的地方。

　　舜要把天下让给善卷，善卷说："我身处宇宙之中，冬天穿厚实的皮毛，夏天穿细细的葛布；春天下地耕种，身体能够承受这样的劳作；秋天收割粮食，完全能够满足给养；太阳升起时就下地劳动，太阳下山了就回家休息，无拘无束地生活在天地之间，心情快活而悠然自得。我何必去统治天下呢！可悲啊，你真不了解我！"因而就没有接受。于是善卷离开了家而隐居深山，没有人知道他的去向。

　　舜要把天下让给他的朋友、石户的一位农夫，石户的这位农夫说："国君的为人实在是尽心尽力了，真是个勤苦劳累的人！"他认为舜的德行还未能达到最高的境界，于是夫妻二人背驮肩扛着家当，带着子女隐居在海上的荒岛，终身没有返回。

【分节导读】

此节以大王亶父让土地予狄人，和越人三弑其君的故事说明财物、权利对人的危害。世人因贪权爱利迷失本性，杀伐纷争，即使并非贪权好利之人也会因拥有权、利惹祸上身，一如大王亶父和越国王子。虽然二者都迫于形势才放弃土地、君位，但其选择至少表现了对身贵利轻的认同，而为道家肯定。所以作者安排大王亶父"民相连而从之"，越王子"越人欲得其为君"。

【原文】

大王亶父居邠[①]，狄人攻之；事之以皮帛而不受，事之以犬马而不受，事之以珠玉而不受，狄人之所求者土地也。大王亶父曰："与人之兄居而杀其弟，与人之父居而杀其子，吾不忍也。子皆勉居矣！为吾臣与为狄人臣奚以异！且吾闻之：'不以所用养害所养。'"因杖策而去之，民相连而从之，遂成国于岐山之下。夫大王亶父，可谓能尊生矣。能尊生者，虽贵富不以养伤身，虽贫贱不以利累形。今世之人居高官尊爵者，皆重失之，见利轻亡其身，岂不惑哉！

大王亶父向狄人敬献财物。

【注释】

①大（tài）王亶（dàn）父：即《诗经·大雅·緜》中所称的古公亶父，是周文王的祖父。邠（bīn）：在今陕西省旬邑县。

【译文】

大王亶父居住在邠地，狄人前来攻打，敬献兽皮和布帛狄人不接受，敬献猎犬和马匹狄人也不接受，敬献珠宝和玉器狄人仍不接受，狄人所希望得到的是邠地的土地。大王亶父说："跟别人的兄长住在一起却杀死他的弟弟，跟别人的父亲住在一起却杀死他的子女，我不忍心这样做。你们都去和狄人勉强居住在一块儿吧！做我的臣民跟做狄人的臣民有什么不同！而且我还听说，不要为争夺用以养育百姓的土地而伤害养育的百姓。"于是拿起马鞭离开了邠地。邠地的百姓推着车跟随他，在岐山之下建立起一个新的国家。大王亶父，可以说是最能珍重生命的了。能够珍视生命的人，即使富贵也不会贪恋俸养而伤害身体，即使贫贱同样也不会追逐私利而累害形体。当今世上的人们，居于高官显位的，都非常看重并担忧失去它们，见到利禄就轻率地为之丧失自己的生命，这难道不很糊涂吗？

【原文】

越人三世弑其君，王子搜患之，逃乎丹穴。而越国无君，求王子搜不得，从之丹穴。王子搜不肯出，越人熏之以艾。乘以王舆。王子搜援绥登车，仰天而呼曰："君乎，君乎，独不可以舍我乎！"王子搜非恶为君也，恶为君之患也。若王子搜者，可谓不以国伤生矣！此固越人之所欲得为君也。

【译文】

越人先后杀掉自己的三代国君，王子搜对此十分忧患，逃到丹穴里去。越国没有了君主，到处找寻王子搜都没能找到，便追踪来到洞穴。王子搜不肯出洞，越人便点燃艾草用烟薰，还为他准备了国王的乘舆。王子搜拉过登车的绳索，仰天大呼说："国君之位啊，国君之位啊，就是不能够放过我啊！"王子搜并不是讨厌做国君，而是憎恶做了国君难免会招来杀身的祸患。像王子搜这样的人，可说是不以国君之位而伤害自己生命的了，这正是越人一心想要让他做国君的原因。

越王子逃入丹穴。

【分节导读】

此节重点论述了道家以治身为本，治天下为末的道理。世人往往重天下而轻身，子华子以双臂之于天下孰轻孰重的问题点醒了昭僖侯，使其明白了保全自身、舍弃身外之物的重要性，而颜阖则婉拒鲁君的邀请，舍弃功名而修养身性。这两则故事里，作者将人的生命看得极其尊贵，而把功名权势看得很轻，充分体现出其人文关怀的精神。

【原文】

韩魏相与争侵地。子华子见昭僖侯，昭僖侯有忧色。子华子曰："今使天下书铭于君之前，书之言曰：'左手攫之则右手废①，右手攫之则左手废，然而攫之者必有天下。'君能攫之乎？"

昭僖侯曰："寡人不攫也。"

子华子曰："甚善！自是观之，两臂重于天下也，身又重于两臂。韩之轻于天下亦远矣，今之所争者，其轻于韩又远。君固愁身伤生以忧戚之不得也！"僖侯曰："善哉！教寡人者众矣，未尝得闻此言也。"子华子可谓知轻重矣。

【注释】

①攫（jué）：取，夺。废：废弃，砍掉。

【译文】

韩国和魏国相互争夺侵占土地。子华子拜见昭僖侯，昭僖侯正面带忧色。子华子说："如今让天下所有人都来到您面前写下誓约，誓约写道：'左手抓取东西那么右手就砍掉，右手抓取东西那么左手就砍掉，不过抓取东西的人一定会拥有天下。'君侯会抓取吗？"

韩国和魏国争夺土地。

昭僖侯说：“我是不会去抓取的。”

子华子说："很好！这样说来，两只手臂比天下更为重要，而身体又比两只手臂重要。韩国比起整个天下轻微多了，如今两国所争夺的土地，比起韩国来又轻微得多。您又何苦愁坏身体、损害生命而担忧得不到土地呢！"昭僖侯说："好啊！劝导我的人很多，却不曾听到过如此高明的言论。"子华子可以称得上是懂得轻重了。

【原文】

鲁君闻颜阖得道之人也，使人以币先焉。颜阖守陋闾，苴布之衣而自饭牛①。鲁君之使者至，颜阖自对之。使者曰："此颜阖之家与？"颜阖对曰："此阖之家也。"使者至币，颜阖对曰："恐听谬而遗使者罪②，不若审之。"使者还，反审之，复来求之，则不得已。故若颜阖者，真恶富贵也。

故曰，道之真以治身，其绪余以为国家，其土苴以治天下③。由此观之，帝王之功，圣人之余事也，非所以完身养生也。今世俗之君子，多危身弃生以殉物，岂不悲哉！

凡圣人之动作也，必察其所以之与其所以为。今且有人于此，以随侯之珠弹千仞之雀，世必笑之。是何也？则其所用者重而所要者轻也。夫生者，岂特随侯之重哉！

【注释】

①苴（jū）布：粗麻布。饭牛：喂牛。②遗（wèi）：给。③土苴：指糟粕、无用之物。苴（zhā），通"渣"。

【译文】

鲁国国君听说颜阖是得道之人，派人带着币帛先去致意。颜阖居住在穷巷中，穿着粗麻布的衣服自己喂牛。鲁国国君的使者到了，颜阖亲自接待他。使者说："这是颜阖的家吗？"颜阖回答说："这就是颜阖的家。"使者送上币帛，颜阖回答说："恐怕听错了而给你带来罪过，不如再审核一下鲁君的命令。"使者返还，反复审核，再来找他，就找不到了。所以像颜阖这样的人，真是厌恶富贵。

所以说，道的本质用来修身，它的残余用来治理国家，它的无用的土渣可以用来治理天下。由

颜阖不受币帛，安于清贫。

此看来，帝王的功业是圣人的余事，并不是用来完身养生的。现在世俗的君子，多是危害身体抛弃生命为物欲牺牲，岂不是可悲吗？

凡是圣人的行为，必定察看他所追求的目的以及他所以这样做的原因。现在假如有人在这里，用随侯之宝珠弹射千仞高的雀鸟，世上的人必定嘲笑他，这是为什么呢？这是因为他所用的贵重而所得到的轻贱。生命，岂止像随侯的宝珠那样贵重呢！

【分节导读】

此节以列子拒绝子阳馈赠来说明见利思害的重要性，反映了道家的辩证智慧。列子的妻子只注意到恩惠本身，忽略了隐藏在恩惠背后的危险——能因人言予人恩的人，必会因人言而予人祸。人应有意识地对利益的来路做检视，不取不义之利，不取不应得之利，如此才可避免被一时小利所惑遭遇大患。

【原文】

子列子穷，容貌有饥色。客有言之于郑子阳者，曰："列御寇，盖有道之士也，居君之国而穷，君无乃为不好士乎？"郑子阳即令官遗之粟。子列子见使者，再拜而辞。

使者去，子列子入，其妻望之而拊心曰："妾闻为有道者之妻子，皆得佚乐，今有饥色。君过而遗先生食，先生不受，岂不命邪！"

子列子笑，谓之曰："君非自知我也。以人之言而遗我粟，至其罪我也又且以人之言，此吾所以不受也。"其卒，民果作难而杀子阳。

列子之妻质问列子为何不受子阳的馈赠。

百姓发难杀死子阳。

【译文】

列子生活贫困，面容常有饥色。有人对郑国的相国子阳说起这件事："列御寇，是一位有道的人，住在你的国家却如此贫困，你恐怕不是很重视人才吧？"子阳立即派官吏送给列子粮食。列子见到派来的官吏，再三辞谢不接受子阳的赐予。

官吏离去后，列子走进屋里，列子的妻子埋怨他，拍着胸脯伤心地说："我听说作为有道的人的妻子儿女，都能够享受安逸快乐，可是如今我们却面有饥色。郑相子阳过问此事并赠送食物给先生，可是先生却不接受，难道是命里注定要忍饥挨饿吗！"

列子笑着对她说："郑相子阳自己并不了解我，而是听别人说才赠送我粮食的，等到他要加罪于我时，也会听信别人的话，这就是我不接受的原因。"后来，百姓果然发难而杀死了子阳。

【分节导读】

此节以屠羊说不接受楚昭王恩赐告诫世人不要贪求名利。面对楚昭王的封赏，屠羊说始终保持着清醒的自我认知，楚昭王四次提出厚赏屠羊说，屠羊说四次予以拒绝，其不仅在拒绝的同时明确地表达了无功不受禄的观点，还以"岂可因贪爵禄而使吾君有妄施之名乎"暗示楚昭王不要追求虚名。屠羊说对名望的态度正是道家对名望的态度——不为虚名迷惑，拒受和自己不相称的名，不为虚名所累。

【原文】

楚昭王失国，屠羊说走而从于昭王。昭王反国，将赏从者，及屠羊说，屠羊说曰："大王失国，说失屠羊。大王反国，说亦反屠羊。臣之爵禄已复矣，又何赏之有？"

王曰："强之！"

屠羊说曰："大王失国，非臣之罪，故不敢伏其诛，大王反国，非臣之功，故不敢当其赏。"

王曰："见之！"

屠羊说曰："楚国之法，必有重赏大功而后得见，今臣之知不足以存国而勇不足以死寇。吴军入郢，说畏难而避寇，非故随大王也。今大王欲废法毁约而见说，此非臣之所以闻于天下也。"

楚昭王回国，打算赏赐屠羊说。

王谓司马子綦曰："屠羊说居处卑贱而陈义甚高，子綦为我延之以三旌之位。"

屠羊说曰："夫三旌之位，吾知其贵于屠羊之肆也；万钟之禄，吾知其富于屠羊之利也。然岂可以贪爵禄而使吾君有妄施之名乎！说不敢当，愿复反吾屠羊之肆。"遂不受也。

【译文】

楚昭王失去国土，屠羊说跟着昭王出逃。昭王返国，要奖赏跟从的人，赏到屠羊说时，屠羊说说："大王失去国土，我失去了宰羊的工作。大国回国，我也回来宰羊。我的爵禄已经恢复了，又有什么可奖赏的呢？"

昭王说："强令赏他！"

屠羊说说："大王失去国土，不是我的罪过，所以不敢甘心受诛杀；大王回国，不是我的功劳，所以不敢承当奖赏。"

昭王说："让他来见我！"

屠羊说："楚国的法律，一定要有重赏大功而后才能见国王，现在我的智慧不足以保存国家，勇敢不足以杀死敌寇。吴国的军队侵入郢都，我畏惧危难而逃避敌寇，并不是有意跟随大王。现在大王要废法毁约而召见我，这不是我要传闻于天下的事。"

昭王对司马子綦说："屠羊说身处卑贱之位而讲述的道理非常高明，你替我提拔他到三卿之位。"

屠羊说说："三卿之位，我知道它比宰羊的买卖高贵；万钟的俸禄，我知道它比宰羊的得利丰厚。然而我岂能贪图爵禄而使我的国君有随意行赏的名声呢？我不敢当，愿意返回我宰羊的地方。"于是没有接受。

【分节导读】

　　此节中原宪虽贫穷却内心坦然，所以可以对子贡侃侃而谈。子贡见原宪家贫便断定原宪窘迫，即是在用财物的多寡衡量一个人的心境，反映出其自身的心性很容易被利害得失所扰，所以在被原宪反驳后，会"逡巡而有愧色"。贫穷而不受财物牵累的原宪和富贵却为财物之囚的子贡形成鲜明对比，作者借原宪之口阐述了道家对富贵的看法：宁可身陷贫困，也不用奸恶手段谋求财物。这和儒家提倡的"君子爱财取之有道"有共通之处。只不过道家更多的是站在保持自身心性完备的角度上强调"不取不义之财"。

【原文】

　　原宪居鲁，环堵之室，茨以生草；蓬户不完，桑以为枢；而瓮牖二室，褐以为塞；上漏下湿，匡坐而弦歌。

　　子贡乘大马，中绀而表素[1]，轩车不容巷，往见原宪。原宪华冠縰履，杖藜而应门。

　　子贡曰："嘻！先生何病？"

　　原宪应之曰："宪闻之，无财谓之贫，学而不能行谓之病。今宪贫也，非病也。"

　　子贡逡巡而有愧色。

　　原宪笑曰："夫希世而行，比周而友，学以为人，教以为己，仁义之慝[2]，舆马之饰，宪不忍为也。"

子贡乘大马拜访原宪。

【注释】

①中绀（gàn）：里边穿青红色衣服。表素：外面穿白色衣服。②慝（tè）：奸邪。

【译文】

　　原宪住在鲁国，家居方丈小屋，盖着新割下的青草；蓬草编成的门四处透光，折断桑条作为门轴，用破瓮做窗隔出两个居室，再将粗布衣堵在破瓮口上；屋子上漏下湿，而原宪却端端正正地坐着弹琴唱歌。

　　子贡驾着高头大马，穿着青红色的内衣，外罩素雅的大褂，巷子容不下高大华贵的马车，前去看望原宪。原宪戴着破旧的帽子穿着破了后跟的鞋，拄着藜杖应声开门。

　　子贡说："哎呀！先生得了什么病吗？"

　　原宪回答："我听说，没有财物叫做贫，学习了却不能付诸实践叫做病。如今我原宪，是贫困，而不是生病。"

　　子贡听了进退不得，面有羞愧之色。

　　原宪又笑着说："观望世俗而行事，结党营私而交结朋友，勤奋学习用以求取别人的夸赞，教导他人是为了炫耀自己，用仁义作为奸恶勾当的掩饰，讲求高车大马的华贵装饰，这样的事情我是不愿去做的。"

【分节导读】

此节中曾子摆脱了形、利、心的束缚，虽然贫困却逍遥自在；颜回专注于内心的修炼，宁可生活清贫也不愿出仕为官。二者安贫乐道的生活态度和道家"身贵利轻"的观点相呼应，都为作者所提倡。

【原文】

曾子居卫，缊袍无表①，颜色肿哙②，手足胼胝③。三日不举火，十年不制衣，正冠而缨绝，捉衿而肘见，纳屦而踵决④，曳缌而歌《商颂》，声满天地，若出金石。天子不得臣，诸侯不得友。故养志者忘形，养形者忘利，致道者忘心矣。

曾子家贫，三天未开火做饭。

【注释】

①缊（yùn）袍：用麻絮充丝棉做的袍子。无表：没有外罩。②肿哙（kuài）：浮肿，肿而有病色。③胼胝（pián zhī）：老趼。④纳屦（jù）：穿的麻鞋。踵决：后跟裂开。

【译文】

曾子居住在卫国，用乱麻充做絮里的袍子没有外罩，破破烂烂，满脸浮肿，手和脚都磨出了厚厚的老茧。他三天没有生火做饭，十年没有添制新衣，整理帽子帽带就会断掉，提起衣襟臂肘就会外露，穿着麻鞋而后跟裂开。他还拖拉着旧鞋吟咏《商颂》，声音洪亮充满天地，就像金石乐器发出的声响。天子不能把他当做臣仆，诸侯不能跟他结交为友。所以，修养心志的人能够忘却形体，调养身形的人能够忘却利禄，得道的人能够忘却机心智巧。

孔子对颜回说：知足的人不会因利让自己受牵累。

【原文】

孔子谓颜回曰："回，来！家贫居卑，胡不仕乎？"

颜回对曰："不愿仕。回有郭外之田五十亩，足以给飦粥①；郭内之田十亩，足以为丝麻；鼓琴足以自娱；所学夫子之道者足以自乐也。回不愿仕。"

孔子揪然变容②，曰："善哉，回之意！丘闻之：'知足者，不以利自累也；审自得者，失之而不惧；行修于内者，无位而不怍。'丘诵之久矣，今于回而后见之，是丘之得也。"

【注释】

①给：供给。飦（zhān）粥：黏粥，稠粥。②揪（qiǎo）然：神色改变的样子。一本作"欣然"。

【译文】

孔子对颜回说："颜回，你过来！你家境贫寒处境卑微，为什么不出去做官呢？"

颜回回答说："我不愿做官，城郭之外我有五十亩地，足以供给我稠粥；城郭之内我有十亩地，足够用来种麻养蚕；弹琴足以使我欢娱，学习先生所教给的道理足以使我快乐。因此我不愿做官。"

孔子听了神色改变，说："好啊，颜回的心愿！我听说：'知道满足的人不会因为利禄而使自己受到牵累，真正安闲自得的人遭受损失也不会忧郁焦虑，注意内心修养的人没有官职也不会因此惭愧。'我诵读这样的话已经很久了，如今在你身上才算真正看到了它，这是我的收获啊。"

【分节导读】

此节中，中山公子牟因放不下对富贵的向往而向瞻子求教，瞻子则予他"不能自胜则从"的建议。修道不可能一蹴而就，若无法做到超越自身，则不妨顺其自然，这本身也是"顺乎自然"的一种表现，所以即使达不到"物我同一，逍遥自在"的境界，人还是可以借"从"来保全自身。

【原文】

中山公子牟谓瞻子曰："身在江海之上，心居乎魏阙之下，奈何？"

瞻子曰："重生。重生则轻利。"

中山公子牟曰："虽知之，未能自胜也。"

瞻子曰："不能自胜则从之，神无恶乎？不能自胜而强不从者，此之谓重伤。重伤之人，无寿类矣。"

魏牟，万乘之公子也，其隐岩穴也，难为于布衣之士；虽未至乎道，可谓有其意矣！

中山子牟向瞻子问道。

【译文】

中山公子牟对瞻子说："我虽身居江湖之上，心思却时常留在朝廷里，怎么办呢？"

瞻子说："重视生命。重视生命的存在就会看轻名利。"

中山公子牟说："虽然我也知道这个道理，可总是不能克制自己。"

瞻子说："不能克制自己就听任其自然，这样你的心神会不厌恶吗？不能克制自己而又要勉强管束自己，这就叫做双重损伤。心神受到双重损伤的人，就不能长寿了。"

魏牟，是万乘大国的公子，他隐居在山洞中，比起平民百姓来就难为得多了；虽然未能达到体悟大道的境界，也可说是有了体悟大道的心意了。

【分节导读】

此节借孔子对子贡、子路的教导来阐述道家的"穷""通"。世俗意义上的穷多指贫穷，通多指亨通显达，而道家的穷、通则以道为核心："君子通于道之谓通，穷于道之谓穷"。得道之人并不介意志向是否实现，无论身处何种境遇，都能以平和的心态对待。

【原文】

孔子穷于陈蔡之间，七日不火食，藜羹不糁①，颜色甚惫，而犹弦歌于室。颜回择菜于外，子路、子贡相与言曰："夫子再逐于鲁，削迹于卫，伐树于宋，穷于商周，围于陈蔡，杀夫子者无罪，藉夫子者无禁。弦歌鼓琴，未尝绝音，君子之无耻也若此乎？"

颜回无以应，入告孔子。孔子推琴，喟然而叹曰："由与赐，细人也。召而来，吾语之。"

子路、子贡入。子路曰："如此者，可谓穷矣！"

孔子向弟子们解释何为"穷"。

孔子曰："是何言也！君子通于道之谓通，穷于道之谓穷。今丘抱仁义之道以遭乱世之患，其何穷之为！故内省而不穷于道，临难而不失其德，大寒既至，霜雪既降，吾是以知松柏之茂也。陈蔡之隘，于丘其幸乎！"

孔子削然反琴而弦歌，子路扢然执干而舞②。子贡曰："吾不知天之高也，地之下也。"

古之得道者，穷亦乐，通亦乐，所乐非穷通也，道德于此，则穷通为寒暑风雨之序矣。故许由娱于颖阳，而共伯得乎共首。

【注释】

①藜：灰菜。糁（sǎn）：米粒。②扢（xì）然：威武的样子，一说喜悦的样子。干：盾，古代的兵器。

【译文】

孔子在陈、蔡之间遭受困厄，七天不能生火做饭，野菜汤里没有一粒米，脸色疲惫不堪，可是还在屋里不停地弹琴唱歌。颜回在室外择菜，子路和子贡相互交谈："先生两次被赶出鲁国，在卫国遭受禁止居留的污辱，在宋国受到砍掉大树的羞辱，在商、周之地弄得走投无路，如今在陈、蔡之间又陷入困厄，图谋杀害先生的没有治罪，凌辱先生的没有禁绝，可是先生还不停地弹琴吟唱，乐声不断，君子没有羞辱之心竟达到这样的地步吗？"

颜回没有应声，进入内室告诉了孔子。孔子推开琴长叹说："子路和子贡，真是见识浅薄的小人。叫他们进来，我有话对他们说。"

子路和子贡来到屋里。子路说："像现在这样的处境真可以说是走投无路了！"

孔子说："这是什么话！君子通达于道叫做贯通，不能通达于道叫做穷困。如今我信守仁义之道而遭逢乱世带来的祸患，怎么能说成是穷困呢！所以说，善于反省就不会不通达于道，面临危难就不会丧失德行，严寒到来，霜雪降临，这才真正看到了松柏仍是那么郁郁葱葱。陈、蔡之间的困厄，对于我来说正是幸事啊！"

孔子说完安详地拿过琴来弹奏，随着琴声继续唱歌，子路兴奋而又勇武地拿着盾牌跳起舞来。子贡说："我真是不知道天有多高，地有多厚啊！"

古时候得道的人，在困厄的环境里也能快乐，在通达的情况下也能快乐。心境快乐的原因不在于困厄与通达，大道存于心中，那么困厄与通达就

孔子弹琴歌唱，子路拿着盾牌跳起舞。

像是寒与暑、风与雨那样有规律地变化了。所以，许由能够自娱于颍水的岸边，而共伯则悠然自得地生活在丘首山上。

【分节导读】

此节以无择、卞随、务光宁可投水而死也不愿接受王位，伯夷叔齐宁可饿死也不接受爵禄来阐述道家对"无道"的态度——不苟同。人既不应为利益所诱迷失本性，也不应为权势所屈，违逆本性。一如王位和厚禄无法诱惑得道者，贫困和死亡也不能将得道者吓倒。

【原文】

舜以天下让其友北人无择，北人无择曰："异哉，后之为人也，居于畎亩之中[1]，而游尧之门！不若是而已，又欲以其辱行漫我。吾羞见之。"因自投清泠之渊。

汤将伐桀，因卞随而谋，卞随曰："非吾事也。"汤曰："孰可？"曰："吾不知也。"汤又因瞀光而谋，瞀光曰："非吾事也。"汤曰："孰可？"曰："吾不知也。"

北人无择投水而死。

汤曰："伊尹何如？"曰："强力忍垢，吾不知其他也。"汤遂与伊尹谋伐桀，克之，以让卞随。卞随辞曰："后之伐桀也谋乎我，必以我为贼也；胜桀而让我，必以我为贪也。吾生乎乱世，而无道之人再来漫我以其辱行，吾不忍数闻也！"乃自投椆水而死[2]。

汤又让瞀光曰："知者谋之，武者遂之，仁者居之，古之道也。吾子胡不立乎？"瞀光辞曰："废上，非义也；杀民，非仁也；人犯其难，我享其利，非廉也。吾闻之曰：'非其义者，不受其禄；无道

商汤召卞随讨论攻打夏桀的事。

之世，不践其土。'况尊我乎！吾不忍久见也。"乃负石而自沉于庐水。

【注释】

①畎（quǎn）亩：指田间。畎，田间水沟。②椆（zhōu）水：即桐水，在颍川。

【译文】

　　舜把天下让给他的朋友北人无择，北人无择说："舜的为人真奇怪啊，原本在历山从事农耕却要结识唐尧并且接受禅让！不仅如此，又想要用那样的丑行来玷污我。我真是为见到他而感到羞辱。"于是跳入清泠之渊而死。

　　商汤打算讨伐夏桀，跟卞随商量这件事，卞随说："这不是我的事。"商汤问："谁可以呢？"卞随回答："我不知道。"商汤又拿这件事跟瞀光商量，瞀光说："这不是我的事。"商汤问："谁可以呢？"瞀光回答："我不知道。"商汤说："伊尹怎么样？"瞀光说："伊尹这个人毅力坚强而且能够忍受耻辱，至于其他方面我就不知道了。"商汤于是跟伊尹商量讨伐夏桀的事，打败桀之后，商汤又想把天下让给卞随。卞随推辞说："君主讨伐夏桀曾经跟我商量，必定是把我看做凶残的人；战胜桀之后想要禅让天下给我，必定是把我看做贪婪的人。我生活在天下大乱的年代，而且不明大道的人两次用他的丑行玷污我，我不能忍受屡次的搅扰。"于是跳入椆水而死。

　　商汤又打算禅让给瞀光，说："智慧的人谋取天下，勇武的人加以完成，仁德的人居于君位，这是自古以来的道理。先生怎么不即位呢？"瞀光推辞说："废除国君，不合于道义；征战杀伐，不合于仁爱；别人冒着危难，我却坐享其利，不合于廉洁。我听说，不合乎道义的人，不能接受他赐予的利禄；不合乎大道的社会，不能踏上那样的土地。何况是把我尊称为君呢！我不忍长久地见到这种情况。"于是背着石块沉入庐水而死。

【原文】

　　昔周之兴，有士二人处于孤竹，曰伯夷、叔齐。二人相谓曰："吾闻西方有人，似有道者，试往观焉。"至于岐阳，武王闻之，使叔旦往见之，与之盟曰："加富二等，就官一列。"血牲而埋之。

　　二人相视而笑，曰："嘻，异哉！此非吾所谓道也。昔者神农之有天下也，时祀尽敬而不祈喜；其于人也，忠信尽治而无求焉。乐与政为政，乐与治为治。不以人之坏自成也，不以人之卑自高也，不以遭时自利也。今周见殷之乱而遽为政，上谋而行货，阻兵而保威，割牲而盟以为信，扬行以说众，杀伐以要利。是推乱以易暴也。吾闻古之士，遭治世不避其任，遇乱世不为苟存。今天下暗，周德衰，其并乎周以涂吾身也，不如避之，以絜吾行。"二子北至于首阳之山，遂饿而死焉。若伯夷、叔齐者，其于富贵也，苟可得已，则必不赖，高节戾行，独乐其志，不事于世，此二士之节也。

伯夷、叔齐是孤竹国的贤人。

【译文】

过去周朝兴起的时候，孤竹国有两位贤人，名叫伯夷和叔齐。两人商量说："听说西方有个人，好像是有道的人，我们前去看看。"他们来到岐山的南面，周武王知道了，派他的弟弟姬旦前去拜见，并且跟他们誓盟，说："加赐二等俸禄，授予一等官职。"然后用牲血涂在盟书上埋入祭坛下面。

姬旦用高官厚禄吸引伯夷、叔齐。

伯夷、叔齐二人相视而笑说："咦，真是奇怪啊！这不是我们所谈论的道啊。从前神农氏治理天下，按时祭祀竭尽虔诚而不祈求赐福；他对百姓，忠实诚信尽心治理而不向他们索取。乐于参与政事就让他们参与政事，乐于从事治理就让他们从事治理，不以别人的失败而显为自己的成功，不因别人地位卑下而显示自己的高贵，不因遭逢机遇而图谋私利。如今周人看见殷商朝政混乱就急速夺取统治天下的权力，崇尚谋略收买人心，依靠武力保持威势，宰牲结盟作为信誓，宣扬德行取悦众人，凭借征战求取私利，这是用推动祸乱的办法替代已有的暴政。我听说上古时候的贤士，

伯夷、叔齐饿死在首阳山。

遭逢治世不回避责任，遇上乱世不苟且偷生。如今天下昏暗，周人这样的做法说明德行已经衰败，与其跟周人一起而使自身受到污辱，不如逃离他们保持品行的高洁。"两人向北来到了首阳山，最后饿死在那里。像伯夷、叔齐这样的人，他们对富贵，即使有机会得到，也决不会去获取。高尚的气节，不同流俗的行为，自适自乐，而不追逐于世事，这就是二位贤士的节操。

◎盗跖◎

【题解】

本篇通过三段故事揭露了名与利的虚伪与危害。在孔子说盗跖一段中，作者借盗跖之口猛烈而尖锐地抵制了儒家的仁义学说，说明圣人和盗贼是没有区别的，历史上的所谓圣贤忠孝之士都是诈巧虚伪的名利之徒，为沽名钓誉而身遭祸患，以至丧失性命，可羞可笑。他认为人活在世上就应放任心性，享受人生，"不能说其志意，养其寿命者，皆非通道者也"。在子张与满苟得、无足与知和的对话中，作者阐述了同样的道理，指出君子为名、小人为利，君子与小人都是一路货色。追名逐利，不但不能身心愉悦，反而会带来大灾大难。而顺应本性"就其利，辞其害"，自然可为天下称贤。知足无争，保养心性，才是安乐长生之道。

【分节导读】

此节通过孔子规劝盗跖未果反被盗跖驳斥得哑口无言的故事对儒家的仁义礼教和世俗的富贵显达观念进行抨击，指责儒家"作言造语，妄称文武""不耕而食，不织而衣"，不过是借仁义之名求富求贵。而备受世人推崇的明君贤士忠臣要么"以利惑其真而强反其情性"，要么辛苦一生不得善终，在本质上和大盗并无区别，皆是追名逐利、迷失本性之辈。作者借盗跖之口斥儒家的理论为"诈巧虚伪事"，认为人应保持本真及自由愉悦的精神，并在此基础上通晓大道。

【原文】

孔子与柳下季为友，柳下季之弟，名曰盗跖。盗跖从卒九千人，横行天下，侵暴诸侯，穴室枢户，驱人牛马，取人妇女，贪得忘亲，不顾父母兄弟，不祭先祖。所过之邑，大国守城，小国入保，万民苦之。

孔子谓柳下季曰："夫为人父者，必能诏其子；为人兄者，必能教其弟。若父不能诏其子，兄不能教其弟，则无贵父子兄弟之亲矣。今先生，世之才士也，弟为盗跖，为天下害，而不能教也，丘窃为先生羞之。丘请为先生往说之。"

柳下季曰："先生言'为人父者必能诏其子，为人兄者必能教其弟'。若子不听父之诏，弟不受兄之教，虽今先生之辩，将奈之何哉！且跖之为人也，

跟随盗跖的人多达九千。

277

心如涌泉，意如飘风，强足以拒敌，辩足以饰非，顺其心则喜，逆其心则怒，易辱人以言。先生必无往。"

孔子不听，颜回为驭，子贡为右，往见盗跖。

盗跖在泰山南面修整士卒。

盗跖乃方休卒徒大山之阳，脍人肝而铺之①。孔子下车而前，见谒者，曰："鲁人孔丘，闻将军高义，敬再拜谒者。"

谒者入通。盗跖闻之，大怒，目如明星，发上指冠，曰："此夫鲁国之巧伪人孔丘，非邪？为我告之：'尔作言造语，妄称文武，冠枝木之冠，带死牛之胁，多辞缪说，不耕而食，不织而衣，摇唇鼓舌，擅生是非，以迷天下之主，使天下学士不反其本，妄作孝弟，而侥幸于封侯富贵者也。子之罪大极重，疾走归！不然，我将以子肝益昼铺之膳！'"

孔子复通曰："丘得幸于季，愿望履幕下。"

谒者复通。盗跖曰："使来前！"

孔子趋而进，避席反走，再拜盗跖。盗跖大怒，两展其足，案剑嗔目，声如乳虎，曰："丘，来前！若所言，顺吾意则生，逆吾心则死！"

孔子曰："丘闻之，凡天下有三德：生而长大，美好无双，少长贵贱见而皆说之，此上德也；知维天地，能辩诸物，此中德也；勇悍果敢，聚众率兵，此下德也。凡人有此一德者，足以南面称孤矣。今将军兼此三者，身长八尺二寸，面目有光，唇如激丹，齿如齐贝，音中黄钟，而名曰盗跖，丘窃为将军耻不取焉。将军有意听臣，臣请南使吴、越，北使齐、鲁，东使宋、卫，西使晋、楚，使为将军造大城数百里，立数十万户之邑，尊将军为诸侯，与天下更始，罢兵休卒，收养昆弟，共

盗跖大怒，伸开双脚，声音好似乳虎。

祭先祖。此圣人才士之行，而天下之愿也。"

盗跖大怒曰："丘，来前！夫可规以利而可谏以言者，皆愚陋恒民之谓耳。今长大美好，人见而悦之者，此吾父母之遗德也。丘虽不吾誉，吾独不自知邪？且吾闻之，好面誉人者，亦好背而毁之。今丘告我以大城众民，是欲规我以利而恒民畜我也，安可久长也！城之大者，

古代的时候禽兽多，人少。

莫大乎天下矣。尧、舜有天下，子孙无置锥之地；汤、武立为天子，而后世绝灭；非以其利大故邪？

"且吾闻之，古者禽兽多而人少，于是民皆巢居以避之，昼拾橡栗，暮栖木上，故命之曰有巢氏之民。古者民不知衣服，夏多积薪，冬则炀之②，故命之曰知生之民。神农之世，卧则居居，起则于于，民知其母，不知其父，与麋鹿共处，耕而食，织而衣，无有相害之心，此至德之隆也。然而黄帝不能致德，与蚩尤战于涿鹿之野，流血百里。尧、舜作，立群臣，汤放其主，武王杀纣，自是以后，以强陵弱，以众暴寡。汤、武以来，皆乱人之徒也。

"今子修文、武之道，掌天下之辩，以教后世，缝衣浅带，矫言伪行，以迷惑天下之主，而欲求富贵焉，盗莫大于子。天下何故不谓子为盗丘，而乃谓我为盗跖？子以甘辞说子路而使从之。使子路去其危冠，解其长剑，而受教于子，天下皆曰孔丘能止暴禁非。其卒之也，子路欲杀卫君而事不成，身菹于卫东门之上③，子教子路菹此患，上无以为身，下无以为人，是子教之不至也。子自谓才士圣人邪？则再逐于鲁，削迹于卫，穷于齐，围于陈、蔡，不容身于天下。子之道岂足贵邪？

"世之所高，莫若黄帝，黄帝尚不能全德，而战涿鹿之野，流血百里。尧不慈，舜不孝，禹偏枯，

孔子并不能够制止暴力。

汤放其主，武王伐纣，此六子者，世之所高也，孰论之，皆以利惑其真而强反其情性，其行乃甚可羞也。

"世之所谓贤士，伯夷、叔齐。伯夷、叔齐辞孤竹之君而饿死于首阳之山，骨肉不葬。鲍焦饰行非世，抱木而死。申徒狄谏而不听，负石自投于河，为鱼鳖所食。介子推至忠也④，自割其股以食文公，文公后背之，子推怒而去，抱木而燔死。尾生与女子期于梁下，女子不来，水至不去，抱梁柱而死，此六子者，无异于磔犬流豕⑤，操瓢而乞者，皆离名轻死，不念本养寿命者也。

"世之所谓忠臣者，莫若王子比干、伍子胥。子胥沉江，比干剖心，此二子者，世谓忠臣也，然卒为天下笑。自上观之，至于子胥、比干，皆不足贵也。

"丘之所以说我者，若告我以鬼事，则我不能知也；若告我以人事者，不过此矣，皆吾所闻知也。今吾告子以人之情，目欲视色，耳欲听声，口欲察味，志气欲盈。人上寿百岁，中寿八十，下寿六十，除病瘦、死丧、忧患，其中开口而笑者，一月之中不过四五日而已矣。天与地无穷，人死者有时，操有时之具而托于无穷之间，忽然无异骐骥之驰过隙也。不能说其志意，养其寿命者，皆非通道者也。

"丘之所言，皆吾之所弃也，亟去走归，无复言之！子之道，狂狂汲汲，诈巧虚伪事也，非可以全真也，奚足论哉！"

孔子再拜趋走，出门上车，执辔三失，目茫然无见，色若死灰，据轼低头，不能出气。归到鲁东门外，适遇柳下季。柳下季曰："今者阙然数日不见，车马有行色，得微往见跖邪？"孔于仰天而叹曰："然。"柳下季曰："跖得无逆汝意若前乎？"孔子曰："然。丘所谓无病而自灸也，疾走料虎头，编虎须，几不免虎口哉！"

贤士和忠臣。

【译文】

孔子和柳下季结为朋友。柳下季的弟弟，名叫盗跖，盗跖的随从士卒有九千人，横行天下，侵害诸侯，穿室破户，赶走人家的牛马，夺取人家的妇女，贪得而忘亲，不顾父母兄弟，不祭祀祖先。所经过的地方，大国守护城池，小国躲入城堡，万民受苦。

孔子对柳下季说："做人父亲的，一定能教导他的儿子；做人兄长的，一定能教育他的弟弟。如果父亲不能教导他的儿子，兄长不能教育他的弟弟，那么父子兄弟的亲属关系就没有尊贵了。现在先生是当世的有才之士，弟弟是盗跖，是天下的祸害，而你不能教育他，我私下为先生羞愧。我请求替先生去说服他。"

柳下季说："先生说'做人父亲的一定能教导他的儿子，做人兄长的一定能教育他的弟弟。'如果儿子不听父亲的教导，弟弟不接受兄长的教育，虽然现在有先生这样的辩才，又能拿他怎么样呢？而且跖的为人是心血如泉涌一样的旺盛，心意如暴风一样的难测，强悍足以抗拒敌人，善辩足以掩

饰过错，顺从他的心意
就高兴，违背他的心意
就发怒，容易用语言侮
辱人。先生一定不要去。"

孔子不听，让颜回驾
车，子贡陪乘，去见盗跖。

盗跖正在泰山的南
面休整士卒，细切人肝
而食。孔子下车走上前，
见了通报的人说："鲁国
人孔丘，听说将军义气
高尚，恭敬地前来拜见。"

通报的人进去通报。
盗跖听到此事大怒，眼

黄帝和蚩尤在涿鹿展开大战。

睛像发光的星星，头发直立顶着了帽子，说："此人不是鲁国的狡猾虚伪之人孔丘吗？替我告诉他：'你
编造言语，假称文、武，头戴装饰得像树枝一样的帽子，腰缠死牛胁皮做的皮带，整天说一些荒谬的话，
不耕而食，不织而衣，摇唇鼓舌，专生是非，以迷惑天下的君主，使天下的读书人不务正业，假作
孝弟，而侥幸得到封侯富贵。你的罪恶极大极重，快回去吧！不然，我将用你的肝增加我的午餐。'"

孔子再次通报说："我有幸认识柳下季，希望能到帐幕中拜见。"通报者再次通报。盗跖说："让
他到前面来！"

孔子快步前行，离开席位退步而走，再次拜见盗跖。盗跖大怒，伸开双脚，握剑瞪眼，声音像
哺乳的母虎，说："孔丘到前面来，你所说的话，顺从我的心意就活，违背我的心意就死。"

孔子说："我听说，大凡天下人都有三种美德：生就魁梧高大，容貌漂亮无双，无论老幼贵贱
见到他都十分喜欢，这是上等的德行；智慧能够包罗天地，能力足以分辨各种事物，这是中等的德
行；勇武、强悍、果决、勇敢，能够聚合众人统率士兵，这是下一等的德行。大凡人们有此一种德行，
便足以南面称王了。如今将军同时具备了上述三种美德，你高大魁梧身长八尺二寸，面容和双眼熠
熠有光，嘴唇鲜红犹如朱砂，牙齿犹如排列的贝珠，声音洪亮好似黄钟，然而名字就叫盗跖，我私
下为将军感到羞耻而不可取。将军如果有意听从我的劝告，我将南边出使吴国、越国，北边出使齐
国、鲁国，东边出使宋国、卫国，西边出使晋国、楚国，为将军建造数百里的大城，设立数十万户
人家的封邑，尊将军为诸侯，跟天下各国除旧布新，停战休兵，收养兄弟，供祭祖先。这才是圣人
贤士的作为，也是天下人的心愿。"

盗跖大怒说："孔丘上前来！凡是可以用利禄来规劝、用言语来谏正的人，都只能称做愚昧浅
陋的顺民。如今我身材高大魁梧，面目英俊漂亮，人人见了都喜欢，这是我的父母给我留下的德
性。孔丘你即使不当面吹捧我，我难道不知道吗？而且我听说，喜好当面夸奖别人的人，也喜好
背地里诋毁别人。如今你把建造大城、汇聚众多百姓的意图告诉给我，这是用利禄来诱惑我，而
且是用对待顺民的态度来对待我，怎么可以长久呢！城池最大的，莫过于整个天下。尧舜拥有天下，
子孙却没有立锥之地；商汤与周武王立为天子，可是后代却遭灭绝，这不是因为他们贪求占有天
下的缘故吗？

"况且我还听说，古时候禽兽多而人少，于是人们都在树上筑巢而居躲避野兽，白天拾取橡子，晚
上住在树上，所以称他们叫做有巢氏之民。古时候人们不知道穿衣，夏天多多存积柴草，冬天就烧火取
暖，所以称他们叫做懂得生存的人。到了神农时代，闲居是多么安静舒适，行动是多么舒缓自得，人们
只知道母亲，不知道父亲，跟野兽生活在一起，自己耕地吃饭，自己织布穿衣，没有伤害别人的心思，

这就是道德的极盛时代。然而到了黄帝就不再具备这样的德行，跟蚩尤在涿鹿的郊野上争战，流血百里。尧舜称帝设置群臣，商汤放逐了他的君主，武王杀死了纣王。从此以后，世上总是依仗强权欺凌弱小，依仗势众侵害寡少。商汤、武王以来，就都是祸害人民的人了。

"如今你修习文王、武王的治国之道，掌握天下的舆论，想用你的主张教化后世子孙，穿着宽衣博带的服装，说话与行动矫揉造作，用以迷惑天下的诸侯，想用这样的办法求取高官厚禄，要说大盗再没有比你大的了。天下为什么不叫你为'盗丘'，反而称我是'盗跖'呢？你用甜言蜜语说服了子路让他死心塌地地跟随你，使子路去掉了勇武的高冠，解除了长长的佩剑，受教于你的门下，天下人都说孔子能够制止暴力禁绝不轨。可是后来，子路想要杀掉篡逆的卫君却不能成功，而且还在卫国东门被剁成了肉酱，你让子路被剁成肉酱，对上无法保身，对下无法做人，这就是你那套说教的失败。你不是自称有才智的学士、圣哲吗？却两次被逐出鲁国，在卫国被人铲平足迹，在齐国走投无路，在陈国蔡国之间遭受围困，不能容身于天下，你的那套主张有什么可贵之处呢？

"世上所尊崇的，莫过于黄帝，黄帝尚且不能保全德行，而征战于涿鹿的郊野，流血百里。唐尧不慈爱，虞舜不孝顺，大禹半身不遂，商汤放逐了他的君主，武王出兵征讨商纣，以上这六个人，都是世人所尊崇的，但是仔细评论起来，都是因为追求功利丧失真性而强迫自己违反了性情，他们的做法乃是极为可耻的。

"世人所称道的贤士，就如伯夷、叔齐。伯夷、叔齐辞让了孤竹国的君位，却饿死在首阳山，尸体都未能埋葬。鲍焦行为矫饰，非议世事，竟抱着树木而死去。申徒狄多次进谏不被采纳，背着石块投河而死，尸体被鱼鳖吃掉。介子推算是最忠诚的了，割下自己大腿上的肉给晋文公吃，文公返国后却背弃了他，介子推一怒之下逃走隐居山林，也抱着树木焚烧而死。尾生跟一位女子在桥下约会，女子没有如期赴约，河水来到尾生却不离去，竟抱着桥柱而淹死。以上这六个人，跟分尸的狗、飘在河面的猪以及拿着瓢到处乞讨的乞丐没有什么不同，都是重视名节轻生赴死，不顾念身体和寿命的人。

古代人们都在树上筑巢躲避野兽。

"世人所称道的忠臣，没有超过王子比干和伍子胥的了。伍子胥被抛尸江中，比干被剖心而死，这两个人，世人都称做忠臣，然而最终被天下人讥笑。从以上看来，伍子胥、比干之流，都是不值得推崇的。

"你孔丘来说服我，假如告

古代人们只知道母亲，不知道父亲。

诉我关于鬼神的事，那我不知道；假如告诉我人世间的事，不过如此而已，都是我所听说过的事。现在让我来告诉你人之常情：眼睛想要看到色彩，耳朵想要听到声音，嘴巴想要品尝滋味，志气想要充分满足。人生在世高寿为一百岁，中寿为八十岁，低寿为六十岁，除掉疾病、死丧、忧患的岁月，其中开口欢笑的时光，一月之中不过四五天罢了。天与地是无穷尽的，人的死亡却是有时限的，拿有时限的生命托付给无穷尽的天地之间，迅速地消逝就像是骏马良驹从缝隙中骤然驰过一样。凡是不能够使自己心境获得愉快而保养寿命的人，都不能算是通晓常理的人。

"孔丘你所说的，全都是我想要废弃的，你赶快离开这里滚回去，不要再说了！你的那套主张，狂妄急切，全都是巧诈虚伪的东西，不可能用来保全真性，有什么好谈论的呢！"

孔子再三拜谢快步离去，走出帐门登上车子，拿在手里的缰绳三次脱手，眼睛失神模糊不清，脸色犹如死灰，低垂着头靠在车前的横木上，颓丧地不能喘气。回到鲁国东门外，正巧遇上柳下季。柳下季说："近来多日不见，看你的车马好像外出过的样子，恐怕是前去见到盗跖了吧？"孔

申徒狄忠言进谏，却不能被理会。

子仰天长叹道："是的。"柳下季说："盗跖是不是像先前我所说的那样违背了你的意愿呢？"孔子说："正是这样。我此举就像没有生病而自行针灸一样，急匆匆地跑去撩拨虎头、抚弄虎须，几乎不免被虎口吞掉啊！"

【分节导读】

在此节中，子张把修善德行当做谋取利益的手段，提倡贵贱有别、长幼有序。满苟得则对子张的观点进行了驳斥，指出儒者"伪辞"，儒者的言论和行为经常不一致。满苟得认为人不必强分君子小人，既不应为财富奔波，也不应为居功献身，而是要顺乎天理，与大道共进退。不过，由于满苟得强调顺乎天理是为了求利，其并非道家推崇的得道之人。

【原文】

子张问于满苟得曰："盍不为行？无行则不信，不信则不任，不任则不利。故观之名，计之利，而义真是也。若弃名利，反之于心，则夫士之为行，不可一日不为乎！"

满苟得曰："无耻者富，多信者显。夫名利之大者，几在无耻而信。故观之名，计之利，而信真是也。若弃名利，反之于心，则夫士之为行，抱其天乎！"

子张曰："昔者桀、纣贵为天子，富有天下。今谓臧聚曰，汝行如桀、纣，则有怍色①，有不服之心者，小人所贱也。仲尼、墨翟②，穷为匹夫，今谓宰相曰，子行如仲尼、墨翟。则变容易色称不足者，士诚贵也。故势为天子，未必贵也；穷为匹夫，未必贱也。贵贱之分，在行之美恶。"

满苟得曰："小盗者拘，大盗者为诸侯，诸侯之门，仁义存焉。昔者桓公小白杀兄入嫂，而管仲为臣；田成子常杀君窃国，而孔子受币。论则贱之，行则下之，则是言行之情悖战于胸中也，不

亦拂乎！故《书》曰：'孰恶孰美，成者为首不成者为尾。'"

子张曰："子不为行，即将疏戚无伦，贵贱无义，长幼无序。五纪六位，将何以为别乎？"

满苟得曰："尧杀长子，舜流母弟，疏戚有伦乎？汤放桀，武王杀纣，贵贱有义乎？王季为適，周公杀兄，长幼有序乎？儒者伪辞，墨子兼爱，五纪六位将有别乎？

子张问满苟得："为什么不修仁义之德呢？"

"且子正为名，我正为利。名利之实，不顺于理，不监于道。吾日与子讼于无约曰：'小人殉财，君子殉名，其所以变其情，易其性，则异矣；乃至于弃其所为而殉其所不为，则一也。'故曰，无为小人，反殉而天；无为君子，从天之理。若枉若直，相而天极。面观四方，与时消息。若是若非，执而圆机；独成而意，与道徘徊。无转而行，无成而义，将失而所为。无赴而富，无殉而成，将弃而天。

贵贱有别，长幼有序。

"比干剖心，子胥抉眼，忠之祸也；直躬证父，尾生溺死，信之患也；鲍子立干，申子自埋，廉之害也；孔子不见母，匡子不见父，义之失也。此上世之所传，下世之所语，以为士者，正其言，必其行，故服其殃，离其患也。"

【注释】

①怍（zuò）色：愤怒变色。②墨翟（dí）：人名，墨家的创始人。

【译文】

子张问满苟得："为什么不修养仁义的德行呢？没有德行就不能取信于人，不能取信于人就不会得到任用，不能得到任用就不会得到利禄。所以，从名誉的角度来观察，从利禄的角度来考虑，仁义才是最要紧的。假如抛弃名利，只在内心反思，那么士大夫的所作所为，也不能一天不修仁义啊！"

满苟得说："没有羞耻的人才会富有，善于吹捧的人才会显贵。大凡获得名利最大的，几乎全在于无耻而多言。所以，从名誉的角度来观察，从利禄的角度来考虑，无耻多言才是最要紧的。假如弃置名利，只在内心反思，那么士大夫的所作所为，也就只有保持他的天性了啊！"

子张说："当年桀与纣贵为天子，富有天下，如今对地位卑贱的奴仆说，你的品行如同桀纣，那么他们定会惭愧不已，产生不服气的想法，这是因为桀纣的行为连地位卑贱的人也瞧不起。仲尼和墨翟穷困到跟贫民一样，如今对官居宰相地位的人说，你的品行如同仲尼和墨翟，那么他一定会改变容色谦恭地说自己比不上，这是因为士大夫确实有可贵的品行。所以说，权势如天子，未必就尊贵；穷困为贫民，未必就卑贱。尊贵与卑贱的区别，取决于德行的美丑。"

满苟得说："小的盗贼被拘捕，大的强盗却成了诸侯，只要在诸侯的门内，就有了所谓仁义。当年齐桓公小白杀了兄长、娶了嫂嫂而管仲却做了他的臣子，田成子常杀了齐简公自立为国君而孔子却接受了他赠与的钱币。谈论起来总认为桓公、田常之流的行为卑下，做起来又总去做这些卑下的事情，这就是说言语和行动在胸中相互矛盾和斗争，岂不是与情理极不相合吗！所以古书上说过：谁坏谁好？成功的居于尊上之位，失败的沦为卑下之人。"

子张说："你不修养仁义的德行，将会使亲疏没有伦常，贵贱没有准则，长幼失去序列。这样一来五伦和六位，又拿什么加以区别呢？"

满苟得说："尧杀了亲生的长子，舜流放了同母的兄弟，亲疏之间还有伦常可言？商汤放逐夏桀，武王杀死商纣，贵贱之间还有准则可言吗？王季被立为长子，周公杀了哥哥，长幼之间还有序列可言吗？儒家伪善的言辞，墨家兼爱的主张，'五纪'和'六位'的序列关系还能有区别吗？

小人为财而死。

比干被人剖心。

齐桓公杀死哥哥纠。

"而且你心里所想的在于名，我心里所想的为了利。名与利的实情，不合于理，也不明于道。我曾经跟你在无约面前争论不休：'小人为财而死，君子为名献身。他们变换真情、更改本性的原因有所不同，而舍弃该做的事而为不该寻求的东西而丧命却是一样的。'所以说，不要去做小人，要反过来追寻天性；不要去做君子，要顺从自然的规律。或曲或直，顺其自然；观察四方，顺随四时变化而消长。是是非非，牢牢掌握循环变化的中枢；独自顺遂你的心意，跟随大道往返进退。不要执着于你的德行，不要成就于你所说的仁义，那将会丧失你的天性。不要为了富有而劳苦奔波，不要为了成功而不惜献身，那将会舍弃自然的真性。

周公杀死哥哥管叔。

"比干被剖心，子胥被挖眼，这是忠的祸害；直躬证实父亲偷羊，尾生被水淹死，这是信的祸患；鲍焦抱树而死，申生宁可投河自沉，这是廉的毒害；孔子不能为母送终，匡子发誓不见父亲，这是义的过失。这些现象都是上代的传闻、后代的话题，认为士大夫要言论正直，并用行为去实践，所以他们才会遭到灾殃，遭受如此的祸患。"

小的盗贼被拘捕。

满苟得说："我心里想的是利。"

【分节导读】

　　此节中，崇尚财富和权利的无足无法理解知和恬淡的生活。知和则站在道的视角上指出专注名利的人往往难以察觉纵欲会引起乱、苦、疾、辱、忧、畏等"天下之至害"。人不仅不能通过拥有名利，放纵欲望获得身心愉悦，还会因沉溺享乐而忽略隐藏着的危险，落得丧尽财富也不得保全性命的结局。因此，人应以知足不争的态度对待生活，顺乎自然，保养心性。

【原文】

无足问于知和曰："人卒未有不兴名就利者。彼富则人归之，归则下之，下则贵之。夫见下贵者，所以长生安体乐意之道也。今子独无意焉，知不足邪，意知而力不能行邪！故推正不忘邪？"

知和曰："今夫此人以为与己同时而生，同乡而处者，以为夫绝俗过世之士焉；是专无主正，所以览古今之时，是非之分也，与俗化。世去至重，弃至尊，以为其所为也。此其所以论长生安体乐意之道，不亦远乎！惨怛之疾①，恬愉之安，不监于体；怵惕之恐，欣懽之喜，不监于心；知为为而不知所以为，是以贵为天子，富有天下，而不免于患也。"

无足曰："夫富之于人，无所不利，穷美究势，至人之所不得逮，贤人之所不能及，侠人之勇力而以为威强，秉人之知谋以为明察，因人之德以为贤良，非享国而严若君父。且夫声色滋味权势之于人，心不待学而乐之，体不待象而安之。夫欲恶避就，固不待师，此人之性也。天下虽非我，孰能辞之！"

知和曰："知者之为，故动以百姓，不违其度，是以足而不争，无以为故不求。不足故求之，争四处而不自以为贪；有余故辞之，弃天下而不自以为廉。廉贪之实，非以迫外也，反监之度。势为天子而不以贵骄人，富有天下而不以财戏人。计其患，虑其反，以为害于性，故辞而不受也，非以要名誉也。尧、舜为帝而雍，非仁天下也，不以美害生也；善卷、许由得帝而不受，非虚辞让也，不以事害己。此皆就其利，辞其害，而天下称贤焉，则可以有之，彼非以兴名誉也。"

无足曰："必持其名，苦体绝甘，约养以持生，则亦犹病长厄而不死者也。"

知和曰："平为福，有余为害者，物莫不然，而财其甚者也。今富人，耳营钟鼓管籥之声②，口嗛于刍豢醪醴之味③，以感其意，遗忘其业，可谓乱矣；侅溺于冯气④，若负重行而上坂也，可谓苦矣；贪财而取慰，贪权而取竭，静居则溺，体泽则冯，可谓疾矣；为欲富就利，故满若堵耳而不知避，且冯而不舍，可谓辱矣；财积而无用，服膺而不舍，满心戚醮⑤，求益而不止，可谓忧矣；内则疑劫请之贼，外则畏寇盗之害，内周楼疏，外不敢独行，可谓畏矣。此六者，天下之至害也，皆遗忘而不知察，及其患至，求尽性竭财，单以反一日之无故而不可得也。故观之名则不见，求之利则不得，缭意绝体而争此，不亦惑乎！"

【注释】

①怛（dá）：痛楚，悲痛。②管籥（yuè）：乐器。③嗛（qiè）：通"慊"，满足，快意。刍豢：食草的牛羊为刍，食谷的狗猪为豢。此处泛指牛羊狗猪的肉食品。醪：醇酒。醴：带滓的甜酒。④侅（gāi）：噎住。溺：便溺。冯气：盛气，气满。冯，通"凭"。⑤戚醮（jiào）：忧伤焦急。

【译文】

无足问知和说："人们没有谁不想树立名声并获取利禄的。如果他富有，人们就归附他，归附他就自以为卑下，以自己为卑下就会尊崇富有者。受到卑下者的尊崇，就是人们用来延长寿命、安养身体、心情快乐的办法。如今你竟然没有这种欲念，是才智不够呢？还是有念头而力量达不到呢？还是故意推行正道而念念不忘呢？"

知和说："如今有这么一个兴名就利的人，就认为跟自己是同时而生、同乡而处，而且认为是超越了世俗的人了；其实这样的人内心里全无主见，用这样的办法去看待古今和是非的不同，只能是混同流俗和世事。舍弃了贵重的生命，离开了崇高的大道，而追求他一心想要的东西。这样去延长寿命、安养身体、追求快乐，不是跟大道相去甚远吗！悲伤的痛苦，愉快的安适，不能从形体上显现出来；惊慌的恐惧，欢欣的喜悦，不能从内心流露出来。只知道去做自己想要去做的事却不知道为什么去做，所以尊贵如同天子，富裕占有天下，却始终不能免于忧患。"

无足说："富贵对人们来说，无所不利，享尽天下的好处并拥有最大的权势，这是道德极高尚的人不能得到的，也是贤达的人不能达到的；挟持他人的勇力用以显示自己的威势，掌握他人的智谋用以表露自己的明察，凭借他人的德行用以赢得贤良的声誉，虽然没有掌握过国家，却像君父一样威严。而且声色、滋味、权势对于每一个人来说，不用学习就自然喜欢，不用模仿身体就能习惯。欲念、厌恶、回避、俯就，本来就不需要教导，这是人的本性。天下人即使都认为我的看法不对，谁又能摆脱这一切呢？"

财富会为人招致祸患。

知和说："智者做事总是依从百姓的需求，不去违反民众的意愿，所以，知足就不会争斗，无所作为因而也就没有探求。不知足所以不断贪求，四处争夺却不自认为是贪婪；有剩余所以处处辞让，舍弃天下却不自认为清廉。清廉与贪婪的实质，并不是因为迫于外力，而应该转回头来查看内

富贵能让人拥有权势。

心是否有度。身处天子之位却不用显贵傲视他人，富裕到拥有天下却不用财富戏弄他人。权衡它的后患，考虑事情的反面，认为有害于本性，所以拒绝而不接受，并不是要用它来求取名声与荣耀。尧与舜做帝王而和睦团结，并非行仁政于天下，而是不想因为追求美好而损害生命；善卷与许由能够得到帝王之位却辞让不受，并不是虚情假意地谢绝推辞，而是不想因为治理天下危害自己的生命。这些人都能趋利避害，因而人们称誉他们是贤人。这是有意避害的心念，并不是为了沽名钓誉。"

无足说："如果一定要固守名声，劳苦身体而谢绝美食，俭约奉养以维持生命，那么这也只是长期病困而不死罢了。"

知和说："均平就是幸福，有余便是祸害，事物都是这样的，而财富更是如此。如今的富人，耳朵要听钟鼓管箫的乐声，嘴巴要尝牛羊美酒的美味，以刺激他的情意，遗忘他的事业，可以说是迷乱极了。沉溺于愤懑的盛气之中，像背着重物爬行在山坡上一样，可以说是痛苦极了；贪求财物而招惹怨恨，贪求权势而耗尽心力，安静闲居就沉溺于嗜欲，身体充盈就盛气凌人，可以说是患病了。为了贪图富有追求私利，获取的财物堆得像高墙还不知足，而且越是贪婪就越无法放弃，可以说是羞辱极了。财物囤积却没有用处，念念不忘又不愿割舍，满腹的忧心烦恼，企求增加永无休止，可以说是忧愁极了。在家中总担忧窃贼的偷窃，在外面总害怕寇盗的伤害，在家楼窗紧闭严防，在外不敢独自行走，可以说是畏惧极了。以上这六种情况，是天下最大的祸害，大家都遗忘掉而不知明察，等到祸患来临，想要倾家荡产保全性命，只求一天的安宁也不可能。所以，从名声来说看不见，从利益来说得不到，使心意和身体受到困扰而竭力争夺名利，岂不是迷惑吗！"

◎说剑◎

【题解】

　　"说剑"，指庄子为赵文王说剑一事。其内容与庄子的无为思想也有一定的关系。作者以"文王喜剑"比喻统治者为政，例举了天子之剑、诸侯之剑、庶人之剑三种为政的方法。说明"天子之剑"可以一统天下，匡正诸侯；"诸侯之剑"可以顺天安民，威震四方；而"庶人之剑"只如同斗鸡的儿戏，枉绝性命而无所用于国事。庄子劝文王当为天子之剑而弃庶人之剑。只要"大王安坐定气"，即可无为而治。由此可见，本篇仍在于说明为政当无为的道理，以无为而治就可达到统治的目的。

【分节导读】

　　此节以剑术喻治国，后世学者多认为此节乃纵横家假托庄子之名而作。然而，能够一统天下的天子之剑"裹以四时""制以五行""开以阴阳""持以春夏，行以秋冬"和道家顺乎自然、无为而治的政治思想遥相呼应。庄子在此节里劝赵文王放弃庶人之剑而用天子之剑，即是要求其采用无为的方法治理国家，而结尾处的"剑士皆伏毙自处"则喻示了"小道伤身"的道理。

【原文】

　　昔赵文王喜剑，剑士夹门而客三千余人，日夜相击于前，死伤者岁百余人。好之不厌。如是三年，国衰，诸侯谋之。

　　太子悝患之①，募左右曰②："孰能说王之意止剑士者，赐之千金。"

　　左右曰："庄子当能。"

　　太子乃使人以千金奉庄子。庄子弗受，与使者俱，往见太子，曰："太子何以教周，赐周千金？"

　　太子曰："闻夫子明圣，谨奉千金以币从者。夫子弗受，悝尚何敢言。"

赵文王喜好剑术，其门下有剑客三千。

　　庄子曰："闻太子所欲用周者，欲绝王之喜好也。使臣上说大王而逆王意，下不当太子，则身刑而死，周尚安所事金乎？使臣上说大王，下当太子，赵国何求而不得也！"

　　太子曰："然。吾王所见，唯剑士也。"

　　庄子曰："诺。周善为剑。"

太子曰："然吾王所见剑士，皆蓬头突鬓，垂冠，曼胡之缨，短后之衣，嗔目而语难，王乃说之。今夫子必儒服而见王，事必大逆。"

庄子曰："请治剑服。"治剑服三日，乃见太子。太子乃与见王。王脱白刃待之。

庄子入殿门不趋，见王不拜。王曰："子欲何以教寡人，使太子先？"

曰："臣闻大王喜剑，故以剑见王。"

庄子为赵文王说剑。

王曰："子之剑何能禁制？"

曰："臣之剑，十步一人，千里不留行。"

王大悦之，曰："天下无敌矣。"

庄子曰："夫为剑者，示之以虚，开之以利，后之以发，先之以至。愿得试之。"

王曰："夫子休，就舍待命，令设戏请夫子。"

王乃校剑士七日，死伤者六十余人，得五六人，使奉剑于殿下，乃召庄子。王曰："今日试使士敦剑。"

庄子曰："望之久矣！"

王曰："夫子所御杖，长短何如？"

曰："臣之所奉皆可。然臣有三剑，唯王所用，请先言而后试。"

天子之剑上决浮云，下绝地纪。

王曰："愿闻三剑。"

曰："有天子之剑，有诸侯之剑，有庶人之剑。"

王曰："天子之剑何如？"

曰："天子之剑，以燕谿石城为锋，齐岱为锷，晋卫为脊，周宋为镡，韩魏为夹，包以四夷，裹以四时，绕以渤海，带以恒山，制以五行，论以刑德，开以阴阳，持以春夏，行以秋冬。此剑，直之无前，举之无上，案之无下，运之无旁。上决浮云，下绝地纪。此剑一用，匡诸侯，天下服矣。此天子之剑也。"

文王芒然自失，曰："诸侯之剑何如？"

曰："诸侯之剑，以知勇士为锋，以清廉士为锷，以贤良士为脊，以忠圣士为镡，以豪桀士为夹。此剑，直之亦无前，举之亦无上，案之亦无下，运之亦无旁。上法圆天以顺三光；下法方地以顺四时；中和民意以安四乡。此剑一用，如雷霆之震也，四封之内，无不宾服而听从君命者矣。此诸侯之剑也。"

王曰："庶人之剑何如？"

曰："庶人之剑，蓬头突鬓，垂冠，曼胡之缨，短后之衣，瞋目而语难。相击于前，上斩颈领，下决肝肺。此庶人之剑，无异于斗鸡，一旦命已绝矣，无所用于国事。今大王有天子之位而好庶人之剑，臣窃为大王薄之。"

王乃牵而上殿，宰人上食，王三环之。庄子曰："大王安坐定气，剑事已毕奏矣！"

诸侯之剑如雷霆之震，威服四封。

天子之剑可匡服天下诸侯。

庶人的剑就像斗鸡。

于是文王不出宫三月，剑士皆服毙其处也。

【注释】

①悝（kuī）：赵惠文王的太子，名悝。②募：召募，募集。左右：指左右的幕僚。

【译文】

从前，赵文王喜好剑术，剑士聚集在他门下为客的有三千多人，日夜在文王面前相互击剑，一年死伤一百多人。文王依然喜好而不厌恶。这样过了三年，国势衰败。各国诸侯开始图谋攻取赵国。

太子悝感到很忧虑，便召集他的左右幕僚说："谁能说服文王让他停止剑士的活动，就赐他千金。"

左右的人说："庄子可以。"

于是太子派人以千金奉送庄子。庄子不接受，和使者一起去见太子，说："太子对我有什么指教，赐给我千金？"

太子说："听说先生圣明，谨奉千金送给先生的随从。先生不接受，我还怎么敢说呢？"

庄子说："听说太子想让我做的是要断绝文王的喜好。如我向上劝说文王而违逆了文王的心意，向下又有负太子的委任，于是身受刑罚而死去，我还怎么用这千金呢？假使我对上说服了文王，向下符合太子的心意了，我向赵国要求什么而得不到呢？"

太子说："好吧。我们文王所见的人，只有剑士。"

庄子说："行，我善于用剑。"

太子说："但是我们大王所见的剑士，都是头发蓬乱，鬓毛突出，低垂帽子，冠缨粗而乱，衣服后身短，瞪着眼睛而用语言互相责难，这样，大王就高兴。现在先生一定要穿着儒服去拜见文王，事情必然不顺当。"

庄子说："请制作剑士的服装。"用三天的时间制作了剑士的服装，就去拜见太子。太子便和庄子一起去见文王。文王拔出剑来等待他。

庄子进殿门不急步走，见文王也不拜。文王说："你要用什么指教我，让太子先向我介绍。"

太子派人送千金给庄子，要其劝文王停止剑士活动。

庄子说："我听说大王喜欢剑术，所以以剑来拜见大王。"

文王说："你的剑术如何制服对手呢？"

答说："我的剑术，十步杀一人，千里无阻挡。"

文王非常高兴地说："天下无敌了。"

庄子说："用剑术的方法是，先示人以空虚，给人可乘之机。发动在后，抢先击倒。希望试一试。"

文王说："先生休息一下，到馆舍等候，让我安排剑术比赛后请先生。"

于是文王让剑士较量了七天，死伤六十多人，选出五六人，让他们捧剑在宫殿下，于是去召庄子。文王说："今天请与剑士对剑。"

庄子说："期待很久了。"

文王说："先生所使用的剑，长短如何？"

庄子说："我用的这些剑都可以。然而我有三种剑，任大王选用。请先说然后再比剑。"

文王说："愿意听听这三种剑。"

庄子说："有天子的剑，有诸侯的剑，有庶人的剑。"

文王说："天子之剑是怎么样的？"

庄子说："天子之剑，以燕谿的石城山做剑尖，以齐国的泰山做剑刃，以晋国和卫国做剑脊，以周王畿和宋国做剑环，以韩国和魏国做剑柄；用中原以外的四境来包扎，用四季来围裹，用渤海来缠绕，用恒山来做系带；靠五行来统驭，靠刑律和德教来论断；遵循阴阳的变化而

庄子说：我的剑十步杀一人，千里无阻挡。

进退，遵循春秋的时令而持延，遵循秋冬的到来而运行。这种剑，向前直刺一无阻挡，高高举起无物在上，按剑向下所向披靡，挥动起来旁若无物，向上割裂浮云，向下斩断地纪。这种剑一旦使用，可以匡正诸侯，使天下人全都归服。这就是天子之剑。"

赵文王听了茫然若失，说："诸侯之剑怎么样？"

庄子说："诸侯之剑，以智勇之士做剑尖，以清廉之士做剑刃，以贤良之士做剑脊，以忠诚圣明之士做剑环，以豪杰之士做剑柄。这种剑，向前直刺也一无阻挡，高高举起也无物在上，按剑向下也所向披靡，挥动起来也旁若无物；对上效法于天而顺应日月星辰，对下取法于地而顺应四时序列，居中则顺和民意而安定四方。这种剑一旦使用，就好像雷霆震撼四境之内，没有不归服而听从国君号令的。这就是诸侯之剑。"

文王说："庶人之剑怎么样"

庄子说："庶人的剑，头发蓬乱而鬓毛突出，帽子低垂，冠缨粗而乱，衣服后身短，瞪着眼睛而用言语互相责难，在人面前互相攻击，上断人头，下断肝肺。这种庶人的剑，和斗鸡没有不同，性命绝于一旦，对国事无任何用处。现在大王拥有天子的地位而喜好庶人的剑术，我私下为大王鄙薄它。"

于是文王引庄子上殿，负责膳食的人端来饭菜，文王绕了三个圈。庄子说："大王您安静坐下定住气息，关于剑术的事情我已上奏完了！"

于是文王三个月没出宫门，剑士们都在他们的住处自杀了。

◎渔父◎

【题解】

　　本篇以有道者渔父对孔子的礼乐人伦思想的批评，阐述了庄子学派崇尚自然、保持本真的思想。渔父的形象，在一定程度上带有隐逸色彩。

【分节导读】

　　渔父是道家理想人格的象征，他隐逸于山水，不问俗事，逍遥自在，持守本真。此节通过渔父和孔子等人的对话指出"性服忠信，身行仁义"和"饰礼乐，选人伦"对人自身的危害——"苦心劳形以违其真"，并站在道的角度对孔子推行的观点进行分析，指出在不在其位又无职权的情况下，推行礼乐人伦并不能使天下得利。在渔父看来，人只有先去除"包揽、谄媚、奉承、讨好、谗言、狠毒、邪恶、险恶"的八病并避免"贪婪、贪得无厌、固执、骄傲"的四患，才能接受教育。而八病与四患皆是迷失大道的表现，皆属人心之乱。

【原文】

　　孔子游乎缁帷之林，休坐乎杏坛之上。弟子读书，孔子弦歌鼓琴，奏曲未半。有渔父者，下船而来，须眉交白，被发揄袂[①]，行原以上，距陆而止，左手据膝，右手持颐以听[②]。曲终而招子贡、子路，二人俱对。

　　客指孔子曰："彼何为者也？"

　　子路对曰："鲁之君子也。"客问其族。子路对曰："族孔氏。"

　　客曰："孔氏者何治也？"

　　子路未应，子贡对曰："孔氏者，性服忠信，身行仁义，饰礼乐，选

孔子鼓琴歌唱。

人伦，上以忠于世主，下以化于齐民，将以利天下。此孔氏之所治也。"

　　又问曰："有土之君与？"

　　子贡曰："非也。"

　　"侯王之佐与？"

　　子贡曰："非也"。

　　客乃笑而还行[③]，言曰："仁则仁矣，恐不免其身。苦心劳形，以危其真。呜呼，远哉其分于

道也！"

【注释】

①被发：披发。被，同"披"。揄（yú）：挥。袂（mèi）：袖。②持：撑。颐（yí）：面颊。③还（xuán）行：回头走。

【译文】

打渔人招呼子贡、子路一起说话。

孔子到缁帷林中游览，坐在杏坛上休息。弟子在一旁读书，孔子边弹琴边吟诗。曲子奏到一半，有位打渔的老者，走下船来，胡子眉毛已经全白了，披着头发，挥着袖子，从水边的平地往上走，一直走到高的地方才停下来，左手扶着膝盖，右手撑住面颊，听孔子弹琴。曲子奏完，老者就招呼子贡和子路两个人一齐过来对话。

渔夫指着孔子问："他是干什么的？"子路回答："是鲁国的君子。"又问孔子的姓氏。子路说："姓孔氏。"

渔夫又问："孔氏从事什么职业？"

子路没有回答，子贡说："孔氏心性守忠信，亲自行仁义，修饰礼乐，规范人伦，对上忠于当世的君主，对下教化天下的平民，而利在于全天下。这就是孔氏所从事的职业。"

渔夫又问："是有领土的国君吗？"

子贡说："不是。"

"是诸侯的臣子吗？"

子贡说："不是。"

渔夫便笑着回头走了，边走边自言自语："仁倒是够仁的了，恐怕难免要身心受苦了。苦其心志劳其形体，而危害自身的真性。唉，距道也太远了呀。"

【原文】

子贡还，报孔子。孔子推琴而起曰："其圣人与！"乃下求之，至于泽畔，方将杖拏而引其船，顾见孔子，还乡而立。孔子反走，再拜而进。

客曰："子将何求？"

孔子曰："曩者先生有绪言而去①，丘不肖，未知所谓，窃待于下风，幸闻咳唾之音，以卒相丘也。"

客曰："嘻！甚矣，子之好学也！"

孔子再拜而起曰："丘少而修学，以至于今，六十九岁矣，无所得闻至教，敢不虚心！"

客曰："同类相从，同声相应，固天之理也。吾请释吾之所有而经子之所以。子之所以者，人事也。天子诸侯大夫庶人，此四者自正，治之美也，四者离位而乱莫大焉。官治其职，人处其事，乃无所陵。故田荒室露，衣食不足，征赋不属，妻妾不和，长少无序，庶人之忧也；能不胜任，官事不治，行不清白，群下荒怠，功美不有，爵禄不持，大夫之忧也；廷无忠臣，国家昏乱，工技不巧，贡职不美，春秋后伦，不顺天子，诸侯之忧也；阴阳不和，寒暑不时，以伤庶物，诸侯暴乱，擅相攘伐，以残民人，礼乐不节，财用穷匮，人伦不饬，百姓淫乱，天子之忧也。今子既上无君侯有司之势，而下无大臣职事之官，而擅饰礼乐，选人伦，以化齐民，不亦泰多事乎！

"且人有八疵，事有四患，不可不察也。非其事而事之，谓之摠捴②；莫之顾而进之，谓之佞③；希意道言，谓之谄；不择是非而言，谓之谀；好言人之恶，谓之谗；析交离亲，谓之贼；称誉诈伪以败恶人，谓之慝；不择善否，两容颊适，偷拔其所欲，谓之险。此八疵者，外以乱人，内以伤身，君子不友，明君不臣。所谓四患者，好经大事，变更易常，以挂功名，谓之叨④；专知擅事，侵人自用，谓之贪；见过不更，闻谏愈甚，谓之很；人同于己则可，不同于己，虽善不善，谓之矜⑤。此四患也。能去八疵，无行四患，而始可教已。"

【注释】

① 曩（nǎng）：以前。绪言：开头的话。② 摠（zǒng）：通"总"，滥，包揽，管得太宽。③ 佞（nìng）：惯于用花言巧语谄媚人。④ 叨（tāo），通"饕"，贪，不应占有而占有。⑤ 矜（jīn）：自夸，自尊自大。

【译文】

子贡回来，报告孔子。孔子推开琴站起来说："他大概是圣人吧！"于是走下杏坛去找他，到了水边，渔夫正要把船划走，回过头来看见孔子，就转过身来站着。孔子后退几步，行了礼又走上前去。

渔夫说："先生有什么事相求？"

孔子说："刚才，先生刚说了个开头就离开了，我不够聪明，不懂您讲的道理，我私下在此恭候您，希望有幸聆听您的教诲，以便最终得到您的帮助！"

渔夫说："噢，您还真的非常好学呀！"

孔子又一次行礼后起身说："我年少时就努力学习，直到今天，已经六十九岁了，没有能够听到过至理的教诲，怎么敢不虚心请教！"

渔父说："同类相互汇聚，同声相互应和，这本是自然的道理。请让我说明我的看法，从而分析你所从事的活动。你所从事的活动，是世俗的事务。天子、诸侯、大夫、庶民，这四种人能够摆正各自的位置，也就是社会治理的美好境界，四者倘若偏离了自己的位置，社会就会产生大动乱。官吏处理好各自的职能，人民安排好各自的事情，这就不会出现混乱和侵扰。所以，田地荒芜居室

渔夫正要划船走开时，看见孔子。

破漏，衣服和食物不充足，赋税不能按时缴纳，妻妾不能和睦，老少失去尊卑的序列，这是普通百姓的忧虑。能力不能胜任职守，本职的工作不能办好，行为不清白，属下玩忽怠惰，功业和美名全不具备，爵位和俸禄不能保持，这是大夫的忧虑。朝廷上没有忠臣，都城的采邑混乱，工艺技术不精巧，敬献的贡品不好，朝觐时落在后面而失去伦次，不能顺和天子的心意，这是诸侯的忧虑。阴阳不和谐，寒暑变化不合时令，以致伤害万物的生长；诸侯暴乱，随意侵扰征战，以致残害百姓；礼乐不合节度，财物穷尽匮乏，人伦关系未能整顿，百姓淫乱，这是天子的忧虑。如今你上无君侯执政的地位而下无大臣掌管事务的官职，却擅自修治礼乐，排定人伦关系，从而教化百姓，不是太多事了吗！

子贡将渔夫的话告诉孔子。

"而且人有八种毛病，事有四种祸患，不可不明察。不是自己职分以内的事还要去做，叫做摠；无人理睬还要进言相劝，叫做佞；迎合对方顺导话意，叫做谄；不辨是非巴结奉承，叫做谀；喜欢背地说人坏话，叫做谗；离间故交挑拨亲友，

孔子向渔夫行礼，想听渔夫教诲。

叫做贼；奸诈虚伪败坏他人，叫做慝；不分善恶美丑，好坏兼容而脸色随应相适，暗中攫取私利，叫做险。有这八种毛病的人，外能迷乱他人，内则伤害自身，因而有道德修养的人不和他们交往，圣明的君主不以他们为臣。所谓四患：喜欢管理国家大事，随意变更常规常态，用以钓取功名，这称做贪得无厌；自恃聪明而专行独断，侵害他人而刚愎自用，这称做利欲熏心；有错不改，听到劝说却越错越多，称做执拗不化；跟自己意见相同的就认可，跟自己不同的即使是好的也认为不好，这称做自负矜夸。这就是四种祸患。能够清除八种毛病，不再推行四种祸患，才可以教育。"

【分节导读】

渔父以畏影者的故事告诫孔子免祸重在修身，若持守心性本真，使人与物还归自然，必不被外物所累。渔父还对"真"做了阐释，指出真即是"精诚的极致"，与其拘泥于世俗礼法，不如顺乎自然，保持本真。真既可以感化万物，还可以让人避免被世俗观念左右随波逐流。

【原文】

孔子愀然而叹，再拜而起曰："丘再逐于鲁，削迹于卫，伐树于宋，围于陈、蔡。丘不知所失，而离此四谤者何也？"

客凄然变容曰："甚矣，子之难悟也！人有畏影恶迹而去之走者，举足愈数而迹愈多，走愈疾而影不离身，自以为尚迟，疾走不休，绝力而死。不知处阴以休影，处静以息迹，愚亦甚矣！子审仁义之间，察同异之际，观动静之变，适受与之度，理好恶之情，和喜怒之节，而几于不免矣。谨修而身，慎守其真，还以物与人，则无所累矣。今不修之身而求之人，不亦外乎！"

孔子神色愧变叹息。

孔子愀然曰："请问何谓真？"

客曰："真者，精诚之至也。不精不诚，不能动人。故强哭者，虽悲不哀；强怒者，虽严不威；强亲者，虽笑不和。真悲无声而哀，真怒未发而威，真亲未笑而和。

人无法用奔跑来摆脱影子。

真在内者，神动于外，是所以贵真也。其用于人理也，事亲则慈孝，事君则忠贞，饮酒则欢乐，处丧则悲哀。忠贞以功为主，饮酒以乐为主，处丧以哀为主，事亲以适为主。功成之美，无一其迹矣；事亲以适，不论所以矣；饮酒以乐，不选其具矣；处丧以哀，无问其礼矣。礼者，世俗之所为也；真者，所以受于天也，自然不可易也。故圣人法天贵真，不拘于俗。愚者反此。不能法天而恤于人，不知贵真，禄禄而受变于俗，故不足。惜哉，子之蚤湛于人伪而晚闻大道也①！"

孔子又再拜而起曰："今者丘得遇也，若天幸然。先生不羞而比之服役，而身教之。敢问舍所在，请因受业而卒学大道。"

客曰："吾闻之，可与往者与之，至于妙道；不可与往者，不知其道，慎勿与之，身乃无咎。子勉之，吾去子矣，吾去子矣！"乃刺船而去，延缘苇间。

【注释】

①蚤：通"早"。湛（dān）：通"耽"，沉溺。人伪：世俗的礼乐。

【译文】

孔子神色愧变叹息，再次行礼后站起来说："我在鲁国两次受到冷遇，在卫国被要求不许入境，在宋国遭受砍掉讲学遮阴之树的羞辱，又被围困在陈国、蔡国之间。我不知道我有什么过失，为何遭到这样四次打击呢？"

渔父悲悯地改变面容说："你实在是难于醒悟啊！有人害怕自己的身影、厌恶自己的足迹，想要避离而逃跑，举步越频繁足迹就越多，跑得越快而影子却总不离身，自以为还跑得慢，于是加速奔跑不止，终于用尽力气而死。不懂得停留在阴暗处影子自然就会消失，停留在静止状态足迹就不复存在，这实在是太愚蠢了！你能够推究仁义的道理，考察事物同异的区别，观察动静的变化，掌握取舍的分寸，疏通好恶的情感，调谐喜怒的节度，却几乎不能免于灾祸。谨慎地修养你的身心，保持你的真性，使物与人各归自然，就没有什么拘累了。如今你不修养自身反而求责他人，这不也是追求外物吗？"

孔子凄凉地问："请问什么是真呢？"

渔夫说："真就是精诚所至。不精不诚，不能使人感动。所以勉强哭泣的人，虽然有悲

孔子拜谢渔夫。

渔夫慢慢地将船划走。

痛却不哀伤；假装发怒的人，虽然严厉却无威严；假装亲切的人，虽然发笑却不和蔼。真正的悲痛没有哭声而哀伤，真正的愤怒虽不发作而威严，真正的亲切不带笑容却和蔼。真性在于内心，表情流露外表，因此才贵重真情。将真情用于人伦，侍奉父母则孝顺，服务君王则忠贞，饮酒则欢乐，服丧则悲哀。忠贞以功业为主，饮酒以欢乐为主，服丧以悲哀为主，事亲以安顺为主。达到目的就是完美，并无一定的方式；对父母要顺从，不在乎用什么方法；饮酒要欢乐，不必挑剔酒器；服丧要悲哀，不讲究什么礼数。礼节，是世俗人为制定的；而真情却是受之于上天的，自然是不可能改变的。所以圣人效法天道贵重真性，而不拘泥于世俗。愚笨的人与此正好相反。不知效法天道而体恤人事，不知贵重真性而平庸地深受世俗影响，所以很不知足。可惜呀，先生过早地沉溺于人为的礼俗之中而听说大道却太晚了！"

孔子又一次叩拜行礼起身说："现在我有幸遇上先生，真是天赐幸运。先生不以为耻还肯把我当做学生而亲身开导我。请问您住在哪里，请允许我拜您为师而最终学得大道。"

渔夫说："我听说过，可以同行的，与他一起达到至妙的大道；不可以同行的，不会懂得大道。谨慎地不要教授他，自身才会平安无事。先生还是好自为之吧，我要离开你了，我要离开你了！"于是把船撑开，顺着芦苇丛慢慢地划走了。

【分节导读】

　　此节承接上节，子路执着于人身份的尊卑，无法理解孔子对渔父的恭敬，反映其心性被世俗礼法束缚之深，所以孔子斥他"难以教化"。渔父是贤者，孔子见贤而尊，乃发乎本真之举。作者通过孔子斥子路对世俗礼法进行了抨击，并表达了"得道者生，失道者死，顺道者成，逆道者败"的观点，强调为人处世、思想意识需遵循大道。

【原文】

　　颜渊还车，子路授绥，孔子不顾，待水波定，不闻拏音而后敢乘。

　　子路旁车而问曰："由得为役久矣，未尝见夫子遇人如此其威也。万乘之主，千乘之君，见夫子未尝不分庭伉礼，夫子犹有倨傲之容。今渔父杖拏逆立，而夫子曲要磬折，言拜而应，得无太甚乎？门人皆怪夫子矣，渔父何以得此乎？"

　　孔子伏轼而叹曰[1]："甚矣，由之难化也！湛于礼仪有间矣[2]，而朴鄙之心至今未去。进，吾语汝！夫遇长不敬，失礼也；见贤不尊，不仁也。彼非至人，不能下人，下人不精，不得其真，故长伤身。惜哉！不仁之于人也，祸莫大焉，而由独擅之。且道者，万物之所由也。庶物失之者死，得之者生，为事逆之则败，顺之则成。故道之所在，圣人尊之。今渔父之于道，可谓有矣，吾敢不敬乎！"

孔子在车旁教导子路。

孔子说：遇长辈不恭敬是失礼；对圣人不尊重是不仁。

【注释】

①轼（shì）：古代车厢前面用做扶手的横木。②湛（chén）：通"沉"，沉溺。有间：过了一段时间。

【译文】

　　颜渊掉转车头，子路递过登车的绳索，孔子看着渔父离去的方向头也不回，直到水波平定，听不见桨声方才登上车子。

　　子路靠着车子问道："我侍奉先生很久了，不曾看见先生对人如此谦恭尊敬。大国的诸侯，小国的国君，见到先生历来都是平等相待，先生还免不了流露出傲慢的神情。如今渔父手拿船桨对面而站，先生却像石磬一样弯腰鞠躬，听了渔父的话一再行礼后再作回答，恐怕是太过分了吧？弟子们都怪先生了，一个打渔的人为什么要这样对待呢？"

　　孔子伏身在车前的横木上叹息说："你实在是难以教化啊！你沉湎于礼义已经有些时日了，可是粗野卑下的心态至今未能除去。走近点，我告诉你！大凡遇到长辈而不恭敬，就是失礼；见到贤人而不尊重，就是不仁。他若不是一个道德修养臻于完善的人，就不能使人自感谦卑低下，对人谦恭卑下却不精诚，必然不能保持本真，所以长期伤害自己。可惜啊！人如果不仁，祸害就没有比这更大的了，而你却偏偏就有这一毛病。况且大道是万物产生的根源，万物失去了道就会死亡，获得了道便会生存。做事违逆道就失败，顺应道就能成功。所以大道之所在，圣人尊崇它。如今渔父对于大道可以说是体悟了，我怎么能不尊敬他呢？"

◎列御寇◎

【题解】

　　本篇主旨在阐述如何真正领悟大道。作者认为只有做到虚无宁静，随遇而安，生无为，死不葬，一切任其自然，才可以算得上真正懂得大道。反之，不甘寂寞，积极进取，甚至入仕为官，就会祸及己身。

【分节导读】

　　此节中列子意识到自己有"以貌镇人"即用外貌镇服人心的危险，却未能避免。人们因为列子的与众不同归附他，说明列子还未达到"物我同一"的境界，他心性浮躁，智慧外露，不能做到和光同尘，所以伯昏瞀人说列子"不是你能使人归附你，而是你不能使人不归附你"。伯昏瞀人告诫列子不要为名利所惑而违背自然本性，否则将难以抵达"虚而遨游"的自在境界。

【原文】

　　列御寇之齐，中道而反，遇伯昏瞀人。

　　伯昏瞀人曰："奚方而反？"

　　曰："吾惊焉。"

　　曰："恶乎惊？"

　　曰："吾尝食于十浆，而五浆先馈。"

　　伯昏瞀人曰："若是，则汝何为惊已？"

　　曰："夫内诚不解，形谍成光，以外镇人心，使人轻乎贵老，而齑其所患①。夫浆人特为食羹之货，无多余之赢，其为利也薄，其为权也轻，而犹若是，而况于万乘之主乎！身劳于国而知尽于事，彼将任我以事而效我以功，吾是以惊。"

　　伯昏瞀人曰："善哉观乎！女处已，人将保女矣！"

　　无几何而往，则户外之屦满矣②。伯昏瞀人北面而立，敦杖蹙之乎颐，立有间，不言而出。

　　宾者以告列子，列子提屦，跣而走③，暨乎门，曰："先生既来，曾不发药乎？"

列子说：我在十家浆铺饮浆，五家先给我。

　　曰："已矣，吾固告汝曰人将保汝，果保汝矣。非汝能使人保汝，而汝不能使人无保汝也，而焉用之感豫出异也！必且有感，摇而本才，又无谓也。与汝游者又莫汝告也④，彼所小言，尽人毒也。

列子求伯昏瞀人指教。

莫觉莫悟,何相孰也!巧者劳而知者忧,无能者无所求,饱食而敖游,泛若不系之舟,虚而敖游者也。"

【注释】

①暨(jī):招致。②屦(jù):麻葛鞋。③跣(xiǎn):光着脚。④告(gù):上告下。莫汝告:莫告汝。

【译文】

列御寇到齐国去,中途又返回来,遇上伯昏瞀人。

伯昏瞀人问道:"为什么刚去又返回来呢?"

列御寇说:"我感到惊惶不安。"

伯昏瞀人问:"什么原因使你惊惶不安?"

列御寇说:"我曾在十家浆铺饮浆,却有五家事先就给我送来。"

伯昏瞀人说:"像这样的事,你怎么会惊惶不安呢?"

列御寇说:"内心至诚却未能

伯昏瞀人说:你不能使人不归附你。

从流俗中解脱出来,外表就会有所流露而呈现出神采,以此镇服人心,使人尊重自己胜过尊重年老的人,必然会招致祸患。那些卖浆的人只不过是做些饮食买卖,没有多少赢利,他们的利润是很微薄的,能够得到的权势也是微不足道的,可是还如此地对待我,何况那大国的国君呢?亲身操劳于国家而才智耗尽于政事,他们定会把重任托付给我并检验我的功绩。我正因如此才惊惶不已。"

伯昏瞀人说:"你的观察与分析实在是很好啊!你安静等着吧,人们一定会归附于你了!"

没有多久,伯昏瞀人前去看望列御寇,看见门外摆满了鞋子。伯昏瞀人面朝北方站着,竖着拐杖撑住下巴。站了一会儿,一句话也没说就走了。

接待宾客的人告诉了列御寇,列御寇提着鞋子,光着脚就跑了出来,赶到门口说:"先生已经来了,竟不说一句批评指教的话吗?"

伯昏瞀人说:"算了算了,我本来就告诉你说人们将会归附于你,果真都在归附你了。不是你能使人归附你,而是你不能使人不归附你,你何必因为这种事而感到愉快并表现得与众不同呢!必定是内心有所感动方才会动摇你的本性,这又是无谓的事情。跟你交游的人又没有谁能提醒告诫你,他们的细巧言辞全是毒害人的;没有谁觉醒和省悟,怎么能彼此提高成熟呢!灵巧的人多劳累而聪慧的人多忧虑,没有能耐的人也就没有什么追求,填饱肚子就自由自在地遨游,像没有缆索飘忽在水中的船一样,这才是心境空虚而自由遨游的人。"

心境空虚,自由遨游。

【分节导读】

此节以郑人缓自杀的故事引出对"安"的思考。缓让弟弟学墨是"人为",弟弟因禀性之故学墨属"自然天性"使然。但缓却以人为居功,对自然天性视而不见。这反映了他"习惯人为,不安于自然天性"的特点。缓执着于外人的评价,对父亲支持弟弟耿耿于怀,至死都不得安宁。在庄子看来,即是违背大道所遭受的"遁天之刑"。

【原文】

郑人缓也,呻吟于裘氏之地。祇三年而缓为儒,河润九里,泽及三族,使其弟墨。儒墨相与辩,其父助翟①。十年而缓自杀。其父梦之曰:"使而子为墨者予也。阖尝视其良②,既为秋柏之实矣?"

夫造物者之报人也,不报其人而报其人之天。彼故使彼。夫人以己为有以异于人,以贱其亲,齐人之井饮者相捽也③。故曰今之世皆缓也。自是,有德者以不知也,而况有道者乎!古者谓之遁天之刑。

圣人安其所安，不安其所不安；众人安其所不安，不安其所安。

【注释】

①翟（dí）：本为墨子名，此以墨子名做缓之弟名，有双关的意思。②阖：何。尝：试。良（làng）：一本作"壤"，坟墓。③齐人：齐国的民众。井饮：喝井水。相捽（zuó）：抓着头发互相殴打。

【译文】

郑国有个名叫缓的人，在裘氏地方读书，只用了三年就成了儒生，像河水一样润泽着广远的地方，恩惠施及三族，并且使他的弟弟成为墨家的学人。儒家、墨家不能相容而相互争辩，缓的父亲则站在弟弟一边。过了十年缓愤而自杀，他的父亲梦见他说："让你的小儿子成为墨者的是我，怎么不看看我的坟墓，我已变成楸树和柏树而结出了果实！"

造物者所给予人们的，不会赋予人才智和能力，而是赋予人们自然本性。缓的弟弟具备了墨家的禀赋因而能使他成为墨家学人。缓总是自认为与众不同才这样轻侮他的父亲，就跟齐人自以为挖井有功而与饮水的人拉扯扭打一样，如今社会上的人差不多都是像缓这样贪天之功以为己力的人。自以为是，在有德行的人看来是不明智的，更何况是有道的人啊！古时候人们认为这种自以为是的做法是违背自然规律并要受到刑戮的。

缓的弟弟有学墨的天份才成为墨家学人。

儒、墨不相容，争辩不休。

缓学儒有成，三年就成为儒生。

圣哲的人安于自然天性，却不适应人为；普通人习惯于人为，却不安于自然天性。

【分节导读】

屠龙之术乃"不须为之事"，而朱泙漫却为了学习它耗尽家财。作者以朱泙漫的故事喻那些为没有意义的事情劳心耗力的人，并指出现实中强为不须为之事的后果——兴兵争斗。另一方面人的精力有限，若专注于毫毛琐事，便无法领略宁静无为的大智大美。因此，人应该让心智从世俗琐事的桎梏中解放出来，追寻大道。

【原文】

庄子曰："知道易，勿言难。知而不言，所以之天也；知而言之，所以之人也；古之至人天而不人。"

朱泙漫学屠龙于支离益^①，单千金之家，三年技成而无所用其巧。

朱泙漫学屠龙之技。

圣人以必不必，故无兵；众人以不必必之，故多兵；顺于兵，故行有求。兵，恃之则亡。

小夫之知，不离苞苴竿牍，敝精神乎蹇浅，而欲兼济道物，太一形虚。若是者，迷惑于宇宙，形累不知太初。彼至人者，归精神乎无始，而甘冥乎无何有之乡。水流乎无形，发泄乎太清。悲哉乎汝为，知在毫毛，而不知大宁！

【注释】

①朱泙（pēng）漫：人名。支离益：人名，复姓支离，名益。屠龙：喻为道。

【译文】

庄子说："认识道容易，默不作声而成道却很困难。了解了道却不妄加谈论，这是通往自然的境界；了解了道却信口谈论，就走向了人为的尘世。古时候的人，体察自然而不追求人为。"

朱泙漫向支离益学习屠龙的技术，耗尽了千金的家产，三年后学成技术却没有机会施展这样的技巧。

圣哲的人把必然的事视为不必然，所以总是没有争论；普通人却把不必然的事视为必然，因而总是争论不休。顺从于纷争，所以行为有贪求。面对纷争，依仗于它到头来就会一无所得。

世俗人的聪明做法，离不开应酬交际，在浅薄的事情上耗费精神，一心想着兼济天下疏导万物，以达到空虚同一的境界。像这样的人，早已被浩瀚的宇宙所迷惑，

让精神回归到原始状态。

身形劳累却并不了解道的真谛。那些道德修养极高的人，让精神回归到鸿蒙初开的原始状态，甘愿休眠在没有任何有形事物的世界。像水流一样随顺无形，自然而然地流淌在清虚空寂的境域。可悲啊！列子把心思用在毫毛琐事上，却一点也不懂得还有非常宁静的境界。

【分节导读】

此节中，曹商向庄子炫耀从秦王处得到的赏赐，遭到庄子的讥讽。道家主张超脱外物，不被外物所累，曹商炫耀赏赐的行为说明其心性正为外物所制，庄子则与之相反，他安贫乐道，虽面黄肌瘦却不为曹商的富有所动。曹商的车未必是靠舐秦王之痔而得，庄子的"舐痔说"实际是影射谄媚逢迎之人，从中可看出庄子对用卑劣手段获得名利的人的鄙视。

【原文】

宋人有曹商者，为宋王使秦。其往也，得车数乘；王说之，益车百乘。反于宋，见庄子曰："夫处穷闾厄巷，困窘织屦，槁项黄馘者[①]，商之所短也；一悟万乘之主而从车百乘者，商之所长也。"

庄子曰："秦王有病召医，破痈溃痤者得车一乘[②]，舐痔者得车五乘[③]，所治愈下，得车愈多。子岂治其痔邪，何得车之多也？子行矣！"

【注释】

①槁项：干瘪的脖子。黄馘（guó）：面黄肌瘦。②痈（yōng）痤（cuó）：疮疖之类。③舐（shì）：舐。

【译文】

宋国有个叫曹商的人，为宋王出使秦国。去的时候，得到了几辆车；秦王很喜欢他，又给了他一百辆车。返回宋国后，去见庄子，说："住在穷街陋巷，穷得靠织草鞋为生，饿得脖子干瘪，面黄肌瘦，这是我所

曹商向庄子炫耀赏赐。

干不了的；一见面就能使大国之君醒悟而使跟随的车子多达一百辆，这是我所擅长的。"

庄子说："秦王有病叫医生，除脓去疮的赏车一辆，舐痔疮的赏车五辆，所治的患处越卑下，赏的车越多，先生您大概就是治的痔疮吧，为什么能得这么多车呢？您还是赶快走开吧！"

【分节导读】

　　此节作者以颜阖之口表达了对儒家虚伪矫饰、沽名钓誉的不满。道家认为推行仁义必然会对人的自然本性造成伤害，致使人萌生诡诈之心，不利于实现天下大治的目标。而施人望报也是诡诈的一种表现。怀有诡诈之心的人难免多思多虑，烦扰不安。在庄子看来，精神的烦扰，即内刑，比施加在人肉体上的刑罚更令人痛苦。

【原文】

　　鲁哀公乎问乎颜阖曰："吾以仲尼为贞干，国其有瘳乎①？"

　　曰："殆哉圾乎！仲尼方且饰羽而画，从事华辞，以支为旨，忍性以视民而不知不信，受乎心，宰乎神，夫何足以上民！彼宜女与，予颐与，误而可矣！今使民离实学伪，非所以视民也，为后世虑，不若休之。难治也！"

　　施于人而不忘，非天布也。商贾不齿②，虽以事齿之，神者弗齿。

　　为外刑者，金与木也；为内刑者，动与过也。宵人之离外刑者，金木讯之；离内刑者，阴阳食之。夫免乎外内之刑者，唯真人能之。

【注释】

①瘳（chōu）乎：可治吗。瘳，病愈。②商贾（gǔ）：买卖人，商人。不齿：不愿相提并论。

【译文】

　　鲁哀公向颜阖问道："我想任命仲尼为辅相，国家可以得救吗？"

　　颜阖说："危险了，实在是危险啊！仲尼喜欢粉饰装扮，追求和讲习虚伪的言辞，把枝节看做

鲁哀公打算任命孔子，征求颜阖意见。

自身的烦恼、过失让内心受惩罚。

是要旨，矫饰性情夸示民众，既不明智，也不诚信；内心受这样的做法指使，并主宰着精神，又怎么能够管理好人民！仲尼果真适合于你吗，他真的能够安养人民吗？那就一定要误人了。现今让人民背离质朴学习伪诈，这不是用来教示民众的办法，为后世子孙着想，不如早早放弃上述打算。孔丘是很难治理好国家的。"

金属或木制的刑具加之于人的肉体。

施与别人恩惠却总忘不了回报，这就不是天然的无私赐予。施恩图报的行为商人都瞧不起，即使有什么事情必须与他交往，内心也是瞧不起的。

施加皮肉之刑的，不外乎是金属或木质的刑具；给内心世界带来惩罚的，则是自身的烦乱和行动的过失。小人受到皮肉之刑，是用刑具加以拷问；小人内心受到惩罚，则是阴气阳气郁积所造成的侵害。能够免于内外刑辱的，只有真人才可做到。

【分节导读】

此节以山川之险来喻人心之复杂，由于人会有意识地掩饰自己的本性，所以需要借助一些手段，让人置身于无心掩饰或无力掩饰的环境，观察人的本性。此节借孔子之口提出了九种考察人心的方法。

【原文】

孔子曰："凡人心险于山川，难于知天。天犹有春秋冬夏旦暮之期，人者厚貌深情。故有貌愿而益，有长若不肖，有顺懁而达①，有坚而缦②，有缓而钎③。故其就义若渴者，其去义若热。故君子远使之而观其忠，近使之而观其敬，烦使之而观其能，卒然问焉而观其知，急与之期而观其信，委之以财而观其仁，告之以危而观其节，醉之以酒而观其则，杂之以处而观其色。九征至，不肖人得矣。"

孔子说：人的心比山川还险。

【注释】

①顺懁（xuàn）：固执保守。懁，通"狷"。②缦（màn）：软弱。③钎（hàn）：通"悍"，凶悍。

【译文】

孔子说："人心的险恶超过山川，想了解人比了解天还困难。天还有春夏秋冬昼夜的周期，人却容貌深厚而情感深藏。所以有的看上去谦虚老实，骨子里骄傲自满；有的虽然内秀，外表却其貌不扬；有的外表固执保守，内心却通达晓理；有的外表坚强，而内心却软弱不堪；有的看似和顺，实则凶悍。所以追求正义时如饥似渴，抛弃正义也唯恐不及。

让一个人管理财物看他是否廉洁。

因此君子把人派到远方去办事而观察其忠贞；放在身边做事以考验他的恭敬；交给烦杂事务检验他的能力；突然提问检察他的学识；紧急相约看他能否守信；管理财物证明是否廉洁；告之危险判断他的气节；喝醉酒时注意他的仪态；男女杂处察明是否好色。经过这几条考察，就完全可以掌握谁是不肖之徒了。"

【分节导读】

道家提倡"和其光，同其尘"（《道德经》），即收敛光芒，混同尘世，与世无争。正考父并未因官位的提升耀武扬威。反而行为举止愈发低调。这恰恰是和光同尘的体现。人越优秀就越要警惕恃"才"傲物，通晓生命实情的人不会炫耀所长，所以伟大；通晓智巧的人锋芒毕露，难免为外物所伤，遭遇困厄，站在道的角度看便为渺小。

【原文】

正考父一命而伛①，再命而偻，三命而俯，循墙而走，孰敢不轨！如而夫者，一命而吕钜，再命而于车上舞，三命而名诸父，孰协唐、许！

贼莫大乎德有心，而心有睫，及其有睫也而内视，内视而败矣。凶德有五，中德为首。何谓中德？中德也者，有以自好也，而吡其所不为者也②。

穷有八极，达有三必，形有六府。美、髯、长、大、壮、丽、勇、敢，八者俱过人也，因以是穷。缘循、偃佒，困畏不若人，三者俱通达。智慧外通，勇动多怨，仁义多责。达生之情者傀③，

心、耳、舌、鼻会为人招惹凶祸。

达于知者肖，达大命者随，达小命者遭。

【注释】

① 正考父：孔子的七世祖，宋国的大夫，曾连事戴、武、宣三公。一命：指第一次被任命为士。命，任命，委任。伛（yǔ）：曲背。② 呲（bǐ）：訾，说人坏话，引申为责难。③ 傀（guī）：傀伟，不平凡。

【译文】

正考父首次被任命为士便逢人躬着背，第二次被任命为大夫便深深地弯着腰，第三次被任命为卿便谦恭地俯下身子，总是让开大道顺着墙根快

态度谦下的人遇事通达。

步急走，态度如此谦下谁还敢干出不轨之事！如果是凡夫俗子，首次任命为士就会傲慢矜持，再次被任命为大夫就会在车上手舞足蹈，第三次被任命为卿就要直呼叔伯的名字了，谁能成为唐尧、许由那样谦让的人呢？

最大的祸害莫过于有意培养德行而且有心眼，等到有了心眼就会以意度事主观臆断，而主观臆断必定会导致失败。招惹凶祸的官能有心、耳、眼、舌、鼻五种，内心的谋虑则是祸害之首。什么叫做内心谋虑的祸害呢？所谓内心谋虑的祸害，是指自以为是而诋毁自己所不赞同的事情。

困厄窘迫源于以下八个方面的自恃与矜持，顺利通达基于以下三种情况的必然发展，危害产生于以下六个聚集点。貌美、长须、高大、魁梧、健壮、艳丽、勇武、果敢，这八种优点远远胜过他人，于是依恃傲人必然导致困厄窘迫。因循顺应、俯仰随人、困厄怯弱而又态度谦下，三种情况都能遇事通达。自恃聪明炫耀于外，勇猛躁动必多怨恨，倡导仁义必多责难。通晓生命实情的人心胸开阔，通晓真知的人内心虚空豁达，通晓天地之道的人随顺自然，通晓寿命短暂之理的人能随遇而安。

【分节导读】

此节以深渊取珠的故事告诫专注于名利的人，要堤防名利背后的危险。为名利而追随当权者就如同在骊龙颔下取珠，稍有差池，就会面临灭顶之灾。庄子提醒炫耀"锡车十乘"的人，宋王既能予他丰厚的赏赐，也能夺走他的性命。而在面对向自己行聘的人时，庄子又以祭祀用牛作比喻，强调生命重于名利。道家注重修身，保全性命是修身的前提，人应远离那些可能为人带来祸患的事物，避免被名利迷惑。

【原文】

人有见宋王者，锡车十乘，以其十乘骄稚庄子。

庄子曰："河上有家贫恃纬萧而食者，其子没于渊，得千金之珠。其父谓其子曰：'取石来锻之！夫千金之珠，必在九重之渊而骊龙颔下①。子能得珠者，必遭其睡也。使骊龙而寤，子尚奚微之有哉！'今宋国之深，非直九重之渊也；宋王之猛，非直骊龙也。子能得车者，必遭其睡也；使宋王而寤，子为韲粉夫②！"

或聘于庄子，庄子应其使曰："子见夫牺牛乎？衣以文绣，食以刍叔③。及其牵而入于大庙，虽欲为孤犊，其可得乎！"

【注释】

①重：层。骊（lí）：黑。颔（hàn）：下巴。②韲（jì）粉：碎粉。③食（sì）：用如动词，喂。刍：草。叔：大豆。

【译文】

有个人拜见宋王，宋王赐给他十辆车，他用这得来的十辆车向庄子炫耀。

庄子说："河边有一个因家穷而靠织芦苇为生的人，他的儿子潜入深渊，得到一颗价值连城的宝珠。父亲对儿子说：'拿石头来把珍珠砸碎！这颗价值连城的宝珠，肯定是在九重深渊的黑龙的下巴上。你能够得到它，一定是碰上黑龙睡着了。假如黑龙醒着，你恐怕连骨头渣都剩不下了！'如今宋国灾难深重，不止于九重深渊；而宋王的凶残，更甚于黑龙。您能够得到车子，肯定是他在睡觉；假如宋王醒着，您肯定粉身碎骨了！"

有人向庄子炫耀宋王所赠之车。

有人聘请庄子担任楚相，庄子答复来使说："您见过祭祀用的牛吗？披着绣花织物，吃着草料大豆。可是等到牵入太庙当祭品时，即使想做一头无人喂养的小牛犊，还能办得到吗！"

待祭祀时，养尊处优的牺牛想做无人喂的小牛也不得了。

【分节导读】

此节写庄子濒死时的情景。庄子以天地为棺，日月为陪葬，星辰万物为送葬物的想法反映了其与自然合一的观点。另一方面，庄子死而不葬又和儒家的死而厚葬形成鲜明对比，儒家以孝为立足点，尤其注重丧葬之礼，道家则主张"齐生死"，认为生死一体，人生时不应为外物束缚，顺乎自然，死时也应如此。

【原文】

庄子将死，弟子欲厚葬之。庄子曰："吾以天地为棺椁，以日月为连璧，星辰为珠玑，万物为赍送[1]。吾葬具岂不备邪？何以加此！"

弟子曰："吾恐乌鸢之食夫子也。"

庄子曰："在上为乌鸢食，在下为蝼蚁食，夺彼与此，何其偏也！"

以不平平，其平也不平；以不征征，其征也不征。明者唯为之使，神者征之。夫明之不胜神也久矣，而愚者恃其所见入于人，其功外也，不亦悲乎！

【注释】

①赍（jī）送：指送葬品。

【译文】

　　庄子快要死了，他的弟子们打算厚葬他。庄子说："我把天地当做棺材，把太阳和月亮当做连壁，把星星当做珍珠，把天下万物当做送葬品。我的葬礼难道还不够完备吗？还有什么比这更好的呢！"

　　弟子们说："我们怕乌鸦和老鹰把您吃了。"

　　庄子说："露在地上被乌鸦和老鹰吃，埋在土里被蝼蛄和蚂蚁吃，从乌鸦和老鹰嘴里夺下来给蝼蛄和蚂蚁，为什么这么偏心呢！"

　　把不公平当做公平，这种公平其实并不公平；以没有应验的当做可信的，这种可信无法令人相信。自以为聪明的人，被外物指使，神人则可以顺应自然并得到验证。聪明人赶不上神人已经很久了，而愚蠢的人死守着自己的偏见，溺于人事，其功业都是建立在表面的，不也太可悲了吗！

庄子说：让天地做我的棺椁。

庄子拒绝弟子厚葬他的建议。

没有什么比用自然万物做陪葬更好的了。

◎天下◎

【原文】

　　天下之治方术者多矣，皆以其有为不可加矣。古之所谓道术者，果恶乎在？曰："无乎不在。"曰："神何由降？明何由出？""圣有所生，王有所成，皆原于一。"

　　不离于宗，谓之天人；不离于精，谓之神人；不离于真，谓之至人。以天为宗，以德为本，以道为门，兆于变化，谓之圣人；以仁为恩，以义为理，以礼为行，以乐为和，熏然慈仁，谓之君子；以法为分，以名为表，以参为验，以稽为决，其数一二三四是也，百官以此相齿，

天下研究具体学问的人很多。

以事为常，以衣食为主，蕃息畜藏，老弱孤寡为意，皆有以养，民之理也。

　　古之人其备乎！配神明，醇天地，育万物，和天下，泽及百姓，明于本数，系于末度，六通四辟，小大精粗，其运无乎不在。其明而在数度者，旧法、世传之史尚多有之；其在于《诗》《书》《礼》《乐》者，邹鲁之士、搢绅先生多能明之。《诗》以道志，《书》以道事，《礼》以道行，《乐》以道和，《易》以道阴阳，《春秋》以道名分，其数散于天下而设于中国者，百家之学时或称而道之。

天下大乱，贤圣不明，道德不一。天下多得一察焉以自好。譬如耳目鼻口，皆有所明，不能相通。犹百家众技也，皆有所长，时有所用。虽然，不该不遍，一曲之士也。判天地之美，析万物之理，察古人之全。寡能备于天地之美，称神明之容。是故内圣外王之道，暗而不明，郁而不发，天下之人各为其所欲焉以自为方。悲夫，百家往而不反，必不合矣！后世之学者，不幸不见天地之纯，古人之大体，道术将为天下裂。

【译文】

天下搞具体学术的人很多，都认为自己的学识是无以复加的！而古代所说的道术，究竟在哪里？回答是："无所不在。"问："天从何处降临？地由何方产生？"回答是："圣贤所出，王道所成，都来源于道。"

圣贤和王道都来源于道。

与道同在，叫做天人合一；道术精纯者，称为神人；道术纯真者，称为至人。以天为主宰，以德为根本，以道为门径，能够预示变化者，称为圣人，以仁德为恩惠，以忠义对民众，以礼仪教百姓，用音乐调合人的性情，和风细雨，慈爱仁义，叫做君子；以法度为本分，以职称为标志，以比较为验证，以考核为判断，等级像一二三四那样分明，百官按级排列，以劳作为常理，以衣食为主旨，繁衍生息，积蓄储备，关心老弱孤寡，使他们各有所养，这是百姓的常理。

古代的圣人是最完备的了！具备至高之德，以天地为准则，养育万物，调和天下，恩泽百姓，明白道德根本，维系具体措施，上下四方通达，一年四季顺畅，无论何事，其作用无所

天下各派，各执一端。

在。古代道术明白体现为根本与具体措施的，旧时法令和传下来的史籍多有记载；体现在《诗》《书》《礼》《乐》中的，邹鲁之地的学者、做官的人多能明白。《诗》言志，《书》载事，《礼》讲行为，《乐》陶性情，《易》论阴阳，《春秋》阐名分。这些度数散布于天下而设立于中原的，诸子百家时常引述称诵。

天下大乱，圣贤之士不明原因，道德规范无法一致，天下各派大多各执一端，自以为是。就像耳目鼻口，各有知觉，却不能相通。又像各种技艺一样，皆有所长，时有所用。即便如此，但既不完备，又不全面，仍是孤陋寡闻之人。割裂天地的完美，离析万物的常理，肢解古人完美的道理。绝少有人能够具备天地的全美，相称于神明的包容。因此，内圣外王之道，幽暗不明，抑郁不发，而天下之人各自为所欲为，自说自话。可悲啊！诸子百家各行其道而不迷途知返，肯定无法与大道相合！后世的学者，不幸不能看到天地的纯真与古代圣人的全貌，道术将会被天下所肢解割裂。

【分节导读】

此节重点评价墨翟和禽滑厘。对墨家的简朴勤勉、自律利他、反对等级礼乐做了肯定，同时也指出墨家的一些做法过于苛刻，违背了人的本性，并认为墨家的观念和圣王之道相距甚远，必定因严苛而难以推行。

【原文】

不侈于后世，不靡于万物，不晖于数度①，以绳墨自矫，而备世之急。古之道术有在于是者。墨翟、禽滑厘闻其风而说之。为之大过，已之大循。作为《非乐》，命之曰《节用》；生不歌，死无服。墨子泛爱，兼利而非斗，其道不怒；又好学而博，不异，不与先王同，毁古之礼乐。

墨家的代表人物墨翟、禽滑厘。

黄帝有《咸池》，尧有《大章》，舜有《大韶》，禹有《大夏》，汤有《大濩》，文王有《辟雍》之乐，武王、周公作《武》。古之丧礼，贵贱有仪，上下有等，天子棺椁七重，诸侯五重，大夫三重，士再重。今墨子独生不歌，死不服，桐棺三寸而无椁，以为法式。以此教人，恐不爱人；以此自行，固不爱己。未败墨子道，虽然，歌而非歌，哭而非哭，乐而非乐，是果类乎？其生也勤，其死也薄，其道大觳②；使人忧，使人悲，其行难为也，恐其不可以为圣人之道，反天下之心，天下不堪。墨子虽独能任，奈天下何！离于天下，其去王也远矣！

墨子称道曰："昔禹之湮洪水，决江河而通四夷九州也。名川三百，支川三千，小者无数。禹亲自操橐耜③，而九杂天下之川；腓无胈④，胫无毛，沐甚雨，栉疾风，置万国。禹大圣也，而形劳天下也如此。"使后世之墨者，多以裘褐为衣，以跂跷为服，日夜不休，以自苦为极，曰："不能如此，非禹之道也，不足谓墨。"

相里勤之弟子，五侯之徒，南方之墨者苦获、己齿、邓陵子之属，俱诵《墨经》而倍谲不同⑤，相谓别墨；以坚白同异之辩相訾⑥，以觭偶不仵之辞相应⑦；以巨子为圣人，皆愿为之尸，冀得为其后世，至今不决。

墨翟、禽滑厘之意则是，其行则非也。将使后世之墨者，必自苦以腓无胈、胫无毛，相进而已矣。乱之上也，治之下也。虽然，墨子真天下之好也，将求之不得也，虽枯槁不舍也，才士也夫！

【注释】

①晖（huī）：目光，炫耀。数度：数指法律条丈，《咸池》《大章》《大诏》《大夏》《大濩》《辟雍》。

度指法度。②大：通"太"。毃（què）：刻。③橐（tuó）：盛土的器具。耜（sì）：掘土工具。④腓（féi）：腿肚子。胈（bá）：汗毛。⑤倍：通"背"，背离。谲（jué）：矛盾，相反。⑥坚白：见《齐物论》注。訾（zǐ）：诽谤，非议。⑦觭（jī）：通"奇"，单数。偶：双数。仵（wǔ）：通"伍"，合、同。应：应对，对答。

【译文】

　　不以奢侈教育后世，不浪费万物，不炫耀礼法，用规矩勉励自己以应付当世之急务，古代的道术有属于这方面的。墨翟、禽滑厘听到这种治学风气就喜欢它。实行泛爱、兼利太过分了，非乐节用也太过分了。作《非乐》篇，讲《节用》篇，活时不作乐，死时不作丧服。墨子泛爱一切人，使一切人都得到利益而反对侵略战争，他教人不怨怒；他又好学而博闻，主张大不异的尚同，也不求与先王相同，主张毁弃古代的礼乐。

　　黄帝时有《咸池》，尧时有《大章》，舜时有《大诏》，禹时有《大夏》，汤时有《大濩》，文王时有《辟雍》的乐章，武王、周公时作《武》乐。古代的丧礼，贵贱有不同的制度，上下有不同的等次，天子的棺椁七层，诸侯五层，大夫三层，士二层。现今墨子唯独主张生时不作乐，死时无丧服，桐木棺材只有三寸厚而无外椁，作为效法的样式。用这种主张教人，恐怕不是爱人；用这种主张自行其事，当然也不是爱护自己。即便如此，也并不影响墨子的学说。然而，应当唱歌时却反对唱歌，应当哭泣时却反对哭泣，应当奏乐时却反对奏乐，这样果真合乎人的感情吗？人活着时勤劳，死后却薄葬，他的学说太苛刻了；使人忧伤，使人悲哀，他的主张难以实行，恐怕这种主张不可以成为圣人之道，违反天下人的心愿，天下人不堪忍受。虽然墨子能独自实行，然而他能让天下人都实行吗！背离于天下的人，这种做法离开王道也太远了。

　　墨子宣扬说："过去大禹堵塞洪水，疏通江河，而沟通四夷九州，大川三百，支流三千，小沟无数。禹亲自拿着盛土的器具和掘土的工具，汇合天下的河流入海。累得腿上没有肉，小腿上没有汗毛，暴雨淋身，疾风梳发，安定了万国。禹是个大圣人，他身体为民劳苦到如此地步。"所以使后代的墨者，多用粗布做衣服，穿着木屐草鞋，日夜不息，以吃苦辛劳为准则，还说："不能如此，就不是大禹之道，

禹亲自挑土，不辞劳苦。

不能把他称为墨者。"

墨者相里勤的弟子，五侯的门徒，南方的墨者苦获、己齿、邓陵子一派，都诵读《墨经》，然而却相互背离、相互矛盾而各不相同，相互指责对方是"别墨"；以坚白同异的辩论相互诽谤非议，用奇偶不合的言论相互应对；把巨子当做圣人，都愿意为他而死，希望成为他的后世继承人，但他们的纷争今还没有结果。

墨翟、禽滑厘的心意是好的，但他们的作为却是错的。这使得后代的墨者必定要刻苦自励，搞得腿上没有肉，小腿上没有汗毛，以此相互争进罢了。这样做实在是乱天下有余，而治天下不足。虽然这样，但墨子还是真想把天下治理好的人，即使求之不得，累得形容憔悴枯槁也不放弃自己的主张，真是一位治国的贤能之士啊！

【分节导读】

此节对宋钘、尹文的学说做了评价。宋钘、尹文的学说和墨翟、禽滑厘有相似之处，都强调简朴、兼爱，但和墨翟、禽滑厘的严苛不同，他们宽以待人，试图用柔和的姿态调和天下矛盾。作者对此予以了肯定。另一方面，作者也指出宋钘、尹文的不足——他们过于执着地推行自己的学说，不顾他人是否能够接受；为他人考虑过多，为自己考虑太少，所以他们的影响也注定十分有限。

【原文】

不累于俗，不饰于物，不苟于人，不忮于众①，愿天下之安宁以活民命，人我之养，毕足而止，以此白心，古之道术有在于是者。宋钘、尹文闻其风而悦之②。作为华山之冠以自表，接万物以别宥为始；语心之容，命之曰心之行，以聏合欢③，以调海内，请欲置之以为主。见侮不辱，救民之斗，禁攻寝兵，救世之战。以此周行天下，上说下教，虽天下不取，强聒而不舍者也，故曰上下见厌而强见也。

虽然，其为人太多，其自为太少，曰："请欲固置五升之饭足矣。"先生恐不得饱，弟子虽饥，不忘天下。日夜不休，曰："我必得活哉！"图傲乎，救世之士哉！曰："君子不为苛察，不以身假物。"以为无益于天下者，明之不如已也，以禁攻寝兵为外，以情欲寡浅为内，其小大精粗，其行适至是而止。

【注释】

①忮（zhì）：违逆，刚愎。即《齐物论》"大勇不忮"之忮，亦即下文的"以聏合欢，以调海内"。②宋钘（xíng）：即宋荣子，《逍遥游》篇曾提及。尹文：姓尹名文，齐国人，稷下学派人物，著有《尹文子》上下篇。③聏（ér）：柔、和。欢：欢心。

【译文】

不为世俗所牵累，不以外物来掩饰，不苛求别人，不违逆众志，希望天下安稳宁静以保全人民的性命，别人和自己的奉养都知足就够了，以这种观点纯洁内心，古时的道术有属这方面的。宋钘、尹文听到这种治学风气就喜欢它。制作像华山上下均平那样的帽子来表明平等，应接万物以除去成见为开端；称道内心的包容，称之为内心的行为，以柔和态度合乎他人的欢心，用来调和海内，

制作像华山那样上下均平的帽子。

给我五升米当饭就够了。

请求以此作为建立学说的指导思想。受欺侮不以为是耻辱，以解救人民的争斗，禁绝互相攻伐，停止战事用兵，平息社会战乱。以此周游天下，上劝君主下劝臣民，虽然天下的人不采取，还要说个不停而不舍弃其主张。所以说，上上下下的人都表示厌烦但仍然请求会见。

宋钘、尹文的弟子大多贫困。

然而，他们为别人做得太多，为自己想得太少。说："辞不得当还要必置，有五升米的饭就够了。"宋、尹二位先生不能吃饱，弟子们也处在饥饿中，仍不忘天下人。他们日日夜夜不知道休止。他们说："我们必须得活命呀！"多么高大的救世之士啊！他们还说："君子不用不合理的观点明察万物，不使自身受外物的役使。"认为对天下没有益处的，不如停止不做。他们把禁止攻伐停止战争作为对外的活动，以减少情欲作为内心的修养。他们学说的小大精粗，及其所述所行就是这样而已。

【分节导读】

此节重点论述彭蒙、田骈、慎到的学说。作者认为彭蒙等人的主张体现了部分道的内容，如齐同万物等，但他们并未抓住道的实质，即便言行举止不合常理，也仍不免随物所动，无法让人超脱束缚进入遨游天地的逍遥之境。所以田骈等人的"弃知去己"会得到"非生人之行，而至死人之理"的评价。

【原文】

公而不党，易而无私，决然无主，趣物而不两，不顾于虑，不谋于知，于物无择，与之俱往。古之道术有在于是者。彭蒙、田骈、慎到闻其风而悦之。齐万物以为首，曰："天能覆之而不能载之，地能载之而不能覆之，大道能包之而不能辩之。"知万物皆有所可，有所不可，故曰："选则不偏，教则不至，道则无遗者矣。"

是故慎到弃知去己，而缘不得已，泠汰于物[1]，以为道理，曰："知不知，将薄知而后邻伤之者也。"謑髁无任，而笑天下之尚贤也[2]；纵脱无行，而非天下之大圣；椎拍輐断[3]，与物宛转，舍是与非，苟可以免。不师知虑，不知前后，魏然而已矣。推而后行，曳而后往，若飘风之还，若落羽之旋，若磨石之隧，全而无非，动静无过，未尝有罪。是何故？夫无知之物，无建己之患，无用知之累，动静不离于理，是以终身无誉。故曰："至于若无知之物而已，无用贤圣。夫块不失道。"豪桀相与笑之曰："慎到之道，非生人之行，而至死人之理，适得怪焉。"

公正不偏党，是彭蒙、田骈、慎到推崇的。

田骈亦然，学于彭蒙，得不教焉。彭蒙之师曰："古之道人，至于莫之是、莫之非而已矣。其风窢然[4]，恶可而言？"常反人，不见观，而不免于魭断[5]。其所谓道非道，而所言之韪不免于非。彭蒙、田骈、慎到不知道。虽然，概乎皆尝有闻者也。

【注释】

①泠（líng）汰：听从自然，任其自然。②謑髁（xǐ kē）：儿戏，随便的样子。无任：无能力。尚贤：推选贤能。③椎拍：推扑顺遂。輐（wàn）断：即下文"魭断"，没有棱角。④其：指古代有道人的教化。窢（xù）然：风迅速刮过的样子。⑤魭（yuán）："輐"的借字。

【译文】

公正而不偏党，平易而无偏私，随和而无主见，随物而趋不起二意，不虑过去，不谋未来，对事物没有好恶的选择，参与事物的变化活动，古代道术有属于这方面的。彭蒙、田骈、慎到听到这种治学风气就喜好它。以齐同万物为首要，说："天能覆盖万物而不能承载万物，地能承载万物而不能覆盖万物，大道能包容万物而不能分辨万物。"他们认识到万物都有它可以的地方，也有它不可以的地方，所以说："选择就不能周全，教化就不能备至，顺着大道就不会有所遗漏了。"

彭蒙等不明大道。

所以慎到主张抛弃知识和主观成见，而因顺于不得已的事，任其自然，而作为他的道理，说："知道其实是无知，要失鄙薄知识，然后完全毁掉它。"随便顺从情势，无所专任而讥笑天下的尚贤风气，放任解脱不修德行而非难天下的大圣；顺遂旋转无棱无角，顺从事物婉曲相应变化；舍弃是与非，或可免于拖累。不用智巧谋虑，不知什么是前后，就能巍然独立不动。推动而后前进，拖曳而后前往，像飘风的往还，像羽毛的旋转，像磨石的转动，保全自己而不受非难，动静适度而没有过失，从未曾有什么罪责。这是什么原因呢？没有智慧的东西，也就不会因标榜自己而招致忧患，没有使用智慧的拖累，动静就离不开自然之理，因此终身没有毁誉。所以说："达到像没有智虑的东西那样罢了，用不着圣贤，那土块自有自己的规律。"豪杰们都讥笑他说："慎到的学说，不是活人能施行的，而是死人的道理，只会受到人们的责怪。"

田骈也是这样，求学于彭蒙，学得不言之教。彭蒙说："古代得道之人，达到无所谓是非的境界。他们的学说，好像风迅速刮过一样，哪还用得着说什么呢？"经常违反人的意愿，不为人欣赏，仍然不免于无棱无角、随物顺从。他们所宣扬的道并非是道，而所肯定的东西也不免于错误。彭蒙、田骈、慎到不明白大道。即便如此，他们还是知道一些道的概要的。

如磨石转动，动静适度，没有过失。

【分节导读】

此节对关尹和老聃进行了评价。作者将二者称为"古之博大真人"，十分推崇他们的学说。而二者的学说都把大道当做唯一的核心，都外表柔弱，实际虚怀若谷，宽容万物。

【原文】

以本为精，以物为粗，以有积为不足，澹然独与神明居。古之道术有在于是者。关尹、老聃闻其风而悦之。建之以常无有，主之以太一。以濡弱谦下为表，以空虚不毁万物为实。

关尹曰："在己无居，形物自著。其动若水，其静若镜，其应若响。芴乎若亡，寂乎若清。同焉者和，得焉者失。未尝先人而常随人。"

老聃曰："知其雄，守其雌，为天下谿；知其白，守其辱，为天下谷。"人皆取先，己独取后。曰受天下之垢；人皆取实，己独取虚。无藏也故有余。岿然而有余。其行身也，徐而不费，无为也而笑巧。人皆求福，己独曲全。曰苟免于咎。以深为根，以约为纪。曰坚则毁矣，锐则挫矣。常宽容于物，不削于人，可谓至极。

关尹、老聃乎，古之博大真人哉！

【译文】

以德为精微，以万物为粗鄙，以积蓄为不足，恬然无心只与大道共处。古代的道术有这些内涵。关尹、老子对其十分赞赏。主张树立常无常有的观点，以道为主宰，以软弱谦下为表现形式，以空虚不毁伤万物为实质。

关尹说："在自己主观上不固于定见，有形的物体自然而然显现出来。运动如水流，静止如明镜，反应如回声。忽然如无形，寂然如清虚。相同则合谐，有得便有失。未尝争先，自甘于后。"

运动如水流，静止如明镜。

老子说："明知雄强，却守雌弱，成为天下的沟壑；明知清白，甘守屈辱，成为天下的山谷。"别人都争先，自己却甘愿落后，这就是所说的"承受天下的垢辱"；别人都讲实际，自己却甘愿虚无。不储藏就是有余，多如岿然之山。其立身行事，舒缓而无耗损，无所作为而讥笑机巧。别人都求福禄，自己却委曲求全，这就是所说的"苟且免于祸害"。以深藏为根本，以隐约为纲纪。这就是所说的"坚硬的易于毁坏，锐利的就会受挫"。经常宽容待物，从不损害他人，可以说到达了最高境界。

关尹和老子，是古代博大的真人啊！

老子说：不储藏就是有余，多如岿然之山。

【分节导读】

此节评价庄子的学说，并对此做了很高的评价，认为庄子上与造物主同游，下与超脱生死、忘怀终始的人做朋友，已体悟到道的实质。此外，此节还对庄子的文风做了总结，指出庄子的文风之所以汪洋恣肆，奇异怪丽，是因为天下混沌一片，不可以用庄重的语言形容。

【原文】

芴漠无形，变化无常，死与生与，天地并与，神明往与！芒乎何之，忽乎何适，万物毕罗，莫足以归，古之道术有在于是者。庄周闻其风而悦之。以谬悠之说，荒唐之言，无端崖之辞，时恣纵而不傥，不以觭见之也。以天下为沉浊，不可与庄语，以卮言为曼衍，以重言为真，以寓言为广，独与天地精神往来，而不敖睨于万物，不谴是非，以与世俗处。其书虽瑰玮而连犿无伤也①。其辞虽参差而諔诡可观②。彼其充实，不可以已，上与造物者游，而下与外死生无终始者为友。其于本也，弘大而辟，深闳而肆；其于宗也，可谓稠适而上遂矣。虽然，其应于化而解于物也，其理不竭，其来不蜕，芒乎昧乎，未之尽者。

【注释】

①瑰玮：奇伟不凡。连犿（fān）：随和貌。无伤：对人无害。②参差：长短不齐。諔（chù）诡：奇异。

【译文】

道的本体静漠无形，变化无常，死死生生，与天地并存，与神明同往。茫茫然不知何去，匆匆然不知何往，包罗万物，而道本身却是无须归宿的，古代的道术有这方面的内涵。庄子对此很赞赏。以深远而难于捉摸的学说，荒诞夸张的言论，不着边际的语言，时常恣意放肆却不片面，不执偏见。他认为天下太深沉污浊，不可以用庄重的言语讲述，所以用无心的语言，不拘常理地随意漫谈，以人所信服的话语使人信以为真，以寄寓他人的言论来广泛地阐发，独自与天地精神相往来，而从不傲视万物，不纠缠于是非，与世俗和睦相处。他的书虽然言辞瑰丽奇伟却随和不让

道，虚静无形，变化无常。

顺应自然，与大道同游。

人感到受伤害。他的语言虽变化多端却奇异可观。他的内心充实，而一发不可收拾，上与大道同游，下与超脱生死、无始无终的人为友。他的道，博大通达，深邃广阔；他的德，调和而上合天意。即便如此，在顺应变化和解释万物方面，道理其实是没有止境的，始终不离大道的根本，在茫昧恍惚之中，永远无法穷尽其中的奥妙。

【分节导读】
　　此节介绍了惠施的学说，认为惠施过于专注外物，好辩而不懂道。惠施是名家的代表人物，专注于研究概念和事实间的关系，擅长通过夸大事物的相同点进行诡辩，和庄子的"至辩无言"截然不同。作者对惠施进行了批评，并用"形与影竞走"来形容惠施误用了智巧和才能。

【原文】

　　惠施多方，其书五车，其道舛驳①，其言也不中。历物之意，曰："至大无外，谓之大一；至小无内，谓之小一。无厚，不可积也，其大千里。天与地卑，山与泽平。日方中方睨，物方生方死。大同而与小同异，此之谓'小同异'；万物毕同毕异，此之谓'大同异'。南方无穷而有穷。今日适越而昔来。连环可解也。我知天之中央，燕之北越之南是也。泛爱万物，天地一体也。"

惠施的书要五辆车才装得下。

　　惠施以此为大，观于天下而晓辩者，天下之辩者相与乐之。卵有毛；鸡三足；郢有天下；犬可以为羊；马有卵；丁子有尾；火不热；山出口；轮不碾地；目不见；指不至，至不绝；龟长于蛇；矩不方，规不可以为圆；凿不围枘②；飞鸟之景未尝动也；镞矢之疾而有不行不止之时；狗非犬；黄马骊牛三；白狗黑；孤驹未尝有母；一尺之捶，日取其半，万世不竭。辩者以此与惠施相应，终身无穷。

　　桓团、公孙龙辩者之徒，饰人之心，易人之意，能胜人之口，不能服人之心，辩者之囿也。惠施日以其知与人之辩，特与天下之辩者为怪，此其柢也③。

　　然惠施之口谈，自以为最贤，曰："天地其壮乎！"施存雄而无术。南方有倚人焉，曰黄缭，问天地所以不坠不陷，风雨雷霆之故。惠施不辞而应，不虑而对，遍为万物说，说而不休，多而无已，犹以为寡，益之以怪。以反人为实，而欲以胜人为名，是以与众不适。弱于德，强于物，其涂隩矣④。由天地之道观惠施之能，其犹一蚊一虻之劳者也。其于物也何庸！夫充一尚可，曰愈贵道，几矣！惠施不能以此自宁，散于万物而不厌，卒以善辩为名。惜乎！惠施之才，骀荡而不得⑤，逐万物而不反，是穷响以声，形与影竞走也。悲夫！

【注释】

①舛（chuǎn）驳：错误杂乱。②凿：安榫的孔，俗称卯眼。枘（ruì）：榫头。③柢（dǐ）：根本。④涂：路途。隩（ào）：狭隘。⑤骀（dài）荡：放荡。不得：未能行于正道。

【译文】

　　惠施的学问渊博，他著的书要五辆车才装得下，他的那一套道理乌七八糟的，多有不当。他分析事物的性质，说什么："大到没有外部的无限大，叫做大一；小到没有内部的无限小，叫做小一。

没有厚度，无法重叠，却可以大至千里。天和地一般低，山与泽同样平。太阳刚刚正中就开始偏斜，万物刚刚出生就走向死亡。大部分相同而小部分不同，叫做'小同异'；万物全都相同又全都不同，叫做'大同异'。南方既没有穷尽却又有穷尽。今天到越国去，而从越国的角度则是昨天从外地前来。连环是可以解开的。我知道天下的中央，

天下辩士都乐于和惠施争辩。

在燕国的北面、越国的南方。泛爱世间万物，天地原为一体。"

惠施认为这些是大道理，炫耀于天下而引导辩者，天下好辩之士都乐于和他辩论。蛋有毛，鸡三只脚，郢都包有天下之大，犬可以是羊，马下蛋，蛤蟆有尾巴，火不热，山有嘴，车轮不碾地，眼睛看不见东西，事物与概念不相称，两者完全相称的过程是永远没有止境的，乌龟比蛇长，矩尺不方，圆规不能画圆，卯眼围不住榫头，飞鸟的影子不曾移动，箭头疾飞却有不动不停的时刻，狗不是犬，黄马和骊牛是三码事，白狗是黑的，孤马驹没有过母马，一尺长的鞭杆，每天截掉一半，永远也截不完。好辩之士用这类诡辩与惠施相互辩论，一辈也辩不完。

桓团、公孙龙这些好辩之徒，蒙蔽人心，改变人意，能够使人口服，却无法使人心服，这就是

忽视道的修养而注重分析外物是本末倒置。

好辩之士的局限。惠施成天靠他的智慧与人争辩，专门和天下的好辩之士一起制造奇谈怪论，这就是他们的根本。然而惠施的口才，自以为天下无比，说什么："天地能比我更伟大吗？"

惠施虽有雄辩之才却无道术。南方有位怪人黄缭，问天为什么不掉下来，地为什么不陷下去，问所以刮风下雨打雷的原因。惠施竟不推辞地接受提问，不加考虑地回应对答，遍及万物地解说，滔滔不绝，无止无休，还认为不够，又增加了奇谈怪论。把违反人之常情的道理作为真实，只想辩胜他人而取得名声，因此，不合于众人。忽视了道理的修养只重视外物的分析，他走的是一条斜门歪道。从天地之道来看惠施的才能，只不过是雕虫小技，劳而无功罢了。对万物没有什么用处，充当一家之言还可以，进一步说他尊崇大道，也还凑合！但是惠施不能自安于此，分散心思于万物而乐此不疲，最终以善辩成名。可惜呀！惠施的才能，放荡恣肆而不得其道，追逐万物而迷途不返，这是以声音追逐回响，用形体追赶影子。本末倒置，实在是可悲呀！